Konkretisierung unbestimmter Rechtsbegriffe im deutschen und französischen Anlagenzulassungsrecht

SCHRIFTEN
zum internationalen und zum öffentlichen
RECHT

Herausgegeben von Gilbert Gornig

Band 63

PETER LANG
Frankfurt am Main · Berlin · Bern · Bruxelles · New York · Oxford · Wien

Cedric Christian Meyer

Konkretisierung unbestimmter Rechtsbegriffe im deutschen und französischen Anlagenzulassungsrecht

PETER LANG
Europäischer Verlag der Wissenschaften

Bibliografische Information Der Deutschen Bibliothek
Die Deutsche Bibliothek verzeichnet diese Publikation in der Deutschen Nationalbibliografie; detaillierte bibliografische Daten sind im Internet über <http://dnb.ddb.de> abrufbar.

Zugl.: Donn, Univ., Diss., 2005

Gefördert durch
das Stipendienprogramm
der Deutschen Bundesstiftung Umwelt.

D 5
ISSN 0943-173X
ISBN 3-631-54694-7

www.peterlang.de

Gewidmet der Arbeitsgemeinschaft
Schmucker Wißmann Kuhlmann Meyer

Vorwort

Die vorliegende Arbeit wurde im Juni 2004 abgeschlossen und im Sommersemester 2005 von der Rechts- und Staatswissenschaftlichen Fakultät der Rheinischen Friedrich-Wilhelms Universität Bonn als Dissertation angenommen.

Rechtssprechung und Literatur wurden für das deutsche Recht bis Mai 2004 und für das französische Recht bis Dezember 2003 berücksichtigt.

Mein besonderer Dank gilt Herrn Prof. Dr. *Rüdiger Breuer*, der mich zu der Wahl des Themas inspiriert und die Ausarbeitung stets konstruktiv begleitet hat. Danken möchte ich ebenso Herrn *Alain Jeoffroi* vom französischen Umweltministerium sowie Herrn Professeur *Michel Fromont* für die anregenden Gespräche. Zu danken habe ich des weiteren Herrn Prof. Dr. *Matthias Schmidt-Preuß* für die zügige Erstattung des Zweitgutachtens.

Danken möchte ich schließlich meiner Frau *Eva* und meiner Tochter *Marie Luise* vor allem für ihre Geduld, meinen Eltern sowie der *Deutschen Bundesstiftung Umwelt* für die finanzielle Unterstützung und der Sozietät *Köhler & Klett Rechtsanwälte* für die organisatorischen Hilfestellungen.

Köln, im August 2005

Cedric Meyer

Inhaltsverzeichnis

Einleitung

A. Gründe der Themenstellung

Die Problematik der Konkretisierung unbestimmter Rechtsbegriffe des deutschen Anlagenzulassungsrechts und insbesondere des Immissionsschutzrechts ist ein Dauerthema[1]. Es beschäftigt in regelmäßigen Abständen die Verwaltungsrechtsprechung sowie die Rechtslehre und hat zu einer beinahe unübersehbaren Fülle von Aufsätzen, Abhandlungen, Kommentaren und Stellungnahmen geführt[2]. Es handelt sich um ein vielschichtiges Problem, das neben dem eigentlichen Umweltrecht zahlreiche weitere Rechtsfragen einschließt. Die Konkretisierung der unbestimmten Rechtsbegriffe des Anlagenzulassungsrechts und vor allem ihre verwaltungsgerichtliche Überprüfung nehmen zum einen Kernfragen des allgemeinen Verwaltungsrechts in sich auf, wie die der gesetzlichen Begründung und Begrenzung administrativer Freiheiten in der Entscheidungsfindung. Daran schließt sich zum anderen der Umfang gerichtlicher Prüfungskompetenzen und mithin die kompetenzielle Stellung der judikativen gegenüber der exekutiven Gewalt an. Diese Aspekte bilden die Basis der umweltrechtlichen Dimensionen der vorliegenden Problematik, vor allem der Effizienz und Zielgenauigkeit umweltrelevanter Rechtsetzung. Der Schutz der Umwelt kommt als außerrechtliche Komponente ins Spiel.

Das Thema ist nach wie vor von großer rechtstheoretischer und praktischer Relevanz. Zwar ist heute anerkannt, dass der Verwaltung hinsichtlich der Konkretisierung unbestimmter Rechtsbegriffe auf Tatbestandsebene ein abstrakter Wertungsspielraum zukommen kann[3]. Bewegung in dieses Thema kam aber vor allem von europäischer Seite. Anfang der neunziger Jahre verurteilte der EuGH die Bundesrepublik Deutschland im Rahmen eines Vertragsverletzungsverfahrens, weil er in deutschen Verwaltungsvorschriften kein taugliches Mittel zur Umsetzung von in Richtlinien enthaltenen Betriebspflichten erkannte[4]. Dies stellte das umstrittene Konstrukt der „normkonkretisierenden Verwaltungsvorschrift“ als Ausdruck eines abstrakten Beurteilungsspielraumes der Verwaltung in Frage. Ferner wurde die IVU-Richtlinie umgesetzt, welche zur Etablierung eines integrierten Genehmigungsansatzes verpflichtet und daher erneut das Problem aufwirft, ob der Genehmigungsbehörde ein einzelfallbezogener Beurteilungsspielraum zuerkannt werden sollte und zwar hinsichtlich der Verwirklichung eines integrierten Ansatzes. Parallel sind Bestrebungen einer einheitlichen Umweltgesetzgebung zu verzeichnen, in der abstrakte sowie einzelfallbezogene Wertungsspielräume eröffnet werden sollen.

---

1 So auch *Erichsen – Ossenbühl*, § 10, Rn. 31.

2 *Koch* (ZUR 1993, S. 103) spricht von einem „Wirbelsturm von Lösungsideen“.

3 Siehe unten, S. 64f., S. 88f., S. 174ff.

4 Siehe unten, S. 178ff.

Rechtsvergleichend wurde dieses Problemfeld bislang kaum untersucht. Das französische Recht bietet sich aus mehreren Gründen als Vergleichsgegenstand an. Zum einen ist die politische und kulturelle Verbundenheit beider Länder im Zuge der fortschreitenden europäischen Integration zu nennen. Weiterhin sind die Einflüsse des französischen Verwaltungsrechts auf das deutsche unverkennbar. Gleiches gilt für die Einflüsse auf das aktuelle europäische Recht. Ferner hat Frankreich für sein Anlagenzulassungsrecht ein eigenständiges Prozessrecht entwickelt, das den Verwaltungsrichter entgegen sonstigem Recht mit weitreichenden Prüfungs- und Gestaltungskompetenzen ausstattet. Dies muss in Anbetracht zunehmender Beschränkung richterlicher Prüfungskompetenzen in Deutschland das Interesse wecken. Darüber hinaus sind Umfang und Bedeutung der richterlichen Prüfungskompetenzen in diesem Bereich bislang nicht ausführlich rechtsvergleichend behandelt worden[5]. Deutlich wird dies auch daran, dass der zum UGB vorgelegte Kommissionsentwurf die gerichtliche Kontrolle in Frankreich undifferenziert als eingeschränkt einstuft[6]. Schließlich ist hervorzuheben, dass in Frankreich davon ausgegangen wird, der integrierte Ansatz der IVU-Richtlinie beruhe wesentlich auf französischen Einflüssen[7], so dass die in Frankreich erfolgte Umsetzung auch aus deutscher Sicht von Interesse ist. Schließlich hat Frankreich vor kurzem den code de l'environnement[8] erlassen, was im Hinblick auf deutsche Bestrebungen zum Erlass eines Umweltgesetzbuches Aufmerksamkeit verdient.

B. Gang der Untersuchung

Der Titel der Untersuchung soll nicht verschleiern, dass sie sich auf die Konkretisierung der unbestimmten Rechtsbegriffe des Immissionsschutzrechts beschränkt. Er soll eine sprachliche Verbindung schaffen mit dem französischen Regelungsmechanismus der *loi sur les installations classées*, also des Rechts der klassifizierten Anlagen, welches das Pendant zum deutschen Bundes-Immissionsschutzgesetz bildet. Ausgespart bleibt hier daher weitestgehend das übrige technische Umwelt- und Sicherheitsrecht. Eine Beschränkung erscheint unter dem Gesichtspunkt gerechtfertigt, dass die insbesondere auf deutscher Seite im Immissionsschutzrecht auftretenden Probleme repräsentativ für weitere Bereiche des technischen Umweltschutzrechts gesehen werden können. Bei dem Immissionsschutzrecht handelt es sich ferner um das Rechts-

---

5 Auch in den neueren rechtsvergleichenden Untersuchungen zum französischen Verwaltungsprozessrecht von *Bergmann* (S. 137ff.), *Koch* (S. 209ff.), *Schlette* (S. 58ff, 225) und *Berst* (S. 319ff.) wird der *recours de pleine juridiction* insbesondere im *contentieux des installations classées* nicht ausführlich behandelt.

6 Siehe UGB-KomE, S. 530.

7 Siehe unten, S. 209.

8 Ordonnance n° 2000-914 du 18 septembre 2000 relative à la partie Législative du code de l'environnement (J.O. du 21 septembre 2000), zuletzt geändert durch ordonnance n° 2001-321 du 11 avril 2001 relative à la transposition de directives communautaires et à la mise en œuvre de certaines dispositions du droit communautaire dans le domaine de l'environnement (JO du 14 avril 2001).

gebiet, welches den deutschen sowie den französischen Gesetzgeber im Zuge der Anpassung an die IVU-Richtlinie besonders herausfordert.

Es wurde darauf hingewiesen, dass die deutsche Problematik bereits Gegenstand zahlreicher Abhandlungen ist. Insofern ist eine Zurückhaltung in der Darstellung der verschiedenen Probleme und Meinungen angezeigt. Der Sinn dieser Untersuchung liegt in der Gegenüberstellung nationaler Kontroll- und Konkretisierungsmechanismen. Die aus dem deutschen Recht bekannten Probleme dienen dabei vorwiegend als Ansatzpunkte für den Rechtsvergleich. Die Untersuchung nimmt ihren Anfang bei der Vorstellung der jeweiligen Gesetze sowie legislativer und vor allem administrativer Konkretisierungen unbestimmter Rechtsbegriffe. Es folgt eine Untersuchung der jeweiligen Ausgestaltung von Verwaltungsermessen und gebundener Verwaltung sowie der Art und Weise gerichtlicher Überprüfung von Verwaltungshandeln. Hier wird zum einen die allgemeine verwaltungsgerichtliche Kontrolle analysiert sowie im besonderen die Überprüfung anlagenzulassungsrechtlicher Behördenentscheidungen. Anschließend widmet sich die Arbeit dem in der IVU-Richtlinie geforderten integrierten Ansatz und den Auswirkungen auf jeweilige nationale administrative und judikative Konkretisierungsmechanismen. Dabei wird auch auf die Tendenzen zur einheitlichen Umweltgesetzgebung eingegangen.

Die Vielschichtigkeit der Probleme macht jedoch einen für rechtsvergleichende Arbeiten mitunter atypischen Aufbau nötig. Die Untersuchung spaltet sich zum einen nicht durchgehend in einen französischen und einen deutschen Teil auf, sondern in Themenkomplexe. Die Schwerpunkte liegen zum anderen auf der Untersuchung des französischen Rechts, wenngleich sie vor dem Hintergrund deutscher Rechtsprobleme gewählt wurden. Dieser Aufbau hinterlässt mitunter Lücken im Rechtsvergleich, da sich eine erschöpfende Gegenüberstellung des deutschen mit dem französischen Recht nicht immer als sinnvoll erweist oder schlicht kein Problempendant im jeweils anderen Recht auszumachen ist.

C. Hinweise zu Quellen und Fachbegriffen

Das Konzept, französisches Recht vor dem Hintergrund deutscher Problemansätze zu untersuchen, stellte den Verfasser mitunter vor das Problem, dass bestimmte, in Deutschland bekannte Rechtsprobleme in Frankreich nicht vorhanden sind. Zu zahlreichen Fragen fallen Stellungnahmen aus Rechtsprechung und Literatur dürftig aus. Für das tiefere Verständnis wurde daher der Rat von Experten gesucht. Als sehr aufschlussreich erwiesen sich hier Gespräche, die Ende 1999 bzw. Anfang 2000 mit Herrn *Alain Jeoffroi* in seiner Eigenschaft als Vorsitzender des *conseil supérieur des installations classées* und Prozessvertreter des französischen Umweltministeriums geführt wurden.

Bezüglich der Formalia ist darauf hinzuweisen, dass einige französische Urteile nur in Form von Sekundärverweisen wiedergegeben sind. Dies hat seinen Grund darin, dass in der französischen Entscheidungssammlung (*Recueil Lebon*) nicht alle Urteile und Entscheidungen des höchsten französischen Verwaltungsgerichts (*Conseil d'État*) abgedruckt sind. Mitunter verblieb nur ein Rückgriff auf in Form von CD-Rom zugänglichen Urteilssammlungen, in denen die jeweilige Entscheidung anhand der angegebenen Ziffer wiederzufinden ist. Seit kurzem ist ein Großteil französischer Verwaltungsgerichtsrechtsprechung auch im Internet erhältlich unter <http://www.legifrance.gouv.fr>. Die angegebenen Internetadressen wurden zuletzt im Mai 2003 kontrolliert.

Schließlich wurde es überwiegend vermieden, für französische Fachbegriffe ein deutsches Pendant zu finden, um Missverständnissen sowie der Bildung eines irreführenden Fachvokabulars vorzubeugen. Eine Übersetzung ist daher nur in den gebotenen Fällen erfolgt.

Kapitel 1.
Das Anlagenzulassungsrecht beider Staaten im Überblick

Eine Analyse der Konkretisierung unbestimmter Rechtsbegriffe des Anlagenzulassungsrechts macht es erforderlich, dieses Rechtsgebiet darzustellen und im Laufe der Darstellung die wesentlichen Rechtsbegriffe aufzuzeigen. Anschließend wird untersucht, wie abstrakte Vorgaben für die Konkretisierung in der jeweiligen Rechtsordnung nutzbar gemacht werden. Dabei wird in diesem Kapitel von einer Definition des unbestimmten Rechtsbegriffes ausgegangen, nach der es sich um einen gesetzlichen Begriff handelt, welcher der Auslegung und Konkretisierung bedarf, bevor er auf einen konkreten Sachverhalt angewendet werden kann. Inwieweit von dem Vorhandensein unbestimmter Rechtsbegriffe auf einen gerichtlich nur beschränkt überprüfbaren Entscheidungsspielraum der gesetzesvollziehenden Behörde geschlossen werden kann, wird in den anschließenden Kapiteln untersucht.

§ 1. Das Anlagenzulassungsrecht in Deutschland

Das deutsche Anlagenzulassungsrecht wird bestimmt durch das BImSchG[9], das wesentliche Industrieanlagen einer Genehmigungspflicht unterwirft. Bei dem Immissionsschutzrecht handelt es sich um das bedeutsamste Regelungswerk des deutschen Umweltrechts. § 1 Abs. 1 BImSchG definiert den Zweck des Gesetzes, nämlich den Schutz von Menschen, Tieren, Pflanzen, Boden, Wasser und der Atmosphäre sowie Kultur- und sonstigen Sachgütern vor *schädlichen Umwelteinwirkungen*. Ihrem Entstehen ist vorzubeugen. Handelt es sich um genehmigungsbedürftige Anlagen, so dient es nach § 1 Abs. 2 1. Spiegelstrich BImSchG auch der integrierten Vermeidung und Verminderung schädlicher Umwelteinwirkungen durch Emissionen in Luft, Wasser und Boden unter Einbeziehung der Abfallwirtschaft, um ein hohes Schutzniveau für die Umwelt insgesamt zu erreichen. Ferner zielt das Gesetz auf Schutz und Vorsorge gegen Gefahren, erhebliche Nachteile und erhebliche Belästigungen, die auf andere Weise herbeigeführt werden. Während das BImSchG ursprünglich einen eher medialen, nämlich luftbezogenen Ansatz des Umweltschutzes verfolgte[10], bezweckt es heute einen Schutz der Umwelt insgesamt[11]. Trotz der im Zuge der Umsetzung[12] der IVU-Richtlinie[13] erfolgten Ausdehnung der Schutzgüter verfolgt das BImSchG zur Zieler-

---

9 Gesetz zum Schutz vor schädlichen Umwelteinwirkungen durch Luftverunreinigungen, Geräusche, Erschütterungen und ähnliche Vorgänge (Bundes-Immissionsschutzgesetz) in der Fassung der Bekanntmachung der Neufassung vom 26.09.2002 (BGBl. I, S. 3830).

10 Siehe *Kloepfer/Reinert/Franzius*, S. 34ff.

11 vgl. *Jarass*, Einleitung, Rn. 3ff.

12 Art. 2 des Gesetzes zur Umsetzung der UVP-Änderungsrichtlinie, der IVU-Richtlinie und weiterer EG-Richtlinien zum Umweltschutz vom 27.07.2001 (BGBl. I, S. 1950).

13 Richtlinie 96/61/EG des Rates vom 24.9.1996 über die integrierte Vermeidung und Verminderung der Umweltverschmutzung , ABl. EG vom 10.10.1996, Nr. L 257/26.

reichung aber auch heute noch primär einen medialen Schutz der Luft[14]. In diesem Rahmen enthält das BImSchG auch Instrumente des flächenbezogenen Immissionsschutzes wie Emissionskataster und Luftreinhaltepläne (§§ 44 ff. BImSchG). Das Gesetz gilt nach §§ 2, 3 Abs. 5 BImSchG vor allem für Anlagen, worunter insbesondere Betriebsstätten und ortsfeste Einrichtungen zu verstehen sind. Es unterscheidet zwischen genehmigungsbedürftigen und nicht genehmigungsbedürftigen Anlagen.

A. Genehmigungsbedürftige Anlagen

In Deutschland handelt es sich bei dem Erfordernis einer vor Anlagenerrichtung und Anlagenbetrieb einzuholenden Genehmigung um ein klassisches Instrumentarium des Ordnungsrechts. Einer Genehmigung bedürfen nach § 4 Abs. 1 Satz 1 BImSchG in erster Linie Errichtung und Betrieb von Anlagen, die aufgrund ihrer Beschaffenheit oder ihres Betriebes in besonderem Maße geeignet sind, *schädliche Umwelteinwirkungen* hervorzurufen oder in anderer Weise die Allgemeinheit oder die Nachbarschaft zu *gefährden*, *erheblich* zu *benachteiligen* oder *erheblich* zu *belästigen*. Dieser Kreis einer Genehmigungspflicht unterliegender Anlagen wird in der nach § 4 Abs. 1 Satz 3 BImSchG erlassenen 4. BImSchV[15] abschließend bestimmt. Über die Zahl der in Deutschland genehmigten Anlagen liegen keine sicheren Erkenntnisse vor.

I. Anforderungen an die Genehmigungserteilung

Die Anforderungen an die Genehmigung sind durch § 6 Abs. 1 BImSchG genau vorgegeben. Zunächst müssen die in § 5 BImSchG aufgeführten „Grundpflichten"[16] erfüllt werden. Wesentliche, das deutsche Zulassungsrecht auszeichnende Bedeutung haben die sog. Schutz- und die Vorsorgepflicht. Genehmigungsbedürftige Anlagen sind so zu errichten und zu betreiben, dass *schädliche Umwelteinwirkungen* und sonstige *Gefahren*, *erhebliche Nachteile* und *erhebliche Belästigungen* für die Allgemeinheit und die Nachbarschaft nicht hervorgerufen werden können. Ihrem Entstehen ist insbesondere durch dem *Stand der Technik* entsprechende Maßnahmen (§ 5 Abs. 1 Nr. 1 und 2 BImSchG) vorzubeugen. Die Vorsorgepflicht geht in der Regel über die Pflichten aus Nr. 1 hinaus[17]. Es handelt sich um eine vorverlagerte Risikovorsorge, welche beispielsweise auch Maßnahmen gegen Fernwirkungen von Emissionen erfor-

---

[14] Siehe zur Rechtslage vor der Umsetzung: *Schmidt-Aßmann – Breuer*, Abschn. 5, Rn. 167; *Kloepfer*, § 14, Rn. 18. Die Betonung des medialen Schutzes der Luft wird insbesondere an der Bedeutung der neuen TA-Luft deutlich (Erste Allgemeine Verwaltungsvorschrift v. 24.07.2002 zum Bundes-Immissionsschutzgesetz (Technische Anleitung zur Reinhaltung der Luft, GMBl., S. 509); siehe insbesondere die Pressemitteilung des BMU Nr. 176/02.

[15] Vierte Verordnung zur Durchführung des Bundesimmissionsschutzgesetzes (Verordnung über genehmigungsbedürftige Anlagen) in der Fassung der Bekanntmachung vom 14. März 1997 (BGBl. I, S. 504, zuletzt geändert durch Gesetz vom 27.07.2001, BGBl. I, S. 1950).

[16] *Jarass*, BImSchG, § 5, Rn. 1.

[17] *Feldhaus*, § 5, Nr. 7.

dern kann[18]. Die Grundpflichten sind dem Verhältnismäßigkeitsprinzip unterworfen, wobei ein ausreichender Schutz nach Nr. 1 stets verhältnismäßig ist[19].

Das deutsche Recht definiert in § 3 BImSchG zahlreiche Begriffe, insbesondere *schädliche Umwelteinwirkungen*, *Emission*, *Immission*, *Luftverunreinigung* sowie *Stand der Technik*. Unter schädlichen Umwelteinwirkungen sind Immissionen zu verstehen, die nach Art, Ausmaß oder Dauer geeignet sind, *Gefahren*, *erhebliche Nachteile* oder *erhebliche Belästigungen* für die Allgemeinheit oder die Nachbarschaft herbeizuführen. Diese Begriffe sind aus dem Polizei- und Ordnungsrecht entlehnt, und es haben sich halbwegs konturenscharfe Definitionen entwickelt[20]. Bei dem für das deutsche Recht wesentlichen Begriff *Stand der Technik* handelt es sich nach § 3 Abs. 6 BImSchG um den Entwicklungsstand fortschrittlicher Verfahren, Einrichtungen und Betriebsweisen, der die praktische Eignung einer Maßnahme zur Begrenzung von Emissionen in Luft, Wasser und Boden, zur Gewährleistung der Anlagensicherheit, zur Gewährleistung einer umweltverträglichen Abfallentsorgung oder sonst zur Vermeidung oder Verminderung von Auswirkungen auf die Umwelt zur Erreichung eines allgemein hohen Schutzniveaus für die Umwelt insgesamt gesichert erscheinen lässt. Das Gesetz gibt im Anhang zahlreiche Kriterien zur Bestimmung des Standes der Technik im Einzelfall vor. Der Gesetzgeber nimmt hier vor allem auf außerstaatliche und nicht normative Verhaltensregeln Bezug, welche von Wissenschaftlern und Technikern fortlaufend weiterentwickelt werden[21].

Bei den beschriebenen Grundpflichten handelt es sich nicht nur um Maßstabsnormen, sondern den Anlagenbetreiber unmittelbar belastende Dauerpflichten[22]. Sie haben dynamischen Charakter: Zur Bestimmung der Betreiberpflichten ist der Inhalt des Genehmigungsbescheides nicht ausreichend, sondern es ist ebenfalls auf sich verändernde (auch verschärfende) Konkretisierungsnormen abzustellen[23]. Grundsätzlich sind diese Pflichten jedoch durch Bescheid zu konkretisieren. Dies wird auch an § 17 Abs. 1 BImSchG deutlich, der den Erlass nachträglicher Anordnungen ermöglicht,

---

18 BVerwGE 69, S. 37; *Landmann/Rohmer – Kutscheidt*, § 5 Rn. 54ff.

19 *Jarass*, § 5, Rn. 60f., 22; *Landmann/Rohmer – Kutscheidt*, § 5, Rn. 55; *Feldhaus – Vallendar*, § 12, Nr. 3, S. 8a.

20 So ist unter dem Begriff der Gefahr die Möglichkeit eines Schadenseintritts zu verstehen (*Feldhaus*, § 3, Rn. 7, S. 10; ausführlicher *Drews/Wacke/Vogel/Martens*, S. 220). Als relevanter Schaden kommt jede erhebliche Beeinträchtigung der in § 1 genannten Schutzgüter in Betracht (*Jarass*, § 3, Rn. 26). Unter Nachteilen sind sonstige negative Auswirkungen zu verstehen, die auf physischen Einwirkungen beruhen und keinen Schaden und keine Belästigung bilden, beispielsweise die reine Beeinträchtigung von Interessen (*Feldhaus*, § 3, Rn. 8). Unter Belästigungen werden schließlich Einwirkungen verstanden, die das Wohlbefinden des Menschen unterhalb der Schwelle der Gesundheitsgefahr beeinträchtigen *Feldhaus*, § 3, Rn. 9; *Jarass*, § 3, Rn. 27.

21 Siehe *Breuer*, UTR 9 (1989), S. 43 (55) m.w.N.

22 *Jarass*, BImSchG, § 5, Rn. 1; *Landmann/Rohmer – Kutscheidt*, § 5, Rn. 8ff.

23 *Kloepfer*, Umweltrecht, § 14, Rn. 115; *Jarass*, BImSchG, § 5, Rn. 2.

um die Erfüllung gesetzlicher Pflichten sicherzustellen[24]. Neben nachträglichen Anordnungen kann die Genehmigung gemäß § 12 BImSchG mit Nebenbestimmungen (insbesondere Auflagen) versehen werden.

Der Betreiber muss ebenfalls die Pflichten einhalten, die aus nach § 7 BImSchG erlassenen Rechtsverordnungen folgen (§ 6 Abs. 1 Nr. 1 BImSchG). Schließlich dürfen nach § 6 Abs. 1 Nr. 2 BImSchG andere öffentlich-rechtliche Vorschriften und Belange des Arbeitsschutzes der Errichtung und dem Betrieb der Anlage nicht entgegenstehen. So wird eine umfassende Unbedenklichkeitsprüfung des Vorhabens ermöglicht[25].

Sind die formellen und materiellen Vorschriften erfüllt, muss die Genehmigung erteilt werden[26]. Bei der immissionsschutzrechtlichen Genehmigung handelt es sich nach herrschender Meinung um eine gebundene Entscheidung im Sinne des deutschen Verwaltungsrechts[27]. Das Entscheidungsmuster ist der Verwaltung durch detaillierte gesetzliche und andere normative Vorgaben (insbesondere in Form noch darzustellender Rechtsverordnungen und Verwaltungsvorschriften) an die Hand gegeben.

II. Genehmigungsverfahren

Das deutsche Recht unterscheidet zwischen einem förmlichen und einem einfachen Genehmigungsverfahren. Näheres regelt die 9. BImSchV[28]. Die Zuordnung hängt davon ab, ob der Anlagentyp in Spalte 1 (förmliches Verfahren) oder 2 (vereinfachtes Verfahren) der 4. BImSchV aufgeführt ist. Für bestimmte UVP-pflichtige Anlagen der Spalte 2 ist ebenfalls ein förmliches Genehmigungsverfahren durchzuführen (§ 2 Abs. 1c der 4. BImSchV). Die Einordnung in die jeweilige Spalte ist bedingt durch die Umweltrelevanz der Anlage (vgl. § 19 Abs. 1 BImSchG). Die für den Gesetzesvollzug zuständige Behörde folgt aus landesrechtlichen Regelungen[29].

Im förmlichen Verfahren ist das Vorhaben nach Genehmigungsantrag zunächst durch die Genehmigungsbehörde in amtlichen Veröffentlichungsblättern und örtlichen Tageszeitungen bekannt zu machen. Die Genehmigungsunterlagen sind zur Einsichtnahme auszulegen. Es können Einwendungen gegen das Vorhaben vorgetragen werden. Die Genehmigungsbehörde holt die Stellungnahmen der Behörden ein, deren

---

24 *Kloepfer*, § 14, Rn. 115.

25 *Feldhaus*, § 6, Rn. 6; *Engelhardt/Schlicht*, BImSchG § 6, Rn. 6.

26 *Jarass*, BImSchG, § 6, Rn. 26.

27 *Engelhardt/Schlicht*, BImSchG, § 6, Rn. 1; *Jarass*, BImSchG, § 6, Rn. 26; *Schmidt-Aßmann – Breuer*, Abschn. 5, Rn. 175; *Breuer*, AöR 101 (1976), S. 46 (57).

28 Verordnung über das Genehmigungsverfahren, in der Fassung der Bekanntmachung vom 29. Mai 1992 (BGBl. I, S. 1001, zuletzt geändert durch Art. 7 der Verordnung zur Umsetzung des Europäischen Abfallverzeichnisses vom 10.12.2001 (BGBl. I, S. 3379)).

29 In Nordrhein-Westfalen ist diesbezüglich die Verordnung zur Regelung von Zuständigkeiten auf dem Gebiet des technischen Umweltschutzes von Bedeutung (vom 14. Juni 1994, geändert durch Verordnung vom 24. Juni 1997). Danach ist für einen Großteil der Anlagen das Staatliche Umweltamt als Landesbehörde zuständig.

Aufgabenbereich durch das Vorhaben berührt wird. Sie koordiniert auch ggf. nach anderen Gesetzen erforderliche Genehmigungsverfahren sowie die inhaltliche Ausgestaltung der Genehmigung. Die erhobenen Einwendungen werden mit dem Antragsteller und Einwendern erörtert. Im vereinfachten Verfahren wird die Öffentlichkeit dagegen nicht beteiligt.

Die Betriebsvorschriften werden durch die Genehmigungsbehörde entwickelt unter Berücksichtigung der Stellungnahmen beteiligter Behörden und u.U. eingeholter Sachverständigengutachten. Der Genehmigungsinhalt ist vor allem durch die Konkretisierungen der TA-Luft[30] vorgeprägt.

Eine Umweltverträglichkeitsprüfung (UVP) ist für die in der Anlage zu § 3 Abs. 1 UVPG[31] genannten Anlagen erforderlich. Die UVP-Pflicht des Vorhabens beruht auf seiner besonderen Umweltrelevanz[32]. Der Vorhabenkatalog ist nicht deckungsgleich mit dem genehmigungspflichtiger Anlagen. Nicht für jede genehmigungspflichtige Anlage ist eine UVP erforderlich, und weil sich das UVPG nicht nur auf Industrieanlagen bezieht, ist nicht jedes UVP-pflichtige Vorhaben genehmigungspflichtig.

III. Wirkung der Genehmigung

Die immissionsschutzrechtliche Genehmigung hat nach § 13 BImSchG Konzentrationswirkung. Sie schließt mithin die meisten anderen erforderlichen Genehmigungen ein[33]. Ausgenommen sind insbesondere behördliche Entscheidungen im Atomrecht und Erlaubnisse und Bewilligungen im Wasserrecht. Privatrechtliche nachbarliche Ansprüche, die nicht auf besonderen (insbesondere vertraglichen) Titeln beruhen und die auf eine Betriebseinstellung abzielen, werden durch die im förmlichen Verfahren erteilte und unanfechtbar gewordene Genehmigung direkt beschnitten (§ 14 BImSchG). Diese Präklusion ist mit den Möglichkeiten der Anspruchsinhaber zu rechtfertigen, sich am Genehmigungsverfahren zu beteiligen.

B. Nicht genehmigungsbedürftige Anlagen

Nicht genehmigungspflichtig sind Anlagen, die nicht in der 4. BImSchV genannt sind. Sie sind mithin nicht abschließend bestimmt[34]. Nicht genehmigungspflichtige Anlagen sind gemäß § 22 Abs. 1 Satz 1 BImSchG u.a. so zu errichten und zu betreiben, dass *schädliche Umwelteinwirkungen*, die nach dem *Stand der Technik* vermeidbar sind, verhindert und ansonsten auf ein *Mindestmaß* beschränkt werden. Die Betriebspflichten ergeben sich aus Rechtsverordnungen des Bundes (§ 23 Abs. 1 BImSchG) sowie

---

30 Erste Allgemeine Verwaltungsvorschrift v. 24.07.2002 zum Bundes-Immissionsschutzgesetz (Technische Anleitung zur Reinhaltung der Luft), GMBl., S. 509.

31 Gesetz über die Umweltverträglichkeitsprüfung, in der Fassung der Bekanntmachung vom 05. 09.2001 (BGBl. I, S. 2350).

32 *Erbguth/Schink*, Einl., Rn. 67.

33 *Jarass*, § 13, Rn. 4f.

34 *Engelhardt/Schlicht*, BImSchG, § 22, Rn. 2.

der Länder, die (vor allem strengere[35]) konkretisierende Regelungen erlassen können (§ 22 Abs. 2 BImSchG)[36]. Die Behörde kann ferner nach § 24 BImSchG Anordnungen im Einzelfall treffen, um diese Pflichten durchzusetzen (§ 25 BImSchG).

C. Konkretisierung durch abstrakte Vorgaben

Im deutschen Recht werden zunächst die Schutzstandards unterschieden, welche sich an bekannten oder vermuteten Schädlichkeitsschwellen orientieren und sich vor allem in Immissionsgrenzwerten niederschlagen[37]. Bewirtschaftende und individualschützende Vorsorgestandards spielen in den Bereichen eine Rolle, in welchen konkrete Ursachen- und Wirkungsbeziehungen nicht vollständig bekannt sind. Diese werden vor allem durch Emissionsgrenzwerte gekennzeichnet, in deren Ermittlung einerseits die technischen Möglichkeiten der Vermeidbarkeit sowie andererseits umfassende Risikobewertungen berücksichtigt werden[38].

I. Rechtsverordnungen

In Deutschland sind umfangreiche Kompetenzen zum Erlass konkretisierender Rechtsverordnungen vorgesehen[39]. Bereits Ende des 19. Jahrhunderts waren Ansätze vorhanden, Betriebspflichten durch Rechtsverordnungen zu spezifizieren[40].

§ 7 BImSchG enthält eine Verordnungsermächtigung des Bundes für die Konkretisierung der Betreiberpflichten für genehmigungspflichtige Anlagen. § 48 a BImSchG erlaubt eine Umsetzung von durch Beschlüsse der Europäischen Gemeinschaft erlassenen Emissions- und Immissionswerten. § 23 BImSchG ermöglicht eine Konkretisierung bezüglich nicht genehmigungspflichtiger Anlagen. Rechtsverordnungen listen beispielsweise Emissionsgrenzwerte für bestimmte Anlagen und Stoffe auf, bei deren Einhaltung die Betreiberpflichten als erfüllt angesehen werden[41]. Bezüglich Immissionswerten ist zu beachten, dass diese abschließend ausgestaltet sein oder die Berücksichtigung bestimmter örtlicher Besonderheiten erlauben können. Die Ermächtigungen eröffnen dem deutschen Verordnungsgeber einen Abwägungsspielraum, den das Gericht im Zuge einer Überprüfung der Verordnung unkontrolliert lässt[42]. In Deutschland wurden bisher 30 (noch geltende) Verordnungen des Bundes[43] erlassen.

---

[35] *Jarass*, § 22, Rn. 17 und § 23 Rn. 1.

[36] *Jarass*, Einleitung, Rn. 22, 8ff.; siehe dort die Übersicht über die Immissionsschutzgesetze der Länder.

[37] *Breuer*, UTR 9 (1989), S. 43 (53); *Salzwedel*, NVwZ 1987, S. 276 (277).

[38] *Breuer*, UTR 9 (1989), S. 43 (53); *Salzwedel*, NVwZ 1987, S. 276 (277).

[39] Siehe u.a. §§ 4 Abs. 1 Satz 3; 5 Abs. 2; 7; 10 Abs. 10, 19 Abs. 1; 22 Abs. 1, Satz 2; 23; 27 Abs. 4; 34; 37, 38 Abs. 2; 40 Abs. 2 Satz 2; 43 Abs. 1; 48 a; 49, 53 Abs. 1 Satz 2; 55 Abs. 2 S. 3.

[40] Siehe *Ebinger*, S. 186ff.

[41] Siehe beispielsweise §§ 3ff. der 13. BImSchV. Diese Verordnung konkretisiert den Vorsorgegrundsatz, *Feldhaus – Davids*, B 2.13, Einführung, Rn. 10.

[42] Siehe *Feldhaus – Davids*, B 2.13, Einführung, Rn. 11; *Landmann/Rohmer – Kutscheidt*, § 7, Rn. 2 c; siehe zur eingeschränkten Kontrolle bei der Überprüfung von Rechtsverordnungen in Frankreich,

Dem Landesgesetzgeber kommt eine konkurrierende Verordnungsermächtigung nur für nicht genehmigungspflichtige Anlagen zu[44]. Die Länder sind demnach nur insoweit zum Erlass von Rechtsverordnungen berechtigt, als der Bund nicht (erschöpfend) tätig geworden ist, und dann auch nur zum Erlass konkreterer, aber gleich strenger oder strengerer Vorschriften[45]. Ferner ist § 49 Abs. 1 BImSchG zu nennen, der es ermöglicht, den Betrieb bestimmter Anlagen in schutzwürdigen Gebieten bzw. bei bestimmten Wetterlagen näher zu regeln. Die Länder machen von dieser Ermächtigung nur sehr zurückhaltenden Gebrauch.

Im deutschen Recht sind im Zuge der durch Rechtsverordnungen erfolgenden Konkretisierung die Grenzen des Art. 80 Abs. 1 Satz 2 GG zu beachten. Die Regelungsermächtigung muss danach eine hinsichtlich Inhalt, Zweck und Ausmaß ausreichende Bestimmung aufweisen. Dies ist für die Ermächtigungen des BImSchG zu bejahen[46]. Darüber hinaus kann der Bund nur in den Bereichen Rechtsverordnungen erlassen, in dem ihm Gesetzgebungskompetenzen zustehen. Diese sind jedoch bezüglich der umweltschutzrechtlichen Materien gegenüber den Ländern nicht erschöpfend[47]. Insgesamt ist der Erlass konkretisierender Rechtsverordnungen in Deutschland bislang jedoch nicht auf nennenswerte verfassungsrechtliche Probleme gestoßen.

Die zur Konkretisierung der Betriebspflichten nach §§ 7, 23 oder 48 a erlassenen deutschen Rechtsverordnungen enthalten mitunter Öffnungsklauseln[48], die in der Regel vorsehen, dass die Behörde andere und weitergehende Anordnungen nach dem BImSchG treffen kann. Dies ergibt sich zwangsläufig daraus, dass Rechtsverordnungen Betriebspflichten des BImSchG nicht vollumfänglich und abschließend definieren

---

unten, S. 119. Anders als in Frankreich ist eine Überprüfung dieser Rechtsverordnungen in einem selbständigen Verfahren vor dem Verwaltungsgerichten jedoch nicht möglich. Insofern verbleibt den Beteiligten nur die Verfassungsbeschwerde mit ihren strengen Voraussetzungen, vgl. *Jarass*, § 7, Rn. 38. Eine Inzidenterprüfung durch diese Gerichte ist ebenfalls zulässig, siehe unten, S. 150f.

43 Siehe beispielsweise die zwölfte Verordnung zur Durchführung des BImSchG (Störfallverordnung) vom 26.04.2000 (BGBl. I, S. 603), die dreizehnte Verordnung zur Durchführung des BImSchG (Verordnung über Großfeuerungsanlagen) vom 22.06.1983, BGBl. I, S. 719) und die siebzehnte Verordnung zur Durchführung des BImSchG (Verordnung über Verbrennungsanlagen für Abfälle und ähnliche brennbare Stoffe) vom 23.11.1990, BGBl. I, S. 2545, 2832).

44 *Landmann/Rohmer – Hansmann*, § 23, Rn. 7.

45 *Feldhaus*, § 23, Rn. 15.

46 Für § 7 *Landmann/Rohmer – Kutscheidt*, § 7, Rn. 8.

47 Siehe im Überblick UGB-KomE, S. 467; *Rengeling*, Gesetzgebungskompetenzen, S. 90ff.

48 § 10 der 12. BImSchV; §§ 33, 34 der 13. BImSchV; §§ 19, 20 der 17. BImSchV; §§ 19, 20 der 1. BImSchV (erste Verordnung zur Durchführung des BImSchG, Verordnung über Kleinfeuerungsanlagen vom 17. März 1997, BGBl. I, S. 490), §§ 16, 17 der 2. BImSchV (Verordnung zur Emissionsbegrenzung von leichtflüchtigen Halogenkohlenwasserstoffen vom 10. Dezember 1990, BGBl. I, S. 2694 und BGBl. 1991, I, S. 2694); §§ 10, 11 der 20. BImSchV (Verordnung zur Begrenzung der Emissionen flüchtiger organischer Verbindungen beim Umfüllen und Lagern von Ottokraftstoffen vom 27. März 1998, BGBl. I, S. 1174) und § 6 der 25. BImSchV (Verordnung zur Begrenzung vom Emissionen aus der Titandioxid-Industrie, vom 8. November 1996, BGBl. I, S. 1722).

können[49]. Wie weit eine Norm abschließenden Charakter hat, ist durch Auslegung zu entwickeln[50]. In der Regel ist eine Norm nur für die in der Rechtsverordnung behandelten Umweltbelastungen abschließend[51]. Ferner drückt das Gesetz im Regelfall die Möglichkeit aus, unter bestimmten Voraussetzungen Ausnahmen im Sinne einer Abmilderung der gesetzlichen Bestimmungen zuzulassen, wenn diese sich im Einzelfall als unverhältnismäßig erweisen, der Verordnungszweck weiterhin sichergestellt ist und weitere Anforderungen (beispielsweise der Stand der Technik) eingehalten werden[52]. Mithin wird in Deutschland nicht von einem exklusiven Regelungsanspruch konkretisierender Verordnungen ausgegangen. Eventuelle Abweichungen bilden jedoch die Ausnahme, was auf einen starken imperativen Charakter deutscher Konkretisierungsnormen hinweist[53]. Der Verordnungsgeber ist nicht verpflichtet, der entscheidenden Behörde einen Anpassungsspielraum zu belassen[54].

II. Verwaltungsvorschriften

Das BImSchG enthält mehrere, den Erlass von Verwaltungsvorschriften ermöglichende Regelungen[55]. So kann dem raschen Fortschreiten der technischen Entwicklung Rechnung getragen werden[56]. Von Bedeutung ist insbesondere § 48 BImSchG: Die Bundesregierung kann mit der Zustimmung des Bundesrates allgemeine Verwaltungsvorschriften insbesondere zur Bestimmung von Immissions- und Emissionswerten erlassen. Aufgrund der erforderlichen Anhörung von Vertretern z.B. aus Wissenschaft, Wirtschaft und Verwaltung (§ 51 BImSchG) erlangen Verwaltungsvorschriften die wegen ihrer praktischen Bedeutung erforderliche gesteigerte Legitimation.

Von Verwaltungsvorschriften wird in Deutschland schon seit dem 19. Jahrhundert zur Normkonkretisierung Gebrauch gemacht[57]. Die Genehmigungsbehörde ist grundsätzlich an diese Vorgaben gebunden, es sei denn, es liegen neuere, gesicherte Erkenntnisse vor[58]. Auf der Basis des § 48 BImSchG wurden bisher 9 Verwaltungsvorschriften erlassen[59]. Die Zahl der insgesamt im Immissionsschutzrecht relevanten

---

49 *Landmann/Rohmer – Kutscheidt*, § 7, Rn. 35.

50 Siehe *Feldhaus – Davids*, B 2.13, § 34, Rn. 4 sowie B 2.17, § 19, S. 44.

51 *Jarass*, NJW 1987, S. 1225 (1227).

52 Siehe § 34, § 33 Abs. 1 Nr. 2 der 13. BImSchV.

53 Allerdings steht die Ausnahme in der Regel im Ermessen der Behörde. Wenn die Dispensierungsvoraussetzungen jedoch vorliegen, besteht ein Anspruch auf Erteilung der Ausnahme, siehe *Jarass*, § 23, Rn. 11.

54 Siehe zur Zulässigkeit, den Gesetzesvollzug auf ein Rechenexempel zu reduzieren *Erichsen – Ossenbühl*, § 10, Rn. 2.

55 Siehe beispielsweise §§ 45, 46 Abs. 1 S. 6 und 48.

56 *Breuer*, DVBl. 1978, S. 29 (30).

57 Vgl. *Breuer*, DVBl. 1978, S. 29 (30); *Ebinger*, S. 158ff.

58 Siehe BVerwG 55, S. 250 (258); BVerwG DVBl. 1988, S. 539.

59 Siehe die Übersicht bei *Jarass*, § 48, Rn. 25.

Verwaltungsvorschriften liegt jedoch wesentlich höher[60]. Die bedeutendste Verwaltungsvorschrift ist die TA-Luft[61], die insbesondere Schutz- und Vorsorgepflichten im Sinne von § 5 Abs. 1 Nr. 1 und 2 BImSchG konkretisiert[62]. Sie enthält unter anderem allgemeine Vorschriften zur Reinhaltung der Luft und bestimmte Immissionswerte, bei deren Einhaltung Gesundheitsgefahren, erhebliche Benachteiligungen und erhebliche Belästigungen ausgeschlossen werden können[63]. Ferner werden zahlreiche Emissionsgrenzwerte sowie Verfahrens- und Messvorschriften festgelegt[64]. Bezüglich Geräuschimmissionen ist weiterhin die TA-Lärm zu erwähnen, die vor allem zahlreiche Immissionsrichtwerte enthält[65]. Verwaltungsvorschriften spielen auch in anderen umweltrechtlichen Bereichen ein bedeutende Rolle[66].

III. Technische Regelwerke

In Deutschland bieten die bereits angesprochenen technischen Regelwerke privater oder öffentlicher Normungsorganisationen weitere abstrakte Konkretisierungen (DIN-Normen, VDI-Richtlinien, VDE-Bestimmungen oder Regeln der ISO, des CEN, des CENELEC oder des TÜVs)[67]. Diese spielen vor allem bei der praktischen Konkretisierung des *Standes der Technik* eine wichtige Rolle[68]. Sie haben grundsätzlich keinerlei Bindungswirkung gegenüber der Behörde. Ihnen kommt grundsätzlich nur eine indizierende Funktion im Sinne einer Auslegungshilfe zu[69]. Hier sind beispielsweise die „Richtlinien Maximale Immissions-Konzentration" des Vereins Deutscher Ingenieure (VDI 2306) zu nennen, auf die zurückgegriffen werden kann, wenn die TA-Luft keine spezifischen Angaben enthält[70].

---

60 Siehe beispielsweise die ministeriellen Rundschreiben bezüglich einer bundeseinheitlichen Praxis bei der Überwachung von Emissionen und Immissionen (abgedruckt in *Ule/Laubinger*, A 13.1ff. und B 1.1.3ff.). Ferner werden auch die einzelnen Verordnungen in der Regel durch Verwaltungsvorschriften erläutert. Eine absolute Zahl ist hier jedoch schwer zu ermitteln und auch wenig ergiebig, weil die unbestimmten Rechtsbegriffe vor allem durch die „allgemeinen" Verwaltungsvorschriften nach § 48 BImSchG konkretisiert werden.

61 Erste Allgemeine Verwaltungsvorschrift v. 24.07.2002 zum Bundes-Immissionsschutzgesetz (Technische Anleitung zur Reinhaltung der Luft), GMBl., S. 509.

62 *Kloepfer*, § 14, Rn. 49, S. 942; *Schmidt-Aßmann – Breuer*, Abschn. 5, Rn. 184, 188; siehe ferner *Fischer*, S. 43ff.

63 Siehe Nr. 2.2.1.1 und Nr. 2.2.1.2 der TA-Luft.

64 Siehe Nr. 3ff.

65 Sechste allgemeine Verwaltungsvorschrift zum Bundes-Immissionsschutzgesetz (Technische Anleitung zum Schutz gegen Lärm – TA Lärm), vom 26. August 1998 (GMBl. 503).

66 Siehe die Übersicht im UGB-KomE, S. 483.

67 Siehe *Marburger*, S. 195ff.; *Reihlen*, in *Rengeling*, Umweltnormung, S. 1ff.; *Rengeling – Schulte*, § 17, Rn. 1ff.; siehe ferner die umweltrelevanten Normen im Überblick *Feldhaus*, in *Rengeling*, Umweltnormung, S. 137 (140f., 144ff.).

68 Siehe *Rittstieg*, S. 98f.

69 *Kloepfer*, § 14, Rn. 52, § 3, Rn. 78; *Breuer*, NVwZ 1988, S. 104 (107).

70 *Jarass*, BImSchG, § 5, Rn. 39.

Eine rechtsverbindliche Wirkung kommt ihnen nur zu, wenn die Genehmigungsbehörde sie zum Genehmigungsinhalt erhebt oder wenn sie an der Bindungswirkung eines Rechtssatzes teilnehmen, weil auf sie verwiesen wird[71]. § 7 Abs. 5 BImSchG (auch § 23 Abs. 1 Satz 3 BImSchG für nicht genehmigungsbedürftige Anlagen) gestattet ausdrücklich eine gesetzliche Bezugnahme auf solche Bekanntmachungen sachverständiger Stellen. Durch solche Verweise und gesetzliche Anknüpfungen wird die Rezeption technischer Regelwerke erleichtert. Erfolgt die Verweisung in Form einer Verwaltungsvorschrift, kommt diesen Regelwerken unter Umständen die Wirkung von antizipierten Sachverständigengutachten zu[72]. Sie sind daher unter Umständen auch vor Gericht beachtlich[73]. Technische Normungen auf europäischer Eben können auch im Zuge der Konkretisierung europarechtlicher Regelungen eine Bindungswirkung erfahren[74].

---

71 *Landmann/Rohmer*- Kutscheidt, § 3 BImSchG, Rn. 19; *Fröhler*, FS *Ule*, S. 55 (60ff.) sowie *Breuer*, AöR 101 (1976), S. 46 (60ff.).

72 *Feldhaus*, in *Rengeling*, Umweltnormung, S. 137 (140); siehe zur Rechtsfigur unten, S. 174ff.

73 Siehe unten, S. 178.

74 Siehe zur „neuen Konzeption" *Rengeling – Schulte*, § 17, Rn. 36ff; *von Danwitz*, in *Rengeling*, Umweltnormung, S. 187ff.

§ 2. Das Anlagenzulassungsrecht in Frankreich

Das französische Anlagenzulassungsrecht wird geprägt durch Art. L 511 bis 517 code de l'environnement[75]. Der code de l'environnement wurde Ende 2000 geschaffen, indem wesentliche förmliche Gesetze (*lois*) des Umweltschutzes zusammengefasst wurden. Wegen der begrenzten abstrahierenden Wirkung des allgemeinen Teils und der Selbständigkeit der verschiedenen Regelungsbereiche handelt es sich im wesentlichen um eine Gesetzessammlung mit fortlaufender Nummerierung[76].

Livre V (Prévention des pollutions, des risques et des nuisances) enthält in seinem titre Ier (Installations classées pour la protection de l'environnement) im wesentlichen die Vorschriften der loi n° 76.663 du 19 juillet 1976 relative aux installations classées pour la protection de l'environnement[77]. Es handelt es sich um die bedeutendsten Regelungen des industriellen Umweltschutzes[78]. Sie unterwerfen die wesentlichen Industrieanlagen einer Genehmigungs- bzw. Anzeigepflicht. Insoweit sind sie mit dem deutschen BImSchG vergleichbar. Die Regelungen sind jedoch wesentlich kürzer gefasst und erlangen ihre Vollzugsfähigkeit vor allem erst durch die Ausführungsverordnung[79], die als Rechtsverordnung (*décret*) nicht im code de l'environnement aufgegangen ist.

Nach Art. L 511-1 code de l'environnement unterliegen dem Gesetz alle Fabriken, Werkstätten, Lager und Arbeitsstätten, die *Gefahren* oder *Nachteile* für die Wohnlichkeit der Nachbarschaft[80], öffentliche Gesundheit, öffentliche Sicherheit, Landwirtschaft, den Schutz der Natur, Schutz der Umwelt oder für die Erhaltung von Landschaft, Bauwerken und des archäologischen Erbes hervorrufen[81]. Auch die Schutzgüter des Wasserrechts zählen nach Art. 214-7 code de l'environnement zu diesen ge-

---

75 Ordonnance n° 2000-914 du 18 septembre 2000 relative à la partie Législative du code de l'environnement (J.O. du 21 septembre 2000), zuletzt geändert durch ordonnance n° 2001-321 du 11 avril 2001 relative à la transposition de directives communautaires et à la mise en œuvre de certaines dispositions du droit communautaire dans le domaine de l'environnement (JO du 14 avril 2001).

76 Siehe näher zum code de l'environnement unten, S. 220.

77 J.O. du 20 juillet 1976.

78 Siehe *Bugge*, S. 83.

79 Décret n° 77-1133 du 21 septembre 1977 pris pour l'application de la loi n°76-663 du 19 juillet 1976 relative aux installations classées pour la protection de l'environnement, J.O. du 8 octobre 1977, zuletzt geändert durch décret n° 2001-146 du 12 février 2001, J.O. du 17 février 2001, im folgenden: „Ausführungsverordnung".

80 Hier handelt es sich wohl um die treffendste Übersetzung von *commodité du voisinage*.

81 *Sont soumis aux dispositions du présent titre les usines, ateliers, dépots, chantiers et, d'une manière générale, les installations exploitées ou détenues par toute personne physique ou morale, publique ou privée, qui peuvent présenter des dangers ou des inconvénients soit pour la commodité du voisinage, soit pour la santé, la sécurité, la salubrité publiques, soit pour l'agriculture, soit pour la protection de la nature et de l'environnement, soit pour la conservation des sites et des monuments ainsi que des éléments du patrimoine archéologique.*

schützten Interessen. Anders als in Deutschland fehlt eine ausdrückliche Umschreibung des Gesetzeszwecks.

Die Anlagen, für die das Gesetz gilt, sind nach Art. L 511-2 code de l'environnement per *décret* festzulegen. Sie sind nach der Schwere der Gefahren oder Nachteile des Anlagenbetriebes entweder einer Genehmigungs- oder einer Anzeigepflicht zu unterwerfen. Dies ist durch die sog. *nomenclature*[82] erfolgt, die Anlagen nach Tätigkeiten und verwendeten Stoffen unterscheidet und in einem Spaltensystem zwischen genehmigungspflichtigen und anzeigepflichtigen Anlagen unterscheidet. Der Kreis der dem Zulassungsrecht unterliegenden Anlagen wird daher grundsätzlich abschließend bestimmt. Mit Ausnahme von dem Atom- und Bergrecht unterliegenden Anlagen sowie Flughäfen sind alle umweltrelevanten Anlagen umfasst[83].

In Frankreich wird die Reinhaltung der Luft zweigleisig verfolgt. Neben dem Gesetz vom 19. Juli 1976 galt lange Zeit das Gesetz vom 2. August 1961 zum Schutz vor Luftverunreinigungen[84]. Dieses sah für Gebäude sowie industrielle, gewerbliche, handwerkliche und landwirtschaftliche Einrichtungen und Anlagen bestimmte Betriebspflichten vor, die durch *décrets* insbesondere in Form emissionsbezogener Regelungen konkretisiert wurden[85]. Das Gesetz wurde größtenteils durch Gesetz vom 30. Dezember 1996 abgelöst[86], welches sich mittlerweile in Art. L 220ff. code de l'environnement wiederfindet. Die Schaffung von Umweltqualitätszielen der Luft sowie die Einrichtung von Emissionsgrenzwerten ist weiterhin vorgesehen. In diesem Regelungsbereich werden regelmäßig die Richtlinien der EG zur Luftreinhaltung umgesetzt[87].

Vor allem der raumbedeutsame und gebietsbezogene Immissionsschutz wird daher in Frankreich parallel zum Anlagenzulassungsrecht verfolgt. Der Geltungsbereich

---

82 Décret du 20 mai 1953, zuletzt geändert durch décret n° 2002-680 du 30 avril 2002, erhältlich unter <http://aida.ineris.fr>.

83 *Deharbe*, rupture ou continuité du droit des installations classées, S. 7 (11); bestimmte atomare Anlagen unterliegen gleichwohl dem Anlagenzulassungsrecht, vgl. n° 1700, 1710, 1711 der *nomenclature*. Ausgeschlossen sind die *installations nucléaires de base*, die nach dem *décret* n° 63-1228 vom 11 décembre 1963 per Rechtsverordnung (*décret*) genehmigt werden. Für radioaktive Emissionen gelten Sonderregelungen, vgl. *décret* n° 95-540 du 4 mai 1995.

84 Loi n° 61-842 du 2 août 1961, relative à la lutte contre les pollutions atmosphériques et les odeurs et portant modification de la loi du 19 décembre 1917. Der mediale Schutz der Luft geht in Frankreich bereits auf ein Gesetz aus dem Jahre 1932 zurück, vgl. *Prieur*, Rn. 720.

85 Siehe insbesondere das décret n° 74-415 du 13 mai 1974 relatif au contrôle des émissions polluantes dans l'atmosphère et à certaines utilisations de l'énergie thermique.

86 Loi n° 96-1236 du 30 décembre 1996 sur l'air et l'utilisation rationnelle de l'énergie; siehe *Lanoy*, BDEI 1997 (1), S. 2ff.

87 Dies gilt namentlich für die Richtlinien 80/779/EWG des Rates vom 15. Juli 1980 über Grenzwerte und Leitwerte der Luftqualität für Schwefeldioxid und Schwebestaub (ABl. L 229, S. 30); 82/884/EWG des Rates vom 3. Dezember 1982, betreffend die Grenzwerte für den Bleigehalt in der Luft (ABl. L 378, S. 15), die jeweils durch das décret du 13 mai 1974 (geändert durch das décret n° 91-1122 du 25 octobre 1991) umgesetzt wurden.

überschneidet sich mit dem des Anlagenzulassungsrechts[88]. Dies gilt beispielsweise für Luftreinhaltepläne oder Schutzzonen, die sich auch auf den Betrieb von Industrieanlagen auswirken[89]. Ebenfalls ist hier das décret n° 98-360 du 6 mai 1998[90] zu nennen, welches unter anderem Grenzwerte für die Emission bestimmter Stoffe aufstellt. Vorgaben und behördliche Kompetenzen gelten unbeschadet derjenigen des Anlagenzulassungsrechts[91]. Im Konfliktfall sind die strengeren bzw. geeigneteren Normen anzuwenden[92]. Maßnahmen zur Luftreinhaltung sind nach dem Anlagenzulassungsrecht zu vollziehen, wenn eine klassifizierte Anlage Ursache der Verschmutzung ist[93]. Das Anlagenzulassungsrecht gilt als prinzipales Regelungssystem zum Schutz der Umwelt vor Verschmutzungen durch Industrieanlagen[94]. Hier wurden auch die Vorgaben der IVU-Richtlinie umgesetzt[95]. Auch wenn sich beide Regelungssysteme ergänzen[96], sei der Regelungsmechanismus der klassifizierten Anlagen effektiver[97]. Die Zweigleisigkeit hat bereits zu Problemen beim Erlass von Konkretisierungsvorschriften geführt. Das Anlagenzulassungsrecht ließ den Erlass genereller konkretisierender Reinhaltevorschriften früher nicht zu[98].

Die Gründe eines zweigleisig verfolgten Schutzes der Luft liegen in der Historie und den Besonderheiten des französischen Anlagenzulassungsrechts begründet. Die in Art. L 511-1 Abs. 1 code de l'environnement genannten Schutzgüter wiesen in ursprünglicher Form einen starken örtlichen Bezug zur betreffenden Anlage auf. Das Gesetz zielte früher vorwiegend auf den Schutz der Nachbarschaft; vor dem Hintergrund fortschreitender Industrialisierung sollten hygienische Verhältnisse gerade in

---

88 *Prieur*, Rn. 729; Dies gilt insbesondere für Verbrennungsanlagen nach n° 2910 der nomenclature.

89 Siehe *Code Permanent*, S. 468, Nr. 45 b; *Lefebvre*, Rn. 511f.

90 Relatif à la surveillance de la qualité de l'air et des effets sur la santé et sur l'environnement, aux objectifs de qualité de l'air, aux seuils d'alerte et aux valeurs limites, J.O. du 13 mai/ 13 juin 1998; siehe ferner die *décrets* n° 98-361 du 6 mai 1998 relatif à l'agrément des organismes de surveillance de la qualité de l'air und n° 98-362 du 6 mai 1998 relatif aux plans régionaux pour la qualité de l'air, J.O. 13 mai 1998.

91 Art. 1 des Ausführungsdekrets vom 13 mai 1974; CE, 3 novembre 1972, *Roulos*, rec., S. 690 (691).

92 *Baucomont/Gousset*, Rn. 104.

93 Siehe Art. L 226-1 und Art. L 222-6 Abs. 2 code de l'environnement.

94 *Code Permanent*, S. 3978, Nr. 4.

95 Siehe unten, S. 201ff.

96 *Faberon*, RJE 2/1997, S. 133f.

97 Siehe *Baucomont*, thèse, S. 153.

98 Eine auf Art. 7 des Gesetzes vom 19. Juli 1976 gestützte Rechtsverordnung wurde vom *Conseil d'Etat* annulliert, weil Art. 7 nicht die geeignete Ermächtigungsgrundlage darstellte, sondern weitreichende Luftreinhaltungsvorschriften nach loi du 2 août 1961 hätten getroffen werden müssen, die formell dann allerdings kein *arrêté*, sondern eine Rechtsverordnung unter Beteiligung des *Conseil d'Etat* erfordert hätten (*décret en Conseil d'Etat*); vgl. CE 25 septembre 1992, *Union des industries chimiques et autres*, rec. n° 88.141. Siehe unten, S. 158ff. ; siehe auch *Code Permanent*, S. 462 B. Die Problematik hat sich jedoch mit der Ausdehnung von Art. 7 des Gesetzes vom 19. Juli 1976 entschärft; siehe unten, S. 42f.

den Ballungszentren sichergestellt werden[99]. Ferner sollte den Unternehmern Rechtssicherheit vor Beschwerden eingeräumt werden[100]. Für den weiträumigeren Umweltschutz öffnete sich das Gesetz erst später. Parallel entwickelte sich in Frankreich ein selbständiger, nur auf den Schutz der Luft abzielender Regelungsbereich. Ferner lassen sich in einem Gesetz, das den Schutz der Luft auf nationaler Ebene verfolgt, nur schwerlich örtliche Besonderheiten berücksichtigen und Betriebskonditionen aushandeln, was im Folgenden als Besonderheit des französischen Rechts noch aufzuzeigen ist.

A. Genehmigungspflichtige Anlagen

Wie in Deutschland handelt es sich bei dem Erfordernis einer Genehmigung um ein klassisches Instrumentarium des Ordnungsrechts[101]. Nach Art. L 512-1 Abs. 1 code de l'environnement unterliegen Anlagen einer Genehmigungspflicht, die *schwere Gefahren* oder *Nachteile* für die in Art. 511-1 genannten Schutzgüter hervorrufen.

I. Anforderungen an die Genehmigungserteilung

Im Gegensatz zum deutschen Recht enthält das französische Recht kein detailliertes Entscheidungsprogramm für die Genehmigungserteilung. Die schwache Reglementierung ist dabei typisch für das französische Umweltrecht[102]. Wie im folgenden zu zeigen ist, gibt das Gesetz nur ein Rahmenprogramm für den durch die Behörde auszuarbeitenden Genehmigungsinhalt vor. Die gesetzlichen Vorschriften wenden sich an die Behörde und nicht an den Anlagenbetreiber und beinhalten daher einen Ausgestaltungsauftrag für den Einzelfall. Daher kennt das französische Recht keine gesetzlich verankerten, unmittelbar an den Anlagenbetreiber adressierten Grundpflichten[103].

Gemäß Art. L 512-1 Abs. 2 code de l'environnement darf die Genehmigung nur erteilt werden, wenn Gefahren oder Nachteilen für die Schutzgüter des Art. L 511-1 Abs. 1 durch im Genehmigungsbescheid festgelegte Maßnahmen vorgebeugt (*être prévenus*) werden kann[104]. Entsprechende Bedingungen der Errichtung und des Betriebes sind in den Genehmigungsbescheid aufzunehmen (Art. L 512-3 code de l'environnement). Hier verwirklicht sich primär der Schutzgrundsatz, der wegen des

---

99 *Lamy*, n° 105-5.

100 *Deharbe*, rupture ou continuité du droit des installations classées, S. 7 (24).

101 Siehe *Romi*, S. 362.

102 *Kromarek*, in *Dolde* (Hrsg.), Umweltrecht im Wandel, S. 189 (201).

103 Anders wohl *Kromarek*, in *Rengeling*, Auf dem Weg zum UGB I, S. 57 (81); unmittelbar an den Betreiber wenden sich in relevanter Form nur teilweise Vorschriften des *arrêté intégré (*arrêté du 2 février 1998, relatif aux prélèvements et à la consommation d' eau ainsi qu' aux émissions de toute nature des installations classées pour la protection de l' environnement soumises à autorisation, J.O. 3 mars 1998, zuletzt geändert durch arrêté du 20 juin 2002, J.O. du 28 juillet 2002 ; siehe dazu unten, S. 42f.).

104 *L'autorisation ne peut être accordé que si ces dangers ou inconvénients peuvent être prévenus par des mesures que spécifie l'arrêté préfectoral.*

Gesetzeswortlautes aus deutscher Sicht missverständlich als *principe de prévention* definiert wird[105]. Indessen ist zu beachten, dass der Schutzgrundsatz als wirklicher Umweltschutzgrundsatz sich in Frankreich dogmatisch noch nicht etabliert hat[106].

Wahrscheinlich liegt in dem weiten Verständnis des Schutzgrundsatzes die Ursache begründet, dass ein Vorsorgeprinzip (*principe de précaution*) bis zum Erlass des code de l'environnement Ende 2000 im französischen Anlagenzulassungsrecht nicht ausdrücklich verankert war[107]. Mittlerweile ist das Vorsorgeprinzip immerhin in die allgemeinen Umweltschutzprinzipien[108] des code de l'environnement aufgenommen worden (Art. L 110-1)[109]. Bis dahin war es nur im code rural genannt[110]. Als Ausdruck des Vorsorgeprinzips wurden und werden Auflagen ggf. Auflagen erlassen[111]. Vorsorgepflichten finden sich mitunter auch in konkretisierenden Vorschriften wieder[112]. Als veritable Betreiberpflicht hat sich das Vorsorgeprinzip in Frankreich jedoch noch nicht etabliert. Obwohl an der Verbindlichkeit des Prinzips grundsätzlich keine Zweifel bestehen[113], sind seine Reichweite und Bedeutung noch unklar[114]. Insbesondere wurde es bislang nicht in Form breit angelegter Emissionsgrenzwerte umgesetzt. Der *arrêté*

---

105 *Lefebvre*, Rn. 401; *Prieur*, Rn. 73.

106 So wird dieser Grundsatz im den Umweltschutzprinzipien gewidmeten Sonderheft der DE von 2001 neben dem *principe de participation*, dem *principe d'intégration*, dem *principe pollueur-payeur* und dem *principe de précaution* nicht näher behandelt.

107 Siehe *Rehbinder*, S. 121ff.; typisch ist die Formulierung, dass das Gesetz nicht generell schädliche Umwelteinwirkungen oder Gefahren ausschließen, sondern diese auf ein Niveau reduzieren wolle, welches für die Umwelt unter Berücksichtigung der technischen und wirtschaftlichen Möglichkeiten akzeptabel sei, siehe TA Strasbourg, 19 janvier 1993, *Commune de Schliengen et autres*, RJE 1995 (n° spécial), S. 111 (115).

108 Vgl. *Kromarek*, in *Dolde* (Hrsg.), Umweltrecht im Wandel, S. 189 (202/203).

109 „Le principe de précaution, selon lequel l'absence de certitudes, compte tenu des connaissances scientifiques et techniques du moment, ne doit pas retarder l'adoption de mesures effectives et proportionnées visant à prévenir un risque de dommages graves et irréversibles à l'environnement à un coût économiquement acceptable".

110 Art. 200-1 code rural, der auch im Anlagenzulassungsrecht gilt, vgl. CE, 25 septembre 1998, *Association Greenpeace France*, n° 194.348 sowie CAA Bordeaux, 5 novembre 1998, *Compagnie générale des matières nucléaires (COGEMA)*, Ministère de l'aménagement du territoire et de l'environnement, jurisprudence 1998, S. 19.

111 Siehe *Lefebvre*, Rn. 409; *Code Permanent*, S. 6330, Rn. 21 (Ergänzung); *Rengeling*, Stand der Technik, S. 132.

112 Siehe *Rehbinder*, S. 121f.

113 Vgl. CE, 25 septembre 1998 et 11 décembre 1998, *Association Greenpeace France*, RJE 1999, S. 561ff., commentaire *Carole Hermon*, siehe insbesondere S. 566ff. Auffällig ist, dass der *Conseil d'État* dem commissaire de gouvernement *Jacques-Henri Stahl* darin nicht gefolgt ist, das Vorsorgeprinzip nur als unverbindliche Direktive anzusehen, vgl. *Baghestani-Perrey*, RJE 2000, n° spécial, S. 19 (26).

114 *Prieur*, Rn. 167.

intégré[115] gibt als konkretisierende Rechtsverordnung zwar Emissionsgrenzwerte vor, diese können aber bei Bedarf angepasst werden und gelten obendrein nicht für alle genehmigungspflichtigen Anlagen. Einen weiteren Schritt macht jedoch Art. 17 Abs. 4 Ausführungsverordnung, der in seiner seit Anfang 2000[116] geltenden Fassung „gegebenenfalls" Vorschriften zur Vorsorge gegen Fernwirkung von Emissionen und grenzüberschreitende Emissionen im Genehmigungsbescheid erfordert. Genehmigungsauflagen werden bislang jedoch noch regelmäßig in eher abstrakten Umweltqualitätszielen ausgedrückt[117].

Im Genehmigungsverfahren ist eine umfangreiche Abwägung verschiedener, gesetzlich geschützter Belange erforderlich. Zunächst fällt auf, dass es sich bei den in Art. L 511-1 code de l'environnement genannten Schutzgütern um einen bunten Mix verschiedenster Belange handelt, die in einem unklaren Rangverhältnis stehen und nur gemeinsam haben, dass sie möglicherweise durch den Anlagenbetrieb betroffen sind. Darüber hinaus haben die dem Betreiber aufzuerlegenden Betriebsbestimmungen nach Art. 17 Abs. 2 Ausführungsverordnung dem *principe des meilleures techniques disponibles dans des conditions économiques acceptables* (MTD) zu entsprechen[118]. Hierbei handelt es sich um die französische Version der BATNEEC[119], welche insgesamt eine Abwägung ökonomischer und ökologischer Belange erfordert. Art. 17 Abs. 2 Ausführungsverordnung macht eine Prüfung der Verhältnismäßigkeit ausdrücklich erforderlich. Der Abwägungsrahmen wird durch die Einbeziehung wirtschaftlicher Aspekte deutlich ausgedehnt und eröffnet der Genehmigungsbehörde daher Spielräume. Dies ist insofern erstaunlich, als die höherrangigen gesetzlichen Regelungen eine Berücksichtigung wirtschaftlicher Belange nicht ausdrücklich fordern. Dies gilt insbesondere für Art. L 511-1 code de l'environnement. Ökonomische und soziale Interessen an der

---

115 Arrêté du 2 février 1998, relatif aux prélèvements et à la consommation d' eau ainsi qu' aux émissions de toute nature des installations classées pour la protection de l' environnement soumises à autorisation, J.O. 3 mars 1998, zuletzt geändert durch arrêté du 20 juin 2002, J.O. du 28 juillet 2002 ; siehe dazu unten, S. 42f.

116 Art. 4 du décret n° 2000-258 du 20 mars 2000, J.O. 22 mars 2000.

117 Siehe auch *Breuer*, UTR 17 (1992), S. 155 (185).

118 *Ces prescriptions tiennent compte notamment, d'une part, de l'efficacité des techniques disponibles et de leur économie, d'autre part, de la qualité, de la vocation et de l'utilisation des milieux environnants ainsi que de la gestion équilibré de la ressource en eau* ; siehe zu den MTD *Code Permanent*, S. 4010f., Nr. 104 ; *Papp*, BDEI 1995, S. 39. Die erläuternde Verwaltungsvorschrift (circulaire du 25 septembre 2001 relative aux installations classées – procedure d'instruction des demandes d'autorisation) verweist insoweit in Nr. 5 Abs. 2 auf die nach der IVU-Richtlinie zu erarbeitenden BREFS ; siehe insoweit auch *Busch*, S. 86ff.

119 *Best available techniques not entailing excessive costs*. Es ist nicht geklärt, inwieweit zwischen dem Begriffen der BATNEEC und der Konkretisierung in Art. 17 Ausführungsverordnung Unterschiede bestehen, vgl. *Lefebvre*, Rn. 415. Das Konzept BATNEEC ist bereits in der circulaire du 2 février 1982 concernant l'instruction des projets d'établissements nouveaux ou d'extensions (unveröffentlicht, abgedruckt in *Code Permanent*, S. 4172) enthalten; siehe *Boivin*, S. 20, 233.

Realisierung eines Vorhabens zählen jedoch zum *intérêt général*, das unbestritten einbezogen ist[120].

Das französische Anlagenzulassungsrecht definiert seine Rechtsbegriffe regelmäßig nicht[121], woran wiederum deutlich wird, dass die Verwaltung in der Entscheidungsfindung freier agiert. Zur Definition des Gefahrenbegriffes ist auch ein Rückgriff auf das französische Polizei- und Ordnungsrecht wenig hilfreich, weil keine abstrakte Definition des Gefahrenbegriffes als Handlungsermächtigung vorliegt[122]. So beschäftigt sich die französische Lehre nur vereinzelt mit abstrakten anlagenzulassungsrechtlichen Begriffsdefinitionen[123]. Soweit ersichtlich hat sich eine Konkretisierung nur in Richtung des ursprünglich bedeutsamsten Schutzgutes, nämlich der Nachbarschaft (*commodité de voisinage*), etabliert. So dürfen von der Anlage keine *troubles anormaux de voisinage* ausgehen[124]. Allerdings wird auch dieser Grundsatz nicht weiter spezifiziert[125]. Das französische Recht definiert auch die Anforderungen an die MTD im Sinne von Art. 17 der Ausführungsverordnung nicht weiter, sondern umschreibt nur allgemein die Anforderungen an konkret auszuarbeitende Betriebskonditionen. Diese schwächere abstrakte Determinierung zentraler Rechtsbegriffe liegt vor allem darin begründet, dass Betriebsbestimmungen verstärkt situationsbezogen festgelegt werden[126]. Wie während der Darstellung des Genehmigungsverfahrens noch zu zeigen ist, folgen die konkreten Betriebsbestimmungen weniger aus abstrakten Konkretisierungsnormen, sondern sind das Resultat von einzelfallbezogenen Verhandlungen und Wertungen.

In Frankreich wird nicht darauf hingewiesen, dass die Betriebspflichten einen dynamischen Charakter hätten. Allerdings sieht auch Art. 18 der Ausführungsverordnung die Möglichkeit nachträglicher Anordnungen (*arrêtés complémentaires*) vor, um Betriebskonditionen in Form von *prescriptions additionnelles* festzulegen[127].

---

120 *Baralle*, in *Deharbe* (Hrsg.) S. 71 (76).

121 So bereits schon *Backhaus*, S. 209 (268).

122 Siehe zu den Voraussetzungen im Polizeirecht *Schmitz*, S. 209f., 174.

123 Nach *Deswarte* (Juris-Classeur environnement, *installations classées pour la protection de l'environnement*, fasc. 170-10) soll unter *Gefahr* (*danger*) alles zu verstehen sein, *ce qui menace ou compromet la sûreté, l'existence d'une personne ou d'une chose.* Als *Nachteil* (*inconvénient*) gelten eher *les conséquences des pollutions de l'eau, du sol, de l'air, ainsi que des nuisances sonores.* Unter *Verschmutzung* (*pollution*) sind zu verstehen *les déchets produits ou détenus dans des conditions de nature à entraîner des effets nocifs sur le sol, la flore et la nature, dégrader les sites ou les paysages, à vicier l'air ou les eaux et d'une façon générale, à porter atteinte à la santé de l'homme ainsi qu'à l'environnement.* Der Begriff der *nuisance* wird definiert als *toute agression d'origine humaine contre le milieu physique ou biologique, naturel ou artificiel, entourant l'homme* (ähnlich *Romi*, S. 10 und *Caballero*, S. 3).

124 Siehe *Bavoillot/Wertenschlag*, S. 39; *Lefebvre*, Rn. 325.

125 So bereits schon *Backhaus*, S. 209 (270).

126 So auch *Backhaus*, S. 209 (270).

127 Beispiele bei *Boivin*, S. 249, Rn. 73.

Kann Gefahren und Nachteilen für die Schutzgüter in Art. L 511-1 code de l'environnement nicht durch besondere Vorgaben abgeholfen werden, so hat die Genehmigungsbehörde die Erteilung der Genehmigung nach Art. L 512-1 Abs. 2 code de l'environnement zu verweigern. Es besteht kein ausdrücklicher gesetzlicher Anspruch auf die Genehmigung[128]. Die Behörde handelt nach Ermessen (*compétence discrétionnaire*) und ist jedenfalls nach der Gesetzesformulierung nur in wenigen Fällen gebunden[129]. In Rechtsprechung und Literatur besteht jedoch Einigkeit, dass die Genehmigung zu erteilen ist, wenn sie mit ausreichenden Umweltschutzauflagen versehen werden kann[130]. *Huglo* nimmt daher eine Pflicht des *préfet* zur sorgfältigen Prüfung des Antrages und ein korrespondierendes Recht des Anragstellers auf Erteilung der Genehmigung an[131]. Aus deutscher Sicht tritt hier ein Widerspruch zutage. Das französische Verwaltungs- und Verwaltungsprozessrecht räumt der Verwaltung im Grundsatz Ermessen ein (*compétence oder pouvoir discrétionnaire*). Nur in wenigen Fällen ist die Verwaltung gebunden (*compétence liée*). Selbst im Falle umfangreicher richterlicher Prüfungskompetenzen verbleibt es im Gegensatz zum deutschen Recht begrifflich bei der Ermessensverwaltung.

II. Genehmigungsverfahren

Zuständige Genehmigungsbehörde ist der *préfet*. Als Bündelungsbehörde im Bereich des administrativen Umweltschutzes[132] ist er mit dem Regierungspräsidenten vergleichbar[133]. Der Genehmigungsbescheid wird in Frankreich unter der Beteiligung verschiedener Gremien entwickelt, wie im Folgenden zu zeigen ist[134]. Im Gegensatz zum deutschen unterscheidet das französische Recht nicht zwischen förmlichem und einfachem Genehmigungsverfahren[135]. Aus deutscher Sicht findet in Frankreich stets ein förmliches Verfahren statt.

Eine Darstellung des beantragten Vorhabens ist ähnlich dem deutschen Recht bekannt zu machen[136]. Eine öffentliche Anhörung (*enquête publique*) ist stets erforderlich[137]. Diese wird je nach Bedeutung des Vorhabens von einer Einzelperson (*commissaire enquêteur*) oder von einem Gremium (*commission d'enquête*) beliebiger, aber

---

128 *Kromarek*, in *Rengeling*, Auf dem Weg zum UGB I, S. 57 (60f.).

129 Siehe unten, S. 123f.

130 CE 20 mars 1970, *Glais*, rec., S. 215 (216); *Boivin*, S. 232, Rn. 16.

131 BDEI 2/2000, S. 2 (11).

132 *Prieur*, Rn. 294.

133 *Woerhling*, DVBl 1992, S. 884 (885).

134 Von Bedeutung ist hier die erläuternde Verwaltungsvorschrift circulaire du 25 septembre 2001 relative aux installations classées – procédure d'instruction des demandes d'autorisation, erhältlich unter <*http://environnement.gouv.fr*>.

135 Ein vereinfachtes Verfahren ohne Öffentlichkeitsbeteiligung ist nur ausnahmsweise vorgesehen, vgl. Art. 23 Ausführungsverordnung.

136 Siehe Art. 6 Ausführungsverordnung.

137 Siehe Art. 5ff. Ausführungsverordnung sowie *Woehrling*, DVBl 1992, S. 884 (887).

stets ungrader Mitgliederzahl durchgeführt. Darüber entscheidet der Präsident des örtlichen Verwaltungsgerichts, der auch Vorsitz und Mitglieder beruft (Art. 5 der Ausführungsverordnung). In der öffentlichen Anhörung kann jedermann die Genehmigungsunterlagen einsehen und Einwendungen vorbringen. Auch die Volksvertretungen der betroffenen Kommunen (*conseil municipal*) werden aufgefordert, zu dem Vorhaben Stellung zu nehmen. Von dem beantragten Vorhaben werden ebenfalls viele Behörden des départements (*services départementaux*) informiert, beispielsweise für Umwelt, Landwirtschaft, Arbeits- und Zivilschutz und *équipement*[138] (Art. 9 Ausführungsverordnung). Bei Bedarf findet eine öffentliche Versammlung statt (Art. 6 bis Abs. 3 Ausführungsverordnung). Dem Antragsteller wird Gelegenheit gegeben, zu den in der *enquête publique* und ggf. der öffentlichen Versammlung vorgebrachten Einwänden Stellung zu nehmen. Der *commissaire enquêteur* bzw. der *président de la commission d'enquête* fertigt einen Bericht über die öffentliche Anhörung mit begründeter Stellungnahme, ob das Vorhaben zu befürworten oder abzulehnen ist (Art. 7 Abs. 3 Ausführungsverordnung). Dieser wird an die beteiligten Stellen übersandt. Jedermann kann Einsicht nehmen in den Bericht und die ggf. vom Antragsteller vorgebrachten Stellungnahmen. Insgesamt ist der Ablauf des Verfahrens gesetzlich sehr genau vorgegeben.

Alle Berichte und Stellungnahmen werden der *inspection des installations classées* übermittelt, die zum Antrag und den Ergebnissen der Anhörung Stellung nimmt und sich entweder gegen eine Genehmigung ausspricht oder Vorschläge für Umweltschutzauflagen erarbeitet und den *conseil départemental d'hygiène* informiert (Art. 10 Abs. 1 und 2 Ausführungsverordnung). Auch der Antragsteller kann sich Gehör verschaffen. Ihm sind die Vorschläge der *inspection des installations classées* zu übermitteln, bevor der *conseil départemental d'hygiène* zusammentritt (Art. 10 Abs. 3 Ausführungsverordnung). Resultat dieses Verfahrens ist ein Entscheidungsentwurf, der *préfet* und Antragsteller übermittelt wird (Art. 11 Ausführungsverordnung). Die wesentliche Aufgabe bei der Ausgestaltung der Genehmigung oder Ablehnung kommt der *inspection des installations classées* zu, deren Vorschlägen der *préfet* in der Regel folgt, ohne an sie gebunden zu sein[139].

Die *inspection des installations classées* wird durch die *Diréction régionale de l'industrie, de la recherche et de l'environnement* (*D.R.I.R.E.*) wahrgenommen, einer regional für den industriell veranlassten Umweltschutz zuständigen Behörde, die sich vorwiegend aus Naturwissenschaftlern und Technikern zusammensetzt[140] und insofern mit den für Umweltschutz zuständigen Dezernaten von Bezirksregierungen und Umweltämtern vergleichbar ist.

---

138 Die Behörde ist u.a. für Infrastruktur und Verkehr zuständig.

139 *Code Permanent*, S. 4011, Rn. 110. Ob der Entwurf der *inspection des installations classées* von dem *conseil départemental d'hygiène* abgelehnt oder verändert werden kann oder ihm zugestimmt werden muss, geht aus dem Gesetz nicht hervor. Dies erscheint jedoch sekundär, da der *préfet* als Genehmigungsbehörde ohnehin nicht an die Vorschläge gebunden ist.

140 Siehe Art. 33 Ausführungsverordnung.

Auffällig ist die Besetzung des im Gesundheitsrecht wurzelnden *conseil départemental d'hygiène*[141]. Den Vorsitz führt der *préfet* des départements bzw. in Paris der *préfet de police*. Die 25 Mitglieder (bzw. 32 in Paris) sind unterschiedlichster Herkunft. Sie reicht von für Umweltschutz und Wirtschaft wesentlichen Behörden des *départements* über Volksvertreter, Architekten, Mediziner, Tierärzte, Verbraucherschützer und Interessenvertreter der Anlagenbetreiber, der Umweltschutzverbände, der Landwirtschaft und Fischerei bis hin zu Bürgermeistern. Kaum ein hier relevanter Interessenbereich bleibt ausgespart.

In Frankreich werden regelmäßig besondere technische, auf die konkrete Anlage zugeschnittene Vorgaben zum Inhalt der Genehmigung gemacht, die meistens das Resultat vorangehender Verhandlungen des Anlagenbetreibers oder seiner Branchenvertretung mit der Genehmigungsbehörde sind und als Charta einer abgestimmten und dauerhaften Beziehung zwischen Behörde und Anlagenbetreiber angesehen werden[142]. Dem *préfet* steht grundsätzlich ein sehr weiter Spielraum bei der Festlegung der Betriebsvorschriften zu[143]. Anders als im deutschen Recht werden die Betriebsvorschriften stärker auf den Einzelfall zugeschnitten. Dies resultiert daraus, dass eine generelle abstrakte Konkretisierung der Betriebspflichten in Form von Rechtsverordnungen und Verwaltungsvorschriften in Frankreich in weniger starkem Maße vorhanden ist als in Deutschland, wo der Genehmigungsinhalt eher von der Behörde vorgegeben wird[144]. Ferner erfordern die in die Abwägung einzustellenden, wie beschrieben heterogenen Interessen zwangsläufig eine Einzelfallentscheidung. Diktierte Grenzwerte werden daher in Frankreich oftmals als nicht effizient angesehen[145]. Ferner könnten auf dem Verhandlungswege örtliche Besonderheiten besser berücksichtigt und auf diese Weise ein effektiverer Umweltschutz geleistet werden[146]. Gerade im Fall von wirtschaftlich mächtigen oder für die Region bedeutenden Industrien wolle die Genehmigungsbehörde eine bessere Akzeptanz der Vorschriften dadurch erreichen, dass diese ausgehandelt werden[147]. In der Konsequenz werden die Genehmigungsbescheide seitens der Großindustrie auch seltener angefochten als durch kleinere Unternehmen[148].

Dies verdeutlicht, dass die Ausgestaltung der Betriebsvorschriften gerade aufgrund der Vielzahl gesetzlich und verfahrensmäßig zu berücksichtigender Interessen vielfach eine politische Entscheidung ist. Zum Teil wird jedoch davon ausgegangen, dass die in den Genehmigungen enthaltenen Vorschriften nicht immer ausreichend seien, insbe-

---

141 Siehe das décret n° 88-573 du 5 mai 1988 relatif au conseil départemental d'hygiène, J.O. du 7 mai 1988; siehe allgemein *Busch*, S. 74ff.

142 *Prieur*, Rn. 669; *le Coline*, S. 49; *Breuer*, UTR 17 (1992), S. 155 (185).

143 *Boivin*, S. 239, Rn. 41.

144 Siehe unten, S. 47f.

145 *Supiot*, JCP 1975 II, n° 2692, Rn. 11.

146 *Supiot*, JCP 1975 I, n° 2692, Rn. 11; *Bugge*, S. 54/55.

147 *Supiot*, JCP 1975 I, n° 2692, Rn. 11.

148 *Caballero*, RJE 1984, n° 1, S. 3 (28).

sondere weil Grenzwerte für Schadstoffe fehlten oder Betriebspflichten oftmals nur unbestimmt formuliert seien[149]. In der Praxis dient ein *arrêté-cadre* als Genehmigungsgerüst, dessen Inhalt dem Einzelfall entsprechend ausgefüllt wird[150].

Wesentliches Kriterium bei der Bestimmung der Betreiberpflichten bildet in Frankreich die Pflicht, dass die von der Anlage ausgehenden Umwelteinwirkungen kein *inconvénient anormal du voisinage* erzeugen[151]. Hierbei handelte es sich lange um die zentrale Schutzpflicht. Erst später wurden andere Medien in den Schutz einbezogen[152]. Hierin dürfte ein Grund dafür liegen, dass das französische Recht besonderes Gewicht auf die Berücksichtigung der örtlichen Besonderheiten legt. Ferner sind bei der Ausarbeitung die in Art. 17 Ausführungsverordnung konkretisierten Anforderungen der MTD zu beachten. Im Einzelfall werden insbesondere Emissionsgrenzwerte ausgearbeitet[153]. Eine wesentliche Bedeutung kommt in diesem Zusammenhang auch Abstandsregelungen zu[154]. Dies resultiert daraus, dass es sich hierbei nach der vor 1976 geltenden Rechtslage um ein Abgrenzungskriterium zwischen besonders gefährlichen und weniger gefährlichen Anlagen handelte. Sie haben sich bis heute als wesentliches Instrument der Gefahrenabwehr behauptet. Aus ihnen kann sogar ein Fall gebundener Verwaltung folgen[155]. Deutlich wird ihre Bedeutung auch an Art. L 512-1 Abs. 3 code de l'environnement, der der Genehmigungsbehörde ausdrücklich die Befugnis einräumt, die Erteilung der Genehmigung von der Entfernung beispielsweise zu Nachbarschaft oder Gewässern abhängig zu machen.

Im Genehmigungsverfahren ist stets eine Umweltverträglichkeitsprüfung (*étude d'impact*) durchzuführen[156]. Sie dient den zahlreichen beteiligten Stellen als wesentliche Informationsquelle und Entscheidungsgrundlage. Sie wurde 1976 durch Art. 2 des Naturschutzgesetzes eingeführt (heute Art. L 122-1 ff. code de l'environnement). Eine *étude d'impact* ist heute für alle Projekte erforderlich, die bedeutende Auswirkungen auf die Umwelt haben[157]. Verfahren und Inhalt werden in verschiedenen Rechtsverordnungen geregelt[158]. Erforderlich sind zunächst Untersuchungen des ursprünglichen Zustandes der Umgebung, in welcher das Projekt verwirklicht werden soll, sowie der Auswirkungen der Verwirklichung, wobei Emissionen und Immissionen spezifiziert werden müssen. Ferner sind die Gründe darzulegen, warum das Projekt im Hinblick

---

149 *Charbonneau*, RFDA 1988, S. 529 (538).

150 Siehe *arrêté-cadre* der D.R.I.R.E. Ile de France, devision environnement, 28 april 1997.

151 Siehe *Code Permanent*, S. 4003, Rn. 77.

152 *Bugge*, S. 108f. ; *le Coline*, S. 2

153 *Baucomont/Gousset*, Rn. 210, S. 192.

154 Siehe *Baucomont/Gousset*, Rn. 180 sowie *Code Permanent*, S. 4050 A, Rn. 281ff.

155 *Baucomont/Gousset*, Rn. 180.

156 Art. L 122-1 code de l'environnement in Verbindung mit Art. 3 Abs. 4 Ausführungsverordnung; Annex I zu Art. 3 B Rechtsverordnung vom 12 Oktober 1977; *Lanoy*, BDEI 1996 (5), S. 38.

157 *Lanoy*, BDEI 1996 (5), S. 38.

158 Siehe das décret n° 77.1141 du 12 octobre 1977 (J.O. du 13 octobre 1977) sowie die Ausführungsverordnung und zum Zusammenspiel *Darrieutort*, BDEI 1995 (n° 4), S. 9ff.

auf die Umweltauswirkungen und der Vorsorgemaßnahmen gerade in seiner konkreten Ausgestaltung gewählt wurde. Weiterhin sind Art und Kosten der Maßnahmen darzulegen, welche zum Schutz der Umwelt getroffen werden sollen. Schließlich hat der Umfang der Untersuchung in einem angemessenen Verhältnis zur Bedeutung des Projekts zu stehen. Die Anforderungen sind der Ausdehnung der Materie des Anlagenzulassungsrechts insbesondere auf das Wasserrecht und das Abfallrecht gefolgt[159]. Sie sind zumindest de iure sehr umfangreich und ermöglichen eine umfassende Analyse der Umweltauswirkungen sowie entsprechender Vorsorgemaßnahmen[160]. Obwohl die Behörde nicht an die Ergebnisse gebunden ist, sind diese ein wichtiges Hilfsmittel bei der Ermittlung von Betriebspflichten[161], auf die mitunter auch das Gericht rekurriert[162].

III. Wirkung der Genehmigung

Das französische Anlagenzulassungsrecht kennt keine Konzentrationswirkung der Genehmigung. Eine Genehmigung zeigt nur für die Regelungsmaterie Wirkung, in welcher sie erforderlich ist[163]. Diese Unterschiede zum deutschen Recht werden jedoch dadurch relativiert, dass in der *nomenclature* aufgeführte Anlagen, soweit sie ebenfalls einem wasserrechtlichen oder abfallrechtlichen Regelungsregime unterliegen, nur nach dem Anlagenzulassungsrecht zu genehmigen sind[164]. Auch anlagenbezogener Lärmschutz bestimmt sich nach Anlagenzulassungsrecht[165]. Ein Baugenehmigungsverfahren läuft separat; die Baugenehmigung ist nach Art. L 512-5 code de l'environnement zusammen mit der Anlagengenehmigung (bzw. der Anzeige) zu beantragen und darf nach Art. 512-2 Abs. 3 code de l'environnement nicht vor Schluss der öffentlichen Anhörung erteilt werden[166].

---

[159] Siehe instruktiv *Huglo*, thèse, S. 345ff.

[160] *Huglo*, thèse, S. 363.

[161] *Baucomont*, thèse, S. 137, 139; *Boivin*, S. 33, Rn. 24.

[162] Siehe TA Amiens, 25 décembre 1995, *Association Je respecte mon village*, RJE 1996, S. 156.

[163] *Principe d'indépendance de la législation des installations classées et des autres législations*, siehe *Lefebvre*, Rn. 101ff.; *Lamarque*, code de l' Environnement, S. 1267, Nr. 1ff. So berührt zum Beispiel die Rechtswidrigkeit einer nach Anlagenzulassungsrecht erteilten Genehmigung eine nach dem Gesetz gegen die Luftverunreinigung erteilte Genehmigung nicht, siehe CE, 3 novembre. 1972, *Consorts Reulos*, rec., S. 690 (691).

[164] Siehe Art. L 214-1ff. code de l'environnement für das Wasserrecht und Art. 541-25 code de l'environnement für das Abfallrecht; siehe ebenfalls *Boivin*, S. 363, Rn. 70 und *Gabolde*, Juris-Classeur administratif, *installations classées*, fasc. 365, Rn. 260ff. Allerdings weist das Zusammenspiel Probleme auf, siehe die Urteilsübersicht in AJDA 1996, S. 891f.; siehe anschaulich *Busch*, S. 44 ff.,

[165] Vgl. 571-6 des code de l'environnement (Art. 6 Abs. 1 de la loi n° 92-1444 du 31 décembre 1992 relative à la lutte contre le bruit).

[166] Nach Art. L 123 Abs. 5 und Art. R. 123 Abs. 18 und 21 des code de l'urbanisme kann der *plan d'occupation des sols* (Bebauungsplan) der Genehmigung entgegenstehen, vgl. auch CE, 18 novembre 1994, *Société Clichy Dépannage*, BDEI 1995 (n° 1), S. 25. Siehe zum Zusammenspiel zwischen Anlagenzulassungsrecht und Baurecht *Clément*, BDEI 1995, n° 1, S. 21ff.

Die Genehmigung wird in Frankreich entsprechend Art. L 514-19 code de l'environnement unbeschadet der Rechte Dritter erteilt. Art. L 514-6 Abs. 3 code de l'environnement schränkt dies jedoch ein, indem er die *théorie de la préoccupation* positiviert. Danach sind Dritte, die nach der öffentlichen Bekanntmachung des Genehmigungsbescheides Immobilien in der Nachbarschaft der Anlagen gekauft, gemietet oder errichtet haben, mit ihren Ansprüchen gegen die Genehmigung präkludiert[167]. Während die Präklusion in Deutschland mit der formellen Beteiligung im Genehmigungsverfahren zu begründen ist, beruht die ähnliche Wirkung in Frankreich auf einer Art Verschulden in eigener Sache.

B. Anzeigepflichtige Anlagen

Nach Art. L 512-8 code de l'environnement sind Anlagen anzeigepflichtig, die keine *schweren*, sondern *einfache Gefahren* oder *Nachteile* hervorrufen. Der Kreis anzeigepflichtiger Anlagen ergibt sich ebenfalls aus der *nomenclature*. Es handelt es sich bei der Anzeige eher um eine Formalität als um ein verkürztes Genehmigungsverfahren[168]. Entsprechend Art. 27 Ausführungsverordnung bescheinigt der *préfet* dem Anlagenbetreiber den Erhalt der Anzeige und teilt ihm die für ihn geltenden Betriebsbestimmungen mit[169]. Diese ergeben sich aus Rechtsverordnungen des Umweltministers und des *préfet*. Wenn der Betreiber die nötigen Formalitäten erfüllt, ist der *préfet* zur Ausstellung der Anzeigebescheinigung verpflichtet, auch wenn der Schutz der gesetzlichen Interessen nicht gewährleistet ist, weil ihm insoweit kein Ermessensspielraum zusteht und es sich mithin um einen Fall gebundener Verwaltung handelt[170]. Jedoch kann der Betrieb in umfangreicher Form durch nachträgliche Anordnungen reglementiert werden[171]. Nach Art. L 512-12 code de l'environnement kann der *préfet* Spezialvorschriften für den Anlagebetrieb als *arrêtés préfectoraux* erlassen. Ferner kann er entsprechend Art. L 512-9 code de l'environnement allgemeine Vorschriften des Anlagenbetriebes nach Anhörung des *conseil départemental d'hygiène* erlassen oder ändern. Schließlich stehen ihm auch für anzeigepflichtige Anlagen die Möglichkeiten nach Art. L 514-1 ff. code de l'environnement offen, gegen den irregulären Anlagenbetrieb vorzugehen. Es wird vermutet, dass die Kontrolle anzeigepflichtiger Anlagen

---

167 Dies soll sich auf Verwaltungsmaßnahmen erstrecken, die nach Ansiedlung des Nachbarn erlassen wurden, um die ursprünglichen Betriebsvorschriften zu verschärfen oder zu ergänzen, vgl. CAA Nancy, 6 juin 1997, *Sté Cristal Lalique*, RJE 1997, S. 55; anders noch TA Strasbourg, 8 mars 1994, *Klein*, RJE 1994, S. 421; siehe zur Auslegungsproblematik conclusions *Pietri*, CAA Nancy, 6 juin 1996, *Société Cristal Lalique*, RJE 1997, S. 55 (56, 59f.).

168 Siehe *Durousseau*, RJE 1995, n° 2, S. 287 (289).

169 Siehe *Boivin*, S. 160, Rn. 27.

170 Siehe CAA Nancy, 31 décembre 1997, *M. et Mme de Preester*, Ministre de l'aménagement du territoire et de l'environnement, jurisprudence 1997, S. 6; *Baucomont/Gousset*, Rn. 239, S. 226; *Boivin*, S. 155, Rn. 8.

171 *Boivin*, S. 158, Rn. 20.

unter erheblichen Vollzugsdefiziten leidet und sich nur ein kleiner Teil der Anlagenbetreiber tatsächlich an die Betriebsvorschriften hält[172].

Nicht in der *nomenclature* aufgeführte Anlagen sind weder genehmigungs- noch anzeigepflichtig. Nach dem Gesetz kann zwar auch gegen nicht klassifizierte Anlagen vorgegangen werden (Art. L 514-4 code de l'environnement). Diese Regelung hat aber eher den Charakter einer Ausnahmevorschrift, welche die Folgen einer eventuell unzureichend konzipierten *nomenclature* ausgleichen will. Dieses Regime ist daher nicht mit dem in Deutschland für nicht genehmigungspflichtige Anlagen geltenden vergleichbar.

C. Konkretisierungen durch abstrakte Vorgaben

Auch in Frankreich werden gesetzliche Anforderungen an Errichtung und Betrieb von Anlagen durch abstrakte Vorgaben konkretisiert. Dies erfolgt ebenfalls durch Rechtsverordnungen, Verwaltungsvorschriften und technische Regelwerke. Eine Differenzierung in Schutz- und Vorsorgestandards ist in Frankreich jedenfalls begrifflich weitgehend unbekannt. Konkretisierungsnormen nehmen vorwiegend die Gestalt von allgemeinen Verhaltensweisen und Emissionsgrenzwerten an.

I. Rechtsverordnungen

Allgemein sind Rechtsverordnungen des *Premier Ministre* (*décrets*) von den ministeriellen und präfektoralen Rechtsverordnungen (*arrêtés*) zu unterscheiden[173]. Die Kompetenz zum Erlass von Rechtsverordnungen liegt nach Art. 21 der französischen Verfassung in der Regel beim *Premier ministre*[174]. Darüber hinaus wird unter Umständen auch dem einzelnen Minister eine Normierungskompetenz zugestanden. Dafür ist jedoch eine ausdrückliche Ermächtigungsgrundlage erforderlich[175], welche in einem formellen Gesetz oder in einem *décret* enthalten sein kann[176] und zum Erlass ministerieller Rechtsverordnungen (*arrêtés ministériels*) ermächtigt[177]. Auch eine Subdelegation vom *décret* zum *arrêté* ist möglich. Dann ist allerdings wie bei Art. 80 GG erfor-

---

[172] *Durousseau*, RJE 1995, n° 2, S. 287 (289); *Mathieu* (S. 84); *TOS*, enquête-rapport, S. 44.

[173] Siehe zur Unterscheidung *Auby/Drago*, traité de recours, Rn. 309ff.

[174] Nach Art. 21 der Verfassung stellt der Premier ministre den Vollzug der Gesetze sicher und übt in der Regel die Kompetenz zum Erlass von Verordnungen aus; siehe *Stirn*, S. 56; *Faure*, AJDA 1998, S. 547ff.

[175] *Stirn*, S. 60f. Eine Regelungskompetenz für interne Bereiche ergibt sich für den Minister aus seiner Qualität als *chef de service* (CE, 7 février, *Jamart*, rec., S. 172; *Chapus*, droit administratif, Rn. 866ff.); siehe zum Umfang dieser internen Regelungsbefugnis *Duprat*, répertoire Dalloz, *violation des la règle de droit*, Rn. 296ff. Sie ermächtigt den Minister insbesondere nicht, die Lücken des in Rede stehenden Gesetzes zu schließen (*Bernard*, conclusions CE, 6 octobre. 1961, *Union nationale des Associations de Parents d'Elèves de l'Enseignement libre*, R.D.P. 1961, 1271 (1273f.)).

[176] *Stirn*, S. 61; *Chapus*, droit administratif, Rn. 875.

[177] *Stirn*, S. 61.

derlich, dass der Inhalt der ministeriellen Regelungen in dem *décret* sorgfältig vorbestimmt ist[178].

In Frankreich wird der Großteil der verwaltungsrechtlichen Normen, d.h. der Gesetzes im materiellen Sinne als Rechtsverordnung erlassen[179]. Das Anwendungsfeld formeller Gesetze (*lois*) wird durch Art. 34 der französischen Verfassung auf bestimmte Bereiche beschränkt. Dies ist signifikant für die dominante Stellung der exekutiven Gewalt in Frankreich. Es verhält sich genau umgekehrt zum deutschen Recht. Art. 80 GG macht den Erlass von Rechtsverordnungen von bestimmten gesetzlichen Voraussetzungen abhängig und beschränkt ihn auf gesetzlich zu bestimmende Bereiche. Durch die vorbeschriebene Subdelegation der Regelungskompetenzen entspricht die in Deutschland geläufige Abstufung Verfassung – Gesetz – Rechtsverordnung eher loi – décret – arrêté in Frankreich.

Ein Ressortminister hat außerhalb seiner aufsichtsrechtlichen Befugnisse nur ein Recht zum Erlass von Rechtsverordnungen, wenn ihm dies durch Gesetz oder décret ausdrücklich zugestanden wird[180]. Ferner muss die Delegation der Rechtsetzungskompetenz in Art und Umfang beschränkt sein[181]. Das Anlagenzulassungsrecht kennt zahlreiche Kompetenzen zum Erlass konkretisierender Rechtsverordnungen[182], wobei den *arrêtés* größere Bedeutung zukommt. Die Tendenz zur einheitlichen gesetzlichen Festlegung von Betriebsvorschriften ist vor allem seit den achtziger Jahren zu erkennen[183].

Art. L 512-5 code de l'environnement eröffnet dem zuständigen Minister die Möglichkeit, nach Anhörung des *Conseil supérieur des installations classées* (*c.s.i.c.*) sowie anderer Ministerien landesweit durch *arrêtés* Betriebsbedingungen genehmigungsbedürftiger Anlagen zu konkretisieren.

Der *c.s.i.c.* ist bei dem Umweltminister angesiedelt. Seine breit angelegte pluralistische Besetzung ist durch *décret* vorgegeben[184]. Ihm gehören sechs Mitglieder aus dem juristisch-administrativen Bereich, sieben Sachverständige aus dem naturwissenschaftlichen Bereich, sieben Interessenvertreter der Anlagenbetreiber, sieben Personen der Anlagenaufsicht, zwei Mitglieder des *Conseil supérieur d'hygiène publique* und zwei Vertreter von Umweltschutzverbänden sowie jeweils ein Vertreter des Verwal-

---

178 *Chapus*, droit administratif, Rn. 875.

179 *Burdeau/Hamon/Troper*, S. 655; *Chapus*, droit administratif, Rn. 92.

180 CE, 23 mai 1969, *Société Distillerie Brabant et Cie*, rec., S. 264 (265); *Boivin*, S. 246, Rn. 61; Siehe zum ganzen *Chapus*, droit administratif, Rn. 864ff.

181 *Boivin*, S. 246, Rn. 61ff.

182 Siehe u.a. Art. L 511-2; Art. L 512-16; Art. L 516 Abs. 3; Art. L 512-2 Abs. 2; Art. L 512-5; Art. L 551-8 Abs. 4; Art. L 512-10; Art. L 512-11 Abs. 2 code de l'environnement; siehe auch Art. 14 Abs. 1; Art. 16 Abs. 5 Ausführungsverordnung.

183 Siehe auch *Rengeling* (Stand der Technik, S. 118), der 1985 noch das völlige Fehlen solcher Standards in Gesetzesform konstatierte.

184 Décret n° 76-1323 du 29 décembre 1976 relatif à la composition et au fonctionnement du Conseil supérieur des installations classées, J.O. du 6 janvier 1977.

tungsbereichs an, dessen Belange durch die zu beratende Frage berührt werden. Die Mitglieder bestimmen einen Präsidenten und einen Vizepräsidenten aus ihrer Mitte. Die jeweilige Besetzung des *c.s.i.c.* erfolgt durch ministerielle Rechtsverordnung (*arrêté*). Auffällig ist an der ansonsten ausgewogenen Besetzung, dass sieben Industrievertretern nur zwei Vertretern von Umweltschutzverbänden gegenüberstehen. Die Auswahl aus den jeweiligen Bereichen ist ebenfalls vorgegeben. Die Mitglieder aus dem juristisch-administrativen Bereich sind Leiter bzw. deren Stellvertreter ministerieller Schlüsselabteilungen aus den Bereichen industrieller Umweltschutz, Gesundheit, Arbeit und Zivilschutz. Die Interessenvertreter der Anlagenbetreiber setzen sich zusammen aus Vertretern von Arbeitgebern, Gewerkschaften, Handel, Industrie, Handwerk und der Landwirtschaft. Durch diese breit angelegte Repräsentanz soll eine möglichst umfassende Legitimation der Entscheidungsfindung gewährleistet werden. Ein ähnliches Anliegen wurde bereits in der Beteiligung des *c.d.h.* festgestellt.

Art. L 512-5 code de l'environnement wurde 1976 geschaffen, um Betriebsvorschriften national zu harmonisieren und vorher in Verwaltungsvorschriften enthaltene Vorgaben in allgemeinverbindliche Regelungen zu überführen[185]. Es wurde davon ausgegangen, dass Umweltschutznormen zentral effektiver erarbeitet werden können als durch das jeweilige *département*[186]. Auf Art. L 512-5 code de l'environnement (bzw. seinem Vorläufer) wurden bisher über 50 Rechtsverordnungen gestützt[187]. Die bedeutendste Vorschrift bildet der sog. *arrêté intégré*[188]. Durch diesen wurde erstmals eine einheitliche Festlegung von Grenzwerten und sonstigen Betriebsvorschriften für eine Vielzahl genehmigungspflichtiger Anlagen bezüglich aller Emissionspfade geschaffen[189]. Er zielt auf den integrierten Schutz vor allem von Luft, Wasser und Boden ab und bildet, wie noch zu zeigen ist, das Herzstück der Umsetzung der IVU-Richtlinie. Zahlreiche Anlagenkategorien werden jedoch ausgenommen[190]. Nach Art. 2 *arrêté intégré* sind Anlagen so zu konzipieren, dass Emissionen möglichst niedrig gehalten werden, insbesondere durch saubere Technologien und das Sammeln und Behandeln

---

185 *Jeoffroi*, S. 30; *Boivin*, S. 242, Rn. 50.

186 *Prieur*, JCP 1979 I, Nr. 2929, Rn. 18, 19.

187 Es handelt sich hier mangels einer offiziellen aktuellen Gesamtaufstellung nur um einen Schätzwert. Dieser wurde dem *Code Permanent* (S. 4014 A sowie den entsprechenden Aktualisierungen) entnommen. Neuerdings werden die Rechtsakte der Umweltministeriums (einschließlich der Verwaltungsvorschriften) auch im Internet veröffentlicht unter <*http://environnement.gouv.fr*>.

188 Arrêté du 2 février 1998, relatif aux prélèvements et à la consommation d' eau ainsi qu' aux émissions de toute nature des installations classées pour la protection de l' environnement soumises à autorisation, J.O. 3 mars 1998, zuletzt geändert durch arrêté du 20 juin 2002, J.O. du 28 juillet 2002. ; siehe dazu ausführlich *Busch*, S. 95.

189 Siehe Art. 1 des arrêté; *Deharbe*, rupture ou continuité du droit des installations classées, S. 7 (12).

190 Es wird nicht einheitlich beurteilt, wie umfangreich der Anteil der Anlagen der *nomenclature* ausfällt, welcher vom *arrêté intégré* erfasst wird. Überwiegend wird von ca. 40 % ausgegangen (siehe *Chabanne-Pouzynin*, BDEI 1996, n° 44, S. 16 (17); auch *Code Permanent*, S. 4012 B, Rn. 112; *Matysen*, CJEG 1997, S. 237 (239)), mitunter auch von 90 % (*Sanson*, zitiert nach *Mandelkern*, BDEI 1997 (n° 2), S. 20 (21)).

von Abwässern und Abfällen. Die Rechtsverordnung gibt zahlreiche für den Verschmutzungspfad weiter spezifizierte Grenzwerte vor. Die Vorschriften sind unterteilt in solche hinsichtlich Luftverschmutzung, der Verschmutzung von Oberflächengewässern, der Düngung, des Regenwassers, Abfällen sowie Lärm und Erschütterungen, die in der Regel detaillierte Grenzwerte liefern. Von seinem Umfang und seinem Detaillierungsgrad bleibt der *arrêté intégré* hinter der TA-Luft sowie entsprechenden wasserrechtlichen Vorschriften, insbesondere der Abwasserverordnung mit ihren zahlreichen bereichsspezifischen Anhängen[191], zurück. Die Emissionsgrenzwerte sind nur als Minimalanforderungen zu verstehen[192], die im Einzelfall anzupassen sind. Deutlich wird dies an den Öffnungsklauseln, auf die später eingegangen wird.

Die in Art. L 512-5 code de l'environnement enthaltene Kompetenz zum Erlass konkretisierender Rechtsverordnungen weist eine bewegte Regelungsgeschichte auf[193]. Das französische Anlagenzulassungsrecht kannte eine Gesetzgebungskompetenz des Ministers ursprünglich nicht. Die 1976 geschaffene Vorschrift (Art. 7 des Gesetzes vom 19. Juli 1976) wurde stetig ausgedehnt, weil der *Conseil d'État* zahlreiche konkretisierende Verordnungen wegen des begrenzten Anwendungsbereichs annullierte[194]. Prominentestes Beispiel ist der *arrêté intégré*, der 1993 erstmals erlassen und 1996 kassiert wurde[195]. Nach Erweiterung der Verordnungsermächtigung[196] wurde der *arrêté intégré* 1998 im wesentlichen unverändert[197] erneut verabschiedet. Die Verfassungsmäßigkeit der für das französische Recht ungewöhnlich weiten[198] Ermächtigung wird unterschiedlich beurteilt[199].

Auf lokaler Ebene kann der *préfet* nach Art. L 512-9 code de l'environnement Rechtsverordnungen erlassen (*arrêtés préfectoraux*), die neben landesweit geltenden Anforderungen Betreiberpflichten für bestimmte Kategorien anzeigepflichtiger Anla-

---

[191] Verordnung über Anforderungen an das Einleiten von Abwasser in Gewässer, AbwV, in der Fassung der Neubekanntmachung vom 15. Oktober 2002, BGBl. I 2002, S. 4047ff.

[192] *Brunet-Lecomte*, BDEI 1998, n° 4, S. 9 (11); *Kromarek*, in *Rengeling*, Auf dem Weg zum UGB I, S. 57 (81); siehe auch Art. 1 S. 5 der erläuternden Verwaltungsvorschrift.

[193] Siehe *Mandelkern*, BDEI 1997 (n° 2), S. 20ff.

[194] CE, 25 septembre 1992, *Union des industries chimiques*, rec, S. 347 bezüglich der circulaire du 4 février 1987 relative aux entrepôts. Hauptsächlich ging es um Art. 26, welcher vorsah, dass die Emission von „fumées épaisses, des buées, des suies, des poussières ou des gaz odorants, toxiques ou corrosifs, susceptibles d'incommoder le voisinage, de nuire à la santé, à la salubrité ou à la sécurité publique“ verboten sei.

[195] CE, 21 octobre 1996, *Union des industries chimiques*, rec., S. 407; siehe *Mandelkern*, BDEI 1997 (n° 2), S. 20 (21).

[196] Loi n° 96-1236 du 30 décembre 1996.

[197] Siehe zu den Abweichungen *Chabanne-Pouzynin*, in *Deharbe* (Hrsg.), S. 60ff.

[198] *Boivin*, S. 245, Rn. 60f.

[199] Siehe *Boivin* (S. 247, Rn. 65), der hinsichtlich der alten Fassung Bedenken hat sowie *Mandelkern* (BDEI 1997 (n° 2), S. 20 (22)), der von ausreichender Bestimmtheit ausgeht.

gen in einem *département* vorgeben[200]. So werden zum Beispiel Sicherheitsabstände oder Anforderungen des Brandschutzes geregelt[201], wobei konkrete Anforderungen eher selten sind[202]. In Form allgemeiner Standardformulierungen werden oft nur ohnehin bestehende Betriebspflichten wiederholt[203] und erst spezifiziert, wenn es um die Beseitigung konkreter Betriebsprobleme geht[204]. Der *préfet* ist hierarchisch dem für klassifizierte Anlagen zuständigen Minister untergeordnet[205]. Dieser erlässt für bestimmte Anlagentypen sog. *arrêtés-types* in Gestalt von Verwaltungsvorschriften, die dem *préfet* als sein Ermessen begrenzende Vorlagen dienen. Die Zahl der *arrêté-types* beläuft sich auf immerhin 280[206]. Als Verwaltungsvorschriften können sie den *préfet* nicht daran hindern, die Vorgaben an örtliche Besonderheiten anzupassen[207]. Die Betriebspflichten können daher zwischen den *départements* unterschiedlich ausfallen. Innerhalb eines solchen reicht eine Auswertung der *arrêtés-types* zu ihrer Bestimmung nicht aus[208]. Wegen dieser Rechtszersplitterung wurde dem Minister 1992[209] durch Art. 10-1 des Gesetzes vom 19. Juli 1976 (Art. L 512-10 Abs. 1 code de l'environnement) eine eigene Befugnis zum Erlass normkonkretisierender Vorschriften für anzeigepflichtige Anlagen eingeräumt[210]. Ferner sollte die Umsetzung europäischen Rechts auf zentraler Ebene sichergestellt werden[211]. Auf dieser Grundlage wurden bisher ca. 35 Rechtsverordnungen verabschiedet[212]. Es wird prognostiziert, dass Rechtsverordnungen immer stärker an Bedeutung gewinnen[213] und das Konkretisierungsinstrument der *arrêtés-types* sogar gänzlich ablösen werden[214]. 2002 wurde eine Mustervorgabe verabschiedet, damit zukünftige Rechtsverordnungen eine einheit-

---

200 *Code Permanent*, S. 4010 A, Nr. 107.

201 *Boivin*, S. 159, Rn. 23.

202 *Baucomont/Gousset*, Rn. 240, S. 228.

203 *Code Permanent*, S. 4010, Nr. 103; siehe auch *le Coline*, S. 52 und *Baucomont*, thèse, S. 128f.

204 *Code Permanent*, S. 4010, Nr. 103.

205 Siehe Art. 29 Ausführungsverordnung.

206 Siehe *Code Permanent* (S. 4953 und Aktualisierungen). Mangels vollständiger Veröffentlichung und aktueller Gesamtaufstellung handelt es sich nur um einen Schätzwert.

207 *Gabolde*, Juris-Classeur administratif, *installations classées*, fasc. 365, Rn. 144.

208 *Code Permanent*, S. 4010 A, Nr. 107.

209 Loi n° 92-654 du 13 juillet 1992 relative au contrôle de l'utilisation et de dissémination des organismes génétiquement modifiés.

210 *Baucomont/Gousset*, Rn. 243, S. 230.

211 *Boivin*, S. 162, Rn. 34; *Code Permanent*, S. 4010 B, Nr. 109.

212 Siehe *Code Permanent*, S. 4011 (Rn. 109 und Aktualisierungen). Mangels aktueller offizieller Gesamtaufstellung handelt es sich nur um einen Schätzwert.

213 *Pintat*, Droit de l'environnement mars 1996, n° 36, S. 36 (37).

214 *Gabolde*, in Juris-Classeur administratif, *installations classées*, fasc. 365, Rn. 144; *Code Permanent*, S. 4010 A, Rn. 107, S. 4010B, Nr. 109.

liche Gestalt erhalten[215]. Diese Arbeitshilfe fordert vergleichsweise detaillierte Vorgaben für Betriebsbestimmungen, was erneut auf die zunehmende Tendenz zur abstrakten Vorgabe der Betriebspflichten hindeutet.

Rechtsverordnungen sind als gesetzliches Konkretisierungsinstrument vor dem Hintergrund zu sehen, dass der Genehmigungsbehörde in Frankreich ein umfangreicher Spielraum bei der Ausarbeitung der Betriebsvorschriften zuerkannt wird. Dieser resultiert zum einen aus der gesetzlichen Unbestimmtheit der Norm[216]. Zum anderen steht der untergebenen Behörde nach französischem Verständnis stets ein Anpassungsrecht in Form eines sog. *pouvoir de particularisation* zu[217]. Eine ministerielle Rechtsverordnung darf das Ermessen des *préfet* nicht völlig unterbinden[218]. Ihm muss die Möglichkeit der Anpassung und insbesondere der Verschärfung der Vorschriften aufgrund besonderer Umstände des Einzelfalls verbleiben[219]. Mithin hat der Umstand, dass Betriebskonditionen im Genehmigungsverfahren regelmäßig für den Einzelfall erarbeitet werden, seine Ursache nicht nur in den schwachen gesetzlichen Vorgaben, sondern ist als Prinzip im französischen Rechtssystem verankert. In den konkretisierenden Rechtsverordnungen sind daher regelmäßig Ausnahmetatbestände in Form von Standardformulierungen vorgesehen, nach denen unter gewissen Voraussetzungen von den Bestimmungen abgewichen werden kann[220]. Diesem Anpassungsrecht kommt

---

215 Canevas servant de guide pour la rédaction des arrêtés de prescriptions générales applicables aux installations classées pour la protection de l'environnement soumises à déclaration, erhältlich unter <http://aida.ineris.fr>.

216 Siehe zum Verwaltungsermessen in diesem Bereich unten, S. 123f.

217 *Baucomont/Gousset*, Rn. 222; *Deharbe*, RJE 1998, n° 2, S. 171 (177f.). Der Zweck solcher Konkretisierungskompetenzen lässt sich folgendermaßen formulieren „*...rendre l'administration plus souple qu'en cas de compétence liée et plus rigide que dans l'hypothèse du pouvoir discrétionnaire.*" (*Peiser*, in mélanges Waline, S. 665 (666)).

218 CE, 24 mai 1993, *Union des industries chimiques* et autres, n° 113.896, rec., S. 897; *le Coline*, S. 49; *Deharbe*, RJE 1998, n° 2, S. 171 (177).

219 CE, 24 mai 1993, *Union des industries chimiques* et autres, n° 113.896, rec., S. 897.

220 Z.B.: *Le préfet peut, pour une installation donnée, modifier par arrêté les dispositions des annexes I et II dans les conditions prévues aux articles 11 de la loi du 19 juillet 1976 et 30 de décret du 21 septembre 1997 susvisés*, siehe Art. 3 arrêté du 23 janvier 1997 relatif aux prescriptions générales applicables aux installations classées pour la protection de l'environnement soumises à déclaration sous la rubrique n° 2950 (unveröffentlicht, abgedruckt in *Code Permanent*, S. 4470) ; arrêté du 10 mars 1997 relatif aux prescriptions générales applicables aux installations classées pour la protection de l'environnement soumis à déclaration sous la rubrique n° 1220 (J.O. du 2 avril 1997) ; arrêté du 30 juin 1997 relatif aux prescriptions générales applicables aux installations classées pour la protection de l'environnement soumises à déclaration sous la rubrique n° 2552 (J.O. du 30 juillet 1997); arrêté du 14 mars relatif à l'industrie de verre, J.O. du 8 juillet 1994 (Art. 17.4) ; arrêté du 15 septembre 1993 relatif aux dépôts et ateliers utilisant des peroxydes organiques, *Code Permanent*, S. 4368 (Art. 17.4); arrêté du 22 septembre 1994 relatif aux exploitants de carrières et aux installations de premier traitement des matériaux des carrières, J.O. du 22 octobre 1994 (Art. 25); Art. L 512-10 Abs. 3 Satz 2 code de l'environnement; für die *arrêtés préfectoraux Baucomont/Gousset*, Rn. 240, S. 227; *Boivin*, S. 159, Rn. 24.

große praktische Bedeutung zu, weil es die abstrakten Betriebspflichten erst effizient werden lässt[221], obgleich davon ausgegangen wird, das der *préfet* die Konditionen oftmals stark abmildert[222]. Auch Verwaltungsvorschriften dürfen das Behördenermessen nicht abschließend binden, andernfalls mutieren sie zu Rechtsverordnungen[223]. In dem *pouvoir de particularisation* dürfte gleichzeitig eine Ursache für die mitunter mangelnde Bestimmtheit von konkretisierenden Verwaltungsvorschriften und Rechtsverordnungen liegen.

Von besonderer Bedeutung sind die Ausnahmetatbestände des *arrêté intégré*. Nach Art. 1 Abs. 3 kann die Genehmigungsbehörde bei Bedarf strengere Vorgaben anordnen. Allgemein von den Vorgaben abgewichen werden kann unter der Voraussetzung der Anhörung des *c.s.i.c.* und soweit europäische Richtlinien eingehalten werden (Art. 74 Abs. 1). Die den *arrêté intégré* konkretisierende Verwaltungsvorschrift erklärt eine Verschärfung der Betriebsbestimmungen sogar zur Pflicht, sobald die *sensibilité de l'environnement* es erfordert[224]. Hier wird deutlich, dass es sich bei den Grenzwerten und Betriebsbestimmungen nur um Mindestanforderungen handelt[225]. Darüber hinaus gilt in Frankreich das Prinzip, dass sich neue konkretisierende Vorgaben nicht unmittelbar auf bestehende Anlagen erstrecken dürfen, sondern entsprechende Übergangsfristen vorzusehen sind[226].

Umfang und Grenzen der Konkretisierung sind aufgrund der fehlenden Problematisierung in Literatur und Rechtsprechung schwer zu bestimmen. Die ministeriellen Regelungsbefugnisse dürften zwischen einer umfassenden Vollregelung und den in Deutschland bekannten Anforderungen an ein Rahmengesetz im Sinne von Art. 75 Abs. 1 und 2 GG liegen, nach denen Einzelfallregelungen nur ausnahmsweise zulässig sind[227]. Ferner ist unklar, ob eine Rechtsverordnung, die keine Öffnungsklausel enthält, rechtswidrig ist, oder ob sich ein Anpassungsrecht nicht auch aus einer mangelnden Detaillierung ergeben kann. Ferner ist nicht geklärt, ob es dem Minister gestattet ist, das Ermessen des *préfet* beispielsweise durch die Festlegung von Grenzwerten wenigstens für bestimmte Regelungsbereiche der Verordnung völlig zu binden, da Art. L 512-5 code de l'environnement dem Minister gerade ermöglicht, die Anpassungsmöglichkeiten zu bestimmen[228]. Auf der anderen Seite sind auch die Grenzen des behördlichen Anpassungsrechts unklar. Eine solche bildet zunächst der Schutz gesetz-

---

221 *Baucomont*, thèse, S. 130f.

222 *TOS*, installations classées, S. 8.

223 Siehe unten, S. 160f.

224 Art. 1 der circulaire d'application du 17 décembre 1998, nachzulesen bei *Jallon/Letourneux*, S. 3. Die alte Fassung der Vorschrift blieb völlig unkommentiert, siehe *Houllier/Oudart*, S. 75.

225 *Brunet-Lecomte*, BDEI 1998, n° 4, S. 9 (11); siehe auch Art. 1 S. 5 der erläuternden Verwaltungsvorschrift.

226 Siehe *Boivin/Pennaforte/Vérot*, S. 69 und Art. L 512-5 Abs. 3 code de l'environnement.

227 Siehe BVerfGE 43, 291, 343; BVerfGE 67, 382, 387.

228 *Deharbe*, RJE 1998, n° 2, S. 171 (178).

licher Schutzgüter[229]. Weiterhin ist dem *préfet* verwehrt, die Rechtsverordnung durch die Berufung auf örtliche Besonderheiten vollständig auszuhöhlen[230]. Zum Teil wird auch vertreten, dem *préfet* sei nur das Recht eingeräumt, Bestimmungen zu verschärfen[231].

II. Verwaltungsvorschriften

Wesentliche Bedeutung kommt im Zuge der Konkretisierung auch Verwaltungsvorschriften (*circulaires*) zu. Hierbei handelt es sich auch nach französischem Recht um behördeninterne Anordnungen ohne Außenwirkung gegenüber Bürger oder Gericht[232]. Sie binden den Anlagenbetreiber erst durch die Aufnahme in den Genehmigungsbescheid oder entsprechende Anordnung.

In Frankreich bedient sich der Minister seit den fünfziger Jahren dieses Instruments, um die technischen Grundlagen im Umweltrecht zu vereinheitlichen[233]. Im Gegensatz zu § 48 BImSchG fehlt jedoch eine ausdrückliche Normierung einer Konkretisierungskompetenz. Diese ergibt sich aus dem Aufsichtsrecht des zuständigen Ministers[234] und ist nicht an die Einhaltung besonderer Formvorschriften gebunden. Bis zur Ausdehnung der Regelungskompetenzen des Ministers wurde auf Verwaltungsvorschriften als Instrument der Konkretisierung in hohen Maße zurückgegriffen[235]. Die Zahl der Verwaltungsvorschriften für genehmigungspflichtige Anlagen beläuft sich auf ca. fünfzig, nachdem der *arrêté intégré* dreiunddreißig Vorschriften aufgehoben hat[236]. Sie werden in der Regel für bestimmte Anlagenkategorien und Verfahrensweisen erlassen[237]. Auf die Bedeutung der *arrêté-types* für anzeigepflichtige Anlagen wurde bereits hingewiesen.

Die Betriebspflichten sind oftmals allgemein formuliert und enthalten eher selten greifbare Verpflichtungen in Form von Grenzwerten oder konkreten Betriebsbestimmungen[238]. Dies schlug sich auch in den Betreiberpflichten des Genehmigungsbeschei-

---

229 *Deharbe*, RJE 1998, n° 2, S. 171 (178).

230 *Boivin*, S. 160, Rn. 28.

231 *Baucomont/London*, Lamy, n° 305-48.

232 Siehe ausführlich unten, S. 154ff.

233 *Boivin*, S. 240, Rn. 46.

234 *Boivin*, S. 240, Rn. 46.

235 *Baucomont/Gousset*, Rn. 219, S. 201.

236 Eine genaue Wiedergabe der Zahl erscheint nicht möglich, da die Verwaltungsvorschriften vielfach nicht veröffentlicht wurden und auch keine aktuelle offizielle Gesamtaufstellung existiert. Die genannte Zahl beruht auf den Angaben des *Code Permanent* (S. 4012f. sowie den entsprechenden Ergänzungslieferungen).

237 *Baucomont/Gousset*, Rn. 223.

238 Siehe auch *Rehbinder*, S. 126; *Kromarek*, in *Rengeling*, Auf dem Weg zum UGB I, S. 57 (80); anders wohl die Einschätzung von *Breuer* (UTR 17 (1992), S. 155 (186)), der den Verwaltungsvorschriften einen ausgeprägteren Detaillierungsgrad zuerkennt.

des nieder, die oftmals nur den Wortlaut der allgemeinen Vorschriften wiedergaben[239]. So beschränkten sich die dem Betreiber gemachten Lärmschutzauflagen lange Zeit auf die Formulierung, dass es nicht gestattet sei, störenden Lärm zu verbreiten[240]. Ähnliches gilt für eine Verwaltungsvorschrift im Bereich des Abwassers, welche bis zum Erlass des *arrêté intégré* große praktische Bedeutung hatte[241]. Eine Entwicklung zur stärken Determination des Verwaltungshandelns setzte erst in den 70er Jahren ein[242]. Eine der TA-Luft vergleichbare Verwaltungsvorschrift existiert jedoch bis heute nicht[243]. Allerdings nimmt die Bestimmtheit gerade neuerer Verwaltungsvorschriften zu, was insbesondere an dem Verweis auf bestimmte Normungen, wie AFNOR oder ISO deutlich wird[244]. Von größerer Bestimmtheit sind die zur Konkretisierung erlassenen Rechtsverordnungen. Dies gilt insbesondere für den *arrêté intégré* und für andere auf Art. L 512-5[245] oder auf Art. L 512-10 code de l'environnement[246] erlassene Vorschriften. Allerdings haben Verwaltungsvorschriften wiederum den *pouvoir de particularisation* des *préfet* zu beachten, denn eine abschließende Ermessensbindung auch durch Verwaltungsvorschriften ist unzulässig[247]. Ferner dürfte ihnen auch der interne

---

239 *Supiot*, JCP 1975 II, n° 2692, Rn. 6.

240 *Despax/Coulet*, S. 130.

241 Circulaire du 6 juin 1953 relative au rejet des eaux résiduaires par les établissements classés comme dangereux, insalubres ou incommodes en application de la loi du 19 décembre 1917 ; siehe *Busch*, S. 90.

242 *Bugge*, S. 103; *Kromarek*, in *Rengeling*, Auf dem Weg zum UGB I, S. 57 (80).

243 *Woehrling*, S. 26.

244 *Boivin*, S. 234, Rn. 23; TA Strasbourg, 29 septembre 1994, *Société Rhône-Poulenc*, RJE 1995, S. 505; circulaire du 7 novembre 1997 relative aux dioxines et furanes, abgedruckt in DE 1998, n° 55, S. 3; circulaire n° 97-63 du 16 juillet 1997 relative aux installations classées pour la protection de l'environnement – application de l'arrêté du 16 juillet 1997 relatif aux installations de réfrigération employant de l'ammoniac comme fluide frigorigène, *Code Permanent*, S. 4552ff.

245 Siehe beispielsweise arrêté du 23 juillet 1997 relatif aux stockage de chlore gazeux liquéfié sous pression lorsque la quantité totale susceptible d'être présente dans l'installation est supérieure ou égale à 18 tonnes, J.O. du 25 novembre 1997; arrêté du 2 juin 1998 relatif aux règles techniques auxquelles doivent satisfaire les installations soumises à autorisation au titre de la rubrique 2680-2 de la nomenclature des installations classées pour la protection de l'environnement, J.O. du 23 septembre 1998.

246 Siehe beispielsweise das arrêté du 25 juillet 1997 relatif aux prescriptions générales applicables aux installations classées pour la protection de l'environnement soumis à déclaration sous la rubrique n° 2910, J.O. du 27 septembre 1997; arrêté du 13 juillet 1998 relatif aux prescriptions générales applicables aux installations classées pour la protection de l'environnement soumis à déclaration sous la rubrique n° 1111, J.O. du 25 août 1998; arrêté du 13 juillet 1998 relatif aux prescriptions générales applicables aux installations classées pour la protection de l'environnement soumis à déclaration sous la rubrique n° 1131, J.O. du 25 août 1998.

247 Siehe, unten, S. 160ff.

Bindungsanspruch fehlen, wenn sie durch neuere sachverständige Kenntnisse überholt sind[248].

III. Technische Regelwerke

Obwohl genauere Vergleiche an dieser Stelle nicht vorgenommen werden können, lässt eine Durchsicht der französischen Verwaltungsvorschriften und Rechtsverordnung zumindest den Schluss zu, dass nur selten auf technische Regelwerte verwiesen wird[249]. Es handelt sich auch vorwiegend um Normen des AFNOR[250] oder der ISO. Sonstige, insbesondere private Normungsorganisationen, wie VDI oder VDE, welche auch umweltrelevante Normungsarbeit leisten, sind in Frankreich nach den Erkenntnissen des Verfassers unbekannt. In Deutschland hat diese private Standardisierungsarbeit dagegen eine lange Geschichte, welche auf des Ende des 19. Jahrhunderts zurückgeht[251].

Über die Rechtswirkungen dieser Normungen im Bereich des Anlagenzulassungsrechts ist in Frankreich wenig bekannt. Zumindest kann auch ihnen nach den herkömmlichen Grundsätzen nur dann eine Rechtswirkung zukommen, wenn sie in den Regelungstatbestand aufgenommen werden. Ansonsten dürfte es bei einer rein indizierenden Funktion bleiben. Insgesamt spielen die technischen Regelwerke in Frankreich eher eine untergeordnete Rolle. In Deutschland wird dagegen davon ausgegangen, dass dieser Form der Regelsetzung eine herausragende Bedeutung exekutivischer Rechtsetzung zukommt[252]. Insbesondere leisten sie in erheblichem Umfang praktische Deregulierungsarbeit[253]. Diese Unterschiede sind letztlich wiederum darauf zurückzuführen, dass die Betriebskonditionen in Frankreich eher einzelfallbezogen festgelegt werden. In Deutschland entspricht es dagegen der Rechtstradition, die Betriebsanforderungen möglichst abstrakt zu definieren[254].

---

[248] Dieses Problem wird in Frankreich nicht diskutiert; es dürfte jedoch eine falsche Konkretisierungsleistung vorliegen, die die Verwaltungsvorschrift zu einer rechtswidrigen Rechtsverordnung umwandelt, siehe unten, S. 158ff.

[249] Siehe beispielsweise die Anhänge des *arrêté intégré*.

[250] Mit der AFNOR zusammen arbeitet das INERIS (Institut national de l'environnement industriel et des risques).

[251] Siehe *Ebinger*, S. 202ff.

[252] Siehe UGB-KomE, S. 493f.

[253] Siehe *Feldhaus*, in *Rengeling*, S. 137ff.

[254] Siehe *Masing*, DVBl. 1998, S. 549 (554).

§ 3. Das Anlagenzulassungsrecht im Vergleich

Das deutsche und das französische Zulassungsrecht sind ähnlich strukturiert. Beide Rechtsordnungen stellen eine Genehmigungspflicht für besonders umweltrelevante Anlagen auf. Weniger umweltrelevante Anlagen sind nicht genehmigungsbedürftig oder anzeigepflichtig. Das Genehmigungsverfahren verläuft ähnlich.

In zahlreichen Punkten bestehen jedoch bedeutende Abweichungen. Der Kreis erfasster Anlagen wird in Frankreich abschließend bestimmt, während das deutsche Recht nicht genehmigungsbedürftige, aber trotzdem dem Gesetz unterworfene Anlagen nur abstrakt definiert. Hinsichtlich eines Vergleiches der Zahl jeweils erfasster Anlagen bestehen keine sicheren Erkenntnisse. Zum Teil wird davon ausgegangen, dass der Kreis der reglementierten Anlagen der *nomenclature* wesentlich größer ist als der des BImSchG i.V.m. der 4. BImSchV[255]. Die Zahl erfasster (also klassifizierter) Anlagen beläuft sich in Frankreich auf etwa 550.000[256]. Einer Genehmigungspflicht unterliegende Anlagen sind in beiden Rechtsordnungen abschließend bestimmt. In Frankreich sind ca. 63.000 genehmigte Anlagen vorhanden[257]. Die Zahl dürfte in Deutschland höher liegen[258]. Da das BImSchG im Gegensatz zum französischen Recht die gesetzlich erfassten Anlagen nicht abschließend definiert, dürfte das BImSchG wesentlich mehr Anlagen erfassen als das französische Recht.

Ein weiterer bedeutender Unterschied liegt darin, dass das Genehmigungsverfahren in Frankreich aus deutscher Sicht stets förmlich ist, also stets eine Öffentlichkeitsbeteiligung stattfindet. Ferner ist immer eine *étude d'impact* einzuholen. Beides fordert das deutsche Recht nur für besonders umweltrelevante Anlagen. In Frankreich sind jedoch ohnehin nur die besonders umweltrelevanten Anlagen einer Genehmigungspflicht unterworfen. Andere Anlagen sind nach französischem Recht anzeigepflichtig und nach deutschem Recht im einfachen Verfahren zu genehmigen.

Obwohl genauere Untersuchungen fehlen, wird davon ausgegangen, dass die Genehmigungsanträge in Deutschland in der Tendenz umfangreicher sind, insbesondere einen höheren Detaillierungsgrad aufweisen[259]. Das (förmliche) Genehmigungsverfah-

---

[255] *Reutel*, Nachr. Chem. Tech. Lab. 1997 (Nr. 45), S. 11; wohl auch *Woehrling*, DVBl 1992, S. 884 (888).

[256] *Ministère de l'aménagement du territoire et de l'environnement*, statistiques 1998, S. 7.

[257] *Ministère de l'aménagement du territoire et de l'environnement*, statistiques 1998, S. 7. Auffällig ist, dass sich die Zahl der genehmigungspflichtigen Anlagen bis heute nur unwesentlich erhöht hat, wurden doch 1977 bereits ca. 50.000 Anlagen gezählt (vgl. *Jeoffroi*, S. 23). Die Zahl der anzeigepflichtigen Anlagen belief sich allerdings nur auf 200.000, so dass insbesondere in diesem Bereich eine erhebliche Zunahme zu verzeichnen ist.

[258] Allerdings sind nach Erkenntnissen des Autors keine aktuellen bundesweiten Statistiken erhältlich. Die Zahl der Anlagen in dem industriell bedeutsamsten Bundesland Nordrhein-Westfalen beläuft sich nach Auskunft des nordrhein-westfälischen Umweltministeriums bereits auf ca. 16.000.

[259] *Reutel*, Nachr. Chem. Tech. Lab. 1997 (Nr. 5), S. 11 (12). Sie geht insbesondere davon aus, dass der Genehmigungsantrag nach deutschem Recht auch ohne UVP und Sicherheitsanalyse die nach französischem Recht erforderlichen Unterlagen einschließt.

ren verläuft in beiden Ländern ähnlich, wenngleich die gesetzlichen Vorgaben in Frankreich etwas detaillierter sind. Dies gilt insbesondere für am Verfahren zu beteiligende Behörden und den zeitlichen Ablauf des Verfahrens. In der Praxis dürften jedoch ähnliche Behörden bei der Entscheidungsfindung mitwirken. Insofern weicht das französische Recht vom deutschen Recht im wesentlichen nur hinsichtlich des *conseil départemental d'hygiène* ab, der in Deutschland keine Entsprechung findet. Dessen Beteiligung am Genehmigungsverfahren stellt sicher, dass eine Querschnitt der öffentlichen Meinung im Genehmigungsverfahren Gehör findet, unabhängig davon, ob und wie sich die Öffentlichkeit in der öffentlichen Anhörung beteiligt. Vor allem wegen dieses pluralistisch besetzten Gremiums ist davon auszugehen, dass die Genehmigung letztlich eine höhere gesellschaftliche Legitimation aufweist als in Deutschland.

In Frankreich und in Deutschland werden im wesentlichen gleichartige abstrakt-generelle Konkretisierungsmechanismen verwendet. Sie bestehen vor allem in Rechtsverordnungen und Verwaltungsvorschriften. In der Tendenz findet eine Konkretisierung in Frankreich – wie der *arrêté intégré* zeigt – jedoch eher in Rechtsverordnungen statt, während Deutschland – wie am Beispiel der TA-Luft deutlich wird – eher zu Verwaltungsvorschriften neigt. Dies ist Ausdruck einer in Frankreich zu verzeichnenden Entwicklung, Betriebsbestimmungen verstärkt national einheitlich und in verbindlicher Rechtsform festzulegen. Dies ist im Gegensatz zu Deutschland praktisch erst seit 1976 möglich. In Frankreich sind zwar wesentlich zahlreichere Verwaltungsvorschriften zu finden, dies ist jedoch auf die in Frankreich anzutreffende Rechtszersplitterung zurückzuführen, weil die Verwaltungsvorschriften dort vorwiegend anlagen- und stoffbezogen erlassen werden und keine der TA-Luft vergleichbare umfassende Gesamtschau erlauben.

Damit ist aber nur vordergründig eine stärkere imperative Wirkung der Konkretisierungsnorm verbunden. Tatsächlich verhält es sich umgekehrt. Das Entscheidungsprogramm ist der Behörde in Deutschland wesentlich detaillierter vorgegeben als in Frankreich. Zum einen sind die inhaltlichen Vorgaben der Konkretisierungsnormen in Deutschland umfangreicher und präziser. Wenngleich in Frankreich eine gegenteilige Tendenz auszumachen ist, werden die Anforderungen oftmals nicht weiter spezifiziert, sondern nur allgemein umschrieben; das deutsche Recht liefert dagegen inhaltliche Konkretisierung durch einen Verweis an die „Front des technischen Fortschritts“[260]. Ähnliches gilt für das Vorsorgeprinzip, welches in Deutschland auf eine einheitliche und gleichmäßige Durchführung angelegt ist[261], in Frankreich jedoch eher einzelfallbezogen zur Geltung kommt. Zum anderen wird der Regelungsanspruch von Rechtsverordnungen in Frankreich durch umfangreiche Ausnahmeklauseln relativiert. Ganz anders verhält es sich dagegen in Deutschland, wo Ausnahmeklauseln praktisch wenig

---

260 Vgl. *Breuer*, UTR 9 (1989), S. 43 (58); ders. AöR 101 (1976), S. 46 (68).

261 Siehe BVerwGE 69, 37 (45).

Bedeutung haben[262]. Diese Unterschiede resultieren aus dem Anpassungsrecht, welches der Behörde in Frankreich verbleiben muss, ihr in Deutschland allenfalls aus praktischen Erwägungen und in engen Grenzen eingeräumt wird. Dies rückt französische Rechtsverordnungen als Konkretisierungsinstrument aus deutscher Sicht in die Nähe von Verwaltungsvorschriften.

Werden vorgenannte Unterschiede zusammen betrachtet, kristallisiert sich der wesentliche Unterschied beider Rechtsordnungen heraus. Während das deutsche Recht der Genehmigungsbehörde ein detailliertes und abstraktes Entscheidungsprogramm an die Hand gibt und gleichzeitig kein Ermessen zugesteht, handelt der französische Gesetzgeber zielorientiert, in dem er der Genehmigungsbehörde einen im Einzelfall anhand gesetzgeberischer Wertungen und Abwägungen zu füllenden Rahmen eröffnet. Diese Einzelfallorientierung wird durch den in Deutschland so nicht bekannten *pouvoir de particularisation* gefördert. Die von *Breuer*[263] geprägten Begrifflichkeiten aufgreifend, bedient sich das deutsche Recht eher konditionaler und das französische eher finaler Rechtsetzung. Vor diesem Hintergrund wird auch verständlich, warum ein Vorsorgeprinzip strenger deutscher Prägung wie überhaupt ein in ein strenges Entscheidungsprogramm gekleideter, an den Anlagenbetreiber gerichteter Grundpflichtenkatalog in Frankreich unbekannt ist. Was für den Anlagenbetreiber gilt, bestimmt letztlich die Behörde. Effektive Vorsorge setzt jedoch zwangsläufig ein abstraktes, in Rechtsform gegossenes Konzept voraus, in dem Grenzwerte festgelegt werden[264], und verträgt sich nur bedingt mit einzelfallbezogenen Abwägungen. Gerade die Einzelfallbezogenheit ist jedoch Kennzeichen der Finalität. Dieser Unterschied zwischen konditionaler und finaler Rechtsstellung beansprucht für beinahe den gesamten vorliegenden Rechtsvergleich Gültigkeit.

---

262 Siehe als Beispiel im Falle der 12. BImSchV *Uth*, S. 60.

263 *Breuer*, Umweltrechtstage, S. 53ff.

264 Vgl. BVerwGE 69, S. 37 (44f) sowie *Breuer*, Umweltrechtstage, S. 53 (62ff).

Kapitel 2.
Konkretisierung unbestimmter Rechtsbegriffe aus allgemeiner Sicht

Im zweiten Kapitel liegt der Schwerpunkt auf der Untersuchung, wie sich die Konkretisierung unbestimmter Rechtsbegriffe durch Verwaltung und Verwaltungsgerichte vollzieht. Diese wird im allgemeinen Verwaltungsrecht untersucht, bevor im nächsten Kapitel auf die Besonderheiten gerichtlicher Kontrolle im Anlagenzulassungsrecht eingegangen wird.

§ 1. Grundlagen

Gerade im Umweltrecht verweisen unbestimmte Rechtsbegriffe auf komplexe naturwissenschaftliche oder technische Sachverhalte, deren Feststellung und Bewertung in aller Regel aufgrund der Lebenserfahrung allein nicht möglich ist[265]. Dazu zählen beispielsweise die Begriffe *Gefahr*, *Nachteil*, *öffentliche Sicherheit* und *Zuverlässigkeit*[266]. Die Unbestimmtheit ermöglicht der Verwaltung ein flexibles und fallangepasstes Handeln[267]. Rechtsetzung erfolgt daher regelmäßig durch abstrakte Begriffe; jeder Begriff ist unbestimmt[268], so dass die Wortkombination „unbestimmter Rechtsbegriff“ einen Pleonasmus birgt. Die Wortkombination zeigt eine weitere begriffslogische Auffälligkeit. Bei der Prüfung und Anwendung von Begriffen nimmt die Verwaltung immer eine mehr oder weniger umfangreiche eigene Wertung vor. Unter einem unbestimmten Rechtsbegriff ist daher auch ein Begriff zu verstehen, den der Gesetzgeber nicht zweifelsfrei determiniert hat und der ohne ein Wertungsmoment des Rechtsanwenders nicht konkretisiert werden kann[269]. Mithin setzt ein Begriff ein Mindestmaß an Bestimmtheit voraus, um ihn weiter bestimmen zu können[270], so dass dieses Wortgebilde einen Widerspruch aufzeigt[271].

Ein solches Wertungsmoment besteht, wenn herkömmliche Auslegungsmethoden keine letztverbindliche Konkretisierung erlauben. Darauf aufbauend kann sich die Frage stellen, ob der gesetzesanwendenden Behörde oder dem später kontrollierenden Gericht die Befugnis zur letztverbindlichen Konkretisierung zusteht[272]. Das Vorhandensein unbestimmter Rechtsbegriffe in einer Norm kann mithin auch auf einen eigenständigen Wertungsspielraum der Verwaltung hindeuten. Aber nicht einmal diese

---

265 *Feldhaus*, UPR 1983, S. 137 (138); *Jarass*, NJW 1987, S. 1225 (1226).

266 *Erichsen – Ossenbühl*, § 10, Rn. 3; *Stelkens/Bonk/Sachs – Sachs*, § 40, Rn. 157f.

267 *Erichsen – Ossenbühl*, § 10, Rn. 4.

268 *Erichsen – Ossenbühl*, § 10, Rn. 2.

269 Siehe zur Begriffsfindung *Ebinger*, S. 20ff.

270 Deutlich wird dies an der Übersetzung von *Begriff* durch *concept* (neben *notion* oder *terme*). Ein Konzept ist aber stets bestimmter als ein Begriff; siehe *Grau*, Revue de la recherche Juridique 1994, S. 769 (771) sowie *Jellinek*, S. 37f. Allerdings wird *Rechtsbegriff* in Frankreich nicht einheitlich übersetzt. Es kursiert auch *catégorie juridique*, vgl. *Loschak*, S. 138.

271 Rhetorisch handelt es sich um ein Oxymoron.

272 *Erichsen – Ossenbühl*, § 10, Rn. 26.

Funktionsabgrenzung kann durchgehalten werden, da letztlich jeder Rechtsbegriff eine behördliche Subsumtionsentscheidung und damit immer ein gewisses Maß an Eigenwertung erfordert. So trägt die Unterscheidung zwischen bestimmten und unbestimmten Rechtsbegriffen unmittelbar keine qualitative Kompetente in sich[273]. Unbestimmte Rechtsbegriffe sind daher unabhängig von Stellung und Bedeutung im Normgefüge und administrativen Wertungsspielräumen Begriffe, die ausgelegt werden müssen, um sie für den Einzelfall handhabbar zu machen. Dies gilt rechtsbegrifflich sowohl für das deutsche als auch für das französische Recht, wenngleich dieses Begriffspaar im deutschen Umweltrecht und oftmals insbesondere im Spannungsfeld zwischen administrativer und gerichtlicher Rechtsfindung gebraucht wird um eine unbeschränkte gerichtliche Kontrolle von Tatbestandsmerkmalen auszudrücken[274].

Die Auslegung und Anwendung erfolgt zunächst durch eine gesetzesausführende Behörde und gegebenenfalls anschließend durch ein Gericht. Der Umfang gerichtlicher Kontrolle setzt und begrenzt der Verwaltung im Zuge der Gesetzesauslegung zustehende Handlungsspielräume. Das Gericht macht den Umfang seiner Kontrolle wiederum davon abhängig, welche Freiheiten der Verwaltung bei der Gesetzesanwendung durch Verfassung, Übung oder kraft politischer Entscheidung zukommen. Art und Weise administrativer und judikativer Konkretisierung unbestimmter Rechtsbegriffe hängen daher in Frankreich wie in Deutschland von mehreren Faktoren ab, die erst in ihrer Zusammenschau ein klärendes Bild verschaffen. Von Bedeutung ist zunächst die Konzeption des Verwaltungsprozesses (§ 2), um die Rahmenbedingungen der gerichtlichen Kontrolle und ihre Funktion als die Verwaltung begrenzende Gewalt aufzuzeigen. Im speziellen geht es dabei um die Kontrollmethodik (§ 3). Vor diesem Hintergrund wird anschließend die Konzeption des Veraltungsermessens untersucht (§ 4). Die Untersuchung erfolgt in dieser Reihenfolge, weil Grenzen des Verwaltungsermessens erst im Rahmen verwaltungsgerichtlicher Kontrolle sichtbar werden. Dies gilt insbesondere, wenn wie häufig der Umfang gerichtlicher Kontrolle und damit gleichzeitig der Umfang des Verwaltungsermessens im Ermessen des Gerichts stehen.

Durch eine eingehende vergleichende Untersuchung besteht dabei die Gefahr, dass einzelne Parallelen im deutschen und französischen Recht Ähnlichkeiten suggerieren, die den Blick auf die Gesamtheit verklären. Daher sind an dieser Stelle bereits Erkenntnisse und Ergebnisse vorwegzunehmen, die im Zuge der Untersuchungen der §§ 2 bis 4 dieses Kapitels gewonnen werden und die im Blick behalten werden müssen. Sie zeigen sich aber auch in den übrigen Teilen der Untersuchung in den verschiedensten, themenbezogenen Facetten:

Wie bereits im ersten Kapitel deutlich wurde, unterscheidet sich die Konkretisierung unbestimmter Rechtsbegriffe in beiden Ländern erheblich voneinander. In Deutschland wird entsprechend einem „Wenn-dann-Schema" zwischen unbestimmten Rechtsbegriffen auf der Tatbestandsseite und der Rechtsfolgenseite der Norm unter-

---

273 *Ehmke*, S. 29; *Jellinek*, S. 37f.

274 Siehe Koch/Scheunig – Blankenagel, § 6, Rn. 7.

schieden. Soweit dort vorhanden eröffnen sie nur auf der Rechtsfolgenseite ein Verwaltungsermessen in Form einer zurückhaltenden gerichtlichen Kontrolle. In Frankreich dagegen ist die Unterscheidung zwischen Tatbestand und Rechtsfolge zumindest rechtsdogmatisch unbekannt, was auch darauf zurückzuführen ist, dass das Verwaltungsrecht weniger stark kodifiziert ist und eine Ermächtigungsnorm nicht immer in Tatbestand und Rechtsfolge zerfällt. Unbestimmte Rechtsbegriffe eröffnen unabhängig von ihrer Stellung im Normgefüge grundsätzlich ein Verwaltungsermessen. Durch eine insgesamt zurückhaltende gerichtliche Kontrolle wird der Verwaltung ein umfangreiches Ermessen zuerkannt. Verwaltungsermessen ist Regelfall und Urzustand des Verwaltungsrechts und die Verwaltungsgerichte sind dementsprechend zur Zurückhaltung gemahnt. Die Aufgabe einer letztverbindlichen Konkretisierung kommt daher in Frankreich tendenziell der Verwaltung zu. Eine effektive Verwaltungstätigkeit liegt im öffentlichen Interesse. Im Gegensatz zum deutschen Recht sind Fälle gebundener Verwaltung selten. Im deutschen Recht ist die Verwaltung wesentlich stärker gebunden. Die Kompetenz zur letztverbindlichen Konkretisierung liegt eher bei den Gerichten. Der einzelne steht der Verwaltung ähnlich dem Zivilprozess als Träger subjektiver Rechte gegenüber. Die gerichtlichen Kompetenzen sind zwangsläufig stark ausgeprägt.

Vor allem aufgrund der Unterscheidung zwischen Tatbestand und Rechtsfolge sowie hoher Regelungsdichte lässt sich in Deutschland wiederum von konditionaler Rechtssetzung sprechen, während die französische Rechtssetzung vor dem Hintergrund weiter administrativer Spielräume und Gestaltungsaufträge und dadurch bedingter niedrigerer Regelungsdichte sowie zurückhaltender verwaltungsgerichtlicher Kontrolle zielorientiert und mithin final erfolgt. Diese fundamentalen Unterschiede erzeugen in beiden Ländern auch unterschiedliche Assoziationen mit unbestimmten Rechtsbegriffen. Wenn nämlich berücksichtigt wird, dass unbestimmte Rechtsbegriffe sich eher auf der Tatbestandsseite der Norm befinden[275], stehen sie in Deutschland tendenziell für eine gebundene Verwaltung und in Frankreich, das eine Unterscheidung zwischen Tatbestand und Rechtsfolge grundsätzlich nicht kennt, für Verwaltungsermessen.

---

[275] *Erichsen-Ossenbühl*, § 10, Rn. 24.

§ 2. Konzeption des Verwaltungsprozesses

Das verwaltungsprozessuale Verfahren der Überprüfung behördlicher anlagenzulassungsrechtlicher Entscheidungen (sog. *contentieux des installations classées*) ist in Frankreich - im Gegensatz zum deutschen Recht - einem speziellen Verfahren unterworfen. Nach Art. L 514-6 Nr. 1 code de l'environnement wird vor allem im Verfahren des *recours de pleine juridiction* entschieden[276]. Diese Zuordnung nimmt innerhalb des französischen Verwaltungsprozessrechts eine Sonderstellung ein, weil Verwaltungsentscheidungen in der Regel mit Hilfe einer anderen Klageart untersucht werden, nämlich des *recours pour excès de pouvoir*. Dies bedingt wesentliche Besonderheiten in Kontrollmethodik und Kontrolldichte. Die Bedeutung dieses Sonderweges wird deutlich, wenn er in die Konzeption des Verwaltungsprozesses und insbesondere der verschiedenen Klagearten im deutschen und französischen Recht eingebettet wird.

A. Konzeption des deutschen Verwaltungsprozesses

Die Klagearten im deutschen Verwaltungsprozess folgen der gleichen Systematik wie im deutschen Zivilprozess. Es werden Leistungsklagen, Feststellungsklagen und Gestaltungsklagen unterschieden[277]. Eine Systematisierung führt daher zu keinen besonderen Problemen. Die wesentlichen Klagen sind die Anfechtungsklage und die Verpflichtungsklage (§ 42 Abs. 1 VwGO), die Feststellungsklage (§ 43 VwGO) und die nicht gesetzlich ausgeformte (allgemeine) Leistungsklage.

Mit der Anfechtungsklage kann die Aufhebung eines Verwaltungsaktes erreicht werden, so dass sie zu den Gestaltungsklagen zählt. Mit der Verpflichtungsklage kann die Behörde zum Erlass eines abgelehnten oder unterlassenen Verwaltungsaktes verpflichtet werden, so dass es sich insoweit um eine Leistungsklage handelt. Die Feststellungsklage dient der Feststellung des Bestehens oder Nichtbestehens eines Rechtsverhältnisses und mithilfe der allgemeinen Leistungsklage kann die öffentliche Hand zu einem Handeln, Dulden oder Unterlassen verpflichtet werden, dass nicht den Erlass eines Verwaltungsaktes erfordert. In der Praxis kommt Anfechtungs- und Verpflichtungsklage die größte Bedeutung zu.

In Deutschland ist der umfassende gerichtliche Rechtsschutz gegen Akte der öffentlichen Gewalt verfassungsrechtlich verbürgt (Art. 19 Abs. 4 GG). Dem Gericht stehen weitreichende Prüfungskompetenzen zu. Dies ist auf ein seit Mitte des 19. Jahrhunderts historisch gewachsenes Verständnis einer starken rechtsprechenden Gewalt zurückzuführen. Das Verhältnis des gewaltunterworfenen Bürgers gegenüber der Verwaltung wird im Sinne eines freiheitlichen Liberalismus als ein Verhältnis wechselseitiger Rechte und Pflichten ähnlich wie im Zivilprozess verstanden, über das

---

276 *Les décisions prises en application des articles...sont soumises à un contentieux de pleine juridiction.*

277 Siehe Redeker/von Oertzen, § 42, Rn. 1.

eine starke und neutrale Gewalt richten soll[278]. Dies grundlegende Weichenstellung wurde mit der Schaffung des Grundgesetzes verstetigt.

Der Kläger muss klagebefugt sein. Er muss nach § 42 Abs. 2 VwGO geltend machen, durch einen Verwaltungsakt oder seine Ablehnung in seinen Rechten verletzt zu sein. Es genügt, wenn nach dem Klägervortrag die Möglichkeit der Verletzung eines Rechts besteht, das abstrakt auch dem Schutz der Interessen von Personen zu dienen bestimmt ist, die sich in der Lage des Klägers befinden und nicht nur auf den Schutz von Allgemeininteressen abzielen[279]. Der Verwaltungsprozess dient daher grundsätzlich ähnlich dem Zivilrecht der Durchsetzung subjektiver Rechtspositionen.

Spiegelbildlich führt die Rechtswidrigkeit des Verwaltungsaktes nach § 113 Abs. 1 S. 1 VwGO nur im Falle der Verletzung eines subjektiven Rechts des Klägers auch zu dessen Aufhebung. Voraussetzung ist nach der sog. Schutznormtheorie die Verletzung einer Rechtsnorm, die eine dem Kläger und nicht nur der Allgemeinheit zugehörige Rechtsposition verkörpert[280]. Entstammt die Entscheidung der gebundenen Verwaltung, wird sie grundsätzlich vollständig überprüft. Handelt es sich bei der zu prüfenden Entscheidung um eine solche der Ermessensverwaltung, setzt § 114 VwGO die justiziablen Ermessensgrenzen.

B. Konzeption des französischen Verwaltungsprozesses

Der französische Verwaltungsprozess wird durch den *recours pour excès de pouvoir* geprägt[281]. Neben dem *recours de pleine juridiction* handelt es sich um die wichtigste Klageart im französischen Verwaltungsprozess[282]. Der *recours pour excès de pouvoir* ist darauf gerichtet, rechtswidrige Verwaltungsakte aufzuheben[283], und stellt das klassische prozessuale Mittel dar, die Überprüfung der Rechtmäßigkeit des Verwaltungshandelns zu erreichen[284]. Es handelt sich um den *recours de droit commun*[285]; im Zweifel ist er einschlägig, wenn sich aus dem gesetzlichen Zusammenhang keine anderweitigen Anhaltspunkte ergeben[286].

Diese Klageart hat rein kassatorischen Charakter. Dem Gericht ist es verwehrt, die Verwaltungsentscheidung abzuändern oder die Parteien zu Geldleistungen zu verur-

---

278 Siehe die lesenswerten Nachweise bei *Breuer*, Umweltrechtstage, S. 53 (55ff.) sowie unten, S. 192f.

279 Siehe instruktiv zur Klagebefugnis Kopp/Schenke, § 42, Rn. 65ff. und *Halfmann*, Verwaltungsarchiv Band 91 (2000), S. 74 (76ff.).

280 Siehe BVerwGE 82, 343 (344); 94, 151 (158); *Hufen*, S. 281; *Kopp/Schenke*, § 42, Rn. 71.

281 *Pacteau* (contentieux, Rn. 12) spricht von einem *recour de référence.*

282 *Debbasch/Ricci*, contentieux, Rn. 766.

283 *Auby/Drago*, traité des recours, Rn. 108, S. 116.

284 *Pacteau*, contentieux, Rn. 13; allerdings gewinnt der *recours de pleine juridiction* zunehmend an Bedeutung, vgl. unten, S. 194ff.

285 Vgl. *Debbasch/Ricci*, Rn. 768, S. 532; *Auby/Drago*, traité des recours, Rn. 109.

286 *Auby/Drago*, traité des recours, Rn. 109.

teilen[287]. Ferner findet im Grundsatz nur eine eingeschränkte Überprüfung behördlicher Tatsachenwertungen statt[288]. Insgesamt hält sich das Gericht gegenüber der Verwaltung in der Ausübung der Kontrolle stark zurück und überlässt der Verwaltung umfangreiche Entscheidungsfreiräume[289]. Dies ist Ausdruck eines im Vergleich zum deutschen Recht völlig abweichenden Verständnisses der Verwaltungsrechtsprechung im System der Gewaltenteilung. Nach überkommenem französischem Verständnis kommt der Verwaltung die Verwirklichung öffentlicher Interessen zu[290]. Das Gesetz schafft den Bereich des Verwaltungsermessens nicht, sondern begrenzt diesen lediglich, weil eine auch gegenüber dem Gesetzgeber autonome Verwaltung gleichsam den Urzustand administrativen Handelns bilde[291]. Da die Verwaltung grundsätzlich im Allgemeininteresse handelt[292], liegt eine umfangreiche Kontrolle der Verwaltung nicht im öffentlichen Interesse. Dem Gericht ist es verwehrt, sich in die Verwaltungstätigkeit einzumischen (*impossibilité pour le juge administratif de faire acte administrateur*)[293]. In der Verfassung der 5. Republik von 1958 ist die Verwaltungsrechtsprechung nicht erwähnt[294]. Ebenso fehlt eine ausdrückliche Verankerung des Rechtsstaates[295] sowie der Gewaltenteilung (*séparation des pouvoirs*). Unter dem Stichwort Gewaltenteilung werden in Frankreich eher verschiedene politische Systeme im Verhältnis Legislative und Exekutive problematisiert. Die Rechtsprechung tritt daneben jedenfalls nicht als eigenständige dritte Gewalt in Erscheinung[296]. Die Verwaltungsrechtsprechung wird nicht als (ordentliche) Gerichtsbarkeit im Sinne der Verfassung, sondern als (wenn auch autonomer und geschützter) Bestandteil der Exekutive angesehen[297]. Auch eine dem Art. 19 Abs. 4 GG vergleichbare Normierung einer grundsätzlichen Kontrolle der Verwaltungstätigkeit ist in Frankreich und insbesondere in der französischen Verfassung unbekannt[298].

Verwaltung und gewaltunterworfener Bürger stehen sich in Frankreich nicht in einem privatrechtsähnlichen Verhältnis von Rechten und Pflichten gegenüber. Der *recours pour excès de pouvoir* wird somit grundsätzlich nur als Möglichkeit einer

---

287 *Debbasch/Ricci*, Rn. 768.

288 Siehe unten, S. 70ff.

289 *Auby/Drago*, traité de contentieux, Rn. 1380.

290 Siehe Otto Mayer, S. VIIIf.

291 *Hoffmann*, S. 21ff.; *Varadinek*, S. 32; *Gaudemet*, in *Bullinger*, Verwaltungsermessen, S. 113 (115f.).

292 *Auby/Drago*, traité de contentieux, Rn. 166 ; *Kromarek*, in *Dolde* (Hrsg.), Umweltrecht im Wandel, S. 189 (202).

293 Siehe *Auby/Drago*, traité de contentieux, Rn. 166f.

294 Siehe auch *Woehrling*, S. 4.

295 Vgl. Art. 2: *La France est une République indivisble, laïque, démocratique et sociale.*

296 *Burdeau/Hamon/Troper*, S. 140ff, 89; *Lascombe*, S. 19ff.

297 Siehe *Classen*, S. 12ff; siehe zur verfassungsrechtlichen Absicherung der Verwaltungsrechtsprechung *Berst*, S. 67ff.

298 *Woehrling*, S. 4; siehe auch *Koch*, S. 43ff.

verobjektivierten Überprüfung des staatlichen Handelns verstanden und dient nicht der Durchsetzung subjektiver Interessen[299]. Der Kläger muss sich zwar auf die Verletzung einer Rechtsnorm berufen, um das nötige *intérêt pour agir* nachzuweisen, allerdings sind die Anforderungen an die Beziehung des Klägers zu diesem Recht eher abstrakt[300]. Insbesondere muss es sich nicht um eine Rechtsposition handeln, die gerade den Kläger schützen will. Eine entfernt mögliche Verletzung von klägerischen Rechtspositionen reicht aus.

Demgegenüber ist der *recours de pleine juridiction* nach seinem klassischen Verständnis darauf gerichtet, Leistungsansprüche des einzelnen durchzusetzen[301]. Auch im übrigen reichen die Unterschiede weit[302]. Im Mittelpunkt steht ein Eingriff in den individuellen, anspruchsbezogenen Status[303], beispielsweise im *contentieux des contrats* oder im *contentieux de la responsabilité*[304]. Die Rechtmäßigkeitsprüfung von Verwaltungsakten findet nur ausnahmsweise statt, wenn die entsprechende Materie diesem Verfahren durch gesetzliche oder richterliche Entscheidung zugeordnet wird. Der Begriff der *pleine juridiction* resultiert daraus, dass der Richter im Gegensatz zu herkömmlichen Verfahren eine umfangreiche Befriedung des Rechtsstreites vornimmt[305], nicht auf die bloße Aufhebung der Verwaltungsentscheidung beschränkt ist, sondern insbesondere die Verwaltung zu Schadenersatzleistungen verurteilen und daher seine *vollen* Kompetenzen ausüben kann[306]. Materiell wird diese Klageart vom Zivilrecht geprägt[307]. Insbesondere kann der Richter eine umfangreiche Prüfung der Tatsachen und Rechtsfragen vornehmen, welche das subjektive Recht begründen[308]. Diese gehen als originäre Leistungsrechte über die subjektiven Rechte im Sinne der deutschen Schutznormtheorie hinaus. Zu den subjektiven Rechten in diesem Sinne zählen vor allem Ansprüche aus Verträgen oder staatshaftungsrechtliche Ansprüche[309]. Der Kläger hat grundsätzlich ein subjektives Interesse nachzuweisen, um klagebefugt zu sein[310]. Diese Klageart weist indessen keine feststehende Systematik auf. Insbeson-

---

299 Siehe *Auby/Drago*, traité de contentieux, Rn. 1079; *Masing*, S. 196ff. m.w.N.; *Woehrling*, zitiert nach *Bonnmann*, UPR 1999, S. 57 (58); *Woehrling*, S. 10.

300 Siehe *Auby/Drago*, traité de contentieux, Rn. 1113ff.

301 *Auby/Drago*, traité de contentieux, Rn. 1367; *Janin*, S. 5.

302 Siehe die Übersicht bei *Debbasch/Ricci*, Rn. 773.

303 *Auby/Drago*, traité de contentieux, Rn. 1367, S. 483; *Janin*, S. 5; *Chapus*, droit du contentieux administratif, Rn. 263.

304 Siehe *Auby/Drago*, traité de contentieux, Rn. 1373; *Rivero/Waline*, Rn. 211; *Peiser*, S. 187.

305 *Laferrière*, tome I, S. 15; *Sandevoir*, répertoire Dalloz, *recours de pleine juridiction*, Rn. 13.

306 *Rivero/Waline*, Rn. 209; *Chapus*, droit du contentieux administratif, Rn. 263, Nr. 2; *Auby/Drago*, traité de contentieux, Rn. 1379; *Janin*, S. 6.

307 *Sandevoir*, S. 356.

308 Vgl. *Auby/Drago*, traité de contentieux, Rn. 1375.

309 *Auby/Drago*, traité de contentieux, Rn. 1367.

310 *Janin*, S. 6.

dere vor dem jeweiligen streitgegenständlichen Hintergrund ergeben sch erhebliche Unterschiede[311].

Eine genaue Systematisierung der Klagearten erweist sich als kompliziert, weil das geschriebene französische Recht keine Unterscheidung vorgibt. Ferner haben sich die verschiedenen Klagearten erst im Laufe der Zeit entwickelt, insbesondere durch die Rechtsprechung des *Conseil d'État* als höchstem französischen Verwaltungsgericht. Zahlreiche Klagearten sind nur in ihrer Grundstruktur vorgegeben, variieren jedoch in ihrer streitgegenstandsbezogenen Anwendung[312].

Zur abstrakten Katalogisierung werden die Kompetenzen des Gerichts einerseits[313] und die in Rede stehende Rechtsfrage andererseits herangezogen[314]. Bis zum 20. Jahrhundert wurden nach klassischer Methode entsprechend den jeweils abnehmenden richterlichen Kompetenzen vier Gruppen von Klagearten unterschieden[315]. Zunächst ist der *contentieux de pleine juridiction* zu nennen, in welchem der Richter seine vollen Kompetenzen ausübt[316]. Davon wird der *contentieux de l'annulation* unterschieden, der von dem *recours pour excès de pouvoir* geprägt wird. Das Gericht ist hier auf die Aufhebung einer Maßnahme beschränkt[317]. Ferner kann dem Gericht ausschließlich die Kompetenz zustehen, die Rechtswidrigkeit der Verwaltungsentscheidung festzustellen. Dies betrifft den *contentieux de l'interprétation* sowie den *contentieux de l'appréciation de légalité*. Bei dem *contentieux de la répression* geht es um die Ahndung rechtswidrigen Handelns des einzelnen.

Anfang des 20. Jahrhunderts gewann eine andere Methode an Bedeutung. Unterscheidungskriterium bildet die Frage, ob sich die Rechtsfrage darauf beschränkt, einen Verstoß des Verwaltungshandelns gegen das objektive Recht festzustellen (*contentieux objectif*)[318]. Im Vordergrund steht die Prüfung der Legalität der Verwaltungsentscheidung[319]. Steht dagegen die Frage in Streit, ob und wie der einzelne Träger eines gegebenenfalls verletzten Individualrechtes ist, handelt es sich um einen *contentieux subjectif*[320]. Unter den *contentieux objectif* lassen sich vor allem der *recours pour excès de pouvoir*, sowie der *recours en interprétation*, der *recours en appréciation de la validité*

---

311 Siehe zu den unterschiedlichen Ausprägungen der *recours de pleine juridiction Chapus*, droit du contentieux administratif, Rn. 263ff.

312 Siehe z.B. den *contentieux fiscal* (*Auby/Drago*, traité de contentieux, Rn. 1332f.).

313 *Debbasch/Ricci*, Rn. 766.

314 *Debbasch/Ricci*, Rn. 774; siehe grundlegend *Auby/Drago*, traité de contentieux, Rn. 1021ff.

315 *Laferrière*, S. 15ff.; siehe auch *Chapus*, droit du contentieux administratif, Rn. 228ff.

316 *Laferrière*, S. 15.

317 *Laferrière*, S. 15.

318 *Duguit*, S. 271; vgl. zu der Entwicklung *Auby/Drago*, traité de contentieux, Rn. 1021f.

319 *Chapus*, droit du contentieux administratif, Rn. 229.

320 *Auby/Drago*, traité des recours, Rn. 110, S. 124 ; *Chapus*, droit du contentieux administratif, Rn. 229.

sowie der *contentieux de la répression* subsumieren[321]. Der *contentieux subjectif* wird durch den *recours de pleine juridiction* geprägt.

Diese Katalogisierung der Klagearten liefert indessen keine befriedigende Lösung für die Einordnung von Verfahren, in denen die Überprüfung der Rechtmäßigkeit des Verwaltungshandelns mit Hilfe des *recours de pleine juridiction* erfolgt[322]. Dies ist insbesondere im *contentieux des installations classées* der Fall. Materielle Rechtsfrage und Kompetenz des Gerichts fallen auseinander[323]. Einem objektiven Streitgegenstand wird ein für die Durchsetzung subjektiver Ansprüche konzipiertes Verfahren übergestülpt, so dass es sich sowohl um einen *contentieux objectif* als auch um einen *contentieux subjectif* handelt. Eine solche Kombination kann durch spezialgesetzliche Zuweisung[324] oder historisch gewachsene Auslegung des Gesetzestextes erfolgen[325]. Die gesetzliche Anordnung der Überprüfung objektiven Rechts im Wege des *recours de pleine juridiction* erfolgt meist aus rechtspolitischen Gründen, um dem Richter eine tiefgreifendere Kontrolle und ggf. ein Umgestaltungsrecht der administrativen Entscheidung zu ermöglichen, was ihm im Verfahren der *recours pour excès de pouvoir* verwehrt ist[326]. Darauf ist es zurückzuführen, dass der *recours de pleine juridiction* im Gegensatz zu dem *recours pour excès de pouvoir* keine festen Konturen aufweist. Insbesondere bezüglich Kontrolltiefe und richterlicher Kompetenzen existieren je nach Rechtsgebiet erhebliche Abweichungen[327]. Wenn keine gesetzliche Regelung vorhanden ist, ist entscheidend, welche Klageart für die Lösung des in Rede stehenden Sachverhaltes aus gerichtlicher Sicht geeignet ist[328].

Die vorbeschriebenen Systematisierungen wurden weiterentwickelt und verknüpft[329]. So wird innerhalb des *contentieux objectif* und des *contentieux subjectif* nach den gerichtlichen Kompetenzen unterschieden. Wenn die Vereinbarkeit einer Verwaltungsentscheidung mit dem objektiven Recht den Prüfungsgegenstand eines

---

321 *Pacteau*, contentieux, Rn. 14, S. 29; siehe zu der Problematik der Einordnung *Auby/Drago*, traité de contentieux, Rn. 1022, S. 79.

322 Vgl. *Pacteau*, contentieux, Rn. 14, S. 29.

323 Vgl. *Pacteau*, contentieux, Rn. 14, S. 29; *Auby/Drago*, traité de contentieux, Rn. 1022.

324 Siehe insbesondere Art. L 514-6 code de l'environnement. Diese Fälle bilden jedoch die Ausnahme, vgl. *Chapus*, droit du contentieux administratif, Rn. 266.

325 *Chapus*, droit du contentieux administratif, Rn. 266; *Auby/Drago*, traité de contentieux, Rn. 1329. Die Auflistungen der Streitgegenstände der *recours de pleine juridiction* von *Chapus* und *Auby/Drago*, (traité des recours, Rn. 108, S. 118), verdeutlichen, dass dieses Verfahrens im Bereich des französischen Verwaltungsprozessrechts nicht zu unterschätzen ist.

326 *Chapus*, droit du contentieux administratif, Rn. 266; *Auby/Drago*, traité de contentieux, Rn. 1329.

327 Siehe *Auby/Drago*, traité de contentieux, Rn. 1378ff.

328 Ein prägnantes Beispiel hat der Conseil d'Etat im Atomrecht geliefert, vgl. unten, S. 73ff.

329 So insbesondere *Auby/Drago*, traité de contentieux, Rn. 1023, die den Begriff *contentieux des droits* dem Begriff des *contentieux subjectif* vorziehen.

recours de pleine juridiction bildet, handelt es sich um einen *contentieux objectif*[330]. Der *contentieux des installations classées* ist nach dieser Systematisierung ein *contentieux mixte*[331]. Dies gilt ebenfalls für den *contentieux électoral*[332], den *contentieux fiscal*[333] sowie den *contentieux des immeubles menaçant ruine* (baufällige Gebäude)[334]. Der Richter entscheidet hier Fragen des objektiven Rechts mit Hilfe seiner ausgedehnten Prüfungs- und Umgestaltungskompetenzen. Die streitgegenstandsbezogene Sichtweise wird um die richterlichen Kompetenzen erweitert[335].

C. Konzeption im Vergleich

Der deutsche und der französische Verwaltungsprozess unterscheiden sich in wesentlichen Fragen. Im Gegensatz zum deutschen Recht ist der französische Verwaltungsprozess wegen der vorherrschenden Bedeutung der *recours pour excès de pouvoir* grundsätzlich nicht auf die Durchsetzung subjektiver Rechtspositionen gerichtet, sondern auf die Wahrung objektiven Rechts. Die Reichweite der gerichtlichen Kompetenzen ist gegenüber der Verwaltung begrenzt. Grundsätzlich kann der Richter die Verwaltung nicht zu einer Handlung zwingen. Eine Verpflichtungsklage nach deutschem Vorbild existiert nicht. Im Gegensatz dazu ist der deutsche Verwaltungsprozess auf die Durchsetzung subjektiver Rechtspositionen ausgerichtet. Der Richter kann die Verwaltung umfangreich kontrollieren. Dies sind Kennzeichen unterschiedlicher Zielrichtungen verwaltungsgerichtlichen Rechtsschutzes. Während in Frankreich eine effektive Verwaltungstätigkeit im öffentlichen Interesse liegt und nicht die Durchsetzung privater Interessen, verhält es sich in Deutschland genau umgekehrt.

Der *recours pour excès de pouvoir* ist in seiner Zielsetzung mit der deutschen Anfechtungsklage vergleichbar, da beide auf die Aufhebung rechtswidriger Verwaltungsakte abzielen. Die Anforderungen an die Klagebefugnis sind jedoch im deutschen Recht strenger[336]. Mit Hilfe des *recours de pleine juridiction* können dagegen auch

---

330 *Auby/Drago*, traité de contentieux, Rn. 1023, 1329; siehe zu den Differenzierungen innerhalb des *contentieux subjectif* oder des *contentieux des droits* Rn. 1023, S. 81. Siehe auch den Ansatz von *Chapus* (droit du contentieux administratif, Rn. 230ff, 263, 264), der innerhalb des *contentieux de pleine juridiction* nach den *recours ordinaires* und den *recours objectifs de plein contentieux* unterscheidet. In die letzte Gruppe lässt sich auch der contentieux des installations classées einordnen, denn hier wird eine objektive Rechtsfrage mit dem prozessualen Mittel des *recours de pleine juridiction* überprüft.

331 So wörtlich auch CAA Nantes, 29 mars 1995, *Syndicat intercommunal d'Elimination des ordures ménagères*, n° 93NT00170; *Janin*, S. 9; *Staub*, Rn. 752; *Auby/Drago*, traité de contentieux, Rn. 1333; *Chapus*, droit du contentieux administratif, Rn. 264.

332 *Chapus*, droit du contentieux administratif, Rn. 266, Nr. 1.

333 *Auby/Drago*, traité de contentieux, Rn. 1022, 1332.

334 Vgl. Art. L 511.1ff. du code de la construction et de l'habilitation; *Chapus*, droit du contentieux administratif, Rn. 266, Nr. 1; *Staub*, Rn. 752.

335 *Auby/Drago*, traité de contentieux, Rn. 1329.

336 Vgl. §§ 113 Abs. 1 S. 1 und 40 Abs. 2 VwGO.

subjektive Rechte durchgesetzt werden[337]. Diese gehen jedoch als originäre Leistungsrechte über die subjektiven Rechte im Sinne der deutschen Schutznormtheorie hinaus. Zu den subjektiven Rechten in diesem Sinne zählen vor allem Ansprüche aus Verträgen oder staatshaftungsrechtliche Ansprüche[338].

Da der Kläger im Falle des den Anspruch stattgebenden Urteils mit einem Titel ausgestattet ist, ist der *recours de pleine juridiction* mit der deutschen allgemeinen Leistungsklage im Verwaltungsrecht und mit der Leistungsklage im jeweiligen Zivilrecht vergleichbar[339]. Dies gilt auch für die Klagebefugnis. Wenn dem Richter im *recours de pleine juridiction* die Kompetenz zusteht, die Verwaltungsentscheidung aufzuheben, ähnelt das Verfahren dem *recours pour excès de pouvoir* und der deutschen Anfechtungsklage. Wie noch zu zeigen ist, steht dem Richter im contentieux des *installations classées* auch die Möglichkeit offen, die angegriffene Verwaltungsentscheidung umzugestalten[340]. Der *recours de pleine juridiction* kann daher eine Art Verpflichtungsklage sein, die ansonsten dem französischen im Gegensatz zum deutschen Recht fremd ist. Der deutsche Richter ist jedoch auf die Aufhebung und Verurteilung der Behörde zum Erlass der in Frage stehenden Entscheidung beschränkt.

Die administrativen Kompetenzen des französischen Richters sind für das französische Recht ungewöhnlich und aus deutscher Sicht vor allem aus Gründen der Gewaltenteilung erstaunlich. In seiner ursprünglichen Form und in der Vielzahl der Fälle bleibt der *recours de pleine juridiction* jedoch auf die Durchsetzung purer Leistungsansprüche beschränkt. Handelt es sich bei dem Streitgegenstand um die Rechtmäßigkeit einer Verwaltungsentscheidung, so sind die richterlichen Kompetenzen wiederum normalerweise auf die Aufhebung der Entscheidung begrenzt[341]. Aufgrund dieses Regel-Ausnahme-Verhältnisses ist der *recours de pleine juridiction* als Leistungsklage zu begreifen, der unter Umständen eine besondere Kompetenz zur Gestaltung von Verwaltungsentscheidungen eröffnet.

---

337 *Auby/Drago*, traité de contentieux, Rn. 1367.

338 *Auby/Drago*, traité de contentieux, Rn. 1367.

339 Siehe *Hufen*, S. 349f.

340 Siehe die Ausführungen auf S. 142ff.

341 Vgl. *Auby/Drago*, traité de contentieux, Rn. 1380.

§ 3. Kontrollmethodik im Verwaltungsprozess

Das französische Recht wird durch den *recours pour excès de pouvoir* geprägt. Die Kontrollmethodik im Sonderfall des *recours de pleine juridiction* wird im nachfolgenden Kapitel untersucht. Für das deutsche Recht beschränken sich die folgenden Ausführungen auf Anfechtungs- und Verpflichtungsklage.

A. Kontrollmethodik im deutschen Recht

Der Richter legt die Norm aus, überprüft den Sachverhalt und unternimmt schließlich eine Sachverhaltsbeurteilung im Sinne einer Kontrolle des behördlichen Subsumtionsvorgangs[342]. Verwaltungsermessen wird nur in den Grenzen des § 114 VwGO überprüft. Es wird kontrolliert, ob die gesetzlichen Grenzen des Ermessens überschritten wurden (Ermessensüberschreitung), ob von dem Ermessen in einer dem Zweck der Ermächtigung entsprechenden Weise Gebrauch gemacht wurde oder nicht (Ermessensfehlgebrauch) und ob die Behörde überhaupt Ermessen ausgeübt hat (Ermessensnichtgebrauch). Überprüft wird stets, ob die Behörde von zutreffenden Tatsachen in sachlicher und rechtlicher Hinsicht ausgegangen ist[343]. Im Rahmen der Prüfung eines Ermessensfehlgebrauchs wird insbesondere eine Prüfung der Verhältnismäßigkeit vorgenommen[344]. Das Verwaltungsermessen kann sich in bestimmten Fällen (vor allem bei starkem Grundrechtsbezug) auf nur eine zulässige Vorgehensweise reduzieren[345]. Im Falle der gebundenen Verwaltung wird dagegen grundsätzlich eine vollständige Überprüfung des Verwaltungshandelns vollzogen. Eine tiefgreifende Untersuchung der Tatsachenwertung bedingt dabei eine weitreichende Interpretation des gesetzlichen Tatbestandes. Der Sachverhalt wird durch das Gericht aufgeklärt (§ 86 Abs. 1 VwGO).

Wesentlich für das Verständnis der in Deutschland vollzogenen Kontrolle ist die vorherrschende Trennung zwischen Tatbestand und Rechtsfolge[346]. Verwaltungsermessen ist dabei grundsätzlich rechtsfolgenbezogen. Es haben sich jedoch auch auf Tatbestandsseite bestimmte Fälle eines Ermessens in Form eines Beurteilungsspielraumes herausgebildet, was zu einer nur beschränkten gerichtlichen Kontrolle führt. Reichweite und Grenzen sind jedoch unklar. Ausgangspunkt ist eine prinzipiell unbeschränkte Kontrolle[347]. Das Bundesverfassungsgericht erkennt einen Beurteilungsspielraum nur an, wenn die Kontrolle so schwierig ist, dass die Rechtsprechung an ihre funktionalen Grenzen stößt[348]. Nach anderer Ansicht soll das Vorhandensein von Einschätzungsbegriffen genügen[349]. Mindestvoraussetzung ist daher eine durch die

---

342 *Bachof*, JZ 1955, S. 97 (98f.); *Papier*, FS Ule, S. 235 (242).

343 Siehe Kopp/Schenke, § 114, Rn. 12.

344 Redeker/von Oertzen, § 114, Rn. 13.

345 Sog. „Ermessensreduzierung auf Null", siehe *Erichsen – Ossenbühl*, § 10, Rn. 21.

346 Siehe ausführlich unten, S. 86ff.

347 *Maunz/Dürig – Schmidt-Assmann*, Art. 19 Abs. 4, Rn. 182f.

348 BVerfGE 84, 34 (50).

349 Siehe *Wolff/Bachof/Stober*, S. 367, Rn. 18.

Verwaltung vorzunehmende Wertung oder Prognose[350]. Allerdings reicht eine besondere Fachkunde des Entscheidungsträgers für die Anerkennung eines Beurteilungsspielraumes nicht aus[351]. Ferner mahnt das Bundesverfassungsgericht einen effektiven Schutz der Grundrechte an. Der Umfang eines Beurteilungsspielraumes hängt demnach auch von der Grundrechtsrelevanz des betroffenen Bereiches ab[352].

Die Fälle, in denen eine Beschränkung gesetzlich angeordnet wird, sind äußerst selten[353]. Vielmehr haben sich bestimmte Fallgruppen eines Beurteilungsspielraumes herausgebildet[354], ohne dass ein einheitliches, abschließendes und widerspruchsfreies System erkennbar wäre[355]. Dazu zählen Prüfungsentscheidungen[356], beamtenrechtliche Leistungsurteile[357] und Wertungsentscheidungen durch unabhängige Sachverständige und pluralistisch besetzte Gremien. So wurde die Wertung einer Zeitschrift als *jugendgefährdend* nur eingeschränkt überprüft[358]. Diese Gremien können im Zweifel sachgerechter entscheiden als ein Gericht[359]. Gleiches gilt für die Entscheidung über die Denkmalswürdigkeit eines Gebäudes[360]. Ferner werden Prognoseentscheidungen unter bestimmten Voraussetzungen nur zurückhaltend überprüft, weil der Behörde eine Einschätzungsprärogative bezüglich einer künftigen Entwicklung zusteht, welche keine Subsumtion im eigentlichen Sinne mehr ist[361]. Schließlich sind die mit Prognoseentscheidungen verwandten Risikoentscheidungen zu nennen, bei denen der Gesetzgeber die Risikoabschätzung aufgrund der erforderlichen Wertung von unsicheren Voraussetzungen und Kausalzusammenhängen in die Hände der Verwaltung gelegt hat[362]. Dies ist im Atomrecht[363] und auch im Recht der Zulassung gentechnischer

---

350 Vgl. *Stelkens/Bonk/Sachs – Sachs*, § 40, Rn. 202.

351 BVerwG, NVwZ 1991, S. 268 (269).

352 BVerfGE 83, 130 (148); BVerfGE 90, S. 1, 11ff.; BVerfG, NJW 1987, S. 1431 (1432); *Stelkens/Bonk/Sachs – Sachs*, § 40, Rn. 170ff; *Obermayer – Liebetanz*, § 40, Rn. 64, 69.

353 Siehe beispielsweise § 71 Abs. 5 S. 2 GWB. Hiernach ist die Würdigung der gesamtwirtschaftlichen Lage und Entwicklung der Nachprüfung durch das Gericht entzogen. Eine Überprüfung nach pflichtgemäßem Ermessen schreibt § 2 Abs. 2 S. 2 InvZulG vor.

354 Siehe *Wolff/Bachof/Stober*, S. 368ff.; *Stelkens/Bonk/Sachs – Sachs*, § 40, Rn. 179ff.; *Maunz/Dürig – Schmidt-Assmann*, Art. 19 Abs. 4, Rn. 191ff.; *Classen*, S. 125ff; BVerwG NVwZ 1991, S. 268 (269).

355 *Obermayer – Liebetanz*, § 40, Rn. 65; *Wilke*, Jura 1992, S. 186 (188f.).

356 BVerwGE 99, S. 74 (76f.); siehe ferner *Maurer*, § 7, Rn. 42f.

357 BVerwG NVwZ 1982, S. 101; BVerwG DVBl. 1991, S. 867.

358 BVerwGE 39, S. 197 (203); BVerwGE 77, 77f.; siehe auch BVerwGE 91, S. 211 (213ff.).

359 *Erichsen – Ossenbühl*, § 10, Rn. 37; siehe *Stelkens/Bonk/Sachs – Sachs*, § 40, Rn. 209f.

360 BVerwGE 23, S. 60 (64).

361 BVerwGE 64, S. 238 (242); BVerwGE 81, S. 12, 17; *Erichsen – Ossenbühl*, § 10, Rn. 38; siehe auch *Breuer*, der Staat 1976, S. 21 (28ff.).

362 *Erichsen – Ossenbühl*, § 10, Rn. 41; *Obermayer – Liebetanz*, § 40, Rn. 75.

363 Siehe BVerwGE 72, 300 (316); BVerwG 78, S. 177 (181f.); BVerwGE 80, 207 (217); BVerwG DVBl. 1998, S. 399 (340ff.) bezüglich der Risikoabschätzung; siehe auch *Wilke*, Jura 1992, S. 186 (189f.); offenlassend BVerfGE 80, 257 (265).

Anlagen[364] anerkannt. Daneben werden Planungsentscheidungen nur eingeschränkt überprüft, bei denen der Verwaltung gar kein subsumierbarer Tatbestand zur Verfügung steht, sondern eine Zielvorgabe[365]. Schließlich können Entscheidungen mit besonderem politischen Gehalt erfasst sein[366]. Ob dazu auch Prognosen und Risikoabschätzungen des Immissionsschutzrechts zählen, ist umstritten[367].

Die gerichtlich überprüften Schranken dieser Beurteilungsspielräume ähneln denen der Ermessenskontrolle, so dass insbesondere die Tatsachenwertungen der Behörde nur auf ihre Plausibilität überprüft werden[368]. Durch diese Beurteilungsspielräume werden die Folgen der Verdrängung des Ermessens auf die Rechtsfolgenseite der Norm abgemildert.

B. Kontrollmethodik im französischen Recht

Wie im deutschen Verwaltungsrecht wird zwischen formeller Rechtmäßigkeit (*légalité externe*) und materieller Rechtmäßigkeit (*légalité interne*) unterschieden[369]. Der Kläger kann sich auf vier Klagegründe berufen. Diese *cas d'ouvertures* setzen sich zusammen aus der Unzuständigkeit (*l'incompétence)*, der Verletzung von Form- oder Verfahrensvorschriften (*vice de forme, vice de procédure)*, dem Ermessensfehlgebrauch bei Ermessensentscheidungen (*détournement de pouvoir)*[370] sowie der Verletzung von materiellen Rechtsvorschriften (*violation de la règle de droit)*[371].

Für die vorliegende Untersuchung ist die *violation de la règle de droit* bedeutsam. Die Verwaltung ist auch in Frankreich dem Legalitätsprinzip unterworfen[372]. Insofern bestehen keine Unterschiede zur deutschen Rechtmäßigkeitskontrolle. Die Prüfung erfolgt in Frankreich jedoch auf zwei Ebenen. Die *violation de la loi* kann sich zum einen aus der Rechtswidrigkeit des Tenors der Verwaltungsentscheidung ergeben (*illégalité relative à l'objet de l'acte* oder *violation directe de la loi*) oder aus dem

---

364 Siehe BVerwG, DÖV 2000, S. 37f.

365 *Erichsen – Ossenbühl*, § 10, Rn. 44.

366 Siehe *Obermayer – Liebetanz*, § 40, Rn. 77.

367 Siehe unten, S. 138ff.

368 Siehe *Wolff/Bachof/Stober*, S. 371ff.; *Stelkens/Bonk/Sachs – Sachs*, § 40, Rn. 223ff. und *Kopp/Schenke*, § 114, Rn. 3, 23ff.

369 *Rivero/Waline*, Rn. 253; *Debbasch/Ricci*, Rn. 841.

370 *Détournement de pouvoir* liegt vor, wenn die Behörde mit der Verwaltungsentscheidung vorsätzlich andere als gesetzlich vorgegebene Ziele verfolgt (*Auby/Drago*, traité des recours, Rn. 358). Insofern bestehen Übereinstimmungen zum nach § 114 VwGO sanktionierten Ermessensfehlgebrauch (*Stassinopoulos*, S. 191). Allerdings kommt diesem Merkmal der Rechtswidrigkeit geringe Bedeutung zu, da strenge Anforderungen an die Beweislage gestellt werden; siehe auch *Auby/Périnet-Marquet*, Rn. 136).

371 *Rivero/Waline*, Rn. 252; *Debbasch/Ricci*, Rn. 841.

372 Vgl. *Auby/Drago*, traité des recours, Rn. 289, 294, 309; *Rivero/Waline*, Rn. 76ff. Das französische Verwaltungsrecht kennt jedoch die Ausnahme der *circonstances exceptionnelles*, in denen die Verwaltung auch gegen das Gesetz handeln darf, siehe *Rivero/Waline*, Rn. 84ff. Die Verfassungsmäßigkeit des in Rede stehenden Gesetzes wird nicht geprüft, vgl. *Classen*, S. 145.

Umstand, dass die Entscheidung keine Grundlage in der herangezogenen Norm findet (*illégalité relative aux motifs de l'acte*)[373].

Die erstgenannte Untersuchung hat zum Gegenstand, ob die Verwaltungsentscheidung in abstrakter Form mit höherrangigem Recht vereinbar ist[374]. Hier liegt eine sog. Ermessensüberschreitung vor, wenn die Behörde mehr Kompetenzen für sich in Anspruch nimmt, als ihr das Gesetz einräumt, beispielsweise indem sie eine gesetzlich gar nicht vorgesehene Rechtsfolge trifft. Dieser Prüfungspunkt zeigt Parallelen zu der in § 114 VwGO statuierten Ermessenskontrolle[375]. Bei der praktisch bedeutsameren[376] Untersuchung der *illégalité relative aux motifs de l'acte* prüft das Gericht, ob die Verwaltungsentscheidung von den Tatbestandsmerkmalen der Ermächtigungsgrundlage gedeckt ist[377]. Zumindest stillschweigend ist anerkannt, dass sich die Verwaltung auch in Frankreich auf eine Handlungsermächtigung stützen muss[378]. Der Gesetzesvorbehalt ist in Frankreich nur schwach ausgeprägt, weil ein Art. 2 Abs. 1 GG vergleichbares Auffanggrundrecht nicht existiert und daher auch nicht jede belastende Maßnahme einer Ermächtigungsgrundlage bedarf[379]. Eingriffsermächtigungen werden daher gerade im Polizeirecht vielfach aus bloßen gesetzlichen Kompetenzzuweisungen entwickelt[380].

Das französische Verwaltungsrecht unterscheidet bei den *motifs de l'acte* zwischen den *motifs de fait*, also den dem Sachverhalt zugrundeliegenden Tatsachen, sowie den *motifs de droit*, also dem rechtlichen Tatsachenkorrelat in Form der tatsachen- und rechtsfolgebezogenen Voraussetzungen der Ermächtigungsgrundlage[381]. Die *motifs de l'acte* sind dann rechtmäßig, wenn die *motifs de droit* dergestalt mit den *motifs de fait* korrespondieren, dass sie die Entscheidung rechtfertigen[382]. Auffällig ist, dass die Tatsachen im Vordergrund stehen, auf die sich die Verwaltung berufen hat, und weniger solche, die wie in Deutschland auf einer neutralen Untersuchung der vorhandenen Umstände beruhen[383].

---

373 *Rivero/Waline*, Rn. 262; *Chapus*, droit administratif, Rn. 1232; vgl. *Debbasch/Ricci*, Rn. 866/ 867. Im einzelnen differiert der Prüfungsaufbau erheblich.

374 Vgl. *Auby/Drago*, traité des recours, Rn. 338; *Chapus*, droit administratif, Rn. 1232f.

375 Vgl. *Erichsen – Ossenbühl*, § 10, Rn. 17; *Wolff/Bachof/Stober*, S. 379, Rn. 46f.

376 *Peiser*, S. 162.

377 Vgl. *Auby/Drago*, traité des recours, Rn. 338; *Chapus*, droit administratif, Rn. 1232f.

378 *Schmitz*, S. 175 und 189f.; *Eisenmann*, S. 452f.; *Auby/Drago*, traité des recours, Rn. 321; *Dupuis/Guédon/Chrétien* (S. 76f.) sprechen von einem *principe de juridicité*, das auch ein Legalitätsprinzip (principe de légalité) umfasst; siehe auch *Loschak*, AJDA 1981, S. 387; *Schlette*, S. 148; *Koch*, S. 40f.

379 *Schmitz*, S. 178; vgl. auch *Eisenmann*, S. 453.

380 Siehe instruktiv *Schmitz*, S. 190ff.

381 *Auby/Drago*, traité des recours, Rn. 321; *Pacteau*, le juge, S. 136; *Schwarze*, S. 249.

382 Vgl. *Pacteau*, le juge, S. 135.

383 *Classen*, S. 147; *Hoffmann*, S. 91; *Koch*, S. 175.

Zwei Kontrollebenen lassen sich unterscheiden[384]. Zunächst werden die *motifs de droit et de fait* getrennt voneinander untersucht. In der zweiten Stufe wird geprüft, ob ihre Verbindung den rechtlichen Anforderungen entspricht[385]. Gerade innerhalb der zweiten Stufe wird das Verwaltungsermessen deutlich und die richterliche Prüfungstiefe variiert[386].

I. *Illégalité relative aux motifs de droit*

Bei den *motifs de droit* handelt es sich um die gesetzliche Grundlage der Verwaltungsentscheidung im Sinne eines Tatbestandes. Gegenstand der Untersuchung ist daher vor allem die Auslegung der Ermächtigungsgrundlage, um zu ermitteln, ob die von der Verwaltung vorgebrachten Tatsachen die getroffene Entscheidung rechtfertigen[387]. Wenn die Verwaltung die Rechtsnorm falsch auslegt, begeht sie einen *erreur de droit*[388]. Dieser kann zum Beispiel in einer *application erronée d'un texte* bestehen, wenn die Ermächtigungsgrundlage bereits in abstrakter Form die Rechtsfolge nicht hergibt[389]. Die Behörde begeht ferner einen *erreur de droit*, wenn sie ihre Pflicht zum *examen particulier des circonstances* verletzt, also keine Untersuchung der Umstände des Einzelfalls vornimmt, weil sie sich beispielsweise zu einem bestimmten Verhalten gebunden fühlt[390]. In Frankreich kann diese Pflicht grundsätzlich auch durch Verwaltungsvorschriften nicht begrenzt werden[391].

Auf dieser Ebene werden sämtliche gesetzlichen Anforderungen untersucht, unabhängig davon, ob sie nach deutschem Verständnis auf Tatbestands- oder Rechtsfolgenseite der Norm anzusiedeln sind[392]. Es handelt sich hier nur um eine abstrakte Auslegung der gesetzlichen Voraussetzungen, ob sie die gewählte Rechtsfolge abdeckt. Die

---

[384] Vgl. *Pacteau*, le juge, S. 136.

[385] *Pacteau* (le juge, S. 137) spricht hier von der *ajustement des motifs de fait aux motifs de droit.*

[386] *Pacteau*, le juge, S. 137.

[387] *Auby/Drago*, traité des recours, Rn. 338; *Pacteau*, S. 137f. Es geht also nicht um deren falsche Anwendung, sondern um deren falsche Interpretation, vgl. *Fromont*, in FS *Jahrreiß*, S. 67 (76, Fn. 26).

[388] *Rivero/Waline*, Rn. 263; Auby/*Drago*, traité des recours, Rn. 323.

[389] *Debbasch/Ricci*, Rn. 868. Dies ist zum Beispiel dann der Fall, wenn aufgrund einer Ermächtigungsgrundlage, das Roulettespiel verboten wird, obwohl diese ausschließlich zum Verbot anderer Glücksspiele ermächtigt, siehe CE, 25 juin 1948, *Société d'exploitation des eaux de thermes d'Enghien*, rec., S. 301. Ferner begeht die Verwaltung einen *erreur de droit*, wenn sie eine dritte Apotheke in einer Ortschaft genehmigt, für die das Gesetz aufgrund der Einwohnerzahl nur die Zulassung von zwei Apotheken vorsieht, siehe CE, 23 mars 1990, *Mme Goddard*, Jursidata n° 041.536, rec. n° 84250. Gegenstand dieser Prüfung bildet weiterhin die Frage, ob die Ermächtigungsnorm nicht rechtsunwirksam ist (*défaut de base légale*), siehe *Auby/Drago*, traité des recours, Rn. 331ff.

[390] *Debbasch/Ricci*, Rn. 868; *Chapus*, droit du contentieux administratif, Rn. 914; *Rivero/Waline*, Rn. 263; *Pacteau*, S. 183ff.

[391] Siehe unten, S. 163ff.

[392] Siehe zum deutschen Recht unten, S. 86f.

größere Bedeutung der einzelfallbezogenen Konkretisierung unbestimmter Rechtsbegriffe gegenüber einer abstrakten Bestimmung ist wiederum Kennzeichen des französischen Rechts[393]. Insofern ähnelt die Prüfung der *motifs de droit* eher der in Deutschland geläufigen Suche nach einer Ermächtigungsgrundlage als einer abstrakten, der Subsumtion unmittelbar vorgeschalteten Auslegung. Diese oberflächliche Untersuchung ist Ursache und Wirkung der Konzeption französischen Verwaltungsermessens und insbesondere seiner gerichtlichen Überprüfung. Wie bereits angesprochen, erfolgt im Verfahren des *recours pour excès de pouvoir* nur eine eingeschränkte Kontrolle behördlicher Tatsachenwertungen. Eine tiefgreifende Analyse unbestimmter Rechtsbegriffe des Tatbestandes nähme jedoch zumindest zum Teil das Ergebnis konkreter Rechtsanwendung vorweg[394]. Dieser Wirkungszusammenhang besteht auch in umgekehrter Richtung. Eine beschränkte Kontrolle wirkt sich auch auf den Umfang der abstrakten Normauslegung aus. Vor diesem Hintergrund ist es verständlich, dass das französische Verwaltungsrecht im Gegensatz zum deutschen weniger stark kodifiziert ist. In vielen Fällen fehlt daher ein zu prüfender gesetzlicher Rahmen. Zwangsläufig verlagert sich die richterliche Prüfung insoweit auch auf die formelle Rechtmäßigkeit[395].

II. *Illégalité relative aux motifs de fait*

Mit den *motifs de fait* werden die dem Sachverhalt behördlicherseits zugrunde liegenden Tatsachen daraufhin untersucht, ob sie Grundlage der Entscheidung sein können. Es handelt sich um die Kontrolle des Subsumtionsvorgangs. Die Kontrolle der *motifs de fait* kann sich auf die *existence matérielle des faits* beschränken (das Vorliegen der Tatsachen, welche der Verwaltungsentscheidung zugrunde gelegt wurden), den *erreur manifeste d'appréciation* (den offensichtlichen Fehler in ihrer rechtlichen Qualifikation) einschließen sowie die *qualification juridique des faits* (die eigentliche rechtliche Tatsachenqualifikation im Sinne einer Subsumtion[396]) und sogar die *appréciation des faits conduisant à un contrôle de l'opportunité de l'acte administratif* (die Tatsachenwertung im Sinne der Zweckmäßigkeit der Verwaltungsentscheidung) umfassen[397]. Der letzte Prüfungspunkt hat nur im Bereich der Ermessensverwaltung Bedeutung.

Das französische Recht unterscheidet insoweit drei Stufen, die der *Conseil d'État* in langjähriger Übung entwickelt hat[398]. Diese geben kein nach deutschen Maßstäben zu erwartendes, allgemeinverbindliches Prüfungsraster wieder, sondern sind vielmehr als Grundsätze zu verstehen, die der Rechtsprechung eine flexible und fallangepasste

---

393 Vgl. auch *Rials*, S. 325ff.

394 Siehe *Sendler*, FS Ule, S. 337 (343ff.) mit weiteren Nachweisen.

395 Siehe auch *Riedel*, VVDStRL 58 (1999), S. 180 (189f.).

396 Siehe *Fromont*, le juge, S. 908.

397 *Auby/Drago*, traité des recours, Rn. 323.

398 Die *contrôle moyen* zwischen *contrôle minimum* und *contrôle normal* wird wegen ihrer geringen praktischen Bedeutung vernachlässigt, vgl. *Auby/Drago*, traité des recours, Rn. 324.

Kontrolle der Verwaltung ermöglichen, indem sie einerseits dem französischen Verständnis von einem weiten Verwaltungsermessen und andererseits dem Interesse des gewaltunterworfenen Bürgers Rechnung tragen.

In der Regel reicht die Kontrolle bis zur Prüfung der *qualification juridique des faits* (*contrôle normal*), in bestimmten Fällen beschränkt sie sich auf die *existence matérielle des faits* (*contrôle minimum*) und unter bestimmten Umständen schließt sie eine Prüfung der *appréciation des faits* ein und bedeutet eine echte Verhältnismäßigkeitskontrolle (*contrôle maximum*). Der *recours pour excès de pouvoir* ist im Grundsatz nur auf die Prüfung der Legalität der Verwaltungsentscheidung gerichtet und nicht auf ihre Opportunität, weil diese als typische Ausprägung des Ermessens der Verwaltung vorbehalten ist[399]. Diese Stufen gelten nur im Bereich der Ermessensverwaltung[400]. Dagegen werden *légalité externe*[401], *détournement de pouvoir*[402] sowie *motifs de droit*[403] auch bei gebundener Verwaltung geprüft. In der gebundenen Verwaltung wird überwiegend ein *contrôle normal* ausgeübt[404], weil der Verwaltung kein zu kontrollierendes Ermessen zusteht. Nur selten kommt es zum *contrôle maximum*[405].

1. *Contrôle minimum*

Der *contrôle minimum* bildet die Grundlage der Kontrolle[406], die nur ausnahmsweise unterschritten wird[407]. Gegenstand der Prüfung ist zunächst der *contrôle de l'existance matérielle des faits*[408]. Diese Prüfung der die Verwaltung in ihrer Entscheidungsfindung leitenden Tatsachen schließt insbesondere deren *exactitude matérielle* ein, also die Frage, ob die Tatsachen vorliegen, auf welche die Verwaltung ihre Entscheidung gestützt hat[409]. Ist dies nicht der Fall, begeht die Behörde einen *erreur de fait*[410], bei dem es sich um das Pendant zum *erreur de droit* handelt. Eine Tatsachenwertung

---

399 *Rivero/Waline*, Rn. 83; *Auby/Drago*, traité des recours, Rn. 355.

400 *Knaub* in *Burmeister*, S. 127 (139).

401 *Debbasch/Ricci*, Rn. 872; *Knaub*, in *Burmeister*, S. 127.

402 Vgl. *Koch*, S. 177.

403 *Auby/Drago*, traité des recours, Rn. 324; *Pacteau*, S. 138.

404 *Lebreton*, S. 65; *Fromont*, in FS *Jahrreiß*, S. 67.

405 Allerdings können auch bei gebundener Verwaltung die im Polizeirecht geltenden Gesichtspunkte eines umfassenden Rechtsschutzes des einzelnen zur Anwendung kommen, so dass sich die Maximalkontrolle hier niederschlagen kann in einer Prüfung der Verhältnismäßigkeit einer Verwaltungsmaßnahme, die im Rahmen einer gebundenen Verwaltung getroffen wurde, siehe *Lebreton*, S. 65; siehe auch *Woehrling*, S. 17, der bei gebundener Verwaltung immer von einer Maximalkontrolle ausgeht.

406 *Lebreton*, S. 62; *Fromont*, in FS *Jahrreiß*, S. 67 (76); *Knaub*, in *Burmeister*, S. 127 (129).

407 Siehe *Classen*, S. 156f.

408 *Rivero/Waline*, Rn. 265; *Pacteau*, S. 137.

409 *Debbasch/Ricci*, Rn. 870; *Pacteau*, S. 200; *Auby/Drago*, traité des recours, Rn. 344.

410 *Pacteau*, S. 139.

(*qualification juridique des faits*) findet nicht statt[411]. Die Grenze zwischen Tatsachenfeststellung und Tatsachenwertung ist jedoch fließend[412], insbesondere wenn sich die Tatbestandsmerkmale aus unbestimmten Rechtsbegriffen zusammensetzen oder der Verwaltung ohnehin nur eine Handlungsalternative zur Verfügung steht[413].

Diese Minimalkontrolle wird in zahlreichen Bereichen vorgenommen, z.B. im Ausländer- und teilweise im Beamtenrecht[414]. Für die vorliegende Untersuchung von besonderem Interesse ist eine Selbstbeschränkung in technisch geprägten Bereichen[415]. Als Standardbeispiel gelten die nach Art. L. 601 (a.F.) code de la santé publique zu vollziehende Einschätzung der *Gefahren eines pharmazeutischen Produktes für die öffentliche Gesundheit*[416], der *Schädlichkeit von Lebensmittelinhaltsstoffen für die öffentliche Gesundheit*[417] oder der *Giftigkeit eines Haarwuchsmittels*[418]. Gleiches gilt für die Voraussetzungen einer Approbation[419] oder der Einschätzung der *Qualität eines Weines*[420]. Ferner wurde dieser Kontrollmaßstab bis 1993 auch für die Überprüfung der Umweltverträglichkeit von oberirdischen Abbauvorhaben bzw. Abgrabungen (*carrières*) angelegt[421].

Der Richter hält sich nicht für kompetent, eine *qualification juridique des faits* vorzunehmen, weil ihm im Gegensatz zur Verwaltung die Möglichkeiten einer effektiven Kontrolle fehlten und diese sich daher allein anhand von Sachverständigengutachten

---

411 *Debbasch/Ricci*, Rn. 873.

412 *Fromont*, le juge, S. 900; FS *Jahrreiß*, S. 67 (77); *Baspecq*, RDP 1980, S. 803 (810).

413 *Rivero/Waline*, Rn. 265.

414 CE, 26 mai 1996, *Tasci*, DA 1996 (octobre), S. 21 (bezüglich des Tatbestandsmerkmals der *menace pour l'ordre public*, welche von dem weiteren Aufenthalt der auszuweisenden Person ausgehen muss); *Auby/Drago*, traité des recours, Rn. 347; *Fromont*, in FS *Jahrreiß*, S. 67 (70).

415 *Baspecq*, RDP 1980, S. 803 (828); *Fromont*, AJDA 1966, S. 589 (591); *Lerche*, in *Frowein*, S. 1 (11); *Schwarze*, S. 251.

416 CE, 8 janvier 1971, *Sieur Ischlondsky et Société des Laboratoires Biodyne*, rec., S. 14 (15); bezüglich anderer tatbestandlich zu prüfender Gefahreneinschätzungen im Gesundheitsrecht CE, 27 février 1948, *Société des Laboratoires du Bac*, rec., S. 100; CE, 25 février 1958, *Société des Laboratoires Geigy*, rec., S. 236 (238); CE, 24 avril 1964, *Villard*, rec., S. 256 (257); CE, 17 mai 1972, *Conseil National de l'Ordre des médecins*, rec., S. 369 (370).

417 CE, 6 novembre 1963, *Société Iranex*, rec., 523.

418 CE, 27 avril 1951, *Société Toni*, rec., S. 236.

419 CE, 25 avril 1994, *Mme Chevrol*, rec., S. 1157 bezüglich der tatbestandlichen Voraussetzungen des Art. L 356 (a.F.) code de la santé publique; anders aber bezüglich der Anerkennung von im Ausland erworbener Tätigkeitsnachweise CE, 29 juillet 1994, *Zurbach*, rec., S. 1159.

420 CE, 14 octobre 1960, *Syndicat agricole et viticole de Lalande- de- Pomerol*, rec., S. 529ff.; CE, 9 mai 1980, *Société des établissements Cruse Fils et Frères*, AJDA 1980, S. 482 (485).

421 Vgl. *Rey*, conclusions TA Pau, 16 mars 1994, *Consorts Raujol et autres c/ Préfet des Hautes-Pyrénées*, RJE 1994, S. 249 (252). „Steinbruch" wird der Bedeutung der carrières nicht gerecht, so dass der von *Bergmann* (S. 114) gewählte Begriff vorzuziehen ist.

vollzöge[422]. Es wird eine Technokratisierung des Verwaltungsprozesses befürchtet[423]. Das Gericht legt in solchen Fällen mehr Wert auf eine umfangreichere Prüfung des Hintergrundes der Entscheidung, insbesondere auf eine ausreichende Würdigung der Umstände durch die Behörde[424]. So zieht es sich eher aus der Kontrolle zurück, wenn im Zuge der Ausarbeitung der Verwaltungsentscheidung ein wissenschaftliches Entscheidungsgremium beteiligt war[425]. Dementsprechend muss die Materie naturwissenschaftlich komplex sein[426]. Allerdings bestimmt das Gericht die Kontrolltiefe nach eigenem Ermessen[427]. So hat der *Conseil d'État* vollständig überprüft, ob ein *état pathologique* eines Pharmazeuten als Voraussetzung eines Berufsverbots tatsächlich vorlag[428]. Dies ist auf den starken Grundrechtsbezug zurückzuführen, weil die in Rede stehenden Interessen entscheidend für die Auswahl der Kontrolltiefe sind[429]. Auffällig ist weiterhin, dass das Gericht eine ursprünglich beschränkte Kontrolle in anschließenden Amtshaftungsprozessen wieder ausdehnt und sich dann nicht scheut, umfangreiche Sachverständigengutachten einzuholen[430]. Auffällig ist ferner, dass andere komplexe Begriffe wie *caractère pornographique* als Voraussetzung eines Publikationsverbotes voll überprüft werden[431]. Es verwundert daher nicht, dass sich keine feststehenden Fallgruppen der Kontrollminimierung herauskristallisiert haben.

Die Rechtsprechung wagt sich ferner mittlerweile standardmäßig in den Bereich der Tatsachenwertung vor[432]. Dies geschieht durch die Prüfung eines *erreur manifeste d'appréciation*[433]. Es wird untersucht, ob die Verwaltung einen offensichtlichen Fehler in ihrer *qualification juridique des faits* begangen hat. Sie ist dann gegenüber der rechtsprechenden Gewalt nicht mehr schutzwürdig[434]. Ein Fehler ist offensichtlich,

---

422 Instruktiv *Mosset*, conclusions CE, 5 décembre 1956, *Thibault*, D. 1957, S. 20 (21); *Lerche*, in *Frowein*, S. 1 (11f.); *Pacteau*, le juge, S. 154, 207; *Auby/Drago*, traité des recours, Rn. 347.

423 Conclusions *Baudouin*, CE, 11 juillet, *Sieur Leulmi*, AJDA 1969, S. 633 (635).

424 *Pacteau*, le juge, S. 212.

425 Siehe CE, 10 janvier 1969, *Gauthier*, rec., S. 21 (22); CE, 27 novembre 1970, *Martin*, rec. S. 1165.; CE, 8 janvier 1971, *Ischlondsky et Société des laboratoires Biodyne*, rec., S. 14 (15); vgl. *Rials*, in répertoire Dalloz, *pouvoir discrétionnaire*, Rn. 32f.

426 Vgl. *Mestre*, répertoire Dalloz, *contrôle des motifs*, Rn. 39.

427 *Lerche*, in *Frowein*, S.1 (12); *Bourgois*, S. 47; *Labetoulle*, in *Institut français des sciences administratives* (Hrsg.), S. 27 (30); *Pacteau*, le juge, S. 213.

428 CE, 24 mai 1974, *Sieur Diot*, rec., S. 307.

429 Vgl. *Pacteau*, le juge, S. 213f.

430 Siehe *Labetoulle*, *Institut français des sciences administratives* (Hrsg.), S. 27 (31).

431 CE, 5 décembre 1957, *Thibault*, D. S. 20 (21); siehe auch CE, 4 février 1970, *Société Daily Girl Press*, AJDA 1970, S. 632 (633).

432 *Baspecq*, RDP 1980, S. 803 (828); *Gaudemet* in *Bullinger*, Verwaltungsermessen, S. 113 (129); siehe die Rechtsprechungsübersicht bei *Auby/Drago*, traité des recours, Rn. 348.

433 CE, 15 février 1961, *Lagrange*, rec., S. 21; *Auby/Drago*, traité des recours, Rn. 348.

434 *Auby/Drago*, traité des recours, Rn. 324.

wenn er auch durch einen Laien zu erkennen ist[435]. Die schwierige praktische Umsetzung wird dadurch erleichtert, dass keine tiefgreifende *qualification des faits* anhand unbestimmter technischer Rechtsbegriffe vorgenommen werden muss, um die Offensichtlichkeit festzustellen[436]. Das Prüfungsmuster des *erreur manifeste* ist jedoch selbst bereichsabhängig[437], und der *Conseil d'État* geht zurückhaltend vor[438]. Auch hinsichtlich der *études d'impact* übt das Gericht nur einen *contrôle minimum* unter Einschluss des *erreur manifeste* aus[439].

Ein weiteres interessantes Beispiel der Minimalkontrolle liefert das Atomrecht. Nach Art. 3 Satz 1 der einschlägigen Rechtsverordnung dürfen atomare Anlagen *nur nach vorheriger Genehmigung* errichtet werden[440]. Konkrete Genehmigungsanforderungen werden nicht aufgestellt[441]. Der *Conseil d'État* hat in einer Grundsatzentscheidung ein ausgeprägtes Verwaltungsermessen erkannt und den Sachverhalt dem *contrôle minimum* zugeordnet[442]. Dem *Conseil d'État* wäre es mangels spezialgesetzlicher Zuweisung möglich gewesen, nach den Grundsätzen der *pleine juridiction* zu entscheiden[443]. Die *commissaires de gouvernement*[444] haben insbesondere aufgrund der Technizität der Materie von einer Anwendung der *pleine juridiction* abgeraten[445]. Wiederum wurde befürchtet, dass eine volle gerichtliche Kontrolle letztlich eine systematische Einholung von Sachverständigengutachten erfordere und das Gericht keine eigene Gefahreneinschätzung vornehmen könne[446]. Umfangreiche Kontrollkompetenzen seien daher nutzlos[447]. Ferner werde eine angemessene Berücksichtigung der widerstreitenden Interessen bereits im Vorfeld durch interministerielle Kommissionen gewährleistet[448]. Dies soll auffälligerweise bei dem Genehmigungsverfahren der

---

435 *Auby/Drago*, traité des recours, Rn. 349, Nr. 2; *Lebreton*, S. 62; *Lerche*, in *Frowein*, S. 1 (10).

436 *Pacteau*, le juge, S. 248.

437 *Rivero/Waline*, Rn. 265-1; *Hélin*, in *Schwarze/Schmidt-Aßmann*, S. 63 (68); *Schlette*, S. 248ff.

438 Zwischen 1970 und 1985 führte diese Prüfung nur in ca. 10 % der Entscheidungen, in denen sie vorgenommen wurde, auch zu ihrer Aufhebung , siehe *Bourgois*, S. 30.

439 *Hélin*, in *Schwarze/Schmidt-Aßmann*, S. 63 (98).

440 Es wird unterschieden zwischen Anlagengenehmigung und Emissionsgenehmigung. Anlagen werden durch Rechtsverordnung genehmigt (*décret d'autorisation*), siehe *décret* n° 63-1228 du 11 décembre 1963, J.O. du 14 décembre 1963/ 5 février 1965 und radioaktive Emissionen nach dem décret n° 95-540 du 4 mai 1995 (J.O. du 6 mai 1995); siehe *Pac*, Rn. 88ff.

441 Vgl. auch conclusions *Denoix de Saint Marc*, CE, 28 février 1975, *Sieurs Herr, Rettig, et Boss*, CJEG 1975, S. 80 (87).

442 CE, 28 février 1975, *Herr, Rettig et Boss*, rec., S. 162 (163, Kernkraftwerk Fessenheim).

443 *Negrin*, S. 157; *Bernard*, AJDA 1990, S. 190 (193).

444 Sie begutachten den Fall und ähneln den Generalanwälten vor dem EuGH.

445 Conclusions *Denoix de Saint Marc*, CE, 28 février 1975, *Sieurs Herr, Rettig*, et *Boss*, CJEG 1975, S. 80 (82).

446 Conclusions *Denoix de Saint Marc*, ebd., S. 80 (81).

447 Conclusions *Denoix de Saint Marc*, ebd., S. 80 (83).

448 Conclusions *Denoix de Saint Marc*, ebd., S. 80 (83).

installations classées nicht der Fall sein, was dort die Anwendung der vollen Kompetenzen rechtfertige[449]. Angesichts der Ausgestaltung dieses Genehmigungsverfahrens muss diese Haltung überraschen. Es erscheint widersprüchlich, die in der Regel weniger gefährlichen *installations classées* einer Vollkontrolle zu unterziehen[450]. Die Entscheidung ist jedoch vor dem besonderen Hintergrund des Atomrechts zu würdigen, bei dem es sich um eine hochpolitische und damit der verwaltungsgerichtlichen Kontrolle tendenziell zu entziehende Materie handelt. Das Atomrecht ist in Frankreich nicht förmlich kodifiziert, von daher auch von seiner Rechtsquelle her ein Verwaltungsinternum. Es bleibt auch vom code de l'environnement ausgespart, weil dieser nur förmliche Gesetze zusammenfasst[451]. Das Zulassungsrecht stellt keine besonderen tatbestandlichen Anforderungen auf, deren Einhaltung überprüft werden könnte[452]. Gerade wegen der Komplexität der Materie läuft die Kontrolle des *erreur manifeste* im Atomrecht praktisch jedoch leer[453].

2. *Contrôle normal*

Hierbei handelt sich um den Regelfall der Überprüfung gesetzlich normierter Voraussetzungen[454], so dass diese Kontrollstufe die meisten zu entscheidenden Sachverhalte prägt[455]. Geprüft wird die *normalité*, also die Gesetzmäßigkeit der Maßnahme[456]. Die Kontrolle umfasst daher die *qualification juridique des faits*[457].

Unbestimmte Rechtsbegriffe werden kontrolliert, wenn sie Voraussetzung der *normalité* sind[458]. Unbestimmte Rechtsbegriffe werden dabei erfasst und ausgelegt. Dies war zum Beispiel in der Grundsatzentscheidung *Gomel* der Fall[459], in der das Gericht nachprüfte, ob das Tatbestandsmerkmal der *perspective monumentale* erfüllt war, um die Ablehnung einer Baugenehmigung zu rechtfertigen. Gleiches gilt für *contenu pornographique* einer Zeitschrift[460] oder deren Qualifizierung als *jugendgefährdend*[461],

---

449 Conclusions *Denoix de Saint Marc*, ebd., S. 80 (83).

450 Siehe unten, S. 106ff.

451 Siehe zum code de l'environnement unten, S. 220.

452 Vgl. auch conclusions *Denoix de Saint Marc*, CE, 28 février 1975, *Sieurs Herr, Rettig, et Boss*, CJEG 1975, S. 80 (87).

453 *Colson*, RJE 1986, n° 2/3, S. 179 (191; *Hélin*, in *Schwarze/Schmidt-Aßmann*, S. 63 (95); *Pac*, Rn. 90.

454 *Di Qual*, compétence liée, S. 167.

455 *Rivero/Waline*, Rn. 254; Auby/*Drago*, traité des recours, Rn. 324; anders *Riedel*, VVDStRL 58 (1999), S. 180 (190).

456 *Delvolvé*, Conseil constitutionnel et Conseil d'État, S. 269 (289).

457 *Debbasch/Ricci*, Rn. 871.

458 *Rivero/Waline*, Rn. 264; *Massot*, conclusions CE, 5 décembre 1956, *Thibault*, D. 1957, S. 20 (21); *Knaub* in *Burmeister*, S. 127 (143); *Hoffmann*, S. 119.

459 CE, 4 avril 1914, rec., S. 488; siehe auch CE, 1er août 1914, *Pillot*, rec., S. 1012.

460 CE, 5 décembre 1947, *Ploix*, rec., S. 461.

die *Gefahr* eines *bedeutsamen Schadens für den nationalen Markt*[462], den Begriff *site pittoresque*[463] sowie anderer tatbestandlicher Begriffe des Denkmalschutzes[464] oder schließlich den Begriff *produit de base*[465]. Der *Conseil d'État* drängt im Falle wirtschaftlicher Tätigkeiten den Ermessensspielraum der Verwaltung zurück[466].

Wenn die *Erforderlichkeit* zum ausdrücklichen gesetzlichen Tatbestand gehört, wird sie dieser Kontrolle unterzogen[467]. Der Kontrollmaßstab findet auch im französischen Polizei- und Ordnungsrecht (*police administrative)* Anwendung[468]. Der Richter prüft notwendigerweise auch einen Teilbereich der Zweckmäßigkeit, also der Opportunität der Verwaltungsentscheidung, und die Kontrolltiefe ist zwangsläufig stark ausgeprägt[469]. Allerdings ergeben sich Unterschiede in Bezug auf Kontrolltiefe aus dem einschlägigen Rechtsgebiet und dem betroffenen Freiheitsrecht[470].

Die Kontrolle hat „objektiv" zu erfolgen. Der Schwerpunkt liegt also auf den Voraussetzungen der gesetzlichen Merkmale; Abwägung und Einschätzung von Tatsachen treten in den Hintergrund[471]. Der Richter prüft nur, ob der Sachverhalt die Entscheidung *légalement* rechtfertigt[472]. Ist die Ermächtigungsgrundlage abstrakt formuliert und erfordert sie daher eine Auslegung, nimmt der Richter sie nur im Grundsatz vor[473]. Eine subjektive Kontrolle in Form der *appréciation des faits* bleibt der Verwaltung vorbehalten[474]. Die Verhältnismäßigkeit der Maßnahme wird somit nicht überprüft[475]. Dies resultiert daraus, dass sie nicht normierter Bestandteil der gesetzlichen Voraussetzungen der Entscheidung ist und daher nicht zur *normalité* gehört. Wäre diese Kontrolle umfassend, würde das Gericht wiederum Verwaltungstätigkeit ausüben[476].

---

461 CE, 5 décembre 1956, *Thibault*, D. 1957, S. 20 (21); CE, 4 février 1970, *Société Daily Girl Press*, AJDA 1970, S. 632 (633).

462 Vgl. CE, 4 mars 1966, *Manufact. Prod. Chimiques de Tournan*, AJDA 1966, S. 365.

463 Vgl. CE, 2 mai 1975, *Dame Ebri*, AJDA 1975, S. 311 (314).

464 CE, 14 novembre 1962, *Société des Etablissements Deroche*, rec., S. 607; CE, 13 mars 1970, *Dame Benoist d'Anthenay*, rec., S. 182 (183).

465 CE, 11 janvier 1957, *Union générale des syndicats de brasserie française*, rec., S. 24.

466 *Pacteau*, le juge, S. 229 unter Berufung auf CE, 15 juillet 1964, *Ministre de la Santé publique c/ sieur Lalo*, rec., S. 435 (436) ; *Fromont*, FS *Jahrreiß*, S. 67 (72) unter Berufung auf CE, 20 novembre 1964, *Ville de Nanterre*, rec., S. 563.

467 Vgl. *Pacteau*, le juge, S. 214f.; *Rivero/Waline*, Rn. 441; siehe insbesondere *Chapus*, droit administratif, Rn. 932ff. mit Rechtsprechungsnachweisen.

468 *Rivero/Waline*, Rn. 441, 436.

469 *Pacteau*, le juge, S. 206, 214.

470 Vgl. *Rivero/Waline*, Rn. 441.

471 *Rivero/Waline*, Rn. 265; *Auby/Drago*, traité des recours, Rn. 351.

472 *Auby/Drago*, traité des recours, Rn. 324; *Debbasch/Ricci*, Rn. 871.

473 *Auby/Drago*, traité des recours, Rn. 354; vgl. *Knaub* in *Burmeister*, S. 127 (131f.).

474 *Auby/Drago*, traité des recours, Rn. 324.

475 *Di Qual*, S. 86.

476 *Auby/Drago*, traité des recours, Rn. 324.

Die Kontrolle fällt um so umfangreicher aus, je stärker das entsprechende Verhalten der Verwaltung, sei es auch in Form unbestimmter Rechtsbegriffe, reglementiert ist[477]. Je schwächer die Regelungsstruktur ist, desto eher wird nur ein *erreur manifeste* überprüft. Ferner ist festzustellen, dass die Kontrolle dann schärfer ausfällt, wenn wichtige Rechte in Rede stehen[478]. Eine exakte Grenze zwischen *qualification* und *appréciation* ist jedoch schwer zu ziehen[479].

Im Beamtenrecht prüft das Gericht, ob die Tatsachenlage grundsätzlich eine Disziplinarstrafe rechtfertigt, befindet aber nicht, oder nur nach den Maßstäben des *erreur manifeste*, über ihre Verhältnismäßigkeit[480]. Im Bauplanungsrecht wird bei bestimmten Bebauungsplänen die Frage der Zulässigkeit der Aufstellung einer Normalkontrolle unterworfen, während ihre Ausdehnung nur einer Minimalkontrolle unterliegt[481]. In diesen Fällen werden *contrôle normal* und *contrôle maximum* miteinander verbunden. Hier schimmert die aus deutschem Recht bekannte Unterscheidung zwischen voller Tatbestandsprüfung und eingeschränkter Prüfung der Rechtsfolge durch. Nach dem klassischen Verständnis besteht ein administratives Ermessen in Deutschland nur auf der Rechtsfolgenseite[482]. Kontrollrestriktionen zeigen sich in beiden Rechtsordnungen vor allem auf der Rechtsfolgenseite der Norm. Insofern ist eine Unterscheidung zwischen Tatbestand und Rechtsfolge auch in Frankreich – obgleich in der Verwaltungsrechtslehre unbekannt[483] – aber in Form einer unterschiedlich ausgeprägten Kontrolltiefe zumindest erkennbar. Allerdings handelt es sich nicht um dogmatisches Kontrollschema, was wiederum auch auf die schwache Regelungsdichte zurückzuführen ist. Ferner erfolgt die Anwendung des *contrôle minimum* vielfach aus historischen oder politischen Gründen[484]. Weiterhin kann sich die Kontrolle einer Rechtsfrage im Laufe

---

477 *Auby/Périnet-Marquet*, Rn. 138, 557; vgl. conclusions *Labetoulle*, CE, 23 mars 1979, *commune de Bouchemaine*, zitiert nach *Hélin*, in *Schwarze/Schmidt-Aßmann*, S. 63 (83); Siehe die Aufzählung der Rechtsprechung bei *Auby/Drago*, traité des recours, Rn. 347, Nr. 3; *Baspecq*, RDP 1980, S. 803 (840).

478 *Auby/Drago*, traité des recours, Rn. 355; *Baspecq*, RDP 1980, S. 803 (845); *Pacteau*, le juge, S. 215ff.

479 *Auby/Drago*, traité des recours, Rn. 324.

480 CE, 25 mai 1990, *Kiener*, rec., S. 848; CE, 8 juillet 1991, *Martin et Commune de Levallois-Perret*, rec., S. 727; *Chapus*, droit administratif, Rn. 1258. Allerdings wird auch diese kontrolliert, wenn es sich um die einzig vorgesehene Disziplinarmaßnahme handelt, siehe CE, 2 juin 1995, *Bourse*, rec., S. 873.

481 Vgl. CE, 28 juillet 1993, *Commune de Charmonix-Mont-Blanc*, rec., S. 251 (252); *Chapus*, droit administratif, Rn. 1258.

482 Siehe unten, S. 86ff.

483 *Schwarze*, S. 246; *Koch*, S. 58, *Grote*, NVwZ 1986, S. 269 (270); *Bullinger*, in FS *Jahrreiß*, S. 19 (23); *Classen*, S. 150/151.

484 *Knaub*, in *Burmeister*, S. 127 (132); *Baspecq*, RDP 1980, S. 803 (843); *Fromont*, AJDA 1966, S. 589 (593).

der Zeit ändern[485]. Schließlich kann die Kontrolle eines Tatbestandes variieren, je nachdem, ob die Verwaltung von der gesetzlich umschriebenen Kompetenz Gebrauch macht oder die nicht umschriebene Handlungsalternative wählt[486].

3. *Contrôle maximum*

In wenigen Bereichen erstreckt sich die Prüfung auf eine Wertung der Korrelation zwischen Sachverhalt und Tatbestand im Sinne einer *appréciation des faits* und damit auf die Verhältnismäßigkeit der Maßnahme[487]. Bestandteile dieser Maximalkontrolle sind die *règle de la proportionnalité* sowie die *théorie du bilan*[488].

Im Bereich der *police municipale* prüft der Richter, ob ein tatbestandlicher *trouble oder atteinte* des *ordre public* vorliegt, der bzw. die erforderlich ist, um eine polizeiliche Maßnahme zu rechtfertigen[489]. Darüber hinaus wird untersucht, ob die Maßnahme in Anbetracht ihrer Schwere gegenüber der Gefahr angemessen ist[490]. Dies soll daraus resultieren, dass aufgrund der lokalen Besonderheiten die Gefahr des Machtmissbrauchs durch die gewählte Verwaltungsbehörde bestünde[491]. Ferner werden in Ausübung der *police municipale* oftmals wichtige Freiheitsrechte betroffen[492]. Anders wäre eine derart tiefgreifende Kontrolle nicht zu rechtfertigen[493]. In diesem Licht ist eine bedeutende Ausdehnung der Maximalkontrolle auf Bereiche des Ausländerrechts zu sehen, das herkömmlicherweise wegen seiner politischen Tragweite dem *contrôle minimum* unterliegt[494]: Bei der Kontrolle bestimmter Verfügungen (Ausweisung, Aufenthaltserlaubnis) ist eine umfassende Abwägung mit Art. 8 § 1 der Europäischen

---

485 Siehe die Beispiele bei *Knaub* in *Burmeister*, S. 127 (134f., 138) und *Baspecq*, RDP 1980, S. 803 (845); *Auby/Drago*, traité des recours, Rn. 355.

486 Vgl. zu dieser *compétence dissymétrique* unten, S. 94ff.

487 *Auby/Drago*, traité des recours, Rn. 324; *Costa*, AJDA 1988, S. 434ff.

488 *Knaub* in *Burmeister*, S. 127 (130); *Chapus*, droit administratif Rn. 1268.

489 CE, 27 octobre 1995, *Commune de Morsang-sur-Orge*, rec., S. 372 (373); *Long/Weil/Braibant*, S. 288f.

490 CE, 4 mai 1984, *Préfet de police c/ Guez*, rec., S. 164 (165); *Rivero/Waline*, Rn. 441; siehe die Beispiele bei *Chapus*, droit administratif, Rn. 1265f.; *Schlette*, S. 220.

491 *Rivero/Waline*, Rn. 441; *Auby/Drago*, traité des recours, Rn. 356.

492 *Auby/Drago*, traité des recours, Rn. 356; in der Grundsatzentscheidung *Benjamin* (CE, 19 mai 1933, rec., S. 541) hat das Gericht entschieden, dass die Intensität der von einer Versammlung ausgehenden Gefahr nicht ihr Verbot rechtfertigte. Die Machtausübung durch den Bürgermeister sei mit der Versammlungsfreiheit in Einklang zu bringen. Ähnliches gilt für die von einem Kinofilm ausgehende Gefahr für das öffentliche Anstandsgefühl, vgl. CE, 18 décembre 1959, *Société Les films Lutetia*, rec., S. 693 (694); siehe die Auflistung der Fälle mit Bezügen zu Freiheitsrechten bei *Mestre*, répertoire Dalloz, *contrôle des motifs*, Rn. 125ff. sowie *Massot*, conclusions CE, 5 décembre 1957, D., S. 20 (21).

493 *Lerche* (in *Frowein*, S. 1 (19)) weist darauf hin, dass in diesem Fall dem Bestreben nach Einzelfallgerechtigkeit erhöhte Bedeutung zukommt und die allgemeine Aufgabe der *recours pour excès de pouvoir* (objektive Kontrolle der Verwaltung) in den Hintergrund tritt.

494 Vgl. zu dieser Kontrollausdehnung *Chapus*, droit administratif, Rn. 1268, S. 994.

Menschenrechtskonvention und damit eine Verhältnismäßigkeitsprüfung vorzunehmen[495].

Auch die im Rahmen der *contrôle maximum* entwickelte *théorie du bilan*[496] ist eine Verhältnismäßigkeitsprüfung[497], die sich jedoch unabhängig vom Polizeirecht entwickelt hat. Die Anwendung der *théorie du bilan* erstreckt sich zunächst auf den Begriff der *utilité publique* im Enteignungsrecht[498]. Eine Enteignung darf nur erfolgen, wenn ihr eine *déclaration d'utilité publique* nach öffentlicher Anhörung vorangeht[499]. Seit dem Grundsatzurteil *Ville Nouvelle Est* nimmt der *Conseil d'État* eine umfangreiche Abwägung zwischen allgemeinen Vorteilen und individuellen Nachteilen vor[500], statt abstrakt nach der Gemeinnützigkeit zu fragen[501]. Auf den ersten Blick setzt die Kontrolle nach deutschem Verständnis tatbestandsbezogen an. Das Tatbestandsmerkmal der *utilité publique* eröffnet jedoch keine wirklichen Alternativen auf der Rechtsfolgenseite, weil es ausschließlich der Enteignungsmaßnahme zur Rechtmäßigkeit verhilft. Tatbestand und Rechtsfolge sind untrennbar miteinander verbunden[502]. Ähnliche Verknüpfungen finden sich auch im deutschen Recht[503]. Ausgeschlossen bleibt jedoch weiterhin die Kontrolle eventueller Alternativen des zu verwirklichenden Projektes sowie des ausgewählten Privateigentums[504]. Auffällig ist, dass Großprojekte eher zögerlich kontrolliert werden[505].

---

495 CE, 19 avril 1991, *Belgacem et Mme Babas*, rec., S. 152 und 162. Hier hatte das Gericht festgestellt, dass die Ausweisung in Anbetracht der Schwere der persönlichen Betroffenheit über das zur Aufrechterhaltung der *ordre public* erforderlich hinausgehe und daher mit Art. 8 § 1 EMRK nicht zu vereinbaren sei; siehe ferner CE, 24 novembre 1990, *Abraham*, AJDA 1991, S. 322 (323); CE, 22 mai 1992, *Mme Larichi*, rec., S. 203 (204); CE, 27 mai 1994, *Oncul*, rec., S. 268 (269); CE, 31 juillet 1996, *Epoux Pilven*, rec., S. 328 (329).

496 *Chapus*, droit administratif, Rn. 1265f.

497 Vgl. *Costa*, AJDA 1988, S. 434 (436).

498 Vgl. CE, 17 novembre 1995, *Union juridique Rhône Méditerranée*, rec., S. 412 (415f.); CE, 3 juillet 1998, *Mme Salva-Couderc*, AJDA 1998, S. 847; *Pacteau*, le juge, S. 222f.; siehe auch CE, 29 avril 1994, *Association Unimate 65 et autres*, rec., S. 203.

499 Siehe Art. L 11-1 du code de l'expropriation pour cause d'utilité publique. Diese wird entsprechend Art. L 11-2 durch ein *décret en Conseil d'Etat*, oder durch ministeriellen oder präfektoralen Erlass festgestellt; siehe zum Verfahren *Chapus*, droit administratif (tome 2), Rn. 760ff.

500 CE, 28 mai 1971, rec., S. 410 (413),„ *...une opération ne peut légalement être déclarée d'utilité publique que si les atteintes à la propriété privée, le coût financier et éventuellement les inconvénients d'ordre social qu'elle comporte ne sont pas excessifs eu égard à l'intérêt qu'elle présente* ; siehe ferner CE, 20 octobre 1972, *Sté civile Ste-Marie de l'Assomption*, AJDA 1972, S. 590 und CE, 16 octobre 1973, *Sieur Grassin*, AJDA 1974, S. 34ff.

501 *Braibant*, conclusions CE, 28 mai 1971, *Ministre de l'Equipement et du Logement c/ Fédération de défense des personnes concernées par le projet actuellement dénommé „ville nouvelle Est"*, rec., S. 410 (420); *Hélin*, in *Schwarze/Schmidt-Aßmann*, S. 63 (69).

502 So auch *Schlette*, S. 320.

503 Siehe unten, S. 87.

504 *Braibant*, conclusions CE, 28 mai 1971, *Ministre de l'Equipement et du Logement c/ Fédération de défense des personnes concernées par le projet actuellement dénommé „ville nouvelle Est"*, rec., S.

Die Bilanzierungsrechtsprechung wurde auch auf bestimmte Fälle des Arbeitsrechts ausgedehnt[506]. Ferner hat das Gericht auch die Frage, ob im Zuge der Erteilung einer Baugenehmigung von städtebaulichen Vorschriften (*règles d'urbanisme*) abgewichen werden konnte, dieser Maximalkontrolle unterzogen[507]. Schließlich wurde diese Theorie auch bereits auf die Kontrolle von Bebauungsplänen angewandt[508]. Die Kontrollerweiterungen erfolgen aber nur punktuell, und die Rechtsprechung dringt behutsam in den Entscheidungsbereich der Behörde vor, woraus letztlich auch die Akzeptanz dieser Kontrollerweiterung resultiert[509].

In die Kontrolle der *utilité publique* fließen vermehrt Aspekte des Umweltschutzes ein[510]. So wurden die Voraussetzungen des Art. R 121-13 (a.F.) code de l'urbanisme dieser Kontrolle unterzogen, nach denen bei bejahter *utilité publique* eine Schutzzone um ein Werksgelände geschaffen werden kann[511]. Dies wirkt sich auch auf das Anlagenzulassungsrecht aus, welches in Art. L 518-8 code de l'environnement die Einrichtungen solcher öffentlicher Dienstbarkeiten und Baulasten vorsieht[512]. Aber auch in der Kontrolle von Großprojekten (Autobahnen), für die eine *utilité publique* oftmals Voraussetzung ist, machen sich Belange des Umweltschutzes in der Abwägung bemerkbar[513]. So hat der *Conseil d'État* entschieden, ein Vorhaben könne nur von *utilité*

---

410 (421f.); *Chapus*, droit administratif, Rn. 1267; siehe aber CE, 17 novembre 1995, *Union juridique Rhône Méditerranée*, rec., S. 412 (415), bezüglich einer Enteignung zugunsten einer TGV-Trasse. Hier hat der *Conseil d'Etat* die Entscheidung für den TGV der Prüfung des *erreur manifeste* unterzogen.

505 Siehe *Schlette*, S. 306f.

506 CE, 5 mai 1976, *Société d'aménagement foncier et d'établissements ruraux d'Auvergne et ministre de l'Agriculture c/ Bernette*, rec., S. 232 (234); CE, 9 octobre 1987, *Société Corning-France*, rec, S. 308; CE, 1er avril 1992, *Société Ladbroke Hotels France*, rec., S. 149. In diesen Fällen war eine Entlassung geschützter Arbeitnehmer nur durch vorherige behördliche Zustimmung zulässig, die jedoch kaum an gesetzliche Voraussetzung gebunden war (vgl. 425-1, 436- 1 des Code du travail). Diese Lücken wurden ausgefüllt durch umfassende Abwägung der beteiligten Interessen.

507 CE, 19 juillet 1973, *Ville de Limoges*, rec., S. 530 (531): Eine Abweichung konnte nur genehmigt werden, wenn „*les atteintes qu'elle porte à l'intérêt général que les prescriptions du règlement ont pour objet de protéger ne sont pas excessives eu égard à l'intérêt général que présente la dérogation.*" Aufgrund Rechtsänderungen hat diese Rechtsprechung kaum noch Bedeutung, vgl. *Schlette*, S. 312; *Auby/Périnet-Marquet*, Rn. 138, 555, 557.

508 Vgl. TA Nice, 17 décembre 1987, *Mouvement niçois pour la défense des sites*, RFDA 1990, S. 237; *Chapus*, Rn. 1268, S. 994; allerdings steht der Kontrollmaßstab hier noch nicht fest, vgl. *Chapus*, droit administratif, Rn. 1268, S. 994.

509 Siehe *Loschak*, S. 54f.

510 Siehe *Prieur*, Rn. 56.

511 CE, 3 février 1992, *Commune de Soulom*, rec., S. 52 (53).

512 Siehe bereits CE, 1er juillet 1998, *S.C.I. Simian et association pour la sauvegarde des Pugétois et la défense de l'environnement*, Ministère de l'environnement, jurisprudence 1998, S. 2.

513 CE, 26 mai 1995, *Comité anti-pollution „Vivre en Maurienne"*, RJE 1996, S. 157 (Berücksichtigung durch eine Autobahn erzeugter Luftverschmutzung); ähnlich CE, 28 mars 1997, *Fédération des comités de défense contre la tracé de l'autoroute A 28*, Gaz. Pal. 1997, S. 2, S. 171; CE, 13

publique sein, wenn seine ökologischen Nachteile nicht außer Verhältnis zu den Vorteilen stehen[514].

Diese Einflüsse resultieren auch daraus, dass Naturschutz im *intérêt général* liegt[515]. Allerdings erscheint die Annahme verfrüht, mit Hilfe der Kontrolle der *utilité publique* würde eine umfassende Abwägung mit Belangen des Umweltschutzes vorgenommen, mit deren Hilfe es gelänge, Kontrolldefizite des technisch geprägten Umweltverwaltungsrechts auszugleichen[516]. Zum einen besteht keine Einigkeit über die wirkliche Bedeutung dieser Kontrolle[517]. Zum anderen lassen sich Belange der Umwelt nur unzureichend in eine Abwägung einstellen, in der eine Vielzahl auch ökonomischer und politischer Interessen zu berücksichtigen sind[518]. Noch dazu variiert die Kontrolle. Steht beispielsweise die Rechtmäßigkeit einer im Zuge der Realisierung atomarer Großvorhaben erfolgten Enteignungsmaßnahme in Streit, findet keine wirkliche Abwägung mit den Risiken der Atomkraft statt. Das Gericht geht regelmäßig von der *utilité publique* aus, indem es auf ein in Frankreich bestehendes Missverhältnis zwischen Energiebedarf und Energiequellen hinweist[519]. Das Gericht bewegt sich in diesem politischen Aufgabenfeld sehr vorsichtig. Ferner ist darauf hinzuweisen, dass die Kontrolle der *utilité publique* dadurch an Bedeutung verliert, dass eine antizipierte Folgenanalyse zunehmend durch die *étude d'impact* durchgeführt wird. Damit hat der Hintergrund der *théorie du bilan* teilweise einen gesetzlichen Niederschlag gefunden[520]. Dadurch verlagert sich die Prüfung der Umweltverträglichkeit eines Projektes in den formellen Bereich[521].

4. Zusammenfassung

Die gerichtliche Kontrolle des Verwaltungsermessens unterscheidet drei verschiedene Kontrollstufen. Eine Abgrenzung erweist sich insofern als schwierig, als ihre Anwendung von der jeweiligen Rechtsfrage abhängig ist. Die Basis bildet der *contrôle nor-*

---

novembre 1998, *Association de défense des intérêts des riverains du projet de l'autoroute A 20, Brive Montauban*, RJE 1999, S. 274; siehe auch CE, 30 octobre 1992, *Association de sauvegarde du site Alma Champ de Mars*, rec., S. 384 (Umweltbeeinträchtigungen durch ein Konferenzzentrum); siehe auch *Bonello/Fédida*, S. 67.

514 CE, 25 juillet 1975, *Syndicat des marins pêcheurs de la rade de Brest*, RDP 1976, S. 384.

515 *Lefebvre*, Rn. 413; 450; *Hélin* in *Schwarze/Schmidt-Aßmann*, S. 63 (91f.); siehe auch Art. L 110-1 code de l'environnement (vormals Art. 200-1 code rural).

516 Vgl. *Hermon*, S. 141.

517 Nach *Cabellero* (RJE 1984, n° 1, S. 3 (33f.) wurde die Erklärung der *utilité publique* in den 202 zwischen 1971 und 1982 angestrengten Verfahren nur in 5 % der Fälle annulliert. Siehe auch *Holleaux*, RA 1980, S. 593 (596); *Bullinger*, FS *Jahrreiß*, S. 19 (28f.) optimistischer *de Laubadère*, in mélanges *Waline*, S. 531 (537).

518 Skeptisch *Caballero*, S. 102; siehe auch *Bullinger*, FS *Jahrreiß*, S. 19 (25).

519 CE, 4 mai 1979, *Département de la Savoie et autres*, RJE 1979, S. 188 (191f.); CE, 7 juin 1985, *Commune de Chooz et autres*, RJE 1986, S. 257 (259).

520 Vgl. *Holleaux*, RA 1980, S. 593 (604).

521 Siehe auch unten, S. 137ff.

mal, in welcher die von der Verwaltung vollzogene *qualification juridique des faits* vollständig kontrolliert wird, soweit die gesetzlichen Voraussetzungen normiert sind. Eine Kontrolle der Verhältnismäßigkeit (*opportunité* im Sinne einer *adéquation aux faits*) findet nur im Sinne einer offensichtlichen Fehlbewertung (*erreur manifeste d'appréciation*) statt. Jedoch wird auch bei schwachen Regelungsstrukturen eine Verhältnismäßigkeitsprüfung vorgenommen, wenn wesentliche Freiheitsrechte betroffen sind. Dies ist im Polizeirecht und im Enteignungsrecht anerkannt. In die Abwägung werden auch Belange des Umweltschutzes eingestellt. Sind die gesetzlichen Voraussetzungen in hohem Maße unpräzise, bedarf es keiner strengen Kontrolle oder hält sich das Gericht aus technischen oder politischen Gründen für eine Kontrolle nicht kompetent genug, wird nur einen *contrôle minimum* vorgenommen. Die Tatsachenqualifikation wird nur daraufhin überprüft, ob ein offensichtlicher Beurteilungsfehler vorliegt (*erreur manifeste d'appréciation*) vorliegt.

C. Kontrollmethodik im Vergleich

In der französischen Ermessenskontrolle erstreckt sich der *contrôle minimum* unter Einschluss der Prüfung des *erreur manifeste* auf die Interpretation von unbestimmten Rechtsbegriffen, die nach deutschem Verständnis sowohl auf Tatbestandsseite als auch auf Rechtsfolgenseite der Norm anzusiedeln sind[522]. Bezogen auf die Tatbestandsseite, wird dies deutlich bei der Überprüfung der Voraussetzung der Ablehnung einer Baugenehmigung[523], bezüglich der Rechtsfolgenseite beispielsweise im Bereich des Beamtenrechts[524]. Sowohl im deutschen als auch im französischen Recht werden die Existenz der die Entscheidung rechtfertigenden Tatsachen sowie die Frage untersucht, ob diese in abstrakter Form die Verwaltungsentscheidung rechtfertigen können. Eine abschließende Wertung dieser Tatsachen unterbleibt jedoch. Insofern bestehen Gemeinsamkeiten in der jeweiligen Kontrolle des Verwaltungsermessens[525].

Die deutsche Ermessensprüfung geht jedoch weit über die Untersuchung eines *erreur manifeste* hinaus, da eine ausgeprägte Prüfung der Verhältnismäßigkeit stattfindet, nach französischem Recht aber nur nach einer offensichtlichen Fehlbewertung gesucht wird. Wesentlich ist hier die Bedeutung von Grundrechten, denen in Deutschland im Gegensatz zu Frankreich eine umfassende ermessensbegrenzende Funktion zukommt, was zu einem Ermessensfehlgebrauch im Sinne des § 114 VwGO führen kann[526]. Grundrechte machen eine Abwägung mit den widerstreitenden Interessen stets erforderlich. Insofern bestehen hier vor allem qualitative Unterschiede. Mithin ähnelt die Kontrolle des *erreur manifeste* eher der Überprüfung eines deutschen Beurtei-

---

522 *Lerche*, in *Frowein*, S. 1 (9f.); *Schlette*, S. 273ff.

523 Vgl. CE, 29 mars 1968, *Société du lotissement de la plage du Pampelonne*, rec., S. 210 (213).

524 Siehe CE, 9 juin 1978, *Lebon*, rec. S. 246 (247); CE, 25 mai 1990, *Kiener*, rec., S. 560.

525 *Fromont*, in FS *Jahrreiß*, S. 67 (70).

526 Vgl. *Erichsen – Ossenbühl*, § 10, Rn. 18.

lungsspielraumes[527]. Insbesondere bestehen qualitative Parallelen zwischen der Suche nach der Grenze der Vertretbarkeit einer Verwaltungsentscheidung und deren offensichtlicher Unvertretbarkeit. Ein Kontrollrückzug erfolgt in beiden Rechtsordnungen vor allem aus politischen Gründen, um der Verwaltung einen eigenverantwortlichen Entscheidungsbereich zuzubilligen. Die Unterschiede sind jedoch vor allem quantitativer Natur, und zwar insofern, als dem Institut des Beurteilungsspielraums eine wesentlich geringere Bedeutung zukommt als dem des *erreur manifeste*. In der deutschen Praxis findet ein Rückzug der Kontrolle auf der Tatbestandsebene nur in Ausnahmefällen statt.

Der *contrôle normal* ist eher mit der deutschen Kontrolle vergleichbar, weil insbesondere auf der Tatbestandsseite der Norm eine Kontrolle stattfindet. Unbestimmte Rechtsbegriffe räumen der Verwaltung zwar auch nach französischem Verständnis ein Ermessen ein, allerdings unterliegen diese der Kontrolle, wenn sie Voraussetzung der Legalität der Entscheidung sind. Das Ermessen drückt sich dann eher in der Möglichkeit der Wahl zwischen verschiedenen Rechtsfolgen aus. Diese unterliegen auch nach deutschem Recht nur einer eingeschränkten Prüfung. In dieser Kontrollform wird die in Deutschland bekannte Unterscheidung zwischen unbestimmten Rechtsbegriffen auf der Tatbestandsseite und der Rechtsfolgenseite der Norm deutlich. Da jedoch nur eine eingeschränkte Verhältnismäßigkeitsprüfung stattfindet, bleibt auch diese Kontrollform hinter der deutschen zurück.

Der in Deutschland vollzogenen Kontrolle von Ermessensakten kommt der *contrôle maximum* sehr nahe[528]. Unterschiede ergeben sich jedoch bezüglich der Bedeutung der Grundrechte in der Abwägung. So wird der Verfassung und insbesondere den Grundrechten in Frankreich anders als in Deutschland nur selten ermessensbegrenzende Funktion zugestanden[529]. Als Ersatz fungieren hier oftmals die *principes généraux du droit*[530]. Verwaltungsermessen wird in Frankreich regelmäßig nicht verfassungsbezogen diskutiert. Das gesamte öffentliche Recht ist daher weniger verfassungsbezogen als das deutsche[531]. Allerdings wird ebenfalls davon ausgegangen, dass der Richter im Falle der Maximalkontrolle des Polizeirechts noch eine genauere Kontrolle vornehme als sein deutscher Kollege, und zwar insbesondere bezüglich der Einzelfallbezogenheit der Abwägung[532]. Ähnlich wie in Deutschland räumt der Richter jedoch der Verwaltung ein Auswahlermessen ein, also eine Handlungsfreiheit, wenn mehrere Handlungsmöglichkeiten zur Verfügung stehen, welche alle einer Prüfung standhielten[533].

---

527 *Schwarze*, S. 251; *Lerche*, in *Frowein*, S. 1 (9); *Schlette*, S. 353.

528 *Riedel*, VVDStRL 58 (1999), S. 180 (191); *Schlette*, S. 320f.

529 *Schmitz*, S. 38ff.; *Schlette*, S. 352, 101ff.; *Classen*, S. 145.

530 *Schlette*, S. 154ff.

531 *Classen*, S. 18.

532 *Schmitz*, S. 297; *Schlette*, S. 221.

533 *Schlette*, S. 223.

Größere Divergenzen zur deutschen Prüfung der Verhältnismäßigkeit ergeben sich jedoch in den Bereichen, in denen die Verhältnismäßigkeitsprüfung in Form der *théorie du bilan* vollzogen wird[534]. Obwohl die Kontrolle insgesamt sehr umfangreich ausfällt[535], verbleibt der Behörde ein größerer Entscheidungsspielraum als nach deutscher Verhältnismäßigkeitsprüfung. So wird die Verhältnismäßigkeit einer Enteignungsmaßnahme nur aus sich heraus beurteilt[536], so dass alternative Enteignungsmaßnahmen nicht in die Prüfung einbezogen werden[537]. Anders verhält es sich in Deutschland[538]. Insgesamt wird in Frankreich davon ausgegangen, dass es sich bei der Prüfung der Verhältnismäßigkeit regelmäßig nur um eine Übermaßkontrolle handele, die nur zu einer Aufhebung der Verwaltungsentscheidung führe, wenn ein deutliches Missverhältnis zwischen den Vor- und Nachteilen des Projektes bestehe[539]. Die Wertung in die Abwägung einbezogener Interessen fällt oftmals qualitativ und quantitativ dünn aus[540]. Die *théorie du bilan* wird daher ebenfalls als vergleichbar angesehen mit der Rechtsprechung des Bundesverwaltungsgerichts, die der Verwaltung einen Wertungsspielraum zuerkennt, weil die Kontrolle unbestimmter Rechtsbegriffe in Frankreich nicht dergestalt erfolge, dass das Gericht die exekutivische Planungs- und Gestaltungsfunktion vollkommen an sich zöge[541]. Dies gilt insbesondere für die Einbeziehung der Umweltbeeinträchtigungen in die im Rahmen der *théorie du bilan* erfolgende Abwägung[542]. Insgesamt dürfte daher die Maximalkontrolle hinter der deutschen Kontrolle zurückbleiben.

Die Unterschiede in der Kontrolle lassen sich insgesamt dahingehend zusammenfassen, dass in Deutschland die Beschränkung der Kontrolle, in Frankreich dagegen die umfassende Kontrolle die rechtfertigungsbedürftige Ausnahme bildet[543].

Ein wesentlicher Unterschied zur der deutschen Kontrolltiefe ist in Frankreich ferner darin zu sehen, dass Widersprüchen und verwaltungsgerichtlichen Klagen in Frankreich grundsätzlich keine aufschiebende Wirkung zukommt[544]. Anders verhält es

---

534 Siehe zu den Vorbehalten insbesondere *Lerche*, in *Frowein*, S. 1 (13f.).

535 Siehe die Entscheidungen bei *Holleaux*, RA 1980, S. 593 (604).

536 *Lerche*, in *Frowein*, S.1 (14).

537 Vgl. CE, 13 décembre 1978, *Syndicat intercommunal de distribution d'eau de la Corniche des Maures*, D. 1979, S. 497 (zitiert nach *Lerche*, in *Frowein*, S.1 (14)); *Hermon*, S. 193f.

538 Siehe zu der Erforderlichkeit der Enteignungsmaßnahme im Sinne von § 87 Abs. 1 BauGB *Battis/Krautzberger/Löhr - Battis*, § 87, Rn. 3.

539 *De Laubadère*, in mélanges *Waline*, S. 531 (547), der davon ausgeht, dass es sich hier um eine spezielle Form des *erreur manifeste d'appréciation* handelt; ähnlich *Péano*, Juris-Classeur administratif, *recours pour excès de pouvoir*, fasc. 1152, Rn. 116.

540 *Schlette*, S. 321.

541 *Bullinger*, FS Jahrreiß, S. 19 (26, 28).

542 Siehe CE, 9 novembre 1977, *Sieur Weber et autres*, AJDA 1978, S. 340; CE, 26 mars 1980, *Beau de Loménie*, rec., S. 171; *Calderaro*, S. 6.

543 So auch *Classen*, S. 141.

544 Siehe eingehend unten, S. 124ff.

sich entsprechend § 80 Abs. 1 VwGO in Deutschland. Da in Frankreich zumeist nur eine Kontrolle im Anschluss an den Verwaltungsvollzug durchgeführt wird, ist die Verwaltung auch im Falle des *contrôle maximum* nicht verpflichtet, im Sinne der Rechtsprechung zu entscheiden[545]. Dies verdeutlicht wiederum die ausgeprägte Stellung der Exekutive und indiziert, dass die Kontrolle letztendlich wenig effektiv ist, da die betreffende Verwaltungsentscheidung in der Regel bereits in die Tat umgesetzt wurde. Dies kann sich wiederum auf die Kontrolltiefe auswirken, und zwar dergestalt, dass der Richter eine tiefgreifende Kontrolle mit der anschließenden Aufhebung der Verwaltungsmaßnahme unter Umständen deshalb unterlässt, weil das Projekt nur mit erheblichen staatshaftungsrechtlichen Kosten wieder aus der Welt zu schaffen ist.

Wird die Entwicklung der Rechtsprechung des Bundesverwaltungsgerichts und des *Conseil d'État* untersucht, fällt zunächst auf, dass beide Gerichte in ähnlichen Rechtsfragen genau gegenteilig ihrer sonstigen Übung entschieden haben. Dies ist beispielsweise bei den Publikationsverboten jugendgefährdender Schriften der Fall. Während das Bundesverwaltungsgericht hier einen kontrollfreien Bereich konstatierte[546], prüfte der *Conseil d'État* vollständig nach[547]. Ähnlich verhält es sich bei der Denkmalwürdigkeit eines Bauwerkes[548]. Ähnlichkeiten in der Kontrolle sind jedoch innerhalb der Überprüfung der atomaren Risikovorsorge auszumachen[549]. Insgesamt ist im Vergleich der Rechtsprechung des *Conseil d'État* mit der des Bundesverwaltungsgerichts indessen eine vorsichtig annähernde Entwicklung erkennbar[550]. Vor allem die Rechtsprechung zum *contrôle maximum* hat gezeigt, dass die Rechtsprechung die Kontrolle besonders in grundrechtssensiblen Bereichen auf die Verhältnismäßigkeit ausdehnt und sich daher der deutschen Kontrolle annähert. Diese Entwicklung nahm bereits in der Entwicklung des *erreur manifeste d'appréciation* zur Standardminimalkontrolle der Verhältnismäßigkeit ihren Anfang. Insgesamt wird von einer stetigen Verstärkung der Kontrolle in Frankreich ausgegangen[551]. Eine Ausdehnung der Kontrolle ist auch im französischen Anlagenzulassungsrecht zu erkennen[552]. Dagegen erfolgt die Kon-

545 *Bullinger*, in FS *Jahrreiß*, S. 19 (29).

546 Siehe BVerwGE 39, S. 197 (203); BVerwGE 77, 77f.; BVerwGE 91, S. 211 (213ff.).

547 Siehe CE, 5 décembre 1956, *Thibault*, D. 1957, S. 20 (21); CE, 4 février 1970, *Société „Daily Girl Press"*, AJDA 1970, S. 632 (633).

548 Siehe die umfassende Nachprüfung in CE, 14 novembre 1962, *Société des Etablissements Deroche*, rec., S. 607; CE, 13 mars 1970, *Dame Benoist d'Anthenay*, rec., S. 182 (183) sowie die eingeschränkte Überprüfung in BVerwGE 23, S. 60 (64).

549 BVerwGE 72, 300 (316); BVerwG 78, S. 177 (181f.); BVerwGE 80, 207 (217); BVerwG, DVBl. 1998, S. 399 (340ff.) bezüglich der Risikoabschätzung im Atomrecht; siehe *Wilke*, Jura 1992, S. 186 (189f.); offenlassend BVerfGE 80, 257 (265); siehe zum französischen Recht CE, 28 février 1975, *Herr, Rettig et Boss*, rec., S. 162 (163) bezüglich des Kernkraftwerkes Fessenheim sowie *Fromont*, FS *Jahrreiß*, S. 19 (32).

550 So bereits *Bullinger*, FS *Jahrreiß*, S. 19f.

551 *Classen*, S. 150 m.w.N.

552 Siehe unten, S. 194f.

trolle von Tatsachenwertungen in Deutschland regelmäßig in vertiefter Form; allerdings wird versucht, die Kontrolle vor allem durch zunehmende Beurteilungsspielräume zu beschränken[553]. Eine langsame Annäherung ist auch im Bereich des einstweiligen Rechtsschutzes zu erkennen. Hier gewinnen die Ausnahmen des Grundsatzes der mangelnden aufschiebenden Wirkung in Frankreich langsam, aber stetig an Bedeutung[554]. In Deutschland dagegen werden die Ausnahmen vom Grundsatz der aufschiebenden Wirkung zahlreicher[555]. Der praktische Wert dieser Annäherung ist insgesamt beschränkt. Eine Austarierung der Kontrollmechanismen ist in naher Zukunft vor allem wegen der strengen Kontrolle des nach deutschem Recht abzusondernden Tatbestandes vor dem Hintergrund höherer Regelungsdichte nicht zu erwarten.

---

553 Siehe unten, S. 174ff.

554 Siehe unten, S. 124ff.

555 Siehe zu den bundesgesetzlichen Ausnahmen aufschiebender Wirkung i.S.v. § 80 Abs. 2 Nr. 3 VwGO *Redeker/von Oertzen*, § 80, Rn. 18. Die Autoren erheben diese Ausnahmen bereit zum Regelfall. Im Umweltrecht sind diese Ausnahmen dagegen wenig verbreitet.

§ 4. Konzeption des Verwaltungsermessens

In beiden Rechtsordnungen löst die Differenzierung zwischen freier Verwaltung (*compétence oder pouvoir discrétionnaire*) und gebundener Verwaltung (*compétence liée*) die wesentliche Weichenstellung für die gerichtliche Kontrolltiefe aus. Wie im deutschen Recht bezieht sich behördliches Ermessen in Frankreich auf den Inhalt der zu treffenden Entscheidung und insbesondere auf die Frage, ob diese im Hinblick auf die gesetzlichen Tatbestandsvoraussetzungen einerseits und die Tatsachenlage andererseits zweckmäßig erscheint[556]. Wie im deutschen Recht umfasst das Ermessen auch die Freiheit der Behörde, überhaupt zu handeln[557]. Eine der deutschen Terminologie vergleichbare Unterscheidung nach Entschließungsermessen, Auswahlermessen oder Planungsermessen[558] hat sich in Frankreich indessen nicht herausgebildet.

Ein Fall gebundener Verwaltung liegt vor, wenn die Ermächtigungsnorm das Handeln der Behörde als Automatismus zwischen Tatbestand und Rechtsfolge vorbestimmt[559]. Soweit das Gesetz der Behörde in Frankreich einen Entscheidungsspielraum eröffnet, handelt es sich um Ermessensverwaltung[560]. Im deutschen Recht verhält es sich grundsätzlich nicht anders mit dem Unterschied, dass sich das Ermessen auf die Rechtsfolgenseite der Norm beschränkt. In beiden Rechtsordnungen werden zur Bestimmung des Verwaltungsermessens verschiedene Faktoren herangezogen.

A. Verwaltungsermessen und unbestimmte Rechtsbegriffe

Zunächst sind die Zusammenhänge zwischen Verwaltungsermessen und unbestimmten Rechtsbegriffen zu erörtern.

I. Funktion unbestimmter Rechtsbegriffe im deutschen Recht

Verwaltungsermessen wird in Deutschland überwiegend als normativ begründete, eingegrenzte und dirigierte Rechtsfolgenbestimmung durch die Verwaltung definiert[561], das dementsprechend nur auf der Rechtsfolgenseite der Norm zu finden ist[562]. Der Verwaltung steht bezüglich der tatbestandlichen Voraussetzungen einer Norm grundsätzlich kein Subsumtionsspielraum zu, so dass es bei unbestimmten Rechtsbeg-

---

556 *Lebreton*, S. 62, spricht von der „adéquation de l'objet de l'acte à ses motifs de fait et de droit".

557 *Lebreton*, S. 62; *Bockel*, AJDA 1978, S. 355 (357).

558 Siehe *Wolff/Bachof/Stober*, § 31, Rn. 35; *Bullinger*, Verwaltungsermessen, S.149ff.

559 *Lebreton*, S. 64; *Schwarze*, S. 247; *Rivero/Waline*, Rn. 80; *Chanel/Boivin*, BDEI 1995 (4), S. 25f.; *Auby/Drago*, traité des recours, Rn. 325.

560 *Rivero/Waline*, Rn. 80; *Fromont*, in FS *Jahrreiß*, S. 67 (69).

561 *Erichsen – Ossenbühl*, § 10, Rn. 10f. Dieser will davon ein Planungsermessen abgrenzen; *Wolff/Bachof/Stober*, S. 374, Rn. 31; *Maurer*, § 7, Rn. 26; *Stelkens/Bonk/Sachs – Sachs*, § 40, Rn. 114; *Ule*, S. 9; *Obermayer – Liebetanz*, § 40, Rn. 4; siehe auch *Breuer*, AöR 101 (1976), S. 46 (73); siehe zur älteren Literatur *Ehmke*, S. 23, Fn. 1.

562 Siehe zu der Entwicklung auch *Ehmke*, S. 23ff.

riffen insgesamt nur eine richtige Lösung geben kann[563]. Die Trennung zwischen Tatbestand und Rechtsfolge beruht darauf, dass der Verwaltung prinzipiell kein Ermessen bei der Tatbestandsprüfung des Gesetzes, also hinsichtlich des „Ob" der administrativen Handlung, zustehen soll, sondern nur bezüglich des „Wie"[564]. Die tatbestandsbezogene Gesetzesauslegung ist traditionelle Aufgabe der Verwaltungsgerichtsbarkeit[565].

Eine früher etablierte Ausdehnung auf ein tatbestandliches sowie rechtsfolgenbezogenes Ermessen wurde in zweiten Hälfte des 20. Jahrhunderts zunehmend aufgegeben[566]. Die administrativen Freiräume resultierten wie in Frankreich vor allem daraus, dass die gerichtliche Kontrolle der Verwaltung (beispielsweise in Preußen) lange Zeit Aufgabe der Verwaltung selbst war[567]. Vor allem nach 1945 wurde die Kontrolle in der Absicht der Etablierung eines Rechtsstaates ausgedehnt[568]. Aufgrund der durch Art. 19 Abs. 4 GG gebotenen umfangreichen Kontrolle kam es daher in Deutschland im Gegensatz zum französischen Recht nach dem 2. Weltkrieg zu einem Bruch mit herkömmlichen administrativen Freiräumen[569]. Diese Veränderungen betrafen auch das Anlagenzulassungsrecht. Wurde bei der Genehmigung früher noch von Ermessen gesprochen, wurde die Verwaltungsentscheidung auch auf diesem Gebiet seit den fünfziger Jahren eher den gebundenen Rechtsentscheidungen zugeordnet[570].

Die Trennung zwischen Tatbestand und Rechtsfolge ist jedoch an einen idealtypischen Normaufbau gebunden. Ein einheitlicher Ermessenstatbestand kann vorliegen, wenn unbestimmte Rechtsbegriffe auf der Tatbestandsseite die Ermessensentscheidung vorwegnehmen[571]. Ferner sind sog. Koppelungsvorschriften zu unterscheiden, bei denen unbestimmte Rechtsbegriffe auf der Tatbestandsseite mit einer Entscheidungsfreiheit in Form eines Verwaltungsermessens auf der Rechtsfolgenseite kombiniert werden[572]. Die Grenzen zwischen Tatbestand und Rechtsfolge verschwimmen

563 Siehe das Fallbeispiel von *Ehmke*, S. 34f.

564 Vgl. *Wolff/Bachof/Stober*, S. 373, Rn. 31.

565 Siehe *Obermayer – Liebetanz*, § 40, Rn. 82; *Papier*, FS *Ule*, S. 235 (242); *Bachof*, JZ 1955, S. 98 (99f.); kritisch *Sendler*, FS Ule, S. 337 (340f.), der auch auf der Ebene der Norminterpretation einen Beurteilungsspielraum für möglich hält und oftmals eine Gleichstellung von Auslegung und Subsumtion konstatiert (S. 346). Siehe ferner *H.-J. Koch*, S. 44ff.

566 Siehe *Reuss*, DVBl 1953, S. 585 (588); *Bachof*, JZ 1955, S. 97 (98); *Wolff/Bachof*, § 31 II a.

567 Siehe *Ule*, FS *Jellinek*, S. 309 (327); allerdings erklärte es bereits Art. 182 der Verfassung des deutschen Reichs von 1849 für unzulässig, dass rechtsprechende Tätigkeit von Verwaltungsbehörden ausgeübt wurde. Art. 107 der Weimarer Verfassung verpflichtete zur Etablierung von Verwaltungsgerichten, um den Schutz des einzelnen gegenüber der Verwaltung zu sichern.

568 *Bullinger*, Verwaltungsermessen, S. 131 (136ff.).

569 *Bullinger*, Verwaltungsermessen, S. 131ff.; *Ule*, FS *Jellinek*, S. 309 (327). Insofern sind weitere Ausführungen über die Historie deutschen Verwaltungsprozessrechts wenig nützlich.

570 Siehe *Ebinger*, S. 211ff., 218ff.

571 Siehe BVerwGE 39, S. 355 (362) und *Stelkens/Bonk/Sachs – Sachs*, § 40, Rn. 38ff.

572 *Stelkens/Bonk/Sachs – Sachs*, § 40, Rn. 36.

ferner durch die Rechtsfigur des intendierten Ermessens, weil die Erfüllung des Tatbestandes eine im Regelfall zu treffende Handlungsalternative indiziert[573]. Ferner versagt diese Aufteilung bei Normen, die weder Tatbestand noch Rechtsfolge aufweisen, wie dies bei Planungsnormen der Fall ist, welche nicht als konditionales, sondern wie im Bauplanungsrecht ausnahmsweise als finales Handlungsprogramm konzipiert sind[574]. Darüber hinaus wird die klassische Unterscheidung zwischen Tatbestand und Rechtsfolge zunehmend bestritten und es wird versucht, ein aus unbestimmten Rechtsbegriffen resultierendes Ermessen auch auf der Tatbestandsseite der Norm zu etablieren bzw. eine unterschiedliche Behandlung von Tatbestand und Rechtsfolge zugunsten einer einheitlichen Ermessensnorm aufzugeben[575].

Trotz der prinzipiellen Verdrängung des Ermessens auf die Rechtsfolge der Handlungsermächtigung sind auch in Deutschland Fälle eines tatbestandlichen Ermessens anerkannt, welches dem Rechtsfolgeermessen ähnelt[576]. Sobald die Grenze zwischen Tatbestand und Rechtsfolge verschwimmt, verliert auch die Abgrenzung zwischen beiden Ermessensformen ihre Konturen[577] und reduziert sich vor allem auf eine qualitative Komponente, weil ein Rechtsfolgeermessen weniger ausgeprägten Beschränkungen unterliegt als der Beurteilungsspielraum[578]. Allerdings hat sich noch keine einheitliche Terminologie und Dogmatik in diesem vieldiskutierten Bereich durchgesetzt[579]. Nach einer Ansicht soll der Verwaltung ein Beurteilungsspielraum für die wertungsbedürftige Interpretation unbestimmter Rechtsbegriffe zuerkannt werden[580]. Im Prinzip steht der Verwaltung auch hier kein Subsumtionsspielraum zu, allerdings wird die Richtigkeit der gewählten Interpretation nicht überprüft. Einen offeneren Ansatz bietet die Vertretbarkeitslehre, nach welcher hinsichtlich der Wertung unbestimmter Rechtsbegriffe vertretbare Entscheidungen der Verwaltung unkontrolliert bleiben[581]. Ferner kann der Verwaltung auch im Falle der Überprüfung der tatbestandlichen Voraussetzungen ein Wertungsspielraum bezüglich im Vorfeld zu berücksichti-

---

573 Siehe *Volkmann*, DÖV 1969, S. 282 (285); *Borowski*, DVBl. 2000, S. 149ff.

574 Siehe z.B. § 1 BauGB; *Maurer*, § 7, Rn. 63; siehe zum Planungsermessen auch *Maunz/Dürig – Schmidt-Assmann*, Art. 19 Abs. 4, Rn. 208ff. und *Hoppe*, FS *Menger*, S. 747ff.

575 *Bullinger*, Verwaltungsermessen, S. 131 (156); *Starck*, FS Sendler, S. 167 (169); *Obermayer*, § 40, Rn. 11ff. (Vorauflage), siehe auch *Kopp/Schenke*, § 114, Rn. 23ff.; *Ehmke*, S. 30ff., 45ff.; *Smeddinck*, DÖV 1998, S. 370 (371ff.).

576 *Erichsen – Ossenbühl*, § 19, Rn. 31ff; *Redeker/von Oertzen*, § 114, Rn. 36.

577 Hierin fußt auch die insbesondere von *Herdegen* (JZ 1991, S. 747 (749) vorbrachte Kritik der Abgrenzungsversuche von Beurteilungsspielraum und Tatbestandsermessen.

578 *Herdegen*, JZ 1991, S. 747 (749).

579 Siehe zur Entwicklung *Erichsen*, DVBl. 1985, S. 22 (23ff.); siehe ferner zu den verschiedenen Ansätzen einer Kontrollbeschränkung *Papier*, DÖV 1986, S. 621ff.

580 *Bachof*, JZ 1955, S. 97 (99).; ähnlich *Maunz/Dürig – Schmidt-Assmann*, Art. 19 Abs. 4, Rn. 191ff.; siehe allgemein *Ossenbühl*, DVBl. 1974, S. 309 (310ff.).

581 *Ule*, FS *Jellinek*, S. 309 (311ff.); *Ule*, S. 10; ähnlich *Redeker*, DÖV 1971, S. 757 (762).

gender Faktoren zuerkannt werden[582]. Zur Begründung eines administrativen Entscheidungsspielraumes wird zunehmend auf die Lehre von der normativen Ermächtigung zurückgegriffen, die danach differenziert, ob die Verwaltung oder das Gericht normativ zur Letztentscheidung ermächtigt ist[583]. Insofern beruht die Kontrollrestriktion auf dem Bedürfnis, der Verwaltung einen eigenverantwortlichen Entscheidungsfreiraum in Form eines Mandats zur letztverbindlichen Auslegung zuzugestehen[584]. Das Gericht zieht sich hier aus der Kontrolle zurück, weil es sich nicht für kompetent hält oder eine Kontrolle als nicht zweckmäßig erachtet. Letztlich ähneln diese Argumente der in Frankreich vorgebrachten Rechtfertigung des *contrôle minimum*. Allein die Unbestimmtheit eines Rechtsbegriffes löst daher noch keinen administrativen Entscheidungsspielraum aus[585]. Jedoch lässt sich ein Beurteilungsspielraum selten eindeutig aus dem Gesetz entnehmen, so dass die Fälle der Kontrollbeschränkung ebenfalls schwer zu bestimmten sind[586]. Insofern sind die Anforderungen an ein letztverbindliches Entscheidungsrecht der Exekutive besonders im Hinblick auf das Kontrollgebot des Art. 19 Abs. 4 GG unklar[587]. Die Fallgruppen des tatbestandlichen Ermessens wurden bereits bei der Untersuchung der Kontrolltiefe dargestellt[588].

II. Funktion unbestimmter Rechtsbegriffe im französischen Recht

Administrative Handlungsspielräume folgen in Frankreich ebenfalls daraus, dass das Gesetz die Tatbestandsmerkmale der Ermächtigungsnorm (*conditions légales*) nicht präzisiert und das behördliche Handlungsprogramm nicht abschließend determiniert. Dies ist Resultat lückenhafter[589] oder, wie das Anlagenzulassungsrecht gezeigt hat, final strukturierter gesetzlicher Regelungen und damit ebenfalls Folge unbestimmter Rechtsbegriffe[590]. Die Handlungsfreiheit kann sich dabei auf die freie Sachverhaltseinschätzung und auf die Wahl der Handlungsalternative im Sinne des Inhaltes (*objet*) der Verwaltungsentscheidung beziehen[591]. Das aus unbestimmten Rechtsbegriffen resultierende Verwaltungsermessen erstreckt sich daher grundsätzlich auf die Norm insge-

---

582 Sog. *Faktorenlehre*, siehe *Kellner*, DÖV 1969, S. 309 (312).

583 *Maunz/Dürig – Schmidt-Assmann*, Art. 19 Abs. 4, Rn. 188ff.; *Obermayer – Liebetanz*, § 40, Rn. 63ff.; *Redeker/van Oertzen*, § 114, Rn. 15; *Erichsen*, DVBl. 1985, S. 22 (25ff.); *Wahl*, NVwZ 1991, S. 409 (410ff.); BVerfG NVwZ 1995, S. 707 (708); kritisch *Classen*, S. 127ff.

584 *Beckmann*, UPR 1987, S. 321 (324); *Erichsen – Ossenbühl*, § 10, Rn. 8.

585 *Maurer*, § 7, Rn. 33; *Obermayer – Liebetanz*, § 40, Rn. 61ff.; *Breuer*, NVwZ 1988, S. 104 (106).

586 *Erichsen – Ossenbühl*, § 10, Rn. 33.

587 Siehe zur den Anforderungen der Rechtsweggarantie *Breuer*, UTR 45 (1998), S. 161 (199ff.).

588 Siehe oben, S. 65f.

589 Siehe *Rials*, S. 273f.

590 *De Laubadère*, in mélanges *Waline*, S. 531 (535); *Rials*, in répertoire Dalloz, pouvoir *discrétionnaire*, Rn. 19; *Gaudemet* in *Bullinger*, Verwaltungsermessen, S. 113 (115); *Eisenmann*, S. 310, 296, 670, 674; *Bergmann*, S. 148; *Bockel*, AJDA 1978, S. 355 (363); *Stassinopoulos*, S. 156; *Hoffmann*, S. 79.

591 *Di Qual*, S. 80; *Venezia*, S. 20; *Chapus*, droit administratif, Rn. 1248ff.; *Hoffmann*, S. 84.

samt[592], sofern diese überhaupt in Tatbestand und Rechtsfolge zerfällt. Ähnlich verfährt auch der EuGH[593], was als eine unterentwickelte Ermessenslehre gedeutet wird[594]. Auch im Anlagenzulassungsrecht wird der Verwaltung ein umfangreiches Ermessen zuerkannt[595].

Aber auch in Frankreich wird bisweilen begrifflich zwischen Tatbestand und Rechtsfolge unterschieden[596]; eine belastbare Begriffsdogmatik hat sich indessen noch nicht entwickelt. Ferner ist eine unterschiedlich ausgeprägte Kontrolltiefe zu finden, je nachdem, ob die Überprüfung gesetzlicher Merkmale auf der Tatbestands- oder Rechtsfolgenseite in Rede steht[597]. Daher ist auch eine Verbindung von freier und gebundener Verwaltung denkbar, beispielsweise im Fall der uneingeschränkten Kontrolle der Voraussetzungen eines beamtenrechtlichen Dienstvergehens und der richterlichen Zurückhaltung bezüglich der Wertung der auferlegten Disziplinarstrafe[598].

Die Anforderungen, die an die Unbestimmtheit der Rechtsbegriffe zu stellen sind, damit sie ermessenseröffnende Wirkung haben, sind in Frankreich jedoch unklar. Die französische Rechtslehre verliert sich hier in aus deutscher Sicht wenig brauchbaren Formulierungen. So ergebe sich das Verwaltungsermessen aus Begriffen, welche im Hinblick auf die Zielsetzung der Ermächtigungsnorm so auszulegen seien, dass eine effektive Umsetzung nur durch die Zubilligung behördlicher Entscheidungsfreiheit möglich sei[599]. Verwaltungsermessen folge aus der Unbestimmtheit der Norm, *soweit* deren Konkretisierung einen Einschätzungsspielraum der Verwaltung erfordere[600]. Mitunter werden *conditions de fait objectives* von den *conditions de fait subjectives* unterschieden[601]. Für eine Subsumtion der zweitgenannten Merkmale sei eine subjektive Wertung erforderlich, während sich der Sinngehalt des erstgenannten Merkmale

---

592 Vgl. *Schwarze*, S. 246f.

593 Siehe EuGH, DVBl. 1986, S. 92, Nr. 23.

594 Siehe *Ule*, Anmerkung EuGH, DVBl. 1986, S. 93 (94) mit Nachweisen; *Schwarze*, S. 280.

595 Siehe unten, S. 123.

596 Siehe die Trennung zwischen *condition légale* und dem *objet de l'acte* bzw. der *conséquence juridique* von *di Qual* (S. 80), *Venezia* (S. 19f.), *Loschak* (S. 145f.) und *Schlette* (S. 119). Allerdings bezieht sich der Begriff des *objet de l'acte* eher auf die konkret zum Entscheidungsinhalt gewordene Rechtsfolge (*Schlette*, S. 119, Fn. 130). Dies ändert jedoch nichts an der Möglichkeit der Unterscheidung von der Tatbestandsseite der Norm. Siehe auch *Rials* (répertoire Dalloz, *pouvoir discrétionnaire*, Rn. 24) der implizit zwischen den *conditions objectives* und den *buts* einer Norm unterscheidet, den Begriff *but* hier jedoch in einen engeren Sinne gebraucht, als im Bereich der *détournement de pouvoir*.

597 Siehe oben, S. 74ff.

598 *Braibant/Stirn*, S. 240f.; *Venezia*, S. 46.

599 *Tournié*, AJDA 1969, S.645; *Vier*, note CE, 29 juin 1973, *Société Gea*, AJDA 1973, S. 589 (590).

600 Siehe *Gaudemet*, in *Bullinger*, Verwaltungsermessen, S. 113 (115); *de Laubadère*, in mélanges *Waline*, S. 531 (535); *Galmot*, conclusions CE 5 février 1965, *Association „Comité d'entente pour l'Algérie française"*, rec., S. 73 (80); *Eisenmann*, S. 296.

601 *Knaub* in *Burmeister*, S. 127 (143).

aus sich selbst erschließe[602]. Dies ist vergleichbar mit der Unterscheidung zwischen deskriptiven und normativen Tatbestandsmerkmalen, allerdings ist diese in Frankreich weit weniger geläufig als in Deutschland. Die Anforderungen an die Unbestimmtheit sind insgesamt niedrig[603]. Dies ist gleichzeitig Ursache und Wirkung der bereits angesprochenen Grundkonzeption der französischen Ermessenslehre, welche von einer insbesondere in Zweckmäßigkeitsfragen zurückgezogenen gerichtlichen Kontrolle ausgeht. Ein Rechtsbegriff wirkt daher bereits ermessenseröffnend, sobald er Erwägungen der Zweckmäßigkeit betrifft[604]. Somit reproduziert sich das Konzept eines umfangreichen Verwaltungsermessens jeweils neu in der zu untersuchenden Ermächtigungsnorm. Aufgrund dieser Unsicherheiten avanciert die gerichtliche Kontrolle zur letztlich bestimmenden Komponente. In diesem Zusammenhang ist darauf hinzuweisen, dass eine umfangreiche gerichtliche Kontrolle den Sachverhalt nach französischem Verständnis aus dem Bereich der Ermessensverwaltung in den Bereich der gebundenen Verwaltung verschiebt[605]. Wird berücksichtigt, dass es sich bei der Ermessensverwaltung um einen gewollten Urzustand handelt und die Verwaltung grundsätzlich das öffentliche Interesse vertritt[606], verwundert nicht, dass die Rechtslehre den Anforderungen an die Unbestimmtheit gesetzlicher Merkmale kaum Beachtung schenkt. Es gibt daher theoretisch in Frankreich kein kontrolliertes Verwaltungsermessen.

In der aus deutscher Sicht unterentwickelten Diskussion lässt sich jedoch ein Ansatz ausmachen, der Anforderungen an die Unbestimmtheit weiter konkretisiert und zumindest in der Terminologie Parallelen zum deutschen Recht aufweist. So wird mitunter zwischen *notions juridiques* und *notions vagues* unterschieden. Bei den *notions juridiques* handelt es sich um Begriffe, die durch Gesetz oder menschliche Erfahrung interpretierbar sind[607]. Sie eröffnen kein Ermessen, da die Interpretation nur den bereits in der Norm zum Ausdruck gekommenen Inhalt wiedergebe[608]. Das Gesetz eröffne der Verwaltung nur dann einen Ermessensspielraum, wenn es sich aus *notions vagues* zusammensetze, also Begriffen, die keinen Interpretationsansatz in sich tragen[609]. Nur in diesem Fall greife der Charakter der Verbindlichkeit der Norm nicht

---

602 *Knaub* in *Burmeister*, S. 127 (143).

603 Siehe auch die Aufzählung der unbestimmten Rechtsbegriffe bei *Eisenmann*, S. 316, 311f.

604 Siehe *Galmot*, conclusions CE, 5 février 1965, *Association „Comité d'entente pour l'Algérie française"*, rec., S. 73 (80).

605 Siehe unten, S. 98f.

606 Siehe unten, S. 99.

607 *Stassinopoulos*, S. 150; ähnlich *Rials*, in répertoire Dalloz, *pouvoir discrétionnaire*, Rn. 12f., der zwischen definierbaren und undefinierbaren Rechtsbegriffen unterscheidet; *Rials*, S. 267; *Mestre*, répertoire Dalloz, *contrôle de motifs*, Rn. 70ff.

608 *Baspecq*, RDP 1980, S. 803 (839); *Stassinopoulos*, traité des actes administratifs, S. 151, 156; *Mestre*, répertoire Dalloz, *contrôle de motifs*, Rn. 70ff.

609 *Baspecq*, RDP 1980, S. 803 (841); *Rials*, in répertoire Dalloz, *pouvoir discrétionnaire*, Rn. 13; siehe auch *Marty*, S. 217.

mehr[610]. Insofern ergibt sich ein Verwaltungsermessen nicht aus der Unbestimmtheit der Norm, sondern aus der Unbestimmbarkeit[611]. Zu den bestimmbaren *notions juridiques* zählen insbesondere naturwissenschaftlich – technische Begriffe, weil diese durch den Erfahrungsschatz präzisierbar seien und daher kein Ermessen eröffnen könnten[612].

Die Besonderheiten dieses Ansatzes werden in den Bereichen deutlich, in denen sich das Gericht aus der Kontrolle zurückzieht und – wie im Falle der besonderen Technizität der Rechtsfrage – nur einen *contrôle minimum* ausübt. Nach dem beschriebenen Ansatz ist dies in Anbetracht der Bestimmbarkeit der Begriffe nicht Ausdruck eines Verwaltungsermessens, sondern einer politischen Entscheidung des Gerichts[613]. Dies wird auch daran deutlich, dass das Gericht seine beschränkte Kontrolle häufig durch einen (impliziten) Hinweis auf die Beteiligung besonderen Sachverstandes in der Ausarbeitung der Verwaltungsentscheidung rechtfertigt[614]. Das Gesetz gehe nur von einer richtigen Lösung aus; folglich lasse sich aus dem Rückzug der gerichtlichen Kontrolle nicht automatisch auf ein Verwaltungsermessen schließen[615]. Nach traditioneller Meinung besteht dagegen eher eine direkte Abhängigkeit zwischen der Kontrolltiefe und der Anerkennung von Verwaltungsermessen[616]. Von ihrer praktischen Konsequenz unterscheiden sich die verschiedenen Ansätze kaum, da am Ende der Normauslegung jeweils ein administrativer Freiraum der Verwaltung steht.

Die Verneinung eines Verwaltungsermessens unter gleichzeitiger Anerkennung eines politisch motivierten Handlungsspielraumes ist aber nichts anderes als ein Pendant zum deutschen Beurteilungsspielraum, wenn es sich um Begriffe des Tatbestandes handelt, was bei technischen Begriffen regelmäßig der Fall ist[617]. Auch in Deutschland wird der Umstand, dass unbestimmte Rechtsbegriffe (auf der Tatbestandsseite) kein Ermessen einräumen, damit gerechtfertigt, dass diese sich nach herkömmlichen Maßstäben interpretieren lassen[618]. Auch in Deutschland ist die Unterscheidung zwischen Wert- und Erfahrungsbegriffen bekannt[619]. Im Gegensatz zu den Erfahrungsbegriffen sind Wertbegriffe nicht mit Hilfe der menschlichen Erfahrung konkretisierbar, sondern

---

610 *Rials*, in répertoire Dalloz, *pouvoir discrétionnaire*, Rn. 12.

611 *Rials*, S. 273; siehe auch *Py*, S. 54.

612 *Stassinopoulos*, S. 149f.

613 *Rials*, in répertoire Dalloz, *pouvoir discrétionnaire*, Rn. 37; *Stassinopoulos*, S. 150; *Baspecq*, RDP 1980, S. 803 (840); *Mestre*, répertoire Dalloz, *contrôle de motifs*, Rn. 70ff.

614 Siehe *Rials*, répertoire de Dalloz, *pouvoir discrétionnaire*, Rn. 34 unter Hinweis auf CE, 10 janvier 1969, *Gauthier*, rec., S. 21 (22); CE 27 novembre 1970, *Martin*, rec. S. 1165.; CE, 8 janvier 1971, *Ischlondsky et Société des laboratoires Biodyne*, rec., S. 14 (15).

615 *Rials*, répertoire de Dalloz, *pouvoir discrétionnaire*, Rn. 31.

616 Vgl. *Fromont*, in FS *Jahrreiß*, S. 67 (70).

617 *Erichsen – Ossenbühl*, § 10, Rn. 24; *Knack – Busch*, § 114, Rn. 6.1.

618 Siehe *Bachof*, JZ 1955, S. 97 (98).

619 Vgl. *Bachof*, JZ 1955, S. 97 (99); *H.-J. Koch*, S. 22ff.

setzen eine wertausfüllende Interpretation des Rechtsanwenders voraus[620]. Auch im deutschen Recht wird zum Teil von *vagen* Begriffen gesprochen, welche als Unterfall der unbestimmten Rechtsbegriffe im Zuge der Subsumtion einen Bereich des Zweifels und einen solchen der Gewissheit eröffnen[621]. Insofern zeigen hier französische und die deutsche Ermessenslehre teilweise deutliche Parallelen.

Lässt man diese Besonderheiten außer Acht, bleibt nur die unbefriedigende Feststellung, dass unbestimmte Rechtsbegriffe in Frankreich eine größere ermessensdeterminierende Bedeutung haben als in Deutschland, was vor allem daran liegt, dass in Frankreich regelmäßig nicht zwischen Tatbestand und Rechtsfolge unterschieden wird und sich das Ermessen auf die ganze Norm bezieht. In Frankreich stehen unbestimmte Rechtsbegriffe für Verwaltungsermessen, in Deutschland dagegen für gebundene Verwaltung.

B. Verwaltungsermessen aufgrund fakultativer Handlungsermächtigung

Ermessen kann sich ebenfalls aus einer fakultativ formulierten Handlungsermächtigung ergeben. Dies ist zum Beispiel der Fall, wenn die entsprechende Norm vorsieht, dass die Verwaltung die entsprechende Maßnahmen treffen *kann*[622]. Es handelt sich in Frankreich um *dispositions permissives*, welche der Verwaltung im Gegensatz zu den *dispositions impératives* einen Handlungsspielraum eröffnen[623]. Eine ähnliche Unterscheidung ist auch im deutschen Recht anerkannt[624]. Verwaltungsermessen ist hier allerdings ohnehin nur auf der Rechtsfolgenseite der Norm denkbar. Verwaltungsermessen ist daher weniger bei konditional, sondern vor allem bei final konzipierten Normstrukturen zu finden[625]. Eine solche Unterscheidung ist dem französischen Recht zumindest nicht ausdrücklich bekannt. Wie bereits erarbeitet[626], wird mitunter auch in Frankreich zwischen einer unbeschränkten Kontrolle unbestimmter Rechtsbegriffe auf der Tatbestandsseite und einer eingeschränkten Kontrolle auf der Rechtsfolgenseite unterschieden. Diese Differenzierung hat sich jedoch nicht etabliert, so dass fakultativen Ermächtigungen nicht die im deutschen Recht zu beobachtende Brückenfunktion zwischen Tatbestand und Rechtsfolge zukommt. Dies hat seine Ursachen auch in der in Frankreich eher final ausgerichteten Normsetzung, die zwangsläufig die Normvoraussetzungen im Sinne eines Tatbestandes vernachlässigt.

---

620 Siehe *H.-J. Koch*, S. 22ff.

621 Siehe *H.-J. Koch*, S. 33ff.

622 *Braibant/Stirn*, S. 241; vgl. *Chanel/Boivin*, BDEI 1994 (4), S. 25 (29); *Stassinopoulos*, S. 163; vgl. aus der Rechtsprechung CE, 29 mars 1968, *Société du lotissement de la plage de Pampelonne*, rec., S. 210 (213); CE, 10 mars 1976, *Société civile immobilière „le Porquerolles"*, rec., S. 144.

623 *Dutreil*, conclusions CE, 3 février 1992, *S.A. Maison familiale constructeur et Commune de Saint-Pierre-d'Oléron*, RJE 1992, S. 271 (272); *Staub*, Rn. 720 (Fn. 273), 721.

624 *Wolff/Bachof/Stober*, S. 376; *Stelkens/Bonk/Sachs – Sachs*, § 40, Rn. 21; *Ehmke*, S. 25ff.

625 *Breuer*, DVBl. 1978, S. 28 (33).

626 Vgl. oben, S. 74ff.

Während fakultative Regelungen nach deutschem Verständnis sowohl die Vornahme als auch die Unterlassung der gesetzlich umschriebenen Handlungsalternativen in das Ermessen der Verwaltung stellen, löst eine fakultative Ermächtigung in Frankreich unter Umständen nicht diese symmetrischen Folgen aus. Es handelt sich hierbei um das Phänomen der *compétence dyssimétrique*[627]. Hier ergeben sich Unterschiede der Kontrolle aus der Normauslegung, je nachdem, ob die Verwaltung die an Tatbestandsmerkmale geknüpfte Alternative wählt oder nicht. Das klassische Beispiel dazu findet sich im Bauordnungsrecht. Nach Art. R 111-2 code de l'urbanisme kann die Baugenehmigung verweigert oder nur unter bestimmten Auflagen erteilt werden, wenn das Vorhaben geeignet ist, die öffentliche Gesundheit oder Sicherheit zu gefährden[628]. Es handelt sich insoweit um eine *disposition impérative*[629], weil die Ablehnung oder bedingte Erteilung an die Erfüllung der Tatbestandsmerkmale gebunden ist[630]. Bezüglich der (unbedingten) Erteilung fehlen jedoch tatbestandliche Voraussetzungen, so dass es sich insoweit um eine *disposition permissive* handelt[631]. Wenn die Genehmigung erteilt wird, unterliegt die gerichtliche Kontrolle der Voraussetzungen aufgrund der Verwaltung eingeräumter Ermessensspielräume nur einem *contrôle minimum*[632]. Wenn die Genehmigung verweigert oder mit bestimmten Auflagen verbunden wird, übt der Richter einen *contrôle normal* aus, weil er nachprüft, ob die Entscheidung gerechtfertigt ist[633]. Teilweise wird dieser Fall der gebundenen Verwaltung[634] und

---

627 Begriff nach *Pacteau*, le juge, S. 212.

628 *Le permis de construire peut être refusé ou n'être accordé que sous réserve de l'observation de prescriptions spéciales si les constructions, par leur situation ou leurs dimensions, sont de nature à porter atteinte à la salubrité ou à la sécurité publique. Il en est de même si les constructions projetées, par leur implantation à proximité d'autres installations, leurs caractéristiques ou leur situation, sont de nature à porter atteinte à la salubrité ou à la sécurité publique*; siehe ergänzend Art. R 111-3-1 und Art. R 111-3-2 code de l'urbanisme.

629 *Dutreil*, conclusions CE, 3 février 1992, *S.A. Maison familiale constructeur et Commune de Saint-Pierre-d'Oléron*, RJE 1992, S. 271 (272).

630 *Chapus*, droit administratif, Rn. 1259; *Pacteau*, le juge, S. 212; *Mestre*, répertoire Dalloz, *contrôle des motifs*, Rn. 80; *Mesnard*, droit et ville, 1978, S. 249 (253).

631 *Chapus*, droit administratif, Rn. 1259; *Pacteau*, le juge, S. 212; *Mestre*, répertoire Dalloz, *contrôle des motifs*, Rn. 80; *Mesnard*, droit et ville, 1978, S. 249 (253).

632 CE, 29 mars 1968, *Société du lotissement de la plage de Pampelonne*, rec., S. 210 (213), conclusions *Vught*, rec, S. 211 (218); CE, 6 décembre 1972, *Regnauld de Bellecize*, rec., S. 270; CE, 28 mars 1973, *Association de défense des habitants de la région de Vernon (Eure)*, rec., S. 262 (264); CE, 13 mars 1989, *Bousquet et autres*, rec., S. 89; CE, 20 mai 1994, *Préfet du Rhône et de la Région Rhône-Alpes*, abgedruckt in *Code Permanent*, S. 5636, rec., S. 1255; CE, 29 juillet 1994, *préfet de la Seine-Maritime*, n° 115.625; CE, 8 janvier 1998, *Association pour la Défense des Habitants des Essorts et Autres Riveraines*, Ministre de l'aménagement du territoire et de l'environnement, jurisprudence 1997, S. 2; *Auby/Périnet-Marquet*, Rn. 553.

633 CE, 4 juillet 1962, *Epoux Capron*, rec., S. 1151; CE, 25 janvier 1974, *Rouquette*, rec., S. 1214; CE, 24 novembre 1978, *Ministre de l'Équipement c. dame Lamarche-Jacomet*, rec., S. 472 (473); CE, 16 novembre 1979, *Selig*, rec., S. 424; CE, 29 mars 1989, *Société du lotissement de la plage de Pampelonne*, rec., S. 211 (218); *Auby/Périnet-Marquet*, Rn. 138.

teilweise der freien Verwaltung zugeordnet[635]. Da regelmäßig nur ein Nachbar eine Genehmigung und nur ein Eigentümer dessen Ablehnung anficht, wird bei der Klage des Nachbarn nur einen *contrôle minimum* vorgenommen, während die Anfechtung der Ablehnung einem *contrôle normal* unterzogen wird. Mithin wird der Eigentümer bevorzugt. Letztlich schimmert auch in diesen Fällen eine Unterscheidung zwischen Tatbestand und Rechtsfolge durch. Es handelt sich nämlich um einen Fall der freien Verwaltung hinsichtlich des Inhaltes der Verwaltungsentscheidung und eines Falles der gebundenen Verwaltung hinsichtlich der rechtlichen Voraussetzungen[636].

Die Gründe der variierenden Kontrolle werden nicht ausreichend deutlich. Während sie überwiegend als Folge der Normstruktur angesehen wird[637], wird teilweise angenommen, der Eigentümer sei aufgrund seines Eigentumsrechts schutzwürdiger[638]. Ferner wird auch nicht einheitlich beurteilt, welche Kontrollform im Baurecht vorherrscht. Während davon ausgegangen wird, dass der *contrôle minimum* die regelmäßige Kontrollform bildet[639], können zahlreiche Urteile nicht darüber hinweg täuschen, dass der Normalkontrolle ebenfalls große Bedeutung zukommt[640]. Insofern fällt es schwer, eine Bevorzugung oder eine Benachteiligung auszumachen.

Eine ähnliche Unterscheidung wurde früher im öffentlichen Gesundheitsrecht getroffen. Eine Apotheke kann trotz eines erschöpften Kontingentes zugelassen werden, wenn es die *Bedürfnisse der Bevölkerung* erfordern[641]. Hier wurde bei Erteilung ein *contrôle normal* und bei Verweigerung ein *contrôle minimum* vorgenommen[642]. Umgekehrt zum Baurecht waren hier mögliche Konkurrenten gegenüber dem Adressaten der Entscheidung bessergestellt. Da es sich bei der gesetzlichen Formulierung um die klassische Ausdrucksweise eines Erlaubnistatbestandes handelt, könnte diese Auslegung für viele Bereiche des französischen Verwaltungsrechts Geltung beanspruchen.

---

634 *Bernard*, S. 42.

635 *Jocquet/Priet*, S. 690.

636 Vgl. *Rials*, répertoire Dalloz, *pouvoir discrétionnaire*, Rn. 26.

637 *Schlette*, S. 213, 253; *Mesnard*, droit et ville, 1978, S. 249 (253); *Bernard*, S. 42; *Jacquot/Priet*, S. 690; *Gilli/Hubert/de Lanversin*, S. 470f.

638 *Bergmann*, S. 154; vgl. auch *Fromont*, in FS *Jahrreiß*, S. 67 (71/72).

639 *Auby/Périnet-Marquet*, Rn. 138.

640 Vgl. CE, 5 juillet 1995, *Chaigne*, rec., S. 284 (285); CE, 6 octobre 1995, *S.A. Sogestim*, rec., S. 353; CE, 20 novembre 1995, *Association L'environnement à Concarneau*, rec, S. 419 (420) und CE, 27 mai 1974, *Dame Robinet et Flandre*, rec., S. 316; *Auby/Périnet-Marquet*, Rn. 553 unter Berufung auf CE, 15 mai 1981, *Société des études et de réalisations Roche-Béranger*, rec., S. 972.

641 Art. L 571 (a.F.) code de la santé publique.

642 Vgl. code de la santé publique, S. 343, n° 4; *Mestre*, répertoire Dalloz, *contrôle des motifs*, Rn. 81; *Auby*, note CE, 5 mai 1986, *Mme Boudet*, rec., S. 136, AJDA 1986, S. 602 (603); *Bockel*, AJDA 1978, S. 355 (362); undeutlich, weil sich auf widersprechende Urteile berufend *Pacteau*, le juge. S. 212; *Chapus*, droit administratif, Rn. 1259.

In der neueren Rechtsprechung wird jedoch sowohl die Erteilung[643], als auch der Verweigerung der Zulassung[644] einem *contrôle normal* unterzogen.

Eine *compétence dyssimétrique* war auch im *contentieux des carrières* bekannt, die heute zu den genehmigungspflichtigen Anlagen zählen. Die Genehmigung eines Abbauvorhabens konnte unter bestimmten Voraussetzungen verweigert werden[645]. Im Falle der Erteilung der Genehmigung wurde nur eine Minimalkontrolle vorgenommen, während die Normalkontrolle auf die Ablehnung der Genehmigung beschränkt blieb[646]. Hier erscheint die unterschiedliche Behandlung unangebracht, weil ebenfalls die Erteilung der Genehmigung nur unter bestimmten Voraussetzungen erfolgen konnte. Durch die Unterwerfung unter den Kreis der genehmigungspflichtigen Anlagen besteht insoweit jedoch kein Fall einer *compétence dyssimétrique* mehr.

Die compétence dyssimétrique dürfte ihre Ursache jedoch weniger in der gesetzlich gewollten Bevorzugung oder Benachteiligung bestimmter Verfahrensbeteiligter haben, sondern eher der Intention des Gesetzgebers folgen und daher Resultat finaler Normstrukturen sein. Aus der finalen Ausrichtung der Norm lässt sich in diesen Fällen eine gesetzlich bevorzugte Handlungsalternative erkennen. So ist beispielsweise die Namensänderung in Frankreich an das Vorbringen bestimmter Gründe geknüpft[647]. Durch Dritte angefochtene, dem Änderungsbegehren stattgebende Entscheidungen prüft der *Conseil d'État* im Wege eines *contrôle normal*[648], während durch den Antragsteller angefochtene Ablehnungen im Rahmen eines *contrôle minimum* geprüft werden[649]. Der gesetzliche Tatbestand geht von einer ablehnenden Entscheidung aus[650]. Hier ergeben sich Parallelen zum deutschen Recht, welches die Figuren des intendierten Ermessens[651] oder des Dispensermessens[652] kennt.

---

643 CE, 20 février 1953, *Dame Cozic-Savoure*, rec., S. 86 (87); CE, 18 mars 1960, *Suzanne et Amie*, rec., S. 207; CE, 27 novembre 1970, *Dame Comitit-Bouillin*, rec, S. 720; CE, 25 mars 1983, *Mme Marque Nabos*, rec., S. 143; *Pacteau*, le juge, S. 230; anders jedoch CE, 5 mars 1969, *Demoiselle Magnin*, rec., S. 139 (140).

644 CE, 19 mai 1983, *Thévenot*, n° 41.007; CE, 5 mai 1986, *Mme Boudet*, rec., S. 136; TA Poitiers, 15 juin 1994, *Mlle Coutanceau*, rec., S. 1163; siehe auch CE, 30 décembre 1996, *Levesque*, rec., S. 525.

645 Art. 22 des décret n° 79-1108 du 20 décembre 1979. Diese Rechtsverordnung ist mittlerweile aufgehoben. Sie ist abgedruckt im code de l'environnement, (troisième édition), S. 154ff.

646 Siehe *Lepage-Jessua*, les petites affiches 1993, n° 90, S. 13 (16).

647 Siehe zu den Voraussetzungen CE, 27 septembre 1985, *Consorts Bonnet*, rec. S. 262 (263).

648 CE, 9 décembre 1983, *Vladescu*, rec., S. 497.

649 CE, 27 septembre 1985, *Consorts Bonnet*, rec., S. 262 (263); CE, 20 décembre 1993, *Mme Taieb*, rec., S. 769.

650 Vgl. *Chapus*, droit administratif, Rn. 1259.

651 Siehe BVerwGE 72, S. 1, 6 und *Stelkens/Bonk/Sachs – Sachs*, § 40,1 Rn. 29f. und *Volkmann*, DÖV 1996, S. 282 (285).

652 Hierbei handelt es sich um die Ausnahme einer ansonsten zwingenden Regelung, vgl. *Erichsen - Ossenbühl*, § 10, Rn. 14, 9.

Auch *Chapus* geht davon aus, dass sich die unterschiedliche Behandlung aus dem Sinn des gesetzlichen Tatbestandes ergibt[653]. Nach *Rials* soll die Unterscheidung sogar verallgemeinerungsfähig sein. Immer wenn ein Gesetz der Behörde eine Handlungsmöglichkeit eröffnet, indem es beispielsweise bestimmt, dass die Behörde unter bestimmten Voraussetzung eine Genehmigung erteilen oder verweigern kann, soll der Behörde nur ein Handlungsspielraum für die gesetzlich nicht vorgesehene Handlungsalternative zustehen[654]. Daher scheint sich eine Dogmatik abzuzeichnen. Allerdings werden kaum mehr als die hier beschriebenen Fälle behandelt[655], so dass nicht geklärt werden kann, ob eine solche Unterscheidung für alle fakultativen Handlungsermächtigungen des französischen Rechts gilt. Möglicherweise hat sich eine Unterscheidung auch nur dort herausgebildet, wo häufig Rechtsbehelfe eingelegt wurden. Entscheidend dürfe jedoch sein, dass sich der Norm nicht immer eine gesetzlich gewollte Handlungsalternative entnehmen lässt. Das hat seine Ursache wiederum darin, dass das französische Verwaltungsrecht weniger stark normiert ist[656] als das deutsche. Das beschriebene Phänomen lehrt jedoch zumindest, dass aufgrund des Wortlauts einer Vorschrift nicht eindeutig auf den Umfang des Verwaltungsermessens geschlossen werden kann.

Ob die anlagenzulassungsrechtlichen Handlungsermächtigungen eine *compétence dyssimétrique* eröffnen, ist unklar, dürfte jedoch zu verneinen sein[657]. Allerdings ist die im Baurecht geltende Unterscheidung auch für die Baugenehmigungen von Bedeutung, die für zulassungspflichtige Anlagen erforderlich sind[658], so dass der Betreiber der Anlage diesbezüglich gegenüber dem Nachbarn privilegiert wird.

C. Funktion der Rechtsprechung bei der Abgrenzung

Da das Gericht an die Vorgaben der einer Prüfung zugrunde liegenden Norm gebunden ist, richtet sich die Frage, ob der Verwaltung ein Ermessen zusteht, in Frankreich und in Deutschland primär nach dem Inhalt der Norm. Nur in Zweifelsfällen wird dem Gericht in Frankreich ein Entscheidungsrecht zugestanden, beispielsweise, wenn sich die Art des Verwaltungshandelns nicht eindeutig aus der Ermächtigungsnorm ableiten

---

653 *Chapus*, droit administratif, Rn. 1259.

654 Siehe *Rials*, répertoire Dalloz, *pouvoir discrétionnaire*, Rn. 26; ähnlich *Braibant/Stirn*, S. 237.

655 Abgesehen von dem *contentieux des carrières*, welcher anscheinend nicht zu den Standardbeispielen zählt, vgl. *Chapus*, droit administratif, Rn. 1259 (der Kontrollmodus in dem letzten von ihm zitierten Bereich ist jedoch unklar, was aus den Entscheidungen hervorgeht). *Mestre*, (répertoire Dalloz, *contrôle des motifs*, Rn. 80f.) zitiert nur die Fälle aus dem Baurecht und aus dem Gesundheitsrecht. *Rials* (S. 245f.) zitiert einen weiteren Fall aus dem Steuerrecht.

656 Vgl. *Classen*, S. 144 m.w.N.

657 Siehe unten, S. 123ff.

658 Vgl. CE, 8 janvier 1998, *Association pour la Défense des Habitants des Essorts et Autres Riveraines*; CE, 29 décembre 1997, *M. Gimbert*, Ministre de l'aménagement du territoire et de l'environnement, jurisprudence 1997, S. 2.

lässt[659]. Daher können bei der Abgrenzung auch wertende Aspekte berücksichtigt werden, wenn die Anerkennung einer gebundenen Verwaltung zu unbefriedigenden Ergebnissen führt[660]. Auch in Deutschland ergibt sich das Verwaltungsermessen sowohl aus der Freiheit gegenüber der legislativen als auch gegenüber der judikativen Gewalt[661]. Ferner kann in beiden Ländern ein Fall der freien Verwaltung vorliegen, wenn die bestimmt formulierte Ermächtigungsgrundlage auf einer vorhergehenden, wertenden Entscheidung beruht[662]. Sowohl in Frankreich als auch in Deutschland beruht die Art des Verwaltungshandelns mithin grundsätzlich auf der Entscheidung des Gesetzgebers.

In Deutschland bleibt jedoch eine gesetzlich dem Verwaltungsermessen zugeordnete Rechtsfrage auch im Falle gerichtlicher Kontrolle und sogar im Falle gerichtlicher Sanktion eine Rechtsfrage des Verwaltungsermessens[663]. Dies ist zum Beispiel bei der Figur der „Ermessensreduzierung auf Null" der Fall[664]. Dagegen wird in Frankreich davon ausgegangen, dass die im Zuge der Kontrolle der Verhältnismäßigkeit (*opportunité*) des Verwaltungshandelns erfolgende gerichtliche Sanktion die zu entscheidende Rechtsfrage in den Bereich der gebundenen Verwaltung verschiebe[665]. Daran wird deutlich, dass es sich bei der freien Verwaltung nicht zwangsläufig um das Pendant der gebundenen Verwaltung handelt[666]. Daher reicht das Kriterium der Unbestimmtheit der Rechtsbegriffe nicht aus, um den Umfang des Verwaltungsermessens nach französischem Verständnis zu definieren[667]. Diese isolierte Betrachtung kann nicht erklären, warum sich das Gericht in Einzelfällen in den Bereich der freien Verwaltung vorwagt, indem es beispielsweise in einen völlig unbestimmten Tatbestand zusätzliche Anforderungen aufnimmt und das entgegenstehende Verwaltungshandeln sanktioniert[668]. Ein Fall der Ermessensverwaltung liegt daher nur vor, wenn das Gesetz der Behörde einen Spielraum eröffnet und das Gericht keine Vollkontrolle ausübt[669]. Diese „unechte" Form der gebundenen Verwaltung ergibt sich auch im französischen Anlagenzulassungsrecht durch die im Zuge der ausgeprägten gerichtlichen Kontrollmöglichkeiten erfolgende Sanktion der Verwaltungsentscheidung[670]. Die Reichweite

---

659 Vgl. *Braibant/Stirn*, S. 241.

660 Vgl. *Chanel/Boivin*, BDEI 1995 (4), S. 24 (26).

661 *Bullinger*, Verwaltungsermessen, S. 131.

662 Siehe *Chanel/Boivin*, BDEI 1995 (4), S. 24 (26) und *Erichsen – Ossenbühl*, § 10, Rn. 12.

663 Vgl. § 114 VwGO.

664 Siehe *Erichsen – Ossenbühl*, § 10, Rn. 21.

665 *Mestre*, répertoire Dalloz, *contrôle des motifs*, Rn. 21; *Lebreton*, S. 65; *Chapus*, droit administratif, Rn. 1249; *Fromont*, FS *Jahrreiß*, S. 67 (72); *Auby/Périnet-Marquet*, Rn. 553; *Baucomont/London*, Lamy, n° 110-52; *di Qual*, S. 81, 83; kritisch *Bockel* AJDA 1978, S. 355 (357).

666 Vgl. *Auby/Drago*, traité des recours, Rn. 325.

667 *Venezia*, S. 92, 97.

668 *Venezia*, S. 92.

669 *Di Qual*, S. 84, 121, 130; *Loschak*, S. 50.

670 Siehe ausführlich unten, S. 123ff.

der gerichtlichen Kontrolle und zwangsläufig damit verbunden auch der Umfang der administrativen Entscheidungsfreiheit werden vor allem durch politische Erwägungen des Gerichts definiert[671].

Diese französische Sichtweise wurzelt in der althergebrachten Ansicht, dass der Richter den Bereich der *opportunité* (und daher auch den eingeschlossenen Bereich der *proportionnalité*) nicht überprüfe[672]. Unter der Legalität wird hier die Vereinbarkeit der Verwaltungsentscheidung mit einer höherrangigen Norm verstanden, während die *opportunité* der Verwaltungsentscheidung, mit anderen Worten deren Zweckmäßigkeit, die *adéquation aux faits* meint, welche die Verwaltung zu der Entscheidung bewogen hat[673]. Das Verwaltungsermessen wird nicht als Legalitätslücke, sondern als notwendiger Bestandteil einer sachgerechten Gesetzesanwendung verstanden[674]. Wenn sich der Richter ausnahmsweise in den Bereich der *opportunité* der Verwaltungsmaßnahme vorwagt, ist er dazu berechtigt, weil es sich im konkreten Fall entweder nicht um Ermessens-, sondern um gebundene Verwaltung handelt oder die Kontrolle die Rechtsfrage ohnehin in den Bereich gebundener Verwaltung verschiebt, was im Ergebnis das gleiche ist.

Die Unterschiede zwischen der deutschen und der französischen Sichtweise sind allerdings nur dogmatischer Natur. Im Ergebnis macht es keinen Unterschied, ob man die Fälle der gebundenen Verwaltung ausschließlich auf den Gesetzeswortlaut stützt oder eine beschriebene *compétence liée par le juge*[675] bemüht. Aus dogmatischer Sicht ist hingegen auffällig, dass es nach französischem Verständnis theoretisch kein kontrolliertes Verwaltungsermessen gibt. Die französische Sichtweise ist jedoch durch die vom *Conseil d'État* vorgenommenen Kontrollerweiterungen überholt, denn sie erweckt immer noch den Anschein, als erstrecke sich die gerichtliche Kontrolle nicht auf Opportunitätsfragen. Es erscheint somit angebrachter, die gerichtliche Kontrolle als eine solche der Ermessensverwaltung zu begreifen[676]. Insofern lässt sich jedoch auch das Begriffspaar *légalité* und *opportunité* nicht mehr aufrechterhalten[677].

Auch bezüglich der Bestimmung der Kontrolltiefe wird dem Richter in Frankreich wiederum ein großer Spielraum zuerkannt[678]. Die Bedeutung der Rechtsprechung im Zuge der Begrenzung des Verwaltungsermessens wird dadurch erkennbar, dass teilweise davon ausgegangen wird, das Gesetz schaffe den Bereich des Verwaltungser-

---

671 Siehe *Pacteau*, le juge, S. 209ff.

672 *Auby/Drago*, traité des recours, Rn. 355.

673 *Baspecq*, RDP 1980, S. 803 (806); *Schwarze*, S. 247; *Venezia*, S. 45.

674 *Gaudemet* in *Bullinger*, Verwaltungsermessen, S. 113.

675 *De Laubadère*, in mélanges *Waline*, S. 531 (535).

676 *Rivero/Waline*, Rn. 83.

677 *Bockel* (AJDA 1978, S. 355 (369)) und *Schlette* (S. 167) schlagen daher vor, einen kontrollfreien Bereich (beispielsweise mit dem Begriff der *pouvoir discrétionnaire*) von einer ansonsten aufgrund der richterlichen Kontrolle in die *légalité* einbezogenen *opportunité* zu unterscheiden.

678 *Auby/Drago*, traité des recours, Rn. 323f.; *Delvolvé*, le Conseil constitutionnel et le Conseil d'État, S. 269 (300).

messens nicht, sondern begrenze diesen lediglich, weil eine auch gegenüber dem Gesetzgeber autonome Verwaltung gleichsam den Urzustand des administrativen Handelns bilde[679]. Diese Wurzeln sind allerdings aufgrund der fortschreitenden ermessensbegrenzenden Funktion der Gerichte zu vernachlässigen. Sie erklären jedoch, warum in Frankreich der Freiheit der Verwaltung traditionell eine große Bedeutung zukommt[680]. Dies ist vor allem historisch bedingt[681]. Aber auch heute wird das stark ausgeprägte administrative Handlungsermessen damit gerechtfertigt, dass der Verwaltung ein Handlungsspielraum verbleiben müsse, da ein durch Gesetz eng abgesteckter Handlungsspielraum es der Behörde in der Regel nicht gestatte, auf einen Lebenssachverhalt angemessen zu reagieren[682].

Es bleibt daher festzuhalten, dass nach französischem Verständnis letztlich das Gericht mit seinen verschiedenen Kontrollstufen die Grenze zwischen freier und gebundener Verwaltung zieht und unbestimmte Rechtsbegriffe nur eine untergeordnete Rolle spielen. Dies ist wiederum darauf zurückzuführen, dass Verwaltungsermessen die Regel und eine gebundene Verwaltung die Ausnahme sein soll. In Deutschland verhält es sich umgekehrt. Der Wortlaut der Ermächtigungsnorm ist für die Einordnung des Verwaltungshandelns wesentlich, an dieser ändert eine, wenn auch tiefgreifende, gerichtliche Kontrolle zumindest begrifflich nichts. Dies ist darauf zurückzuführen, dass ein Verwaltungsermessen in Deutschland nicht als ein gewollter Urzustand angesehen wird. So verwundert es nicht, dass in Frankreich der Bereich der Ermessensverwaltung dominiert, während in Deutschland der Bereich der gebundenen Verwaltung überwiegt[683].

D. Ergebnis

Aus der Zusammenschau verschiedener ermessensbegründender Faktoren wird deutlich, dass sich die Konzeption des Verwaltungsermessens und die damit verbundene Abgrenzung zur gebundenen Verwaltung in Deutschland und Frankreich grundlegend unterscheiden. Dies gilt zunächst für die unbestimmten Rechtsbegriffe. Vor dem Hintergrund der in Deutschland praktizierten Trennung zwischen Tatbestand und Rechtsfolge kommt ihnen grundsätzlich nur auf der Rechtsfolgenseite einer Norm ermessensbegründende Wirkung zu, während sie in Frankreich auch auf der Tatbestandsseite ein Verwaltungsermessen auslösen. Daher ist es für das französische Recht grundsätzlich nicht erforderlich, zwischen Tatbestand und Rechtsfolge zu unterscheiden. Die verwaltungsgerichtliche Kontrolle ist allerdings tendenziell auf der Rechtsfolgenseite zurückhaltend, so dass sich eine solche Trennung zumindest mir der „deut-

---

679 Siehe *Hoffmann*, S. 21ff.; *Varadinek*, S. 32; *Gaudemet*, in *Bullinger*, Verwaltungsermessen, S. 113 (115f.).

680 Vgl. *Rivero/Waline*, Rn. 82; *Gaudemet* in *Bullinger*, Verwaltungsermessen, S. 113 (124).

681 Siehe ausführlich zu der Entwicklung unten, S. 123ff.

682 *Chapus*, droit administratif, Rn. 1248.

683 *Gaudemet* in *Bullinger*, Verwaltungsermessen, S. 113 (119f.); *Bergmann*, S. 149.

schen Problembrille“ ausmachen lässt. Verwaltungsermessen folgt zwar darüber hinaus in beiden Ländern aus fakultativ formulierten Ermächtigungsnormen. Diese trennen im deutschen Recht Tatbestand und Rechtsfolge und haben daher eine entscheidende Funktion für die Bestimmung des Verwaltungsermessens. In Frankreich ist ihre Funktion indessen weit weniger bedeutsam. In bestimmten Fällen ist das Verwaltungsermessen für die gesetzlich vorgesehene Rechtsfolge in Frankreich stärker ausgeprägt, wenngleich diese Feststellung nicht allgemeingültig ist. Zur Bestimmung des Verwaltungsermessens kommt in Frankreich letztlich der Rechtsprechung die entscheidende Funktion zu. Aufgrund ihrer grundsätzlichen Zurückhaltung ist das Verwaltungsermessen im Gegensatz zum deutschen Recht stark ausgeprägt, und die Kompetenz zur letztverbindlichen Normauslegung liegt in Frankreich regelmäßig bei der Verwaltung. Vor diesem Hintergrund und insbesondere angesichts der in Frankreich grundsätzlich unbekannten Unterscheidung zwischen Tatbestand und Rechtsfolge lässt sich die Feststellung treffen, dass Normen des Verwaltungsrechts in Frankreich im Ergebnis final strukturiert sind. Das französische Recht stattet im Grundsatz die Verwaltung mit der Kompetenz zur letztverbindlichen Normauslegung aus und erteilt ihr damit einen finalen Gestaltungsauftrag. Im deutschen Recht lässt sich dagegen aufgrund der Trennung zwischen Tatbestand und Rechtsfolge und unter Berücksichtigung einer ausgeprägten Kontrolle vor allem auf der Tatbestandsseite eine eher konditionale Rechtssetzung ausmachen. Im deutschen Verwaltungsrecht liegt die Kompetenz zur letztverbindlichen Norminterpretation letztlich bei den Gerichten.

Vor diesem Hintergrund ist auch die Frage zu beantworten, ob die in Deutschland praktizierte Unterscheidung zwischen Tatbestand und Rechtsfolge zugunsten einer flexibleren Handhabung wie in Frankreich aufgegeben werden sollte[684]. Ein solches Vorhaben ist wegen der fundamentalen Unterschiede zwischen konditionaler und finaler Rechtssetzung nicht möglich. Da tatbestandliches Ermessen gegenüber Rechtsfolgeermessen in Deutschland die Ausnahme bildet, ermöglicht die Unterscheidung eine strukturiertere Kontrolle als in Frankreich. Insofern hat sich diese Trennung durchaus bewährt[685]. Ganz im Gegenteil dürfte aus französischer Sicht das Bedürfnis bestehen, sich insofern die deutsche Dogmatik teilweise zu eigen zu machen. Die Untersuchung hat gezeigt, dass die richterliche Prüfung in Frankreich eher hinsichtlich der gesetzlichen Rechtsfolgen beschränkt ist, soweit final strukturierte in Tatbestand und Rechtsfolge zerfallen.

---

[684] In diese Richtung *Schlette*, S. 357.

[685] So auch *Classen*, S. 127.

§ 5. Ergebnis des 2. Kapitels

Die aus der Untersuchung der Konzeption des französischen und des deutschen Verwaltungsermessens gewonnene Unterscheidung zwischen finalen und konditionalen Normstrukturen lässt sich weiterführen, wenn die aus der Untersuchung des Verwaltungsprozesses gewonnenen Ergebnisse in diesem Licht gewertet werden.

Das französische Verwaltungsprozessrecht verfolgt grundsätzlich nur einen verobjektivierten Rechtsschutz, während das deutsche Recht der Interessenwahrung des einzelnen dient. Das französische Verwaltungsprozessrecht wird durch den *recours pour excès de pouvoir* geprägt, der mit der deutschen Anfechtungsklage vergleichbar ist. Die Anforderungen an die Klagebefugnis sind geringer als im deutschen Recht. Das Gericht hält sich in Frankreich insbesondere in technischen und politischen Bereichen in der Kontrolle zurück und beschränkt diese insbesondere auf der Rechtsfolgenseite der Norm auf die Kontrolle einer offensichtlichen Fehlbewertung. In Deutschland findet dagegen vor dem Hintergrund stärkerer gesetzlicher Konditionierung des Verwaltungshandelns stets eine umfangreiche Kontrolle statt, die nur im Einzelfall reduziert wird.

Das französische Verwaltungsprozessrecht stattet daher den Verwaltungsrichter anders als das deutsche nicht mit den Instrumenten aus, um eine wie in Deutschland zu findende konditionale Normsetzung zu realisieren. Hält sich der Verwaltungsrichter vor allem in technisch geprägten Bereichen zurück, so begründet er dies damit, dass an der Verwaltungsentscheidung sachverständige Gremien beteiligt waren. Die richterliche Kontrolle will daher in Frankreich vornehmlich sicherstellen, dass der Gestaltungsauftrag der Verwaltung im Sinne eines gesetzlich vorgesehenen (finalen) Zieles verwirklicht wird. Die gerichtliche Kontrolle kann auch im französischen Recht der deutschen Kontrolle vor allem grundrechtsrelevanten Bereichen ebenbürtig sein. Der Rechtsprechung kommt auch die Aufgabe zu, durch die Auswahl und Anwendung einer Kontrollstufe die Grenzen der Finalität zu bestimmen. Die Finalität setzt sich daher ebenfalls in den Kontrollstufen fort.

Wie bereits erwähnt, erfolgt die Kontrolle von anlagenzulassungsrechtlichen Entscheidungen jedoch im Verfahren des *recours de pleine juridiction*. Dabei handelt es sich um eine Art Leistungsklage mit eventueller Befugnis des Richters zur Rechtsgestaltung und damit um eine Art der ansonsten im französischen Recht unbekannten Verpflichtungsklage. Diese Klageart dient in ihrer herkömmlichen Anwendung der Durchsetzung von subjektiven Leistungsansprüchen und wird nur in Ausnahmefällen (so etwa im Anlagenzulassungsrecht) zur Überprüfung objektiven Rechts herangezogen. Insofern ist im folgenden Abschnitt zu untersuchen, wie sich die Kontrolle hier vollzieht und wie sie von der in Deutschland vollzogenen Kontrolle abweicht.

Kapitel 3.
Judikative Konkretisierung unbestimmter Rechtsbegriffe im Anlagenzulassungsrecht

Verwaltungsgerichtliche Streitigkeiten werden im französischen Anlagenzulassungsrecht nach Art. L 514-6 code de l'environnement überwiegend im *recours de pleine juridiction* entschieden[686]. Das Anlagenzulassungsrecht wird daher einer besonderen Verfahrensart zugeordnet, wodurch grundsätzlich, anders als in Deutschland, besondere Merkmale richterlicher Kontrolle in Erscheinung treten.

§ 1. Beispielsfälle aus der Rechtsprechung

Um die folgenden Ausführungen anschaulicher zu gestalten, werden drei Fallbeispiele aus dem des *contentieux des installations classées* vorgestellt.

A. Das Verfahren *Association authonnaise*[687]

Bei der Entscheidung *Association authonnaise* handelt es sich um eine durchschnittliche Entscheidung, die häufig anzutreffen ist und daher ein repräsentatives Bild der Praxis im *contentieux des installations classées* vermittelt.

Im November 1996 genehmigte der *préfet* von Eure-et-Loir eine Erweiterung einer Schweinezucht in Authon-du-Perche. Die *Association authonnaise pour favoriser la qualité de l'eau et de l'environnement dans le canton*, eine lokale Umweltschutzorganisation, fürchtete Umweltgefahren und klagte ohne Erfolg vor dem TA Orléans auf Aufhebung der Genehmigung[688].

Im Berufungsverfahren im Jahre 2000 prüfte der CAA Nantes zunächst die Vollständigkeit des Genehmigungsantrages. Es folgte eine Prüfung der *étude d'impact*. Das Gericht legte hier den Schwerpunkt auf die Tatsachengrundlagen, die der *étude d'impact* zugrunde gelegt wurden, wie Gebietsentwicklung, hydromorphologische und geologische Bedingungen sowie Lärmanalysen. Das Gericht prüfte weder ihre Richtigkeit noch die Frage, ob die aufbauenden Folgeabschätzungen, Risikobewertungen und Schutzvorkehrungen ausreichend sind. Es stellte nur fest, dass die *étude d'impact* der Bedeutung des Vorhabens angemessen ausgestaltet, umweltrelevante Faktoren der Betriebserweiterung berücksichtigt und Schutzvorkehrungen ausreichend präzise formuliert worden sind. Dagegen sei es der Klägerin nicht gelungen, Tatsachen und daraus gezogene Wertungen in ihrer Richtigkeit anzuzweifeln, um eine *inexacte appréciation* des *préfets* aufzuzeigen. Daher wurde auch die Berufung zurückgewiesen.

---

[686] *Les décisions prises en application des articles...sont soumises à un contentieux de pleine juridiction.*

[687] CAA Nantes, 22 novembre 2000, *Association authonnaise pour favoriser la qualité de l'eau et de l'environnement dans le canton*, n° 98NT00484, nicht im Recueil Lebon veröffentlicht.

[688] TA Orléans, 18 décembre 1997, n° 97-821, nicht im Recueil Lebon veröffentlicht.

B. Das Verfahren *Société S.P.E.C.H.I.N.O.R.*[689]

Dieses Verfahren ist vergleichsweise ungewöhnlich und verdeutlicht, welche Prüfungs- und Entscheidungsmöglichkeiten dem Gericht eröffnet sind.

Die genannte Gesellschaft stellte im Oktober 1980 bei dem préfet von Pas-de-Calais einen Antrag auf Erteilung einer Genehmigung zum Betrieb einer Anlage zur Herstellung und Lagerung feinchemischer Produkte. Während des Genehmigungsverfahrens kam es zu betrieblichen Zwischenfällen. Im April 1982 lehnte der *préfet* den Antrag ab und ordnete die Schließung von Anlagen an.

Die Gesellschaft griff diese Maßnahmen vor dem TA Lille an und beantragte Genehmigungserteilung. Das Gericht hob zunächst die Entscheidung des *préfet* auf und ordnete die Einholung eines Sachverständigengutachtens über die Genehmigungsfähigkeit der Anlage an[690]. Nachdem dieses zu einem positiven Ergebnis kam, erteilte das Gericht die Genehmigung unter bestimmten, in dem Gutachten enthaltenen Auflagen, die in Anordnungen des *préfet* aufgenommen werden sollten[691]. Ein Genehmigungsbescheid erging im Februar 1986.

Bereits im Juli 1985 legte der Umweltminister Berufung zum seinerzeit noch zuständigen *Conseil d'Etat* ein. Dieser entschied, dass die dem Genehmigungsantrag beigefügte *étude d'impact* unvollständig sei, weil sie nicht die erforderlichen Informationen enthalten habe. Daher beruhe die *enquête publique* auf einer nicht ausreichenden Tatsachengrundlage und sei nicht ordnungsgemäß durchgeführt worden. In diesem Fall sei auch das Gericht unabhängig von den Genehmigungsvoraussetzungen daran gehindert, die Genehmigung zu erteilen. Wie für den Conseil d'Etat üblich, hat er in den knappen Ausführungen die Grundlagen der Entscheidungsfindung nicht offen gelegt[692]. Er hob das erstinstanzliche Urteil kurzerhand auf und wies den Antrag der Klägerin auf Genehmigung zurück.

C. Das Verfahren *SA Brasseries Kronenbourg*[693]

Auch dieses ungewöhnliche Verfahren verdeutlicht die theoretischen Prüfungs- und Entscheidungskompetenzen des Gerichts.

Der Brauerei *SA Brasseries Kronenbourg* wurde 1986 in einer Genehmigung zum Betrieb einer Brauerei ein Grenzwert zur Direkteinleitung von nach Kjeldahl zu bestimmenden Stickstoffverbindungen in die *Meurthe* aufgegeben. Diese durften 20 mg/l

---

689 C.E., 15 décembre 1989, RJE 1990, S. 243ff.

690 TA Lille, 8 juillet 1983, nicht im Recueil Lebon veröffentlicht und ohne Urteilsnummer.

691 TA Lille, 9 avril 1985, nicht im Recueil Lebon veröffentlicht und ohne Urteilsnummer.

692 Das Urteil ließe sich bequem in einer Spalte einer NJW-Seite unterbringen. Von den Ausführungen zur Begründetheit der Berufung entfallen zwei Drittel auf die Darstellung des gesetzlichen Hintergrundes und 1/3 auf die Subsumtion und rechtliche Würdigung.

693 CAA Nancy, 17 octobre 1991, n° 89NC01558; 89NC01559; 89NC01563; 90NC00024, unveröffentlicht, abgedruckt in *Code Permanent*, S. 5615.

auf 24 Stunden bei einer täglichen Gesamtmenge von 50.000 m³ nicht überschreiten[694]. Das von einer Umweltschutzorganisation angerufene TA Nancy holte ein Sachverständigengutachten ein und bestimmte in seinem Urteil vom 03.10.1989 einen Grenzwert von 3 mg/l, wobei ein Maximalwert von 20 mg/l auf 24 Stunden erreicht werden durfte. Dagegen riefen die *SA Brasseries Kronenbourg* sowie das Umweltministerium den CAA Nancy an und beantragten, das Urteil aufzuheben, soweit es die ursprüngliche Genehmigung abänderte, weil sie technisch nicht einzuhalten sei. Der CAA Nancy berief sich auf das vom TA Nancy eingeholte Sachverständigengutachten und entschied in knappen Sätzen, statt 3 mg/l reichten 10 mg/l aus, um einen effektiven sowie gleichzeitig technisch und wirtschaftlich vertretbaren Umweltschutz zu gewährleisten.

---

[694] Aus dem Urteil geht nicht zweifelsfrei hervor, ob es sich um Überwachungswerte, Schwellenwerte oder Maximalwerte handelt.

§ 2. Kontrolltiefe und deren beeinflussende Faktoren

Die Kontrolltiefe stellt eine auffällige Besonderheit im französischen Recht dar. Diese und sie beeinflussende Aspekte werden im folgenden untersucht. Die deutsche Problemseite wird im Anschluss vorgestellt, soweit nicht vorher auf ihre wesentlichen Aspekte Bezug genommen wird.

A. Kontrolltiefe

Zunächst stellt sich die Frage nach den Prüfungsschemata, die im *recours pour excès de pouvoir* anerkannt sind. Solche haben sich für die *pleine juridiction* nicht herausgebildet. Überhaupt fällt auf, dass Art und Weise der materiellen Prüfung kaum Gegenstand detaillierter Untersuchungen sind.

Zunächst erscheint anerkannt, dass sich der Kläger auf alle *cas d'ouverture* berufen kann, die ihm auch im Verfahren des *recours pour excès de pouvoir* offen stehen[695]. Die Kontrolle ist daher eine Legalitätskontrolle, in der untersucht wird, ob die Verwaltungsentscheidung mit den einschlägigen Bestimmungen vereinbar ist[696]. Ist dies nicht der Fall, liegt eine *violation de la règle de droit* vor. Das Gericht überprüft daher insbesondere die Konkretisierungsleistung der Behörde im Hinblick darauf, ob sie mit den gesetzlichen Anforderungen vereinbar ist. Übertragen auf die Prüfungskategorien des *recours pour excès de pouvoir*, steht bei der Untersuchung der Kontrolltiefe die Frage im Vordergrund, inwieweit das Gericht die *motifs de fait* überprüft, denn hierbei handelt es sich um die Ebene, auf welcher im *recours pour excès de pouvoir* Einschränkungen bei der Tatsachenwertung zu verzeichnen sind[697].

Eine Annäherung an die Kontrolltiefe ist aus zwei Richtungen möglich, zum einen von den Normen ausgehend, an denen eine anlagenzulassungsrechtliche Entscheidung zu messen ist und zum anderen unter Berücksichtigung der Zuweisung unter die *pleine juridiction*.

I. Maßstabsnormen

Die wesentlichen Bestimmungen, an denen sich die Genehmigung sowie andere Behördenentscheidungen messen lassen müssen, sind Art. L 512-1 Abs. 2, Art. L 512-3 code de l'environnement und Art. 17 Ausführungsverordnung. Nach Art. L 512-1 Abs. 2 darf die Anlage nur genehmigt werden, wenn keine Gefahren oder Nachteile für die in Art. L 511-1 genannten Interessen zu befürchten sind. Aufgrund der hohen Technizität der Materie und der Vielgestaltigkeit der zu schützenden Belange, kommt das Gericht bei der Konkretisierung dieser unbestimmten Rechtsbegriffe nicht ohne

---

[695] Vgl. *Chapus*, droit administratif, Rn. 1208; so wurde es beispielsweise als *erreur de droit* gewertet, wenn das tribunal administratif, um eine Genehmigung aufzuheben, seine Entscheidung auf eine Verwaltungsvorschrift stützt, der kein reglementierender und daher rechtsverbindlicher Charakter zukommt, vgl. CE, 7 janvier 1986, *Tioxide*, RJE 1986, S. 311.

[696] Vgl. *Courtin*, BDEI 1996 (n° 5), S. 9.

[697] Siehe oben, S. 69ff.

Erwägungen aus, die die Erforderlichkeit der Entscheidungen betreffen. Die Behörde hat eine *qualification juridique des faits* vorzunehmen. Daher ist die Kontrolle vergleichbar mit der bereits bekannten Entscheidung *Gomel*[698], in der das Gericht nachprüfte, ob das Tatbestandsmerkmal der *perspective monumentale* erfüllt war, um die Rechtmäßigkeit der Ablehnung einer Baugenehmigung zu überprüfen. Diese Kontrolle wurde trotz der komplizierten Auslegung der Begriffe nicht dem *contrôle maximum* zugeordnet[699]. Das ist weniger mit der Schwierigkeit der Konkretisierung zu erklären, sondern damit, dass eine Verhältnismäßigkeitsprüfung weder durch das Gesetz noch die in Rede stehenden Interessen gefordert wird. Wie bereits gezeigt, richtet sich die Frage, ob eine wirkliche, über die *erreur manifeste* hinausgehende Verhältnismäßigkeitsprüfung stattfindet, nur nach den in Rede stehenden Interessen und den Anforderungen der Maßstabsnorm, nicht jedoch nach der aus deutscher Sicht bekannten Notwendigkeit einer richtigen Entscheidung[700]. Die im Anlagenzulassungsrecht erfolgende Kontrolle wäre daher dem *contrôle normal* zuzuordnen.

Allerdings sind nach Art. 17 Abs. 2 Ausführungsverordnung bei der Entwicklung der Betriebskonditionen sowohl Aspekte der Wirtschaftlichkeit als auch des effizienten Umweltschutzes zu berücksichtigen. Die Betriebskonditionen müssen für den Umweltschutz erforderlich sein, jedoch ebenfalls in einen angemessenen Verhältnis zu ihren Kosten stehen. Im Zusammenhang mit L 511-1 code de l'environnement werden die wesentlichen Ziele des Gesetzes deutlich, nämlich der Schutz der Umwelt, die Aufrechterhaltung der öffentlichen Ordnung sowie der Schutz der unternehmerischen Freiheit[701], die ohne Verhältnismäßigkeitserwägungen nicht in Einklang zu bringen sind. Diese Prüfung geht daher über eine einfache *qualification juridique des faits* hinaus und erfordert – wie im dritten Beispielsfall deutlich wird – eine Wertung der Tatsachen in Form einer *appréciation des faits* im Sinne einer Verhältnismäßigkeitsprüfung[702]. Allerdings ist nicht unumstritten, ob die Einbeziehung der ökonomischen Interessen durch Art. 17 Abs. 2 Ausführungsverordnung mit den Zielen des insoweit höherrangigen Gesetzes vereinbar ist, da dort keine solche Einschränkung gemacht und der Schutz der in Art. L 511-1 code de l'environnement genannten Interessen in den Vordergrund gestellt wird[703]. Zu den zu berücksichtigenden Interessen zählen ungeschrieben auch das *intérêt général* und mithin auch unternehmerische und soziale

---

698 CE, 4 avril 1914, rec., S. 488, siehe auch CE, 1 août 1914, *Pillot*, rec., S. 1012.

699 Siehe oben, S. 74f.

700 Siehe oben, S. 75ff.

701 Siehe instruktiv *Deharbe*, DE 1997, n° 54, S. 5 (6). Er weist auch darauf hin, dass die unternehmerischen Freiheiten (zumindest ausdrücklich) erst durch Art. 17 Ausführungsverordnung zum Schutzgut erklärt werden, nicht jedoch durch das Gesetz, welches vom Wortlaut her nur auf den Schutz der Umwelt abzielt.

702 *Bocquet*, S. 81; *Lefebvre*, Rn. 416.

703 Vgl. *Deharbe*, RJE 1998, n° 2, S. 171 (180f.); *Guillaume*, répertoire Dalloz, *contentieux des installations classées*, Rn. 29.

Belange. Art. 17 Ausführungsverordnung gestaltet daher das der Verwaltung durch Art. L 512 code de l'environnement eröffnete Ermessen[704].

Auch wenn der Wortlaut von Art. 17 Ausführungsverordnung auf eine Verhältnismäßigkeitsprüfung hindeutet, löst dies nicht zwingend eine Verhältnismäßigkeitsprüfung in Form des *contrôle maximum* aus. Wie aus dem Verfahren des *recours pour excès de pouvoir* bekannt, wäre es auch möglich, diese Verhältnismäßigkeitsprüfung nur in Form einer Prüfung des *erreur manifeste d'appréciation* zu vollziehen. Eine Analyse der einschlägigen Maßstabsnormen erlaubt somit keine eindeutigen Rückschlüsse auf die tatsächlich auszuübende Kontrolle.

II. Zuweisung zum Verfahren der *pleine juridiction*

Art. L 514-6 code de l'environnement weist den Streitgegenstand der *pleine juridiction* zu. Der Richter kann im Gegensatz zur *moindre juridiction* eine volle Tatsachen- und Rechtskontrolle vornehmen[705]. Mithin werden nicht nur die Voraussetzungen, sondern auch die gesetzlich geforderten Abwägungen voll überprüfbar[706]. Da diese Kontrollform auch dem Interessenausgleich dient, ist ihr eine Verhältnismäßigkeitsprüfung immanent. Im *contentieux des installations classées* nimmt der Richter mithin nicht nur eine Legalitätsprüfung vor, sondern die Prüfung kann über die *qualification juridique des faits* hinaus auch die Prüfung der *appréciation des faits* und daher sogar die der Opportunität der Verwaltungsentscheidung einschließen[707]. Insbesondere die Erfüllung der Voraussetzungen von Art. 17 Ausführungsverordnung und Art. L 511-1 code de l'environnement unterliegen der richterlichen Vollkontrolle[708]. Dies gilt darüber hinaus insgesamt für die Anforderungen des gesetzlich normierten Anlagenzulassungsrechts. Ferner lassen einige Entscheidungen auch darauf schließen, dass auch die Vereinbarkeit mit Normen anderer Rechtsgebiete, wie solche des Baurechts[709] oder

---

[704] Übertragen auf die deutschen Kategorien von Tatbestand und Rechtsfolge, wären Art. L 512-1 Abs. 2 code de l'environnement und Art. 17 Ausführungsverordnung eher der Rechtsfolgenseite zuzuordnen.

[705] Siehe oben, S. 59.

[706] Vgl. *Lepage-Jessua*, les petites affiches 1993, n° 90, S. 13 (16).

[707] CE, 27 janvier 1978, *Cadoux et autres*, RJE 1978, S. 188; CE, 22 mars 1996, *Groupement agricole d'exploitation en commun du Vieux-Bougy*, DE 1996 (n° 40), S. 9; CAA Nantes, 31 mai 1995, *Association ADICET et M. Cailbaut*, DE 1996 (n° 38), S. 8; CAA Paris, 3 juin 1997, *comité de défense des riverains de l'aéroport Paris-Nord*, DE 1997, n° 51, S. 8; siehe ferner *Gousset/Magistry*, S. 352; *Boivin*, S. 377, Rn. 42; *Piedbois*, Annales des mines, août 1984, S. 73 (75); *Peiser*, S. 140; *Prieur*, RJE 1978, S. 189/190; *Rey*, conclusions TA Pau, 16 mars 1994, *Consorts Raujol et autres c/ Préfet des Hautes-Pyrénées*, RJE 1994, S. 249 (252); conclusions *Denis-Linton*, CE, 22 mars 1996, *Groupement agricole exploitation en commun de Vieux-Bougy*, RJE 1996, S. 325 (327, 328f.).

[708] Vgl. TA Lille, 9 février 1995, *SNC Totalgaz*, BDEI 1995, n° 2, S. 23.

[709] Vgl. CE, 17 novembre 1995, *M. Lanusse*, n° 119.761, abgedruckt in *Code Permanent*, S. 5654; CE, 18 mai 1998, *M. et Mme Wabartha*, ministère de l'aménagement du territoire et de l'environnement, jurisprudence 1998, S. 4; CAA Lyon, 17 novembre 1992, *Société Agrishell*, n°

des sekundären EG-Rechts[710] in die Kontrolle einbezogen werden und die Legalitätskontrolle anlagenzulassungsrechtlicher Entscheidungen daher allgemein den Grundsätzen der *pleine juridiction* unterliegt.

Weil dem Richter ein *pouvoir d'appréciation des faits* im Sinne eines wirklichen Verwaltungsermessens zusteht, entscheidet er wie die Behörde selbst[711]. Die Prüfung erfolgt hier mitunter sehr detailliert[712]. Sie ist dem *contrôle maximum* zuzuordnen[713]. Nur so ist es zu erklären, warum das TA Lille in dem zweiten Beispielsfall *Société S.P.E.C.H.I.N.O.R.* die Genehmigungsfähigkeit der Anlage feststellen konnte.

Die umfassende Prüfung ist gerade wegen der Technizität der Materie erstaunlich, da der Richter im Verfahren des *recours pour excès de pouvoir* nur eine eingeschränkte Kontrolle vornimmt[714]. In deutschen Kategorien gedacht, prüft der Richter stets, ob eine Ermessensreduzierung auf Null vorliegt. Die unterschiedliche Zuordnung des Zulassungstatbestandes in Deutschland (gebundene Verwaltung) und in Frankreich (Ermessensverwaltung) wirkt sich daher theoretisch nicht spürbar aus. Bereits hier zeigt sich die besondere Stellung des *contentieux des installations classées* im französischen Verwaltungsprozess.

91LY00362, n° 90LY0382, n° 90LY00405, n° 91LY00838; CAA Nancy, 1 juin 1995, *Commune de Dinsheim*, n° 93NC00117; CAA Nancy, 28 juillet 1994, *SARL Euroliants*, abgedruckt in *Code Permanent*, S. 5651.

710 Vgl. TA Strasbourg, 29 septembre 1994, *Société Rhône-Poulenc*, RJE 1995, S. 505 (506).

711 *Ferrand/Huglo*, Juris-Classeur environnement, *fonctionnement des installations classées*, fasc. 170-40, Rn. 24; *Fromont*, UPR 1983, S. 186 (190); *Prieur*, RJE 1978, S. 121 (123); *Gousset/Magistry*, S. 352; *Janin*, S. 12; *Breuer*, UTR 17 (1992), S. 155 (187/188).

712 Siehe CE, 7 janvier 1986, *Tioxide*, RJE 1986, S. 311f.; TA Strasbourg, 17 février 1998, *Association de sauvegarde des vallées et prévention de pollutions*, RJE 1998, S. 223 (225), bezüglich komplizierter Fragen der Kausalität von Luftverunreinigungen; siehe ferner CAA Lyon, 14 mai 1996, *SARL Mestre*, n° 93LY01003, Ministère de l'environnement, jurisprudence 1996, S. 8, bezüglich der Frage, ob sich eine Anlage in die Umgebung einfügt; siehe auch TA Nancy, 11 février 1997, *Oiseaux Nature, association de sauvegarde des vallées et de prévention des pollutions (ASVPP)*, DE 1997, n° 54, S. 5 bezüglich der wirtschaftlichen Interessen des Unternehmers; siehe ferner *Baucomont/Gousset*, Rn. 210, S. 193.

713 Vgl. *Baucomont/Gousset*, Rn. 336, S. 343; ähnlich *Rials*, répertoire Dalloz, *contentieux des installations classées*, Rn. 67 (Vorauflage); ebenso *Braibant*, in mélanges *Waline*, S. 297 (300); vgl. auch *Baralle*, in *Deharbe* (Hrsg.), S. 71 (80/81). Zum Teil werden diese Kompetenzen auch der *contrôle normal* zugeordnet *Gabolde*, installations classées, Rn. 398 sowie in Juris-Classeur administratif, *installations classées*, fasc. 365, Rn. 157, 116 unter Berufung auf CE, 20 mars 1970, *Glais*, rec., S. 215. In diesem Urteil wird jedoch die richterliche Kontrolle nicht weiter spezifiziert; siehe ebenfalls *Guillaume*, répertoire Dalloz, *contentieux des installations classées*, Rn. 45; *Hermon*, S. 580. Ausdrücklich eine contrôle normal annehmend TA Limoges, 8 janvier 1987, n° 84525. Allerdings wird nicht dargelegt, inwieweit durch diese Zuordnung qualitative Einschränkungen verbunden sind. Diese Zuordnung erscheint jedoch im Hinblick auf die im Zuge der Kontrolle des Art. 17 erfolgenden Verhältnismäßigkeitsprüfung unzureichend.

714 Vgl. oben, S. 71f.

B. Maßgebliche Sach- und Rechtslage

Im *contentieux des installations classées* hat sich im Unterschied zum *recours pour excès de pouvoir* der Grundsatz herausgebildet, dass nicht die zum Zeitpunkt der Verwaltungsentscheidung, sondern die zum Zeitpunkt der Urteilsfindung geltende Sach- und Rechtslage zu berücksichtigen ist[715]. Dies gilt auch für das Berufungsverfahren[716]. Nur für das Prozessrecht wird auf den Zeitpunkt der Verwaltungsentscheidung abgestellt[717].

In Deutschland ist nach überwiegender Ansicht[718] im Verfahren der Anfechtungsklage – vorbehaltlich besonderer gesetzlicher Regelungen – grundsätzlich auf den Zeitpunkt der Verwaltungsentscheidung abzustellen, weil die Aufgabe der Gerichte nur in der Kontrolle der Rechtmäßigkeit besteht und die Berücksichtigung eventueller Änderungen von Sach- und Rechtslage in den Verantwortungsbereich der Verwaltung fällt[719]. Dadurch soll verhindert werden, eventuelle Blockadestrategien von Nachbarn zu belohnen[720]. Änderungen der Sach- und Rechtslage sind von der Verwaltung im Wege einer nachträglichen Anordnung oder eines Widerrufs durchzusetzen[721]. Im

---

715 Bezüglich der Rechtslage *Ferrand*, Juris-Classeur environnement, *contentieux des installations classées*, fasc. 1040, Rn. 105ff.; *Courtin*, BDEI 1995 (n°), S. 9; bezüglich der Sachlage *Boivin*, S. 381, Rn. 56; *Courtin*, BDEI 1996 (n° 5), S. 9; siehe beispielsweise TA Montpellier, 24 mai 1991, *Commune de Monastier Pin Mories*, abgedruckt in *Code Permanent*, S. 5608.

716 Vgl. CE, 7 février 1986, *Colombet*, rec., S. 29; *Gabolde*, Juris-Classeur administratif, *installations classées*, fasc. 365, Rn. 217. Im Zuge der Untersuchung der Rechtmäßigkeit der Genehmigung ist demnach dessen durch das erstinstanzlichen Urteil modifizierter Inhalt zu berücksichtigen, vgl. CAA Paris, 25 septembre 1997, *Mme Forget*, Ministre de l'aménagement du territoire et de l'environnement, jurisprudence 1997, S. 2. Siehe zum Berufungsverfahren den Unterpunkt C.

717 CE, 4 juillet 1984, *Forgue*, rec., S. 256; siehe zu Änderungen während eines gerichtlichen Verfahrens CE, 26 mai 1995, *Commission permanente d'étude et de protection des eaux, du sous-sol et des cavernes*, RJE 1996, S. 169; anders noch TA Pau, 16 mars 1994, *Consorts Raujol et autres c/ Préfet des Hautes-Pyrénées*, RJE 1994, S. 249 (250).

718 Siehe zu der Diskussion im Überblick *Beckmann*, S. 192ff.; *Breuer*, DVBl. 1981, S. 300ff. und *Kopp/Schenke*, § 113, Rn. 29ff.

719 *Redeker/von Oertzen*, § 108, Rn. 17ff. mit Rechtsprechungsnachweisen; *Hufen*, § 24, Rn. 8ff; *Fröhler*, FS *Ule*, S. 55 (70f.); *Müller-Gloge*, S. 80ff.; *Kloepfer*, Verwaltungs-Archiv 76 (1985), S. 371 (389); *Breuer*, DVBl. 1981, S. 300 (305ff.). Nach anderer Ansicht soll auf den Zeitpunkt der gerichtlichen Entscheidung abzustellen sein, siehe *Eyermann/Fröhler – Schmidt*, § 113, Rn. 46; *Kopp/Schenke*, § 113, Rn. 35ff. m. w. N. Ob die Änderungen jedoch zur einer Neubewertung der Rechtslage führen, sei dem Sinn dieser Vorschriften selbst zu entnehmen (*Eyermann/Fröhler – Schmidt*, § 113, Rn. 46; kritisch *Hufen*, § 24, Rn. 7). Allerdings führe die Veränderung der Sach- und Rechtslage nicht automatisch zur Rechtswidrigkeit der einmal rechtmäßigen Verwaltungsentscheidung, sondern im Grundsatz nur bei Verwaltungsakten mit Dauerwirkung (siehe *Kopp/Schenke*, § 113, Rn. 35ff.). Auch bei der immissionsschutzrechtlichen Genehmigung seien Änderungen nicht zu berücksichtigen (*Kopp/Schenke*, § 113, Rn. 46), so dass der Streit ohnehin von untergeordneter Bedeutung ist.

720 *Kloepfer*, Verwaltungs-Archiv 76 (1985), S. 371 (390).

721 *Kloepfer*, Verwaltungs-Archiv 76 (1985), S. 371 (390); *Breuer*, DVBl. 1981, S. 300 (307).

Prinzip ist daher nur bei Verpflichtungsklagen[722] oder Dauerverwaltungsakten[723] auf den Zeitpunkt der letzten mündlichen Verhandlung abzustellen. Da das Berufungsgericht nach § 128 VwGO wie das Ausgangsgericht entscheidet, gelten diese Grundsätze für das Berufungsverfahren entsprechend[724].

Insofern ähnelt der *recours de pleine juridiction* sowohl der deutschen Anfechtungs- als auch der Verpflichtungsklage. Auch werden gewisse Sonderfälle gleich behandelt. So wird eine Klage gegen eine rechtswidrige Entscheidung sowohl in Deutschland[725] als auch in Frankreich[726] abgewiesen, wenn die Entscheidung aufgrund entsprechender Änderungen mittlerweile als rechtmäßig anzusehen ist. Im deutschen Recht kommt es im Widerspruchsverfahren, in dem durch eine Aufsichtsbehörde über die Rechtmäßigkeit der Entscheidung befunden wird, auf den Zeitpunkt des Erlasses des Widerspruchsbescheides an[727]. Da der *contentieux des installations classées* seine Ursprünge im behördlichen Widerspruchverfahrens hat[728], ist es folgerichtig, hierin die Ursachen für die Berücksichtigung der Veränderungen von Sach- und Rechtslage zu sehen.

Die französische Praxis erscheint aus Gründen der Rechtssicherheit problematisch, weil Rechtspositionen des Anlagenbetreibers in Frage gestellt werden können[729]. So ist es aus deutscher Sicht beeindruckend, dass die Änderung von bestimmten Bebauungsplänen die Rechtmäßigkeit einer Genehmigung nachträglich beeinflussen kann[730]. Diese Probleme werden dadurch verschärft, dass Dritten eine außerordentlich lange Klagefrist von 4 Jahren zur Verfügung steht und die Anforderungen an die Klagebefugnis gering ausfallen[731]. Diese Regelungen werden in Frankreich kaum diskutiert.

---

722 *Redeker/von* Oertzen, § 108, Rn. 22; *Müller-Gloge*, S. 81; *Hufen*, § 24, Rn. 14f.

723 *Redeker/von Oertzen*, § 108, Rn. 19; *Eyermann/Fröhler – Schmidt*, § 113, Rn. 48.

724 Siehe auch *Hufen*, § 40, Rn. 15.

725 Siehe *Kopp/Schenke*, § 113, Rn. 47ff.; *Redeker/von Oertzen*, § 108, Rn. 21.

726 Vgl. *Code Permanent*, S. 4035, Rn. 228; siehe ferner *Devillers*, BDEI 1995, n° 4, S. 19 (20).

727 Siehe *Kopp/Schenke*, § 68, Rn. 15 m.w.N.; *Redeker/von Oertzen*, § 73, Rn. 15.

728 Siehe unten, S. 184ff.

729 Siehe die Entscheidung *Association de défense de l'environnement et du cadre municipal de Montereau-en-Gâtinais* des CAA Nantes vom 29 mai 1996 (BDEI 1996, n° 4, S. 16 (17f.)). Hier wurde die Genehmigung einer Abfallverbrennungsanlage angefochten. Der Kläger verlangte hilfsweise, den Betrieb der Anlage zu befristen. Der Klage wurde stattgegeben, weil der nach Genehmigungserteilung eingeführte Art. 6-1 des Gesetzes vom 19. Juli 1976 (heute Art. L 512-4 code de l'environnement) eine solche Befristung für bestimmte Anlagentypen ermöglicht. Interessant ist ferner die Entscheidung *M. Teallier* des CE vom 4 mai 1998 (RJE 1999, S. 150 (151)). Hier war die Anzeige einer Anlage zur Geflügelaufzucht unvollständig und daher unwirksam. Das angerufene Gericht untersagte den Betrieb teilweise und gab dem Anlagenbetreiber auf, einen Genehmigungsantrag zu stellen, da die entsprechende Anlage durch eine Änderung der *nomenclature* mittlerweile genehmigungspflichtig geworden war.

730 Vgl. CAA Lyon, 10 novembre 1998, *M. Bernard Jean*, Ministère de l'aménagement du territoire et de l'environnement, jurisprudence 1998, S. 35.

731 Siehe unten, S. 120f.

Dies hat mehrere Ursachen. So erstreckt sich die rückwirkende Geltung nicht auf die zur Konkretisierung erlassenen ministeriellen Rechtsverordnungen, soweit diese Übergangsfristen für bestehende Anlagen enthalten, die noch nicht verstrichen sind. Ebenfalls werden Änderung der *nomenclature* nicht berücksichtigt, wenn die Anlage einmal rechtmäßig betrieben wurde[732]. Insofern genießen rechtmäßig betriebene Anlagen auch in Frankreich Bestandsschutz, dessen Konturen jedoch unscharf sind. Eine weitere Ursache für die mangelnden Konflikte liegt darin, dass die Gerichte von ihren Kompetenzen nur beschränkten Gebrauch machen, was noch zu zeigen ist[733].

C. Kontrolltiefe im Instanzenzug

Die Effektivität gerichtlicher Kontrolle wird auch durch die Ausgestaltung des Instanzenzuges beeinflusst. Dieser ist in Frankreich ähnlich dem deutschen System dreigliedrig organisiert. Das Verfahren beginnt für die wesentlichen anlagenzulassungsrechtlichen Entscheidungen vor dem *tribunal administratif.* Gegen dessen Entscheidung ist Berufung zur *Cour administrative d'appel* zulässig. Diese bestehen erst seit 1989 und lösten den *Conseil d'État* als Berufungsinstanz ab. Im Prinzip verfügt der Berufungsrichter wie in Deutschland über die gleichen Kompetenzen wie der erstinstanzliche Richter[734], so dass eine erneute Sach- und Rechtsprüfung stattfindet[735]. Dieser Prüfung unterliegt die Verwaltungsentscheidung nicht nur in ihrer ursprünglichen, sondern auch in der gegebenenfalls erstinstanzlich modifizierten Form[736]. Auffällig ist, dass in Frankreich ab dem Berufungsverfahren der zuständige Minister Partei des Rechtsstreites ist und nicht mehr die Genehmigungsbehörde[737]. Insofern wird das Verfahren ab dieser Instanz zentralistisch geführt. Wie der dritte Beispielfall zeigt, kann das Ministerium auch die Interessen des Anlagenbetreibers vertreten, um einen „maßvollen" Umweltschutz zu verfolgen.

Im Anschluss an die Berufung kann unter bestimmten Voraussetzungen der *Conseil d'État* angerufen werden, um das Urteil aufzuheben[738]. Dieses Verfahren der *cassation* ist mit dem deutschen Revisionsverfahren vergleichbar[739]. Die Wandlung des *Conseil d'État* vom Berufungs- zum Kassationsgericht hatte einschneidende Auswirkungen auf seine Kontrollbefugnisse, weil das Kassationsverfahren dem Verfahren des *recours pour excès de pouvoir* nachgebildet ist[740]. Der Umfang der Kontrol-

---

[732] Vgl. *Baucomont/Gousset*, S. 253.

[733] Siehe unten, S. 129ff.

[734] *Gabolde*, procédure du tribunaux, Rn. 1218; siehe zum deutschen Recht § 128 VwGO.

[735] *Gabolde*, installations classées, Rn. 412.

[736] *Gabolde*, Juris-Classeur administratif, *installations classées*, fasc. 365, Rn. 164.

[737] Vgl. CAA Paris, 1er avril 1997, *Ministre de l'environnement c/ Commune de Taverny*, Ministre de l'aménagement du territoire et de l'environnement, jurisprudence 1997, S. 30; *Gabolde*, installations classées, Rn. 413.

[738] Vgl. *Thouroude*, Rn. 297, *Gabolde*, Installations classées, fasc. 365, Rn. 211.

[739] Zur *revision* in Frankreich *Gohin*, Rn. 434.

[740] *Chapus*, droit du contentieux administratif, Rn. 1403ff.

le ist jedoch unklar[741]. Im Grundsatz ist anerkannt, dass die Tatsachenwertung des Instanzgerichts nicht überprüft wird[742]. Der Richter unternimmt nur eine Kontrolle der *existence matérielle des faits*[743]. Diese Beschränkung wurde von dem *Conseil d'État* indes nicht immer durchgehalten[744]. So hat er die im Zuge der Subsumtion unter den Begriff der *utilité publique* erforderlichen Wertungen vollständig überprüft[745]. Ferner ist die Tendenz zu erkennen, dass das Gericht eine stärkere Kontrolle ausübt, wenn Freiheitsrechte betroffen sind[746].

Für den *contentieux des installations classées* steht der Kontrollumfang fest. Die vom Berufungsgericht getroffene Einschätzung, ob die dem Anlagenbetreiber aufgegebenen Betriebspflichten einen ausreichenden Schutz der gesetzlichen Schutzgüter gewährleisten, ist im Kassationsverfahren nicht nachprüfbar, da es sich um eine souveräne Wertung eines Sachverhaltes (*une appréciation souveraine des faits*) handelt[747]. Auffällig ist, dass das Gericht nicht einmal einen *contrôle minimum* vorgenommen hat. Vor dem Hintergrund der umfangreichen Prüfungsmöglichkeiten der Instanzgerichte ist diese Beschränkung besonders auffällig. Sie wäre für das Verfahren des *recours pour excès de pouvoir* systemgerecht. Es wird jedoch erneut deutlich, wie wenig sich der *contentieux des installations classées* in den französischen Verwaltungsprozess einfügt. Faktisch bestehen nur zwei gerichtliche Kontrollinstanzen.

In Deutschland erstreckt sich die Prüfung auf die Verletzung von Bundesrecht, wobei das Bundesverwaltungsgericht an die im angefochtenen Urteil getroffenen tatsächlichen Feststellungen gebunden ist[748]. Die Auslegung unbestimmter Rechtsbegriffe ist daher voll überprüfbar. Nicht einheitlich beurteilt wird jedoch die Frage, ob auch die im Zuge der Subsumtion erforderliche Tatsachenwertung überprüft wird[749]. Das Bundesverwaltungsgericht verneint in älteren Entscheidungen die Revisibilität ausdrücklich[750]. Im Immissionsschutzrecht sowie im Atomrecht wurde die Subsumtionsleistung der Instanzgerichte jedoch vollständig überprüft[751], so dass davon auszugehen ist, dass diese vorbehaltlich einzelfallbezogener oder abstrakter Beurteilungsspielräume der

---

741 Siehe *Raynaud/Fombeur*, AJDA 1998, S. 780 (796).

742 *Chapus*, droit du contentieux administratif, Rn. 1437; *Gohin*, Rn. 426.

743 *Thouroude*, Rn. 316; *le Coline*, S. 68; mitunter wurde die Kontrolle sogar auf eine *dénaturation des faits* beschränkt, vgl. CE, 18 novembre 1994, *Société Clichy Dépanage*, BDEI 1995 (n° 1), S. 25.

744 Vgl. beispielsweise CE, 28 juillet 1993, *Min. de la défense c/ Stéfani*, rec., S. 231 (232).

745 CE, 3 juillet 1998, *Mme Salva-Couderc*, AJDA 1998, S. 847.

746 *Raynaud/Fombeur*, AJDA 1998, S. 780 (795).

747 CE, 22 mars 1996, *Groupement agricole d'exploitation en commun de Vieux-Bougy*, RJE 1996, S. 325 (326).

748 Siehe § 137 Abs. 1 Nr. 1 und Abs. 2 VwGO.

749 Bejahend *Redeker/von Oertzen*, § 137, Rn. 13; *Jesch*, DÖV 1956, S. 77 (79); verneinend *Eyermann/Fröhler – Schmidt*, § 137, Rn. 18.

750 Siehe BVerwGE 2, S. 184 (185); BVerwGE 3, S. 193 (197).

751 BVerwGE 55, 250 (253ff.); BVerwGE 72, 300 (320).

Verwaltung[752] zu den revisiblen Rechtsfragen zählt. Daher bestehen in Deutschland theoretisch drei Kontrollinstanzen.

Indes ist im deutschen Verwaltungsprozess eine Entwicklung erkennbar, die Berufung einzuschränken, was eine Annäherung der Systeme erkennen lässt. So setzt die Berufung seit 1996 stets eine vorherige Zulassung nach § 124 Abs. 2 VwGO durch das Oberverwaltungsgericht voraus. Eine Zulassung war vorher nur in bestimmten Bereichen vorgesehen (§ 131 VwGO a. F.). Unter anderem sind ernstliche Zweifel an der Richtigkeit des Urteils oder besondere tatsächliche oder rechtliche Schwierigkeiten der Rechtssache nötig. Aus umweltrechtlicher Sicht sind nur noch besonders komplexe Tatsachenfragen berufungsfähig[753]. Gerade in diesen Fällen weist das deutsche Recht nach wie vor eine zusätzliche Prüfungsinstanz auf.

D. Grundlagen gerichtlicher Entscheidungsfindung

Die Untersuchung der richterlichen Kontrolle hat auch der Problematik nachzugehen, wer bezüglich der Richtigkeit oder Unrichtigkeit der von der Verwaltung vollzogenen Konkretisierung die Beweislast trägt und wie das Gericht zu seiner Entscheidungsfindung kommt.

I. Untersuchung des französischen Rechts

Die Beweislast obliegt im *contentieux des installations classées* grundsätzlich den Parteien, allerdings unternimmt der Richter oft selbst die nötigen Anstrengungen zur Wahrheitsfindung, beispielsweise durch die Einholung von Gutachten[754]. Insofern wird das Verfahren durch eine Vermischung der für den *recours de pleine juridiction* üblichen Parteimaxime und des dem *recours pour excès de pouvoir* eigentümlichen Amtsermittlungsgrundsatzes geprägt[755].

Hinsichtlich der Frage, ob und wie der Richter ihm offenstehende Hilfsmittel zur Entscheidungsfindung nutzt, können mangels empirischer Erkenntnisse und fundierter Kommentierung nur Tendenzen aufgezeigt werden, die sich vorwiegend auf Einzelfallentscheidungen stützen. Ferner lassen sich von Seiten des *Conseil d'État* nur unzureichende Informationen erhalten, weil dieser keine Tatsachenwertung mehr vornimmt. Damit verliert dieser jedoch auch hinsichtlich Sachverhaltsermittlung und Sachverhaltswertung seinen Einfluss auf Instanzgerichte.

Häufig greift der Richter auf Sachverständigengutachten zurück, denen in diesem Verfahren eine größere Bedeutung zukommt als im *recours pour excès de pouvoir*[756].

---

[752] Vgl. *Kopp/Schenke*, § 137, Rn. 20; *Redeker/von Oertzen*, § 137, Rn. 13; *Eyermann/Fröhler – Schmidt*, § 137, Rn. 18.

[753] Siehe zu den Anforderungen *Redeker/van Oertzen*, § 124, Rn. 17f.

[754] *Baucomont/Gousset*, Rn. 332.

[755] Vgl. *Debbasch/Ricci*, Rn. 542.

[756] *Negrin*, S. 117; der *contentieux des installations classées* wird auch als „Verfahren der Sachverständigen" bezeichnet (*Chabanol* bei *Janin*, S. 29, Fn. 67); siehe allgemein CE, 27 janvier 1978,

Wie in Deutschland ist der Richter an Sachverständigengutachten nicht gebunden[757]. Für das Ergebnis richterlicher Rechtskonkretisierung können sie allerdings praktisch von Bedeutung sein[758]. So gestaltet das Gericht die umstrittene Verwaltungsentscheidung (wie im zweiten und dritten Beispielsfall) oftmals anhand des Sachverständigengutachtens um[759]. Ihre Einholung steht im richterlichen Ermessen[760]. Eine Verpflichtung wird nur angenommen, wenn der Nutzen feststeht[761]. Dies ist dann zu verneinen, wenn eine Entscheidung bereits aufgrund der vorliegenden Erkenntnisse möglich ist[762]. Im einzelnen sind die Anforderungen unklar. So hat der *Conseil d'État* die Erforderlichkeit verneint, wenn sich bereits aus dem Sachverhalt keine Anzeichen dafür ergeben, dass die Betriebsbestimmungen nicht ausreichend seien, um den Schutz der in Art. L 511-1 code de l'environnement genannten Interessen zu gewährleisten[763]. Eine ähnliche Situation lag auch im ersten Beispielsfall *Association authonnaise* vor. Daher ist zu vermuten, dass das Gericht die Rechtmäßigkeit der Verwaltungsentscheidung oftmals präjudiziert. Diese Annahme wird durch weitere Entscheidungen gestützt, in denen das Gericht die Effizienz der Betriebsbestimmungen nicht positiv feststellt, sondern lediglich ausführt, dem Sachverhalt seien keine Anzeichen dafür zu entnehmen, dass die Einschätzung der Gefahren durch *préfet* unzutreffend sei und eine falsche *appréciation des faits* vorliege[764]. Dies setzt sich in der Beurteilung durch das Berufungsgericht fort[765]. Allerdings sind auch Urteile bekannt, in denen die Effizienz der Umweltschutzbestimmungen positiv festgestellt wurde[766].

Cadoux, RJE 1978, S. 188; CAA Nantes, 17 décembre 1997, *Société Caillaud*, RJE 1998, S. 418 (419), note *Schneider* und zum Verfahren *Baucomont/Gousset*, Rn. 333.

757 *Auby/Drago*, traité de contentieux, Rn. 919ff.; siehe zum deutschen Recht *Jessnitzer/Frieling*, Rn. 234ff.; *Zöller/Greger*, § 402, Rn. 7a.

758 *Janin*, S. 30.

759 Siehe *Chabanol* bei *Janin*, S. 30, Fn. 70.

760 Siehe Art. R 621-1 CJA.

761 *Baucomont/Gousset*, Rn. 333; *Bonello/Fédida*, S. 80.

762 CE, 19 juin 1936, *Département du Nord/Huyghe*, rec., S. 744; *Auby/Drago*, traité de contentieux, Rn. 919.

763 CE 28, mars 1973, *Association de défense des habitants de la région de Vernon (Eure)*, rec., S. 262 (263).

764 Vgl. CE, 21 janvier 1983, *Jestin*, abgedruckt in *Code Permanent*, S. 5591; CE, 7 janvier 1986, *Tioxide*, RJE 1986, S. 311 (312); CE, 20 janvier 1989, *van der Elst*, n° 72.157; CE, 16 octobre 1992, *M. David*, n° 88.828; CAA Paris, 25 septembre 1997, *Mme Forget*, Ministre de l'aménagement du territoire et de l'environnement, jurisprudence 1997, S. 28; ähnlich im Baurecht CE, 16 octobre 1992, *Nouy*, n° 105.508; ähnlich im einstweiligen Rechtsschutz CAA Lyon, 21 novembre 1995, *M. Taxil*, RJE 1996, S. 169 (170); siehe ferner TA Strasbourg, 2 juin 1994, *S.A. Société I.B. Process*, RJE 1995, S. 510 (511); TA Marseille, 13 juin 1983, *Société Lafarge*, Premier Ministre (Secrétariat d'Etat à l'environnement et à la qualité de la vie) extraits de la jurisprudence, S. 41 (42).

765 Vgl. CAA Nantes, 1er mars 1995, *S.C.E.A. de la Gaudinière*, n° 92NT00732, n° 92NT00768; CAA Lyon, 14 mai 1996, *SARL Mestre*, n° 93LY01003, Ministère de l'environnement, jurisprudence

Darüber hinaus wird nicht hinreichend deutlich, wie das Gericht sich bereits vorhandenen Sachverstand zunutze macht, um die Erforderlichkeit der Einholung von Sachverständigengutachten zu verneinen. Zunächst ist anerkannt, dass der Berufungsrichter auf ein im erstinstanzlichen Verfahren oder ein im Verfahren einer anderen Gerichtsbarkeit eingeholtes Gutachten zurückgreifen kann[767]. Der Stellungnahme des *c.d.h.* kommt im späteren gerichtlichen Verfahren entscheidende Bedeutung zu. So soll es der Einholung eine Sachverständigengutachtens nicht bedürfen, wenn bereits die von dem *c.d.h.* eingeholte Stellungnahme über Art und Schwere der von der Anlage ausgehenden Umweltverschmutzungen ausreichend Auskunft geben könne[768]. Ferner hat das TA Limoges die Ablehnung einer Genehmigung, die sich darauf stützte, dass weitere Untersuchungen über die örtlichen Verhältnisse der Anlage erforderlich seien, mit der Begründung aufgehoben, dass der *c.d.h.* keine Einwände gegen das Vorhaben gehabt habe[769]. Umgekehrt hat das TA Clermont-Ferrand eine Genehmigung aufgehoben und die mangelnde Genehmigungsfähigkeit damit begründet, dass der Großteil der im Genehmigungsverfahren beteiligten Stellen es abgelehnt haben[770]. Die Möglichkeit, den *c.d.h.* oder den *c.s.i.c.* zu Rate zu ziehen, steht dem Gericht ohnehin offen[771]. Beide Institutionen waren bereits bei der Ausarbeitung der konkreten bzw. abstrakten Betriebsbestimmungen beteiligt. Es wird angenommen, dass der *Conseil d'État* davon häufig Gebrauch machte[772]. Auch das Berufungsgericht greift nicht selten auf diese Vorschläge zurück, wenn es Betriebsvorschriften umgestaltet[773]. Zum Teil macht sich der Richter auch Vorschläge des Umweltministeriums zu eigen und gestaltet den Genehmigungsbescheid entsprechend[774], was angesichts dessen zwingender prozessualer Beteiligtenstellung erstaunlich ist. Auffällig ist schließlich eine Entscheidung des *Conseil d'État*, nach der es eines Sachverständigengutachtens nicht mehr bedürfe,

---

1996, S. 8; siehe auch CAA Lyon, 17 novembre 1992, *Société Agrishell*, abgedruckt in *Code Permanent*, S. 5617f.

[766] TA Grenoble, 8 juin 1984, *M. Michallon c/ Secrétariat d'Etat à l'environnement*, RJE 1984, S. 240 (241); CAA Paris, 3 novembre 1993, *Société de constructions électriques Jupiter*, n° 93PA01363; CAA Nantes, 29 mai 1996, *Asssociation de défense de l'environnement et du cadre municipal de Montereau en Gatinais (ADECM)*, n° 93NT01037; siehe auch Ministère de l'environnement, jurisprudence 1996, S. 17.

[767] *Boivin*, S. 376, Rn. 35 ; siehe beispielsweise CAA Nantes, 5 mars 2002, n° 98NT02284.

[768] Vgl. CE, 19 juin 1959, *Lemore*, rec., S. 387.

[769] TA Limoges, 5 juillet 1983, nicht im Recueil Lebon veröffentlicht und nicht nummeriert.

[770] TA Clermont-Ferrand, 17 décembre 1991, unveröffentlicht und nicht im Recueil Lebon veröffentlicht; siehe auch das Berufungsurteil des CAA Lyon, 14 mai 1996, n° 93LY01003.

[771] *Janin*, S. 29; *Gabolde*, Juris-Classeur administratif, *installations classées*, fasc. 365, Rn. 23ff.

[772] *Gabolde*, installations classées, Rn. 400.

[773] *Code Permanent*, S. 4037, Rn. 233ff.

[774] Vgl. CE, 20 janvier 1978, *Sieur Bounaix*, RJE 1978, N° 1, S. 66 (67).

wenn die betreffende Frage bereits Gegenstand der *étude d'impact* war[775]. Allerdings ist unklar, inwieweit diese Entscheidung verallgemeinerungsfähig ist.

Zusammenfassend ist festzustellen, dass der Richter oftmals darauf verzichtet, Sachverständigengutachten einzuholen[776]. Darüber hinaus wird die Entscheidung über die Notwendigkeit der Einholung von Sachverständigengutachten in der Berufungs- und Revisionsinstanz nur sehr eingeschränkt überprüft[777]. Dies indiziert wiederum, dass den Entscheidungen der im Anlagenzulassungsrecht beteiligten Stellen eine präjudizielle Wirkung zukommt. Auch aus der Praxis des *Conseil d'État* wird diese Annahme bestätigt. Dieser griff tendenziell nur auf Sachverständigengutachten zurück, wenn die vorliegenden Stellungnahmen ihm keine hinreichende Tatsachengrundlage lieferten. Das Gericht ist in dieser Wertung so frei wie die Verwaltung allgemein. Anfechtende Dritte haben es unter diesen Voraussetzungen schwer, das Gericht davon zu überzeugen, überhaupt ein Sachverständigengutachten einzuholen. Dabei dürfte es sich um eine Ursache dafür handeln, dass nur ein relativ geringer Prozentsatz anlagenzulassungsrechtlicher Entscheidungen aufgrund mangelnder Konkretisierungsleistung der Behörde aufgehoben wird[778]. Wenn das Gericht systematisch Gutachten einholen würde, wäre es auch systematisch zu einer tiefgreifenden Kontrolle der Genehmigung gehalten und würde sich daher weit in die administrative Entscheidungsfindung vorwagen. Die allgemeine, den französischen Verwaltungsprozess prägende richterliche Zurückhaltung wirkt daher bereits im Vorfeld der Entscheidungsfindung des *contentieux des installations classées*. Hier fällt eine Parallele auf zu der Untersuchung der Zusammenhänge der Kontrolltiefe hinsichtlich der Tatsachenwertung mit der im Vorfeld der Subsumtion zu vollziehenden Auslegung der Norm[779]. Dort führt eine prinzipiell beschränkte Kontrolle dazu, dass auch abstrakte Begriffsdefinitionen nur bedingt vorhanden sind. Gleichzeitig dürfte der Nutzen von Sachverständigengutachten aufgrund der im Genehmigungsverfahren zu berücksichtigenden heterogenen Interessen gerade bei wirtschaftlich bedeutsamen Vorhaben ohnehin zweifelhaft sein. Das Gericht bedient sich lieber vorhandener, zur finalen Gestaltung eingeholter Stellungnahmen, um die zu prüfende Entscheidung zu reparieren und zu vollenden.

---

[775] Vgl. CE, 10 décembre 1982, *Ville d'Aix-en-Provence*, abgedruckt in *Code Permanent*, S. 5590. *Baucomont/Gousset* (Rn. 333) weisen zutreffend darauf hin, dass aus sich bei der *étude d'impact* aufgrund der dem Antragsteller obliegenden Verpflichtung, diese zu erstellen, nicht um ein neutrales Gutachten handelt. Die *Association Française des Ingénieurs Ecoloques* hat einen Verhaltenskodex erarbeitet, der es seinen Mitgliedern verbietet, gleichzeitig an der Erarbeitung als auch an der späteren Überprüfung der *études d'impact* mitzuwirken, vgl. *Romi*, S. 19, Fn. 62.

[776] Siehe auch *Woehrling*, DVBl. 1992, S. 884 (892/893).

[777] *Auby/Drago*, traité de contentieux, Rn. 919; CE, 19 juin 1959, *Lemore*, rec., S. 387.

[778] Siehe unten, S. 129ff.

[779] Siehe oben, S. 68.

II. Untersuchung des deutschen Rechts

Im deutschen Verwaltungsprozessrecht gilt der Amtsermittlungsgrundsatz, der mit umfangreichen Mitwirkungspflichten der Parteien kombiniert wird[780], so dass das Gericht die notwendigen Untersuchungen unternimmt. Weiterhin steht die Einholung von Sachverständigengutachten auch im deutschen Recht im pflichtgemäßem Ermessen[781]. Ein Gutachten ist dann einzuholen, wenn aus feststehenden Tatsachen kraft besonderer, dem Gericht fehlender Fachkunde Schlussfolgerungen gezogen werden müssen, um dem Gericht die Überzeugung von der streitigen Behauptung zu ermöglichen[782]. Dies folgt aus der richterlichen Aufklärungspflicht[783]. Diese Anforderungen sind zwar ebenfalls unbestimmt, allerdings haben sich im Gegensatz zum französischen Recht zahlreiche Grundsätze über die Zulässigkeit der Verwertung fremden Sachverstandes herausgebildet. Auch in Deutschland kommt es vor, dass die von der Verwaltung bestellten Gutachter wieder im Prozess herangezogen werden[784]. Gleiches gilt für Sachverständigengutachten der Vorinstanz[785]. Bereits im Verwaltungsverfahren eingeholte Gutachten kann das Gericht nur dann problemlos verwerten, wenn es sich um „justizförmige" Gutachten handelt, die den Anforderungen der §§ 402 ff. ZPO entsprechen[786]. Bei Parteigutachten handelt es sich primär um Parteivorbringen[787]. Zwar können sie dem Gericht die nötige Sachkunde vermitteln[788], allerdings dürfen sie in der Regel nur dann als Beweis verwertet werden, wenn sie nicht substantiiert bestritten wurden[789]. Daher dürfte das Erfordernis eines Sachverständigengutachtens nach deutschem Recht deutlich schwerer zu verneinen sein. Insofern ist es nicht verwunderlich, dass der deutsche Richter im Vergleich zu seinem französischen Kollegen beinahe systematisch Gutachten einholt[790]. Der Verwaltungsentscheidung kommt hier keine präjudizielle Wirkung zu.

E. Zulässigkeit als Moment der Kontrolleröffnung

Die Anforderungen an die Zulässigkeit von Rechtsbehelfen und mithin an den Zugang zu Gericht wirken sich ebenfalls auf den Kontrollumfang aus.

---

[780] Siehe *Redeker/von Oertzen*, § 86 Rn. 7ff.

[781] Vgl. §§ 98 VwGO i.V.m. §§ 404, 412 ZPO; siehe auch *Kopp/Schenke*, § 86, Rn. 8f., 14.

[782] *Zöller/Greger*, § 402, Rn. 6a.

[783] *Kopp/Schenke*, §§ 86, Rn. 6, § 98, Rn. 14; siehe auch *Breuer*, AöR 101 (1976), S. 46 (83).

[784] Siehe *Fröhler*, FS *Ule*, S. 55 (71); *Redeker/von Oertzen*, § 98, Rn. 10.

[785] *Kopp/Schenke*, § 96, Rn. 6ff., § 98, Rn. 15.

[786] Siehe *Hegele*, S. 61f., *Kopp/Schenke*, § 98, Rn. 15ff.

[787] *Kopp/Schenke*, § 98, Rn. 15b.

[788] So *Kopp/Schenke*, § 98, Rn. 15b.

[789] *Kopp/Schenke*, § 98, Rn. 15; siehe auch *Zöller/Greger*, § 402, Rn. 6b.

[790] *Woehrling*, NVwZ 1985, S. 21 (25); derselbe in: Verwaltungsgerichtlicher Rechtsschutz, S. 27.

I. Angreifbare Verwaltungsentscheidungen

Dem *contentieux des installations classées* unterliegen alle in Art. L 514-6 code de l'environnement genannten Verwaltungsmaßnahmen und damit alle wesentlichen anlagenzulassungsrechtlichen Entscheidungen[791]. Ohne auf Detailfragen wie beispielsweise die Anfechtbarkeit von Nebenbestimmungen[792] einzugehen, entsprechen sie in etwa den in Deutschland angreifbaren Entscheidungen. Die nicht von Art. L 514-6 code de l'environnement erfassten Entscheidungen unterliegen dem *recours pour excès de pouvoir*. Die genaue Abgrenzung ist jedoch unklar[793]. Anzeigepflichtige Anlagen oder das *agrément* im Bereich gentechnischer Anlagen nach Art. 43-1 Ausführungsverordnung sind im wesentlichen nicht erfasst[794]. Gleiches gilt für zur Konkretisierung der Betreiberpflichten nach Art. L 512-5 und Art. L 512-10 code de l'environnement erlassenen ministeriellen Rechtsverordnungen, die nach allgemeinen Verfahrensgrundsätzen nur vor dem *Conseil d'État* angreifbar sind[795]. Dies gilt auch für die anlagenzulassungsrechtlichen *décrets*, also insbesondere die *nomenclature*[796]. Aufgrund der Technizität der Materie übt der Richter hier traditionell nur einen *contrôle minimum* unter Einschluss der Prüfung des *erreur manifeste* aus[797]. Einer Normalkontrolle unterliegt die formelle Rechtmäßigkeit der Konkretisierungsnormen[798].

---

791 Erfasst sind insbesondere die Genehmigung einschließlich der zur Konkretisierung der Betriebspflichten entwickelten Auflagen. Weiterhin sind nachträgliche Anordnungen, Zwangsmaßnahmen, Mitteilungen der Anzeige und Verweigerung derselben erfasst, siehe *Janin*, S. 16. Eingeschlossen ist schließlich die Entscheidung der Behörde, gegen den rechtswidrigen Anlagenbetrieb vorzugehen oder es zu unterlassen, siehe CE, 21 février 1997, *Lioulias*, Ministre de l'aménagement du territoire et de l'environnement, jurisprudence 1997, S. 28; CAA Lyon, 21 juin 1994, *M. Jean Terolle*, RJE 1994 (n° spécial), S. 104.

792 Siehe beispielsweise für das normale Prozessrecht *Berst*, S. 235ff. Aufgrund der Umgestaltungskompetenz dürfte dies jedoch in dem hier untersuchten Verfahren zulässig sein.

793 Insbesondere steht nicht fest, ob die in Form von präfektoralen Rechtsverordnungen erlassenen allgemeinen Vorschriften in Bezug auf anzeigepflichtige Vorschriften erfasst sind, siehe *Ferrand*, Juris-Classeur, environnement, *contentieux des installations classées*, fasc. 1040, Rn. 25; *Janin*, S. 42; *Guillaume*, in répertoire Dalloz, *contentieux des installations classées*, Rn. 4; *Baucomont/London*, Lamy, n° 1035-15.

794 CE, 18 décembre 1996, *Ass. France Nature Environnement*, droit de l'environnement 1997, n° 51, S. 4.

795 Siehe CE, 24 mai 1993, *Union des industries chimiques et autres*, rec, S. 897; CE, 26 mai 1995, *Union des industries chimiques et autres*, n° 146.668, RJE 1996, S. 137; CE, 16 octobre 1998, *Association Eau et rivières de Bretagne*, n° 170.644/6; *Gabolde*, installations classées, Rn. 387; *le Coline*, S. 70. Auch nach Ablauf der Klagefrist kann eine Inzidenterprüfung konkretisierender Rechtsverordnungen im Verfahren der *exception d'illégalité* stattfinden, siehe unten, S. 150.

796 Vgl. *Code Permanent*, S. 3979f., Rn. 8; conclusions *de la Verpillière*, CE, 15 décembre 1989, *S.P.E.C.H.I.N.O.R.*, RJE 1990, S. 243 (244, 247).

797 Vgl. CE, 15 janvier 1982, *Association les Amis de la terre*, n° 15.148; CAA Nantes, *Sté Leporq*, BDEI 1995, (N° 4), S. 23 (24); *Baucomont/Gousset*, Rn. 329.

798 *Baucomont/London*, Lamy, n° 1035-4.

II. Klagebefugnis

Während Art. L 514-6 code de l'environnement an die Klagebefugnis (*intérêt pour agir*) des Anlagenbetreibers keine Anforderungen stellt, müssen sich Dritte auf eine Beeinträchtigung der in Art. 511-1 code de l'environnement genannten Schutzgüter berufen. Die Anforderungen sind jedoch nicht sonderlich streng. Der Kläger muss ein bestimmbares praktisches oder rechtliches Interesse an der Aufhebung der Verwaltungsentscheidung vorbringen[799]. Eine alleinige Berufung auf Beeinträchtigungen genügt[800]. Auch reicht der Vortrag der Verletzung einer Rechtsnorm aus, welche den Kläger in seinen Interessen berühren kann. Ein Beweis der Rechtsverletzung ist nicht erforderlich[801]. Der Kläger muss kein Nachbar der Anlage sein, die Nachbarschaft reicht als solche aber bereits aus[802]. Ferner ist im Grundsatz jede Organisation klagebefugt, die sich den Schutz der in Art. L 511-1 code de l'environnement genannten Interessen zum Ziel gesetzt hat[803]. Allerdings müssen ihre Statuten so präzise formuliert sein, dass sich die zu schützenden Umweltbelange thematisch und geographisch mit den im streitigen Verfahren betroffenen Interessen decken[804].

Diese Minimalanforderungen an die Klagebefugnis sind für den *recours de pleine juridiction* ungewöhnlich. Der Kläger muss sich normalerweise auf die Verletzung eines subjektiven Rechts stützen[805], was auf Parallelen zu § 42 Abs. 2 VwGO im deutschen Recht hindeutet. Hier hat der Kläger die Verletzung eines subjektiv-öffentlichen Rechts geltend zu machen, also eines Rechts, welches zumindest auch den Zweck hat, gerade den Kläger in seinen Rechten zu schützen, und nicht nur dem Allgemeininteresse dient[806]. Die Anforderungen im *contentieux des installations classées* bleiben jedoch dahinter zurück; sie ähneln eher denen des *recours pour excès de pouvoir*, die ebenfalls nur ein unqualifiziertes Interesse erfordern, da diese Klageart nicht dem Individualrechtsschutz dient, sondern ausschließlich auf eine objektive Kontrolle der Verwaltungstätigkeit gerichtet ist[807]. Erneut wird der besondere Charakter des *contentieux des installations classées* deutlich.

Aus deutscher Sicht ist wegen der geringen Anforderungen an die Klagebefugnis von Umweltschutzverbänden die Tendenz zur Interessentenklage und Verbandsklage zu erkennen. Im deutschen Immissionsschutzrecht sind sie nur im Fall einer unechten

---

799 *Woehrling*, DVBl 1992, S. 884 (891).

800 *Prieur*, RJE 1978, S. 121 (124); *Janin*, S. 25.

801 *Carlier*, Juris-Classeur environnement, *contentieux des installations classées*, fasc. 1040, Rn. 55 (Vorauflage).

802 *Boivin*, S. 372, Rn. 21.

803 *Piedbois*, Annales des mines août 1984, S. 73 (74); *Code Permanent*, S. 4034, Rn. 221ff.; *Classen*, S. 61ff.

804 *Le Coline*, S. 66.

805 *Bernard*, AJDA 1995, S. 190 (195); *Auby/Drago*, traité de contentieux (1983), Rn. 1368.

806 Siehe *Redeker/von Oertzen*, § 42, Rn. 102ff.

807 *Woehrling*, NVwZ 1985, S. 21 (22); *Fromont*, UPR 1983, S. 186 (187f.); *Classen*, S. 59ff.; *Halfmann*, Verwaltungsarchiv Band 91 (2000), S. 74 (78ff.); ausführlich *Koch*, S. 141.

Verbandsklage (Vorschieben eines klagebefugten Mitgliedes) oder des Erwerbs sogenannter Sperrgrundstücke[808] klagebefugt. Die andersartige Situation wird in Frankreich jedoch nicht als nachteilig empfunden, da Umweltschutzverbände Klagen nicht exzessiv betreiben und ein Einschreiten garantieren, wenn betroffene Nachbarn nicht vorhanden sind oder nicht einschreiten wollen[809].

III. Klagefrist

Die Klagefrist beträgt für den Anlagenbetreiber zwei Monate und für Dritte vier Jahre ab Zustellung bzw. der Bekanntgabe der Verwaltungsentscheidung. Auffällig ist, dass sie immer noch erheblich von der normalerweise im französischen Verwaltungsprozess vorherrschenden Frist von 2 Monaten abweicht[810]. Die Frist wurde für Dritte 1976 eingeführt, um den Bestandsschutz der Genehmigung zu verbessern[811]. Aus deutscher Sicht muss dies erstaunen, da die Anfechtungsfrist hier regelmäßig bei einem Monat liegt[812]. Kritische Hinweise auf die Rechtsunsicherheit erfolgen in Frankreich jedoch nur vereinzelt[813]. Vielmehr werden die Fristen mitunter sogar kritisiert, weil sich Beeinträchtigungen der Nachbarschaft möglicherweise erst viel später einstellen[814].

IV. Vorverfahren

Eine dem deutschen Widerspruchsverfahren[815] vergleichbare Zulässigkeitsvoraussetzung kennt das französische Recht grundsätzlich nicht[816]. Zwar kann der *préfet* um erneute Entscheidung ersucht werden (sog. *recours gracieux*)[817], mangels Devolutiv- und Suspensiveffekt handelt es sich jedoch um eine bloße Gegenvorstellung. Entgegen herkömmlichem Prozessrecht wird die Klagefrist im *contentieux des installations classées* dadurch nicht unterbrochen[818]. Die Möglichkeit der Einlegung eines Widerspruches bei dem Minister (*recours hiérarchique*) ist entgegen dem herkömmlichen

---

808 Siehe *Jarass*, § 6, Rn. 52; *Kloepfer*, § 8, Rn. 24ff.; siehe dort auch zur Verbandsklage im Naturschutzrecht.

809 *Woehrling*, S. 13; ders. DVBl 1992, S. 884 (891). Anders wird mitunter im Baurecht geurteilt, siehe den Hinweis bei *Braud*, RJE 2000, S. 575 (586).

810 Siehe *Calderaro*, RJE 1995, n° spécial, S. 5 (10); siehe zur Klagefrist allgemein *Koch*, S. 156.

811 Conclusions *Pietri*, CAA Nancy, 6 juin 1996, *Société Cristallerie Lalique*, RJE 1997, S. 55 (56, 58).

812 Siehe § 70 Abs. 1 VwGO.

813 *Piedbois*, Annales des mines août 1984, S. 73 (74); *Gousset/Magistry*, S. 352.

814 Vgl. *Prieur*, RJE 1978, S. 121 (125); *Bergmann*, S. 147.

815 Siehe §§ 68ff. VwGO.

816 Vgl. *Woehrling*, NVwZ 1985, S. 21 (24); ausführlich *Koch*, S. 70ff.

817 *Baucomont/London*, Lamy, n° 1020-22.

818 CAA Nantes, 22 novembre 1995, *Société Application des moulages industriels*, AJDA 1996, S. 946. Die Behörde ist nicht verpflichtet, den Widerspruchsführer auf diesen Umstand hinzuweisen, siehe CAA Nancy, 31 décembre 1997, *Société de réparation des wagons- foudres de Touraine – SRWFT*, RJE 1999, S. 146; kritisch *Boivin*, S. 364, Rn. 74.

Recht nicht anerkannt, insbesondere weil die aufsichtsrechtlichen Befugnisse gegenüber der autonomen Entscheidung des *préfet* in diesem Bereich sehr beschränkt sind[819].

Die Notwendigkeit eines Widerspruchverfahrens kann nur aus allgemeinem Verwaltungsprozessrecht folgen, insbesondere wenn noch keine behördliche Entscheidung vorliegt. Denn gerade in der *pleine juridiction* kann nur gegen eine vorhandene Verwaltungsentscheidung geklagt werden, so dass die Verwaltung das *privilège du préalable* besitzt[820]. Wenn beispielsweise Dritte gegen einen störenden Anlagenbetrieb vorgehen wollen, müssen sie ein Einschreiten bei der Behörde einfordern. Eine angreifbare Ablehnungsentscheidung wird dann unter bestimmten Voraussetzungen fingiert[821].

Ein obligatorisches Widerspruchsverfahren sei mit den Eigenarten der speziellen Klage nicht zu vereinbaren[822]. Die Kompetenzen einer Widerspruchsbehörde würden bereits durch das Gericht wahrgenommen, dass früher auch formell als Widerspruchsbehörde entschieden habe[823]. Die Einschaltung einer weiteren Prüfungsinstanz vertrüge sich damit nicht[824]. Wiederum zeigen sich auffällige Abweichungen vom deutschen Recht. Hier ist die Durchführung eines Vorverfahrens obligatorisch[825] um der Verwaltung die Möglichkeit einzuräumen, ihre Entscheidung zu überdenken und damit auch die Gerichte zu entlasten[826].

V. Zusammenfassung

Die Anforderungen an die Zulässigkeit der gerichtlichen Überprüfung im *contentieux des installations classées* fallen im Vergleich zum deutschen Recht deutlich moderater aus. Weiterhin ist darauf hinzuweisen, dass der französische Verwaltungsprozess im Gegensatz zum deutschen in der Regel kostenfrei ist[827]. Neben den starken materiellen Kontrollbefugnissen fallen die erleichterten Zugangsmöglichkeiten zu Gericht auf. Gleichzeitig wird wiederum die unterschiedliche Zielrichtung des Prozessrechts deutlich. Während in Deutschland der Schutz subjektiver Rechte im Vordergrund steht,

---

819 *Baucomont/London*, Lamy, n° 1020-2, 22, n° 254-60.

820 *Le Coline*, S. 67, 73; *Lemoyne de Forges*, répertoire de Dalloz, *recours pour excès de pouvoir*, Rn. 164.

821 Siehe TA Dijon, 7 avril 1998, *Dremont*, RJE 1998, S. 421; *Woehrling*, NVwZ 1985, S. 21 (25); siehe aber auch CAA Nancy, février 1998, *Société ATEP*, RJE 1999, S. 142 (143).

822 CE, 19 mars 1993, *Ollitrault*, abgedruckt in *Code Permanent*, S. 5620.

823 Siehe unten, S. 184ff.

824 *Baucomont/Gousset*, Rn. 179, S. 141.

825 Siehe § 68 Abs. 1 S. 1 VwGO.

826 Siehe *Redeker/von Oertzen*, § 68, Rn. 2.

827 Praktisch riskiert der Kläger nur die Kosten eventueller Gutachten und seines Anwalts, vgl. *Woehrling*, DVBl. 1985, S. 21 (24); ders., DVBl 1992, S. 884 (891). In Deutschland sind nur wenige Verfahren kostenfrei (§ 188 S. 2 VwGO).

zielt das französische System auch im *contentieux des installations classées* eher auf die objektive Wahrung der Gesetzmäßigkeit des Verwaltungshandelns ab.

F. Exkurs: Gebundene Verwaltung oder Verwaltungsermessen?

Werden die Abgrenzungskriterien zwischen Ermessensverwaltung und gebundener Verwaltung[828] auf das französische Anlagenzulassungsrecht übertragen, eröffnen die Ermächtigungsnormen und insbesondere die nur als Zielvorgabe formulierten Genehmigungsvoraussetzungen[829] ein weitreichendes Verwaltungsermessen[830]. Es handelt sich nur um Rahmenregelungen, die dem *préfet* einen umfangreichen Spielraum zur Berücksichtigung örtlicher Besonderheiten eröffnen[831]. Eine *compétence liée* liegt vor, wenn eine genehmigungsbedürftige Anlage vorzeitig in Betrieb genommen und vom *c.d.h.* abschlägig beurteilt wird[832] oder wenn im Falle anzeigepflichtiger Anlagen die nötigen Formalitäten erfüllt sind und die betreffende Anlage nicht genehmigungsbedürftig ist. Im letzten Fall ist der *préfet* zur Ausstellung der Anzeigebescheinigung verpflichtet, auch wenn der Schutz der in Art. L 511-1 code de l'environnement genannten Interessen nicht gewährleistet ist[833]. Die Gebundenheit der Verwaltung ergibt sich dabei aus der Tatsache, dass das Handlungsmuster des *préfet* in Art. 26 und Art. 27 Ausführungsverordnung vorgegeben ist und die Erteilung der Empfangsbescheinigung nicht an die Einhaltung von Umweltschutzvorschriften geknüpft ist. Auch außerhalb anlagenzulassungsrechtlicher Normen können sich Fälle der gebundenen Verwaltung ergeben, zum Beispiel dann, wenn die Anlage bauplanungsrechtlich nicht zulässig ist[834]. Anders verhält es sich im deutschen Recht. Die Erteilung der Genehmigung steht nicht im Ermessen der Behörde, sondern wird der gebundenen Verwaltung zugeordnet[835].

Besondere Bedeutung kommt hier der gerichtlichen Kontrolle als drittem Abgrenzungskriterium zu. Die ausgeprägten gerichtlichen Prüfungskompetenzen stehen im Widerspruch zur französischen Abgrenzung zwischen gebundener Verwaltung und Verwaltungsermessen. Nach herkömmlicher Ansicht wird die konkrete Rechtsfrage durch eine umfangreiche gerichtliche Kontrolle in den Bereich der gebundenen Verwaltung verlagert. Wenn der Schutz in Art. L 511-1 code de l'environnement genann-

---

828 Siehe zur Bedeutung unbestimmter Rechtsbegriffe und fakultativer Handlungsermächtigungen oben, S. 89ff., 93ff.

829 Vgl. *Baucomont*, thèse, S. 105; *Prieur*, Rn. 669, 666; *Baucomont/Gousset*, Rn. 92.

830 *Prieur*, Rn. 669, 666; *Lamarque*, code de l'environnement, S. 1271, Nr. 1.

831 *Baucomont/London*, Lamy, n° 245-27, 33.

832 *Baucomont/Gousset*, Rn. 239, S. 226; *Boivin*, S. 155, Rn. 8; siehe Art. 13 Ausführungsverordnung.

833 CAA Nancy, 31 décembre 1997, *M. et Mme de Preester*, Ministre de l'aménagement du territoire et de l'environnement, jurisprudence 1997, S. 6; *Baucomont/Gousset*, Rn. 239, S. 226; *Boivin*, S. 155, Rn. 8.

834 Vgl. *Baucomont/Gousset*, Rn. 204, S. 184; vgl. ferner *le Coline*, S. 13 und auch Art. R 123, Abs. 31, 36 du code de l'urbanisme.

835 Siehe unten, S. 138f.

ter Interessen nicht durch entsprechende Betriebsvorschriften sichergestellt werden kann, ist die Behörde verpflichtet, die Genehmigung zu verweigern[836]. Umgekehrt ist sie dazu verpflichtet, die Genehmigung zu erteilen, wenn den Gefahren der in Art. L 511-1 code de l'environnement genannten Interessen durch entsprechende Maßnahmen vorgebeugt werden kann[837]. Die weiten richterlichen Kompetenzen geben Anlass, das französische Anlagenzulassungsrecht der gebundenen Verwaltung zuzuordnen[838]. Dieser Schritt wird für das Anlagenzulassungsrecht jedoch nicht vollzogen. Zwischen den ausgeprägten administrativen und judikativen Freiräumen wird in Frankreich kein Widerspruch gesehen[839]. Insofern ist das in Rede stehende Abgrenzungsmerkmal für den contentieux des installations classées zumindest theoretisch unbrauchbar. Es wurde unter dem deutlichen Einfluss einer nur eingeschränkten richterlichen Kontrolle konzipiert. In der Praxis macht das Gericht jedoch nur einen beschränkten Gebrauch von seinen Kompetenzen, wie im Anschluss zu zeigen sein wird, was den Widerspruch wieder auflöst. Aufgrund der richterlichen Zurückhaltung wird das behördliche Ermessen im Anlagenzulassungsrecht entgegen anderer Ansicht[840] praktisch kaum gebunden. Jedenfalls st die in Deutschland vollzogene Abgrenzung zwischen freier und gebundener Verwaltung vorzugswürdiger, weil hier der Fall der gerichtlichen Sanktion einer Ermessensfrage auch weiterhin als Fall der Ermessensverwaltung behandelt wird.

G. Einstweiliger Rechtsschutz als Faktor richterlicher Kontrolle

Widerspruch und Anfechtungsklage haben in Frankreich anders als im deutschen Recht (vgl. § 80 VwGO) keine aufschiebende Wirkung[841]. Dabei handelt es sich um einen althergebrachten Grundsatz des französischen Verwaltungsprozessrechts, bei dem es sich sogar um eine der fundamentalsten Regeln des französischen öffentlichen Rechts handeln soll (*on exécute d'abord et on discute après*)[842]. Er ist gleichzeitig Ausdruck der in Deutschland unbekannten Vermutung der Rechtmäßigkeit der Verwaltungsentscheidung (*présomption de légalité des actes administratifs*)[843] und Ausprägung des Grundsatzes gerichtlicher Zurückhaltung[844].

---

836 *Boivin*, S. 239, Rn. 41.

837 CE, 20 mars 1970, *Glais*, rec., S. 215 (216); CE, 19 mai 1989, *Association sportive de Val-d'Authie*, n° 70.601, Juris-Data, n° 000183; CAA Bordeaux, 20 avril 1994, *M. Doublet et autres*, RJE 1995, S. 161; *Baucomont/Gousset*, Rn. 179, S. 141.

838 *Busch* (S. 120) geht davon aus, Verwaltungsermessen spiele im Bereich des Anlagenzulassungsrechts keine überragende Rolle mehr.

839 Besonders deutlich wird diese Sichtweise bei *Baucomont/London*, Lamy, n° 245-27, 33: Hier werden administrativer und judikativer Einschätzungsspielraum in einem Atemzug genannt, ohne dass ein Widerspruch erkannt würde.

840 *Busch*, S. 120.

841 Siehe Art. L 4 CJA; gleiches gilt für Rechtsmittel, Art. R 811-14 und 821-5 CJA.

842 Siehe CE, 2 juillet 1982, *Huglo et autres*, rec., S. 257 (258).

843 *Chapus*, droit du contentieux administratif, Rn. 457; *Razafindratandra*, DE 1999, n° 65, S. 10 (11).

844 *Razafindratandra*, DE 1999, n° 65, S. 10 (11).

Die mangelnde aufschiebende Wirkung hat Konsequenzen für die richterliche Kontrolle. So erschweren die durch den Vollzug der Verwaltungsentscheidung geschaffenen Fakten die Abwägung der bei Entscheidungsfindung in der Hauptsache zu berücksichtigenden Interessen[845]. Es besteht die Gefahr, dass das Gericht zur Vermeidung staatshaftungsrechtlicher Ansprüche des Betreibers dazu neigt, eine Genehmigung aufrecht zu erhalten.

In Frankreich steht dem Verwaltungsrichter nach Art. L 521-1 CJA die Möglichkeit offen, den Vollzug der Verwaltungsentscheidung mit einer einstweiligen Verfügung (*référé suspension*) auszusetzen (*sursis à exécution* oder *suspension de l'exécution*) oder andere sichernde Maßnahmen zu treffen, wenn die erforderliche Dringlichkeit (*urgence*) sowie Tatsachen vorliegen, die einen ernstlichen Zweifel (*doute sérieux*) an der Rechtmäßigkeit der angegriffenen Entscheidung begründen[846]. Mit dieser 2000[847] geänderten Regelung soll der einstweilige Rechtsschutz in Frankreich grundlegend geändert und vor allem effektiver gestaltet werden, um der steigenden Anzahl gerichtlicher Verfahren zu begegnen[848]. Ob dieses Vorhaben gelungen ist, erscheint jedoch zweifelhaft. Über die praktischen Anforderungen an eine einstweilige Anordnung liegen zwar bislang keine gesicherten Erkenntnisse vor[849], allerdings wird vielfach vermutet, das sich gegenüber der alten Rechtslage wenig verändert habe[850].

Eine Aussetzung des Vollzuges konnte nach altem Recht auf Antrag angeordnet werden, wenn sich der Antragsteller auf „ernsthafte Klagegründe" sowie darauf berufen kann, dass die Vollzugsfolgen nur schwer wieder zu rückgängig zu machen sind[851]. Es wird vermutet, dass diese Voraussetzungen den neuen Anforderungen weitgehend entsprechen[852]. Hinsichtlich der ernsthaften Klagegründe wird davon ausgegangen, dass die richterliche Prüfung so streng ausfällt, dass der Vollzug nur ausgesetzt wird, wenn der Richter vom Erfolg der Klage in der Hauptsache überzeugt ist[853]. Auch die Anforderungen an die Konsequenzen des Vollzuges seien im Anlagenzulassungsrecht streng und nur selten erfüllt[854]. Umweltverschmutzungen als solche reichen nicht aus,

---

845 *Bugge*, S. 112, 54/55.

846 Siehe beispielsweise CE, 28 février 2001, *Préfet des Alpes Maritimes c/Société Sud-Est*, RJE 2002, S. 237.

847 Loi n° 2000-597 du 30 juin 2000 relative au référé devant les juridictions administratives, J.O. 1er juillet 2000.

848 Projet de la loi relatif au référé devant les juridictions administratives, doc. n° 269, Sénat, S. 3; siehe auch *Rouault*, les petites affiches, 3 août 1999, S. 9f.

849 Siehe zu den Anforderungen *Lepage/Huglo*, Code de justice administrative, Rn. 0403ff.

850 *Braud*, RJE 2000, S. 575 (576, 580).

851 Art. R. 118, 125, 130 CTACAA, sowie Art. 54 du décret du 30 juillet 1963; siehe ferner *Thouroude*, Rn. 310 und *Chanel*, BDEI 1995, n° 2, S. 45 (47f.).

852 *Braud*, RJE 2000, S. 575 (576, 580).

853 *Woehrling*, NVwZ 1985, S. 21 (24).

854 *Guillaume*, répertoire Dalloz, *contentieux des installations classées*, Rn. 16; *Cabellero*, RJE 1984, S. 4 (22).

vielmehr müssen bedeutende und schwer wieder zu beseitigende Umweltschäden drohen[855]. Wenn der Schaden durch Geld, also im Form eines staatshaftungsrechtlichen Anspruches, wieder ausgeglichen werden kann, scheidet eine Vollzugsaussetzung ohnehin aus[856]. Die Rechtsprechung ist aber uneinheitlich. So wurde es bereits als ausreichend angesehen, dass von einer Anlage Luftverschmutzungen ausgehen, ohne dass deren Gefährlichkeit genauer analysiert wurde[857]. Auch genügten Einwirkungen auf die Umgebung, die nicht wieder rückgängig gemacht werden konnten[858]. Ebenfalls haben Auswirkungen auf die Umwelt ausgereicht, wenn die Genehmigung auch gegen eine ministerielle Rechtsverordnung verstieß[859]. Auch auf die Kosten der Realisierung des Projektes kann es ankommen[860]. Der *Conseil d'État* hat dem Aussetzungsbegehren stattgebende Entscheidungen jedoch oftmals wieder aufgehoben[861].

Welchen Stellenwert das Interesse an einem ungestörten Vollzug des Verwaltungsaktes in Frankreich hat, wird daran deutlich, dass vor der Entscheidung nicht selten Sachverständigengutachten eingeholt wurden, um die Schwere von Umweltbeeinträchtigungen zu ermitteln[862]. Die Effizienz des Verfahrens wurde durch die oft monatelange Dauer gemindert[863]. So kam es vor, dass sich Aussetzungsanträge einfach erledigten[864]. Auffällig ist weiterhin, dass die Entscheidung auch im Falle des Vorliegens der Voraussetzungen im richterlichen Ermessen stand[865], welches von politischen Erwägungen geleitet sein konnte[866].

In Ausnahmefällen kennt auch das französische Recht Verfahrenserleichterungen, die erneut den hohen Stellenwert vor Entscheidungsfindung einzuholender Untersuchungen und Stellungnahmen verdeutlichen. Nach Art. L 122-2 code de

---

855 Siehe CAA Lyon, 21 novembre 1995, *M. Taxil*, RJE 1996, S. 169 (170); siehe ebenfalls CE, 25 janvier 1980, *S.O.T.E.M. et Mariani*, AJDA 1980, S. 615 (617).

856 *Woehrling*, NVwZ 1985, S. 21 (24).

857 Siehe TA Clermont-Ferrand, 11 avril 1991, *Association pour l'environnement*, n° 901133, in *Carlier*, Juris-Classeur environnement, *contentieux des installations classées*, fasc. 1040, Rn. 158 (Vorauflage).

858 CE, 12 novembre 1965, *Commune de Buc*, rec., S. 609 (610).

859 CAA Nantes, 24 juin 1998, *Société Laine*, n° 96NT02066.

860 Siehe CAA Nancy, 5 février 1998, *Société Jean Vandamme*, n° 97NC02516, Ministère de l'aménagement du territoire et de l'environnement, jurisprudence 1998, S. 31.

861 Siehe *Fromont*, UPR 1983, S. 186 (190).

862 Siehe beispielsweise TA Strasbourg, 20 juillet 1993, *Association de sauvegarde de la vallée de l'Isch c/ Préfet du Bas-Rhin*, RJE 1994, S. 135 (136).

863 *Woehrling*, S. 15.

864 *Caballero*, RJE 1984, n° 1, S. 3 (23); siehe CAA Nancy, 20 novembre 1997, *SA Bonnefoy*, n° 96NC01646.

865 *Razafindratandra*, DE 1999, n° 65, S. 10 (11).

866 Bemerkenswert ist hier eine Entscheidung des TA Caen vom 3 février 1998 (*Association de sauvegarde du pays d'Isigny-Le-Buat*, RJE 1999, S. 144). Das Gericht hat eine Vollzugsaussetzung trotz erfüllter Voraussetzungen abgelehnt, weil die betreffende Anlage als wesentlich „*pour préserver la salubrité publique*“ angesehen wurde.

l'environnement *ist* die aufschiebende Wirkung dann anzuordnen, wenn für genehmigungspflichtige Anlagen keine *étude d'impact* vorliegt[867]. Mittlerweile wird davon ausgegangen, dass auch die Unvollständigkeit in engen Grenzen einem Fehlen gleichgesetzt werden kann[868]. Ferner kann der Vollzug auszusetzen sein, wenn die Genehmigung trotz abschlägiger Beurteilung der Stellen erteilt wurde, welche die öffentliche Anhörung durchgeführt haben[869]. Dies ersetzt die erforderlichen Vollzugsfolgen. Die nötigen ernsthaften Klagegründe können sich auch aus einer unvollständigen *étude d'impact* ergeben[870]. Wenn das Ergebnis der öffentlichen Anhörung zwar positiv ausfällt, allerdings bestimmte Vorbehalte zum Ausdruck kamen, welche nicht Inhalt des Genehmigungsbescheids geworden sind, kann der Richter den Vollzug aussetzen, wenn er diese Vorbehalte als wesentlich crachtet[871]. Ferner ist dem Antrag auf einstweilige Aussetzung der Vollziehung stattzugeben, wenn eine öffentliche Anhörung unterblieben ist[872].

Die Anforderungen fallen wesentlich strenger aus als im deutschen Recht[873]. Insbesondere findet in Frankreich keine wirkliche oder eine nur sehr verwaltungslastige Interessenabwägung statt[874]. Besonders deutlich wird dies im Vergleich zu dem Verfahren nach § 80 VwGO. Die Behörde muss hier ein besonderes öffentliches Interesse an der sofortigen Vollziehung darlegen, damit Rechtsbehelfe (den nicht schon kraft besonderer gesetzlicher Anordnung die aufschiebende Wirkung fehlt) keine aufschiebende Wirkung haben (Abs. 2 Nr. 4). Mithin spricht das öffentliche Interesse im Prinzip gegen den sofortigen Vollzug. Das Gericht überprüft im Verfahren nach § 80 V VwGO unter anderem, ob die von der Behörde vollzogene Abwägung zu beanstanden ist und nimmt daher im Gegensatz zu Frankreich erneut eine Interessenabwägung vor. Von dem Grundsatz aufschiebender Wirkung wird indessen immer mehr abgewi-

---

867 Vormals Art. 2 des Gesetzes vom 10 juillet 1976 *relative à la protection de la nature*; siehe beispielsweise TA Toulouse, 2 avril 1998, *Commune de Manses*, n° 98/583.

868 CE, 29 juillet 1983, *Commune de Roquevaire*, rec., S. 353; TA Amiens, 18 mars 1997, *Comité déf. Vron*, in *Carlier*, Juris-Classeur, fasc. 1040, Rn. 153 (Vorauflage, Aktualisierung); *Boivin*, S. 186, Rn. 57. Der *Conseil d'Etat* hat insoweit ausgeführt, dass die Untersuchung so schwere Lücken aufweisen müsse, dass sie nicht einmal im Ansatz den inhaltlichen Anforderungen entspreche, insbesondere zu den einzelnen Punkten nicht einmal ansatzweise Stellung beziehe und daher keinerlei Aufschlüsse über das Verfahren liefere, siehe CE, 28 septembre 1984, *Rondeau et Chemouny*, abgedruckt bei *Carlier*, Juris-Classeur environnement, *contentieux des installations classées*, fasc. 1040, Rn. 156 (Vorauflage).

869 Art. 6 des loi n° 83-630 du 12 juillet 1983 relative à la democratisation des enquêtes publiques et à la protection de l'environnement.

870 Siehe TA Amiens, 18 mars 1997, *Comité de défense de Vron*, RJE 1999, S. 276.

871 Siehe *Code Permanent*, S. 4036, Rn. 229.

872 Siehe TA Toulouse, 2 juin 1998, *Commune de Manses*, n° 98/1104; TA Clermont-Ferrand, 19 mars 1991, *Association pour la sauvegarde des côtes de Clermont-Chanturge*, rec., S. 126.

873 Siehe § 80 Abs. 5 VwGO; *Kopp/Schenke*, § 80, Rn. 146ff.

874 Siehe zur in Deutschland erforderlichen Abwägung *Kopp/Schenke*, § 80, Rn. 152ff.

chen[875]. Dagegen ist in Frankreich zumindest der Wille zur Verstärkung des einstweiligen Rechtsschutzes erkennbar.

Die beschränkte aufschiebende Wirkung der Klage verträgt sich nicht mit den ansonsten umfangreichen Kompetenzen des Verwaltungsrichters. Der Regelungsmechanismus ist vielmehr auf die Bedürfnisse der Anfechtungsklage zugeschnitten. Da das französische Recht keine Verpflichtungsklage kennt, ist es dem Kläger nicht möglich, im einstweiligen Rechtsschutz beispielsweise gegen einen ablehnenden Verwaltungsakt vorzugehen, so dass der einstweilige Rechtsschutz folglich nur gegen vollziehbare Entscheidungen möglich ist[876]. Dieses Verfahren dient nicht der Rechtsvermehrung, so dass beispielsweise der Anlagenbetreiber keine vorläufige Genehmigung erreichen kann, wenn die Behörde den Genehmigungsantrag abschlägig beschieden hat. Ferner ist es nicht möglich, im Wege der Aussetzung der Vollziehung die Verschärfung von Auflagen zu erreichen, weil diese zum einen in der Regel als nicht teilbar angesehen werden und der Antrag ebenfalls nicht auf die Aufhebung der Entscheidung gerichtet ist[877]. Da der Richter in dem Verfahren der *pleine juridiction* mit einem umfassenden Interessenausgleich beauftragt ist, würde es insofern nahe liegen, dass das Gericht ohne weiteres über die vorläufige Aussetzung der Vollziehung entscheiden und von seinen Umgestaltungskompetenzen auch im Wege der einstweiligen Verfügung Gebrauch machen könnte. In diesem Verfahren geht es nicht mehr nur um eine objektive Rechtskontrolle, was eine mangelnde aufschiebende Wirkung rechtfertigen kann[878], sondern die Klage erfüllt auch die Aufgabe des Schutzes von Individualinteressen.

Insofern ist erstaunlich, wie sehr der einstweilige Rechtsschutz hinter deutschen Regelungen zurückbleibt. Wird allerdings berücksichtigt, wie vorsichtig die speziellen richterlichen Kompetenzen in der Praxis umgesetzt werden[879], wird deutlich, dass das Institut des einstweiligen Rechtsschutzes sehr wohl mit den gerichtlichen Möglichkeiten harmoniert. Zum einen macht der Richter von seinen Umgestaltungskompetenzen nur sehr selten Gebrauch, so dass es kaum ins Gewicht fällt, dass dem Richter eine entsprechende Befugnis im Verfahren des einstweiligen Rechtsschutzes nicht zusteht. Der Richter hält sich in der Praxis mit der Kontrolle materieller Umweltschutzbestimmungen zurück und verlegt den Schwerpunkt entgegen dem deutschen Recht auf die Kontrolle des formellen Verfahrens, insbesondere der *étude d'impact*[880]. Die Bedeutung dieser Untersuchungen findet sich spiegelbildlich im einstweiligen Rechtsschutz wieder.

---

875 Siehe zu den bundesgesetzlich geregelten Fällen der Ausnahmen der aufschiebenden Wirkung im Sinne von § 80 Abs. 2 Nr. 3 VwGO *Redeker/von Oertzen*, § 80, Rn. 18.

876 *Woehrling*, NVwZ 1985, S. 21 (24).

877 *Ferrand*, Juris-Classeur environnement, *contentieux des installations classées*, fasc. 1040, Rn. 50.

878 Siehe *Koch*, S. 142.

879 Siehe dazu im folgenden Abschnitt und auf S. 147.

880 Siehe unten, S. 137ff.

H. Gerichtliche Kontrolle in der Praxis

Der Richter macht von seinen Prüfungskompetenzen nur zögerlichen Gebrauch. Dieser Eindruck, den bereits der erste Beispielsfall *Association authonnaise* vermittelte, wird allgemein bestätigt[881]. Teilweise wird davon ausgegangen, das Gericht übe praktisch nur eine Prüfung des aus dem *recours pour excès de pouvoir* bekannten *erreur manifeste* aus[882]. Aufschlussreich ist eine Analyse von *Courtin*[883]. Er untersuchte 380 Urteile aus den Jahren 1990 bis 1993 und kam zu dem Ergebnis, dass der Grund für die Aufhebung anlagenzulassungsrechtlicher Entscheidungen nicht in mangelndem Umweltschutz liegt. 70 % aufgehobener anlagenzulassungsrechtlicher Entscheidungen werden aufgrund von Verfahrensfehlern aufgehoben, insbesondere wegen Mängeln der *étude d'impact* sowie der *enquête publique*[884]. Zu diesen gerichtlichen Verfahren zählt auch der zweite Beispielsfall *Société S.P.E.C.H.I.N.O.R.* Von den Entscheidungen, die wegen materieller Fehler aufgehoben wurden, sind etwa die Hälfte aufgrund von Fehlern bau- und bauordnungsrechtlicher Art annulliert worden und nicht wegen eines Verstoßes gegen Vorschriften, die speziell dem Umweltschutz gewidmet sind[885]. Dies erfolgte nur in ca. 16 % der Fälle[886]. Dieses Ergebnis dürfte auch heute noch Gültigkeit beanspruchen[887].

In einer allgemeineren Untersuchung kommt *Cabellero* zu einem ähnlichen Ergebnis. Er untersuchte zahlreiche Entscheidungen zwischen 1971 und 1982 und fand heraus, dass in von Dritten angestrengten Verfahren in zwei Drittel der Fälle im Sinne des Anlagenbetreibers und damit seiner Ansicht nach gegen die Belange des Umweltschutzes entschieden wurde[888]. Ferner weist er nach, dass der *Conseil d'État* den Anlagenbetreiber belastende Betriebsauflagen tiefgreifender prüft, wenn dieser das Verfahren angestrengt hat[889]. Ähnliche Schieflagen in der Kontrolle sind bereits unter

---

881 *Courtin*, BDEI 1996 (n° 5), S. 9 (10); *Woehrling*, S. 26; ders. DVBl 1992, S. 884 (892); *Prieur*, RJE 1978, S. 121 (123); *Piedbois*, Annales des mines août 1984, S. 73 (76); *Baucomont*, thèse, S. 397; conclusions *de la Verpillière*, CE, 15 décembre 1989, *S.P.E.C.H.I.N.O.R.*, RJE 1990, S. 243 (244, 248); *Staub*, Rn. 753; *Deharbe*, note CE, 4 mai 1998, *M. Teallier*, les petites affiches 1999, n° 159, S. 19 (20).

882 *Baralle*, in *Deharbe* (Hrsg.), S. 71 (81).

883 *Courtin*, RJE 1995, n° spécial, S. 53ff.

884 *Courtin*, RJE 1995, n° spécial, S. 53 (55). Auffällig ist, dass nur etwa ein Drittel dieser Verfahren durch Dritte angestrengt wurden.

885 *Courtin*, RJE 1995, n° spécial, S. 53 (55).

886 *Courtin*, RJE 1995, n° spécial, S. 53 (66). Bezüglich der seitens Dritter angestrengten Klagen. Entsprechende Zahlen für die vom Anlagenbetreiber angestrengten Klagen fehlen leider.

887 Eine nicht erschöpfende Durchsicht der in den Jahren 1995 bis 2000 in der Rechtsprechungssammlung des Umweltministeriums und der RJE veröffentlichten Entscheidungen zeigt, dass Verwaltungsentscheidungen in ca. 20 % der Fälle aufgrund einer fehlerhaften Tatsachenwertung in Bezug auf anlagenzulassungsrechtliche Normen aufgehoben wurden.

888 *Caballero*, RJE 1984, n° 1, S. 3 (28).

889 *Caballero*, RJE 1984, n° 1, S. 3 (31).

dem Phänomen der *compétence dyssimétrique* aufgefallen[890]. Ob dieses auch für das Anlagenzulassungsrecht gilt, kann nicht abschließend festgestellt werden, weil weder dem Erlaubnistatbestand des Art. L 512-1 Abs. 2 code de l'environnement noch der gesetzgeberischen Intention entnommen werden kann, welche Alternative gesetzlich gewollt ist. Ferner ist zu beachten, dass der *Conseil d'État* eine Tatsachenwertung seit der Einführung der CAA nicht mehr prüft. Insofern ist fraglich, ob die von *Caballero* gefundenen Ergebnisse heute noch Gültigkeit beanspruchen.

Eine entsprechende richterliche Selbstbeschränkung tritt sogar offen zu Tage, indem das Gericht die Kontrollgrundsätze der *recours pour excès de pouvoir* heranzieht. Dies betraf Fälle, in denen die Maßnahmen (bzw. ihr Unterlassen) überprüft wurden, welche die Behörde gegen den störenden Anlagenbetrieb getroffen hat oder hätte treffen müssen[891]. Ferner soll die Frage, ob Sicherheitsabstände zwischen der zu genehmigenden Anlage sowie einer benachbarten Wohnbebauung ausreichend sind, nur einem *contrôle minimum* unter Einschluss der Prüfung des *erreur manifeste* unterzogen werden[892]. Außerdem wurde das Problem, wer der richtige Adressat einer Verwaltungssanktion ist, wenn mehrere Störer in Frage kommen, nur einer Prüfung des *erreur manifeste* unterzogen[893]. In anderen Entscheidungen wurde Prüfung der Effizienz von Betriebsvorschriften auf einen *erreur manifeste d'appréciation* beschränkt, ohne jedoch eine ausdrückliche Zuordnung zum *contrôle minimum* vorzunehmen[894]. Daneben wurden andere dem *recours pour excès de pouvoir* eigentümliche Begriffe

---

890 Siehe oben, S. 94ff.

891 Vgl. CE, 7 octobre 1981, *Ep. Martinet*, req., n° 9662, bezüglich der Verweigerung des *préfet*, von dem Anlagenbetreiber im Wege einer nachträglichen Anordnung die Einhaltung der Betriebsbestimmungen einzufordern, zitiert nach *Caballero*, RJE 1984, n° 1, S. 3 (31); vgl. auch *Boivin*, S. 255, Rn. 98; *Gabolde*, Juris-Classeur administratif, *installations classées*, fasc. 365, Rn. 163 unter Berufung auf CE, 26 novembre 1976, *Dugenest*, RJE 1977, n° 1, S. 58 (59); allerdings wird hier nicht ausdrücklich zur Kontrolltiefe Stellung bezogen.

892 *Gabolde*, Juris-Classeur administratif, *installations classées*, fasc. 365, Rn. 71, der dies allerdings weder belegt noch begründet.

893 Vgl. TA Strasbourg, 4 mars 1997, *M. Albert Lauer*, RJE 1998, S. 414 (415).

894 CE, 25 septembre 1992, *Fournier*, n° 81.618; CE, 18 janvier 1986, *Sté les mines de potasse d'Alsace*, rec., S. 116; TA Limoges, 15 janvier 1986, *Association contre la pollution de la haute vallée de la Gartempe*, RJE 1986, S. 289 (291); TA Marseille, 13 juin 1983, *Société Lafarge*, Premier Ministre (Secrétariat d'Etat à l'environnement et à la qualité de la vie Extraits de la jurisprudence, S. 41 (42); CAA Nantes, 5 mars 2002, n° 00NT01569. Unbedenklich erscheint es dagegen, die Untersuchung auf einen *erreur d'appréciation* auszurichten, da es unter anderem um die korrekte Tatsachenwertung geht; so geschehen beispeilsweise in CAA Lyon, 31 janvier 1995, *Société des carrières de Haute Loire*, n° 94LY00394; CAA Lyon, 10 juin 1997, *Société Lanvers Matériaux*, Ministre de l'aménagement du territoire et de l'environnement, jurisprudence 1997, S. 15; TA Lyon, 10 décembre 1989, *Frapna*, RJE 1990, S. 119 (120).

auf das hier untersuchte Verfahren übertragen. Beispielsweise wurden rechtsfehlerhafte Verwaltungsentscheidungen als *excès de pouvoir* gewertet[895].

Eine ähnlich zögerliche Haltung war bereits im Zuge der Untersuchung der Kontrolle des *erreur manifeste d'appréciation* festzustellen[896]. Wie in beiden Beispielsfällen verlagert das Gericht die Gewichtung der Kontrolle auf die formelle Rechtmäßigkeit, insbesondere der Kontrolle der *étude d'impact* aber auch für die *enquête publique*[897]. Die Richtigkeit des darauf aufbauenden Inhalts der Verwaltungsentscheidung wird dagegen nur zurückhaltend überprüft. Dadurch werden auch die Folgen der in Frankreich wesentlich schwächeren Zulässigkeitsvoraussetzungen teilweise kompensiert.

Die dargestellten Judikate werfen die Frage auf, ob das Gericht nicht dazu verpflichtet ist, stets in einen wirklichen *contrôle maximum* auszuüben. Dieses Problem wird allerdings in der französischen Literatur nicht diskutiert. Ein Fall zulässiger Kontrollbeschränkung ist bei der gebundenen Verwaltung zu finden[898]. So sind auch im Falle einer Vollkontrolle die Aufhebungsmöglichkeiten aufgrund der *théorie des moyens inopérants* beschränkt, wenn die Behörde in der Sache keine andere Entscheidung hätte treffen können[899]. Darüber hinaus wird dem Gericht auch im *contentieux des installations classées* vereinzelt die Möglichkeit zugestanden, bei Sachverhalten, die es nicht überprüfen will, die Kontrolle wie bei dem *recours pour excès de pouvoir* zu beschränken[900]. Ein solches Ermessen des Gerichts wird allerdings durch den Auftrag des Richters begrenzt, einen umfassenden Interessenausgleich herbeizuführen. Aus verfassungsrechtlicher Sicht ergeben sich hier keinerlei Anhaltspunkte, weil in der Verfassung eine dem Art. 19 Abs. 4 Satz 1 GG vergleichbare Norm fehlt und die verwaltungsgerichtliche Kontrolltiefe in der Regel nicht grundrechtsbezogen diskutiert wird. Prozessual ist das Gericht zwar zur Prüfung der Rechtmäßigkeit und insbesondere der von den Parteien vorgetragenen Umstände verpflichtet[901]. Ansonsten ist das Urteil nicht ausreichend begründet[902]. Allerdings besteht auch hinsichtlich des Umfangs der gerichtlichen Begründung ein erheblicher Spielraum. Die Begründungen verwaltungsgerichtlicher Urteile fallen regelmäßig kurz und im aufsteigenden Instan-

---

[895] Siehe TA Paris, 27 janvier 1983, *SARL „Vendrand“*, Premier Ministre (Secrétariat d'Etat à l'environnement et à la qualité de la vie), extraits de la jurisprudence, S. 55 ; CAA Nantes, 21 décembre 1994, *Mme Jeanine Delion*, n° 93NT01235.

[896] Siehe oben, S. 73.

[897] Siehe unten, S. 137f.

[898] Vgl. *Code Permanent*, S. 4005, Rn. 79.

[899] Vgl. *Chanel/Boivin*, BDEI 1995 (4), S. 25 (29); vgl. auch CE, 17 novembre 1995, *M. Lanusse*, n° 119.761; *Guillaume*, répertoire Dalloz, *contentieux des installations classées*, Rn. 27.

[900] Vgl. *Schneider*, note sous TA Strasbourg, 4 mars 1997, *M. Albert Lauer*, RJE 1998, S. 415 (416); Zurückhaltung mahnt auch *Baucomont* an (thèse, S. 406).

[901] Vgl. CAA Lyon, 4 février 1998, *Mlle P.*, AJDA 1998, S. 274.

[902] Vgl. CAA Lyon, 30 janvier 1996, *M. Delarbe*, Ministère de l'environnement, jurisprudence 1996, S. 15.

zenzug kürzer aus. Insofern resultiert aus der Pflicht zur Urteilsbegründung nicht eine tatsächlich umfangreiche Prüfung. Praktisch ist der Richter nicht verpflichtet, grundsätzlich eine Vollkontrolle auszuüben.

Die zurückhaltende und auf die formelle Seite der Verwaltungsentscheidung ausgerichtete Kontrollpraxis wird jedoch nicht ausnahmslos gebilligt. Sie bringt keine wirkliche Lösung eines Konfliktes, da die Genehmigung in materieller Hinsicht in der Regel nicht überprüft wird und die Behörde die Genehmigung daher erneut erlassen kann[903]. Hier handelt es sich jedoch nicht um ein Phänomen, das auf den *contentieux des installations classées* beschränkt wäre, sondern für den gesamten Verwaltungsprozess im umweltrechtlichen Bereich gilt[904]. Allerdings wiegt diese Kritik gerade für das Anlagenzulassungsrecht um so schwerer, als die Zuweisung eines Streitgegenstandes unter diese besondere Klageart gerade mit dem Argument gerechtfertigt wird, dass der Richter eine endgültige Lösung des Streites herbeiführen soll[905]. Dieser Kritikpunkt greift insbesondere beim zweiten Beispielsfall *Société S.P.E.C.H.I.N.O.R.*, weil die Genehmigung im Berufungsverfahren wegen formeller Fehler aufgehoben wurde.

Allerdings bildet die praktizierte Maximalkontrolle auch im herkömmlichen Prozessrecht die Ausnahme. Insofern wäre es ungewöhnlich, wenn eine bereichsspezifische Unterordnung unter die Maximalkontrolle eine zugleich in praktischer Hinsicht umfangreiche Prüfung nach sich zöge[906]. Die richterliche Zurückhaltung ist folglich nur aus deutscher, nicht aber aus französischer Sicht ungewöhnlich. Auch für den *contentieux des installations classées* wird vertreten, es erscheine nicht sachgerecht, dass der Richter im Regelfall die Entscheidung der Behörde durch seine eigene ersetze[907]. Dies deckt sich mit der Haltung im normalen gerichtlichen Verfahren, in dem die Kontrolle von technischen Beurteilungen ebenfalls nur zögerlich erfolgt[908]. Zu kritisieren bleibt jedoch, dass es weder der französischen Rechtsprechung noch der Lehre gelungen ist, den praktischen Umfang richterlicher Kontrolle in diesem Bereich zu umschreiben oder in bestimmte Fallgruppen zu kanalisieren. Insofern besteht hier eine größere Rechtsunsicherheit als im Verfahren des *recours pour excès de pouvoir*.

Für den mangelnden Kompetenzkonflikt werden auch eher soziologische Befunde angeführt. Häufig wird angenommen, die Eigenarten des Verfahrens seien nicht ausreichend bekannt[909]. Die Parteien beantragten vor Gericht nur selten über die Aufhe-

---

903 *Woehrling*, DVBl 1992, S. 884 (891).

904 Vgl. *Bonello/Fédida*, S. 65.

905 Siehe unten, S. 146.

906 *Woehrling* (S. 26) geht davon aus, dass die Gerichte kaum ihre Übung einer eingeschränkten Kontrolle ändern, wenn sie in diesem Spezialbereich tätig sind.

907 *Baucomont*, thèse, S. 406.

908 Siehe *Woehrling*, DVBl 1992, S. 884 (892); *Grote*, NVwZ 1986, S. 269 (274).

909 Interview *Bracquart*, in *TOS*, enquête-rapport, S. 54; Interview *Guevel* in *TOS*, enquête-rapport, S. 74; *Piedbois*, Annales des mines, août 1984, S. 73 (76); vgl. auch *Woehrling* (NVwZ 1985, S. 21 (22)), der davon ausgeht, Franzosen seien mit der Verwaltungsgerichtsbarkeit wenig vertraut.

bung der Verwaltungsentscheidung hinausgehende Maßnahmen[910]. Weiterhin sei das Interesse der Franzosen am Schutz der Umwelt geringer ausgeprägt als in Deutschland. Umweltprobleme träten in Frankreich aufgrund unterschiedlicher Geographie und Bevölkerungsstruktur entweder nicht in dem Maße auf oder würden anders wahrgenommen[911]. Mitunter wird sogar vermutet, dem Deutschen sei eine stärkere Verbindung zur Natur wesensimmanent[912]. Andererseits wird betont, das Umweltbewusstsein in Frankreich nehme zu[913]. So hat sich die Zahl der aus Gründen des Umweltschutzes angestrengten gerichtlichen Verfahren seit den achtziger Jahren erheblich erhöht[914].

Wiederum ist darauf hinzuweisen, dass in Frankreich Rechtsbehelfe gegen anlagenzulassungsrechtliche Entscheidungen keine aufschiebende Wirkung haben. Dies tritt zu den ohnehin bereits bestehenden Schwierigkeiten hinzu, die im Zuge der Abwägung technischer, wirtschaftlicher und sozialer Aspekte auftreten[915]. Ferner ist an die auffallend langen Klagefristen sowie die geringen Anforderungen an die Klagebefugnis zu erinnern[916]. Es ist zu vermuten, dass die Interessen des Anlagenbetreibers höher bewertet werden, wenn mit Errichtung und Betrieb der Anlage bereits begonnen wurde. Das Gericht vermeidet eine rigorose Anwendung seiner Kompetenzen aus Gründen des Vertrauensschutzes, so dass die richterliche Zurückhaltung in gewissem Maße der gesetzlichen Ausgestaltung des Anlagenzulassungsrechts immanent ist.

Ferner ist zu beachten, dass anderen Verfahren als Alternative zum Verwaltungsprozess größere Bedeutung zukommt als in Deutschland. So sind zivilprozessuale Möglichkeiten[917] in Frankreich stärker ausgeprägt. Privatrechtliche Ansprüche werden nach Art. L 514-19 code de l'environnement anders als im deutschen Recht ausdrücklich nicht durch die Genehmigung ausgeschlossen. Umweltschutzorganisationen kann ein Schadenersatzanspruch im Falle ideeller Schäden zustehen. Diese können sich durch Zuerkennung einer Schadensersatzsumme selbst finanzieren[918]. Der Zivilprozess wird wegen der kürzeren Verfahrensdauer oft bevorzugt[919]. Das französische Schadensrecht biete direktere Möglichkeiten, den Verursacher einer Verschmutzung zur Restitution des Schadens zu bewegen als das Verwaltungsprozessrecht[920]. So würden zivilrechtliche Verfahren bei der Realisierung von Großprojekten systematisch ange-

---

910 *Piedbois*, Annales des mines août 1984, S. 73 (76).

911 *Kloepfer/Mast*, S. 72; *Woehrling*, DVBl. 1992, S. 884.

912 Siehe *Woehrling*, DVBl. 1992, S. 884 (885).

913 *Bergmann*, S. 118.

914 Interview *Papp* in *TOS*, enquête-rapport, S. 93 (er spricht von einer Verfünffachung); *Hélin*, in: *Schwarze/Schmidt-Aßmann*, S. 63 (91).

915 *Piedbois*, Annales des mines août 1984, S. 73 (76).

916 Siehe oben, S. 120ff.

917 Siehe zum zivilrechtlichen Schutz insgesamt: *Bergmann*, S. 36ff.

918 Interview *Bracquart*, in *TOS*, enquête-rapport, S. 54.

919 Vgl. Interview *Carle* in *TOS*, enquête-rapport, S. 56; *Leost* in *TOS*, enquête-rapport, S. 85.

920 Interview *Chambolle* in *TOS*, enquête-rapport, S. 60, *TOS*, installations classées, S. 68.

strengt[921]. Auch der Amtshaftungsprozess kommt als Alternative in Betracht[922]. Im Gegensatz zum deutschen Recht können Umweltschutzorganisationen staatshaftungsrechtliche Ansprüche zustehen[923]. Diese können auch entstehen, wenn Betriebsvorschriften die Nachbarschaft nicht ausreichend schützen[924]. Über diese Ansprüche wird ebenfalls durch *recours en pleine juridiction* entschieden, und der Richter kann sie bereits im Zuge der Grundentscheidung über die Rechtmäßigkeit der Genehmigung zusprechen[925]. Allerdings wird der Verwaltung ein umfangreicher Ermessensspielraum eingeräumt, ob gegen den Anlagenbetrieb eingeschritten wird oder nicht[926].

Im Zuge der Analyse vor allem aktueller verwaltungsgerichtlicher Entscheidungen fällt weiterhin auf, dass konkrete Betriebsvorschriften genehmigter Anlagen selten Gegenstand gerichtlicher Entscheidungen sind. Sehr häufig wird nur über Sanktionen oder Zahlungsverpflichtungen gestritten. Überproportional häufig geht es um oberirdische Abbauvorhaben (*carrières*). Dies ist darauf zurückzuführen, dass *carrières* in der Regel einen vor allem visuellen Eingriff in Natur und Landschaft erzeugen und damit ein größeres Konfliktpotential bergen. Möglicherweise liegen diese Auffälligkeiten tatsächlich darin begründet, dass Betriebsvorschriften herkömmlicher Industrieanlagen im breiten Konsens ermittelt werden. Dies soll seine Ursache darin haben, dass hohe Funktionäre sowohl der Behörde als auch der Privatwirtschaft oftmals denselben Eliteschulen entstammten[927].

Die Ursachen richterlicher Zurückhaltung liegen im französischen Verständnis der Rolle des Verwaltungsgerichts im Gefüge der Gewaltenteilung begründet und sind damit Ursache und Wirkung finaler Rechtssetzung. Gerade vor dem Hintergrund, dass bei der Erarbeitung von Betriebsbestimmungen eine Vielzahl heterogener gesetzlich und verfahrensmäßig zu berücksichtigender Interessen abgewogen werden muss, ist die gerichtliche Zurückhaltung verständlich. Dem Richter wird es u.U. schwerfallen, insbesondere die Abwägung mit ökonomischen Belangen nachzuvollziehen[928], ohne eine politische Entscheidung zu treffen. Eine effektiv handelnde Verwaltung liegt im öffentlichen Interesse, so dass es einer machtvollen rechtsprechenden Gewalt nicht mehr bedarf. Das richterliche Gestaltungsermessen steht am Ende einer finalen Normstruktur und bedingt diese[929].

---

921 Vgl. Interview *Leynaud* in *TOS*, enquête-rapport, S. 88; Interview *Landais* in *TOS*, enquête-rapport, S. 78.

922 Siehe zum französischen Recht *Deswarte*, in: Répertoire de Dalloz (installations classées), Rn. 22ff. sowie *Gabolde*, Juris-Classeur, Installations classées, Fasc. 365, Rn. 244ff.

923 TA Strasbourg, 17 février 1998, *Association de sauvegarde des vallées et prévention des pollutions*, RJE 1998, S. 223 (226).

924 Vgl. TA Limoges, 6 décembre 1990, *M. Lescure*, abgedruckt in *Code Permanent*, S. 1539.

925 Siehe *Piedbois*, Annales des mines, août 1984, S. 73 (75); *Sylvain*, S. 26.

926 Kritisch *Charbonneau*, RFDA 1988, S. 529 (536).

927 *Charbonneau*, RFDA 1988, S. 249 (542); *Rapily*, interview in *TOS*, enquête-rapport, S. 100.

928 *Deharbe*, rupture ou continuité du droit des installations classées, S. 7 (23f., 25).

929 Breuer, Umweltrechtstage, S. 53 (73).

I. Kontrolle formeller Verfahrensvorschriften

Der Schwerpunkt gerichtlicher Kontrolle liegt in Frankreich auf der formellen Seite der Verwaltungsentscheidung, insbesondere der Gesetzmäßigkeit anzufertigender Untersuchungen und Anhörungen[930]. Im Mittelpunkt stehen – wie in den Beispielsfällen – *étude d'impact* und *enquête publique*[931]. Hier tauchen am häufigsten Verfahrensfehler auf, die zur Aufhebung der Verwaltungsentscheidung führen[932].

Bei der *étude d'impact* handelt es sich nur um einen Verfahrensschritt im Zuge des Erlasses eines Verwaltungsaktes, der als solcher ähnlich dem deutschen Recht nicht selbständig anfechtbar ist[933], so dass eine gerichtliche Kontrolle inzident stattfinden muss. Sie fällt um so strenger aus, je bedeutsamer das Projekt und insbesondere dessen Auswirkungen auf die Umwelt sind[934]. Die Untersuchung muss eine Einschätzung der Umweltauswirkung erlauben[935], insgesamt einen *caractère sérieux* haben[936], und darf keine wesentlichen Lücken enthalten[937]. Diese Voraussetzungen werden nicht erfüllt, wenn Mängel die öffentliche Anhörung oder die spätere Entscheidung der Genehmigungsbehörde dahingehend beeinflusst haben, dass die Umweltfolgen unterschätzt wurden[938]. Eine mangelnde *étude d'impact* führt wie im zweiten Beispielsfall auch zur Rechtswidrigkeit der *enquête publique*[939]. Nicht überprüft wird, ob die prognostizierten Umweltbeeinträchtigungen mit den tatsächlichen übereinstimmen[940]. Schließlich ist noch darauf hinzuweisen, dass eine eventuelle *insuffisance* bzw. ein Fehlen der *étude d'impact* nicht von Amts wegen geprüft wird, so dass sich die Parteien darauf berufen müssen[941]. Eine mangelhafte *étude d'impact* führt zwar automatisch zur Aufhebung der Genehmigung, nicht aber zwangsläufig zu einer Untersagung des

---

930 Siehe *Razafindratandra*, commentaire CAA Nantes, 31 mai 1995, *Association ADICET et M. Cailbaut*, DE 1996 (n° 38), S. 8 (9ff.).

931 *Boivin*, S. 236, Rn. 28ff.; siehe z.B. bezüglich der *enquête publique* TA Strasbourg, 4 mars 1999, *Association pour la protection de l'environnement de Malincourt*, DE 1999, n° 68, S. 7; siehe zu der hier vernachlässigten *étude de dangers* Siehe *Baucomont/London*, Lamy, n° 233-8; *Kromarek*, in *Rengeling*, Auf dem Weg zum UGB I, S. 57 (71) sowie *Boivin/Pennaforte/Vérot*, S. 40f.

932 *Baucomont/London*, Lamy, n° 230-15.

933 *Prieur*, RJE 1991, S. 23 (31f.).

934 CE, 7 mars 1985, *COGEMA*, rec., S. 66; CE, 22 mars 1996, *Groupement agricole d'exploitation en commun du Vieux-Bougy*, DE 1996 (n° 40), S. 9; *Prieur*, RJE 1991, S. 23 (30).

935 *Code Permanent*, S. 3998, Rn. 63; *le Coline*, S. 27.

936 Siehe *Prieur*, RJE 1991, S. 23 (30f.).

937 *Le Coline*, S. 27.

938 CAA Nancy, 4 novembre 1993, *S.A. Union française des pétroles*, rec., S. 477.

939 CAA Lyon, 19 juillet 1996, Ministère de l'environnement, jurisprudence 1996, S. 5; *Baucomont/London*, Lamy, n° 239-1ff.

940 *Bergmann*, S. 117.

941 Es handelt sich nicht um ein sog. *moyen d'ordre public*, welches von Amts wegen kontrolliert wird; siehe *Prieur*, RJE 1991, S. 23 (27f.).

Anlagenbetriebes, wenn beispielsweise wirtschaftliche Interessen überwiegen[942]. Es ist daher tendenziell eine ähnliche Schieflage in der Interessenabwägung festzustellen wie bei der Untersuchung der aufschiebenden Wirkung[943].

Soweit bekannt, existieren indes keine empirischen Analysen, ob den hohen Anforderungen an die *étude d'impact* auch in der Praxis entsprochen wird[944]. Wie im ersten Beispielsfall deutlich wird, beschränkt sich die gerichtliche Kontrolle häufig auf eine detaillierte Prüfung der Vollständigkeit der *étude d'impact*, ohne Tatsachen und Wertungen der Genehmigungsbehörde selbst nachzuvollziehen.

Der ausgeübte Kontrollmaßstab ist unklar. Art. L 514-6 code de l'environnement ordnet die Überprüfung nicht der *pleine juridiction* zu. Es wird teilweise davon ausgegangen, die Kontrolle erfolge praktisch nur anhand des *contrôle minimum* unter Einschluss der Prüfung des *erreur manifeste d'appréciation*[945]. Der Richter macht jedoch einen flexiblen Gebrauch von dieser Kontrolle. Sie erfolgt mitunter sehr detailliert[946] und wird dem *contrôle maximum* angenähert[947]. Auch der *Conseil d'État* hat seine Kontrolle mittlerweile intensiviert[948]. Die Prüfungsverfahren nehmen stetig zu und haben sich zu einem bedeutenden Faktor innerhalb der gerichtlichen Kontrolle der Anlagengenehmigung entwickelt[949]. Die Gerichte sollen bei der Überprüfung der *étude d'impact* im Bereich der *installations classées* strenger vorgehen als im sonstigen Umweltrecht[950]. Allerdings scheut der Richter davor zurück, regelmäßig Gutachten einzuholen[951], so dass die Kontrolle eher formal ausfallen muss. Die prozessuale Bedeutung wird jedoch weiter zunehmen, da die Anforderungen bezüglich der einzubeziehenden Schutzgüter stetig konkretisiert und verschärft werden[952].

---

942 TA Lille, 20 octobre 1998, *Association Opale Environnement*, zitiert nach *Deharbe*, DE 1999, n° 69, S. 15 (17).

943 Siehe bereits oben, S. 123f.

944 Teilweise wird der Verdacht geäußert, dass bereits vorformulierte Untersuchungen kursieren, siehe *TOS*, enquête-rapport, S. 47.

945 Siehe *Bonello/Fédida*, S. 68; *Prieur*, 20 ans de protection de la nature, S. 61 (85).

946 CAA, 25 juin 1998, *SA La Clairière*, n° 96NC00856; CAA, Nancy, 4 novembre 1993, *S.A. Union française des pétroles*, rec., S. 477.

947 Siehe CE, 23 mai 1997, *Sté Redland Picardie*, n° 161167, 161396, abgedruckt bei *Carlier*, Juris-Classeur, fasc. 1040, Rn. 143 (Vorauflage, Aktualisierung); *Bonello/Fédida*, S. 68.

948 Siehe *Caballero*, RJE 1984, n° 1, S. 3 (37f.); *Prieur*, RJE 1991, S. 23 (32f.).

949 *Prieur*, RJE 1991, S. 23; nach *Caballero* (RJE 1984, n° 1, S. 3 (37) wurden in den Jahren 1977 bis 1982 58 Entscheidungen des *Conseil d'État* gefällt. Heute sind es bedeutend mehr, was schon die Lektüre der einschlägigen Entscheidungen in *Code Permanent* (S. 3998ff.) sowie code de l'environnement, S. 1319ff. verdeutlicht, in denen zahlenmäßig die Urteile aus den neunziger Jahren bei weitem überwiegen. Siehe auch *Gabolde*, Juris-Classeur administratif, *installations classées*, fasc. 365, Rn. 84.

950 *Prieur*, 20 an de protection de la nature, S. 61 (86).

951 Vgl. *Prieur*, 20 an de protection de la nature, S. 61 (87).

952 Siehe im Überblick *Huglo/Lepage*, les petites affiches, 13 juillet 1994, n° 83, S. 27 (28ff.); *Clément*, BDEI 1997, n° 3, S. 41 (42, 44) ; *Boivin*, S. 235, Rn. 27; *Bergmann*, S. 116.

Anders verhält es sich in Deutschland. Hier werden zwar ebenfalls die Auswirkungen gesehen, welche der Umfang gerichtlicher Kontrolle auf die zukünftige Ausgestaltung der Untersuchung hat[953]. Die Rechtsprechung greift jedoch in diesem Bereich auf die Schutznormtheorie zurück, so dass nicht jeder Verfahrensfehler justitiabel ist, sondern nur, soweit sich der Verfahrensverstoß auf die Rechtsposition des Klägers ausgewirkt haben kann[954]. Allerdings werden mitunter Anzeichen einer Verschärfung der gerichtlichen Kontrolle gesehen[955]. Ferner ist § 46 VwVfG zu beachten, wonach Verfahrensfehler bei gebundenen Entscheidungen nicht zur Aufhebung der Entscheidung führen, wenn in der Sache keine andere Entscheidung hätte getroffen werden können. Dadurch wird die Bedeutung von Verfahrensfehlern erheblich reduziert[956]. Hier handelt es sich um ein besonderes Merkmal der in Deutschland konditional ausgerichteten Rechtsetzung.

Aufgrund der Bedeutung der Kontrolle in Frankreich werden die Folgen richterlicher Zurückhaltung im Bereich der Überprüfung materieller Betriebskonditionen zum Teil wieder ausgeglichen[957]. Insbesondere kann eine strenge Umweltfolgenanalyse vorprogrammierte Umweltbeeinträchtigungen aufzeigen und die spätere, materielle Kontrolle zum Teil vorwegnehmen[958]. Insofern bietet die Kontrolle der *étude d'impact* dem Richter die Möglichkeit, schwierige Prüfungen unbestimmter Rechtsbegriffe zu umgehen und für die Umwelt problematische Folgen an den vergleichsweise strengen Anforderungen für die *étude d'impact* festzumachen[959]. Angesichts der Vielgestaltigkeit der in materieller Hinsicht zu berücksichtigenden Interessen dürfte dies dem Richter sehr entgegen kommen. Im Zuge der Kontrolle können sich gleichfalls Räume für eine Prüfung der Verhältnismäßigkeit der betreffenden Maßnahme eröffnen[960]. Die Effizienz einer solchen Kontrolle hängt indessen davon ab, wie stark die richterliche Zurückhaltung in der Kontrolle insbesondere von Großprojekten ausfällt[961]. Eine Verschiebung der Kontrollgewichtung ist auch im Atomrecht zu finden[962]. Hier wird

---

953 Siehe *Erbguth/Schink*, Einl. Rn. 101; diese weisen der Rechtsprechung „eine Präventivfunktion mit edukatorischer Wirkung" zu.

954 Siehe BVerwG UPR 1993, S. 62 (63); BVerwG UPR 1994, S. 264 (265); siehe auch BVerwG UPR 1998, S. 389 (390); *Erbguth/Schink*, Einl. Rn. 125ff.

955 Vgl. *Erbguth/Schink*, Einl. Rn. 102.

956 *Erbguth/Schink*, Einl. Rn. 132.

957 Vgl. *Hermon*, S. 224f., 250.

958 *Hermon*, S. 234.

959 *Hermon*, S. 254; *Huglo*, thèse, S. 324.

960 *Hermon*, S. 255.

961 Vgl. *Hermon*, S. 261, 266.

962 Siehe *Pac*, Rn. 89, der davon ausgeht, dass *étude d'impact* und öffentliche Anhörung streng kontrolliert werden. Eine strenge Kontrolle wurde von dem *commissaire du gouvernement Denoix de Saint Marc* als Ausgleich für eine zurückhaltende materielle Kontrolle gefordert, s. conclusions CE, 28 février 1975, *Sieurs Herr*, *Rettig*, *et Boss*, CJEG 1975, S. 80 (88).

allerdings davon ausgegangen, dass materielle Kontrolldefizite nicht ausgeglichen werden[963].

Der *étude d'impact* kommt besonderes Gewicht zu, wenn nationale Standards nicht vorhanden oder im Einzelfall anzupassen sind. Insofern harmoniert diese Untersuchung mit dem in Frankreich vorherrschenden Bestreben, die Betriebskonditionen einzelfallbezogen festzulegen. Die Verschiebung innerhalb der Kontrollgewichtung ist ebenfalls typisch für den *recours pour excès de pouvoir*. Der Schwerpunkt liegt auf einer Kontrolle der Richtigkeit der Tatsachen, welche der Entscheidung zugrunde liegen, während deren Wertung in den Hintergrund tritt[964]. Eine ähnliche Gewichtung wird im einstweiligen Rechtsschutz deutlich[965]. Das Gericht prüft weniger das Ergebnis als den Weg administrativer Entscheidungsfindung. Erneut wird die Finalität der französischen Rechtssetzung deutlich.

Anders verhält es sich dagegen in Deutschland, wo die Betriebspflichten eher von abstrakten Festlegungen deduziert werden. Daher ist es nicht verwunderlich, dass die Ergebnisse der Untersuchung in Frankreich leichter in die Genehmigungsentscheidung einfließen können als in Deutschland. Dies dürfte wiederum eine Ursache dafür sein, warum in Frankreich problemloser mit der *étude d'impact* umgegangen wird als hierzulande. Dies ist insofern bedauerlich, als der verfahrensrechtlichen Seite auch auf europarechtlicher Ebene immer mehr Bedeutung beigemessen wird[966].

J. Zusammenfassender Vergleich

Wird die herkömmliche deutsche Ermessenslehre[967] auf das Immissionsschutzrecht übertragen, so ist das Verwaltungshandeln insbesondere hinsichtlich der Genehmigungsvoraussetzungen der gebundenen Verwaltung zuzuordnen. Da ferner auf der Tatbestandsseite ohnehin kein Raum für Verwaltungsermessen ist, findet insgesamt eine Vollkontrolle statt. Dies wird in Deutschland kritisiert, weil dem Richter im Gegensatz zur Behörde die technischen und naturwissenschaftlichen Kenntnisse fehlten und es daher höchst unzweckmäßig sei, dass praktisch keine bedeutsame Anlage ohne die „richterliche Genehmigung" realisiert werden könne[968].

Es werden mehrere Ansätze diskutiert, den Umfang richterlicher Kontrolle zu beschränken[969]. Sie beziehen sich vor allem auf die Konkretisierung des *Standes der*

---

963 *Hélin*, in *Schwarze/Schmidt-Aßmann*, S. 63 (94) siehe auch *Colson*, RJE 1986, n° 2/3, S. 179 (181f.).

964 Siehe oben, S. 70ff.

965 Siehe den vorhergehenden Gliederungspunkt.

966 Vgl. *von Danwitz*, UTR 48 (1999), S. 53 (76).

967 Siehe oben, S. 86ff.

968 Siehe zur vorgebrachten Kritik m.w.N. *Redeker*, NVwZ 1996, S. 126 (130f.); *Stelkens*, DVBl. 1995, S. 1105ff.; *Schwab*, DVBl. 1986, S. 170ff.

969 Ferner kann auch dem Anlagenbetreiber selbst ein Handlungsspielraum in Form einer sogenannten privaten Option zustehen, welcher zu einer eingeschränkten Überprüfung der getroffenen Betriebsalternative führt, siehe *Breuer*, NVwZ 1988, S. 104 (107f.).

Technik[970]. Zunächst wird nicht einheitlich beurteilt, ob ein Beurteilungsspielraum auch für die unbestimmten Rechtsbegriffe des Anlagenzulassungsrechts anerkannt werden soll[971]. Dies wird bezüglich eines rein einzelfallbezogenen Beurteilungsspielraumes überwiegend verneint[972]. Die gerichtliche Kontrolle der auf der Tatbestandsseite der Norm befindlichen unbestimmten Rechtsbegriffe des Anlagenzulassungsrechts ließen nur eine richtige Lösung zu[973]. Weil sich die Subsumtion durch naturwissenschaftliche Erkenntnisse und technische Lösungen vornehmen lasse, läge keine einen Beurteilungsspielraum eröffnende Fallgruppe vor[974]. Insbesondere seien die Entscheidungen aufgrund der Ermangelung wissenschaftlich und pluralistisch besetzter Gremien sowie besonderer Fachkunde der Entscheidungsträger auch nicht einem Fall des Prognosespielraumes zuzuordnen[975]. Nach anderer Ansicht muss der Genehmigungsbehörde ein solcher Beurteilungsspielraum unter bestimmten Voraussetzungen zustehen[976]. Aus Gründen der Rechtssicherheit werden daher auch gesetzlich festgelegte Beurteilungsspielräume gefordert[977]. Wiederum wird auf die mangelnde Trennschärfe zwischen gebundenen Entscheidungen und Ermessensentscheidungen hingewiesen[978].

Ein administrativer Beurteilungsspielraum ist auch in den Entwürfen zu einem einheitlichen Umweltgesetzbuch vorgesehen[979]. Ebenso wird im Bereich des Gentechnikrechts ein solcher Beurteilungsspielraum anerkannt[980]. Insgesamt hat sich die Figur des Beurteilungsspielraumes jedoch noch nicht durchgesetzt; im Grundsatz wird eine Vollkontrolle praktiziert. Wie an anderer Stelle genauer zu zeigen ist, haben sich die Bestrebungen zu Kontrollbeschränkungen in Deutschland jedoch von der einzelfallbezogenen Ebene des Beurteilungsspielraumes auf die abstrakte Ebene eines Standardisierungsspielraumes verlagert[981]. Ein ähnliches Phänomen ist auch in Frankreich bekannt.

---

970 Siehe *Rittstieg*, S. 93 und 98ff.

971 Siehe *Müller-Gloge*, S. 84ff.; *Beckmann*, S. 97ff; *Fischer*, S. 80ff.

972 BVerwGE 55, S. 250 (253ff.) insbesondere für den Begriff *schädliche Umwelteinwirkung*; OVG NW, DVBl. 1976, S. 790 (793); *Jarass*, § 5, Rn. 117; *Koch/Schneunig – Blankenagel*, § 6 Rn. 6ff.; *Jarass*, NJW 1987, S. 1225 (1228); *Engelhardt/Schlicht*, § 6, Rn. 9; *Ipsen*, AöR 107 (1982), S. 259 (290f.); *Breuer*, DVBl. 1978, S. 28 (33).

973 *Schmatz/Nöthlichs*, Nr. 10029, Nr. 1; *Boisserée/Oels/Hansmann*, § 6, Rn. 1; *Breuer*, NVwZ 1988, S. 104 (108).

974 Siehe *Breuer*, NVwZ 1988, S. 104 (108f.) und *Kloepfer*, § 8, Rn. 47ff.

975 *Breuer*, AöR 101 (1976), S. 46 (76f.); ders. UTR 45 (1998), S. 161 (179ff.); *Müller-Gloge*, S. 94ff.

976 *Erbguth*, S. 367ff.; *Ule*, DVBl. 1973, S. 756 (758ff.); *Steinberg*, NJW 1996, S. 1985 (1993); wohl auch *Kloepfer*, § 8, Rn. 50ff.

977 Siehe *Kloepfer*, § 8, Rn. 53.

978 *Erbguth*, S. 368.

979 § 43 UGB-KomE.

980 Siehe die Herleitung von *Breuer*, UTR 45 (1998), S. 161 (182f.).

981 Siehe unten, S. 154ff.

Für anlagenzulassungsrechtliche Einzelfallentscheidungen ist im französischen und deutschen Recht gesetzlich eine umfassende Prüfung behördlicher Tatsachenwertungen vorgesehen. Dies ist für das französische Recht im Hinblick auf die herausgearbeiteten Prüfungskategorien um so erstaunlicher, als in Bereichen, die von einer hohen Technizität und Unbestimmtheit der gesetzlichen Tatbestandsmerkmale gekennzeichnet sind, der Richter normalerweise nur eine eingeschränkte Kontrolle in Form des *contrôle minimum* ausübt[982]. Auch ansonsten müssen die Kompetenzen des französischen Verwaltungsrichters seinen deutschen Kollegen in Erstaunen versetzen. Dies gilt insbesondere im Hinblick auf die in zeitlicher Hinsicht maßgebliche Sach- und Rechtslage, welche der richterlichen Entscheidung zugrunde zu legen ist. Darüber hinaus sind die Anforderungen an die Klagebefugnis und die Klagefrist geringer. Die umfangreichen Kontrollkompetenzen rechtfertigen es nach französischem Verständnis nicht mehr, das Anlagenzulassungsrecht dogmatisch der Ermessensverwaltung zuzuordnen. Eine solche Zuweisung ist nur unter dem Gesichtspunkt zu rechtfertigen, dass die Gerichte in Frankreich einen beschränkten Gebrauch von ihren umfangreichen Kompetenzen machen und der Behörde daher faktisch einen Entscheidungsspielraum zugestehen. Unabhängig davon ist die deutsche Abgrenzungsdogmatik insoweit vorzuziehen.

Aufgrund der faktischen Zurückhaltung wird die Kontrolltiefe in Frankreich indessen auch im *contentieux des installations classées* derjenigen des normalen Verwaltungsprozessrechts angenähert. So bestehen in der Praxis keine gravierenden Unterschiede zur normalen Überprüfung des Verwaltungshandelns. In diesem Lichte sind die Feststellungen zu würdigen, dass der Richter hohe Anforderungen an die Einholung von Sachverständigengutachten stellt und auf Stellungnahmen von Behörden zurückgreift, die bereits bei der administrativen Entscheidungsfindung beteiligt waren. Ferner wird die Kontrolle vom materiellen in den formellen Bereich verlagert. Die Rechtmäßigkeit der Verwaltungsentscheidung wird präjudiziert. Weiterhin haben Rechtsbehelfe im Grundsatz keine aufschiebende Wirkung, wodurch die richterliche Kontrolle wiederum beeinflusst wird. Insofern fällt die Kontrolle in Deutschland grundsätzlich strenger aus, weil hier ein einzelfallbezogener Beurteilungsspielraum nicht anerkannt wird[983]. Auch kann in Deutschland keine präjudizielle Wirkung der Verwaltungsentscheidung festgestellt werden. Der deutsche Verwaltungsrichter steht der Verwaltungsentscheidung eher neutral gegenüber und untersucht die Rechtmäßigkeit der Entscheidung. Die Analyse des französischen Rechts vermittelt dagegen den Eindruck, dass der französische Kollege nicht nach der Rechtmäßigkeit forscht, sondern nach der eventuellen Rechtswidrigkeit. Aufgrund der Verschiebung der Kontrollschwerpunkte kommt der Kontrolle der formellen Rechtmäßigkeit in Frankreich ein größeres Gewicht zu als in Deutschland. Im Gegensatz zur deutschen Praxis vervoll-

---

[982] *Gousset/Magistry*, S. 353.

[983] Auch im Vergleich zum übrigen Europa soll Deutschland hier eine Sonderstellung einnehmen, siehe nur die Übersicht bei UGB-KomE, S. 530 m.w.N.

ständigt der französische Verwaltungsrichter die Entscheidungsfindung der Behörde mit ihren Mitteln. Dies ist Ursache und Kennzeichen der in Frankreich final, in Deutschland dagegen konditionalen Rechtssetzung.

Faktisch wird der Behörde in Frankreich nach deutschem Verständnis ein Beurteilungsspielraum eingeräumt. Er ist jedoch im Vergleich zu dem deutschen Pendant konturenlos, da es sich um ein Zufallsprodukt der Rechtsprechung handelt. Dies ist aus Gründen der Rechtssicherheit wenig befriedigend, weil unklar ist, ob und inwiefern das Gericht von seinen Prüfungs- und Umgestaltungskompetenzen Gebrauch macht. Auch der tatsächliche Prüfungsumfang ist unklar. Insofern handelt es sich in Frankreich eher um einen Fall des *judicial self restraint*[984]. Diese Haltung ist jedoch für das französische Recht normal. Hier ist die deutsche Dogmatik im Vorteil. Hier wird behutsam versucht, die richterliche Kontrolle fallbezogen und der Rechtssicherheit entsprechend zu beschränken. Das französische Recht dient hier als mahnendes Beispiel, gerade weil die richterlichen Kontrollkompetenzen in beiden Rechtsordnungen theoretisch gleich sind. Es zeigt, wie wichtig die sichere Bestimmung der richterlichen Kontrolle ist. Das französische Recht dient daher nicht als Referenzregelung, wenn die Beschränkung der Kontrolldichte in Deutschland mit einem Hinweis auf europäisches Recht gerechtfertigt wird. Als solches kann allenfalls das einfache Prozessrecht herhalten, welches nicht, wie Großteile des französischen Umweltrechts, von dem *contentieux des installations classées* geprägt ist. Dort hat insbesondere der *Conseil d'État* in langjähriger Übung ein abgestimmtes Kontrollinstrumentarium entwickelt.

---

[984] Siehe *Fischer*, S. 126 m.w.N.

§ 3. Rechtsbindung des Gerichts

Neben den umfangreichen Kontrollkompetenzen ist das französische Verwaltungsgericht im *contentieux des installations classées* mit weiteren untypischen Befugnissen ausgestattet. Wenn es die Rechtswidrigkeit der Verwaltungsmaßnahme festgestellt hat, stehen ihm bestimmte Möglichkeiten offen, mit ihr zu verfahren. Vielfach ist die Feststellung zu finden, dass die richterlichen Kompetenzen denen der Behörde gleichkommen, da dem Gericht insbesondere die Möglichkeit eröffnet ist, die Verwaltungsentscheidung umzugestalten[985].

A. Richterliche Umgestaltungskompetenzen

Bei der bereits im zweiten Beispielsfall *Société S.P.E.C.H.I.N.O.R.* zum Ausdruck gekommenen Möglichkeit, eine Verwaltungsentscheidung umzugestalten, handelt es sich sowohl im Vergleich zum normalen französischen als auch zum deutschen Verwaltungsprozessrecht um die auffälligste Besonderheit.

I. Analyse der Umgestaltungskompetenzen

Ähnlich dem *recours pour excès de pouvoir* kann das Gericht die überprüfte Verwaltungsentscheidung zunächst bestätigen oder aufheben. Wenn gegen die Ablehnung eines Genehmigungsantrages geklagt wird, ist mit deren Aufhebung nicht automatisch die Genehmigungserteilung verbunden. Im normalen Verfahren wäre der Antragsteller auf staatshaftungsrechtliche Ansprüche angewiesen, da das französische Verwaltungsprozessrecht im Grundsatz keine Verpflichtungsklage kennt. Im *contentieux des installations classées* kann das Gericht jedoch über den Genehmigungsantrag selbst entscheiden und die Genehmigung erteilen[986]. Hier werden die Charakteristika der *pleine juridiction* deutlich. Das Gericht kann wie eine Aufsichtsbehörde entscheiden. Die gestaltende Rolle des Verwaltungsgerichts schimmerte bereits im Genehmigungsverfahren durch, weil es maßgeblich an der Besetzung des die *enquête publique* durchführen Gremiums beteiligt ist[987].

Im Prinzip kann das Gericht alle nur denkbaren Maßnahmen anordnen, um den Schutz der in Art. L 511-1 code de l'environnement genannten Interessen zu gewährleisten[988]. Dem Gericht ist es möglich, Betriebskonditionen zu modifizieren, z.B. wie

---

[985] TA Clermont-Ferrand, 24 juillet 1986, *Delanery*, zitiert nach *Carlier*, in Juris-Classeur environnement, *contentieux des installations classées*, fasc. 1040, Rn. 123 (Vorauflage); *Peiser*, S. 122; *Devillers*, BDEI 1996, n° 4, S. 14 (18); *Carlier*, BDEI 1995, n° 2, S. 31.

[986] CE, 7 février 1873, *Bourgeois*, rec., S. 124; CE, 25 février 1876, *Duboys d'Anger*, rec., S. 191; CE, 16 janvier 1891, *Sieur Tschupp*, rec., S. 1; CE, 8 février 1930, *Ville de Tonnay Charente*, rec., S. 155; CE, 27 mars 1988, *Société Industrielle Armoricaine de légumes (SIALE)*, rec., S. 211; *Janin*, S. 38.

[987] Siehe oben, S. 34.

[988] CE, 27 mai 1988, *Comité de défense du site de Kervazou*, rec., S. 222; CE, 20 janvier 1978, *Sieur Bounaix*, RJE 1978, S. 66 (67); CAA Nancy, 5 février 1998, *Société ATEP*, RJE 1999, S. 142 (143); Gousset/*Magistry*, S. 350; *Janin*, S. 41.

im dritten Beispielsfall im Genehmigungsbescheid enthaltene Grenzwerte zu erhöhen oder zu verringern[989], neue Schutzvorrichtungen vorzuschreiben[990] oder die Produktion zu beschränken[991]. Unpräzise und schwer kontrollierbare Auflagen können ersetzt werden[992]. Das Gericht kann einen rechtswidrigen Anlagenbetrieb vorläufig untersagen[993] oder vorläufig genehmigen und den Betreiber in Verzug setzen, einen Genehmigungsantrag zu stellen[994]. Die Behörde kann verpflichtet werden, schärfere Betriebskonditionen festzulegen[995], den *Conseil départemental d'hygiène* zu konsultieren, um die Betriebsvorschriften festzulegen[996]. Wie der dritte Beispielsfall zeigt, kann das Berufungsgericht erstinstanzlich erlassene Betriebsvorschriften ersetzen[997]. Als Vorlage kommen auch Verwaltungsvorschriften in Betracht[998]. Dem Gericht stehen diese Kompetenzen auch im Bereich der anzeigepflichtigen Anlagen zu, jedoch nur bezüglich der Frage, ob nachträgliche Anordnungen ausreichend bzw. erforderlich sind, um die gesetzlichen Schutzgüter ausreichend zu schützen[999]. Die getroffenen Maßnahmen entfalten unmittelbare Rechtsgültigkeit gegenüber den Parteien, ohne dass es einer erneuten Einschaltung des *préfet* bedarf[1000]. Diese Kompetenzen sind für das französische Verwaltungsprozessrecht im höchsten Maße ungewöhnlich. Vergleichbare Befugnisse sind nur noch im *contentieux des immeubles menaçant ruine*[1001],

---

[989] CE, 27 mai 1988, *Société Industrielle Armoricaine de Légumes (SIALE)*, rec., S. 221; siehe ferner *Ferrand*, Juris-Classeur environnement, *contentieux des installations classées*, fasc. 1040, Rn. 91f.

[990] CE, 20 janvier 1978, *Sieur Bounaix*, RJE 1978, S. 66 (67).

[991] CE, 20 janvier 1926, *Béjot*, rec., S. 51.

[992] Siehe *le Coline*, S. 50.

[993] *Ferrand*, Juris-Classeur environnement, *contentieux des installations classées*, fasc. 1040, Rn. 91ff.

[994] CAA Lyon, 21 juin 1994, *M. Jean Terolle*, RJE 1994 (n° spécial), S. 103 (104).

[995] TA Lille, 27 janvier 1978, *Cadoux*, Entscheidung abgedruckt bei *Carlier*, Juris-Classeur environnement, *contentieux des installations classées*, fasc. 1040, Rn. 134 (Vorauflage).

[996] TA Toulouse, 21 février 1986, *Marty*, abgedruckt bei *Carlier*, Juris-Classeur environnement, *contentieux des installations classées*, fasc. 1040, Rn. 136 (Vorauflage).

[997] Siehe auch CE, 27 mai 1988, *Société Industrielle Armoricaine de légumes (SIALE)*, rec., S. 221. Hier hat das Gericht die maximale tägliche Einleitung von Phosphor von 20 kg, wie es das TA bestimmt hat, auf 33 kg angehoben.

[998] CE, 27 janvier 1978, *Sieur Cadoux*, RJE 1978, S. 188; CE, 4 mai 1998, *M. Teallier*, RJE 1999, S. 150 (151); CAA Nantes, 29 mai 1996, *Association de défense de l'environnement et du cadre municipal de Montereau-en-Gâtinais*, BDEI 1996, n° 4, S. 16 (18).

[999] *Boivin*, S. 161, Rn. 32.

[1000] *Gousset/Magistry*, S. 350.

[1001] Dieser geht zurück auf das Jahr 1791 und ist heute in Art. L 511-1ff. code de la construction et de l'habitation geregelt. Hier arbeiten Gericht und Verwaltung im Zuge der Entscheidungsfindung auf ungewöhnliche Weise zusammen. Wenn der Bürgermeister mit bestimmten Eilmaßnahmen gegen von baufälligen Gebäuden ausgehende Gefahren vorgehen will, muss der Richter an der Entscheidungsfindung mitwirken. Z.B. muss das Gericht die *insécurité* eines Gebäudes feststellen, damit der Bürgermeister die Nutzung untersagen kann (Art. L 511-2 Abs. 4). Das Gericht verfügt über sowie im *contentieux électoral*[1002] bekannt. Auch im deutschen Recht finden sie keine Entsprechung. Zwar kennt das deutsche Recht eine Verpflichtungsklage, allerdings wird die Behörde nur zum Erlass der begehrten Entscheidung verurteilt[1003]. Auch im Anfechtungsprozess ist es dem Gericht nach dem kassatorischen Prinzip nur ausnahmsweise möglich, eine Verwaltungsentscheidung abzuändern[1004].

Diese Befugnisse sind im Lichte einer weiteren Besonderheit zu sehen. Das Gericht soll abweichend vom *recours pour excès de pouvoir* ultra petita entscheiden können[1005]. Dies zeigt erneut, dass das Gericht ähnlich einer Widerspruchsbehörde entscheidet und dazu berufen ist, eine umfassende Lösung des Konfliktes zu erzielen. Diese Möglichkeit verdichtet sich in der Theorie so weit, dass der Richter antragsunabhängig stets zur vollständigen Untersuchung verpflichtet ist, ob Betriebsbestimmungen einen ausreichenden Schutz der in Art. L 511-1 code de l'environnement genannten Interessen gewährleisten und welche Maßnahmen er andernfalls anordnen kann[1006]. Er kann die gegen einen Genehmigungsbescheid erhobene Klage abweisen und gleichzeitig in der Genehmigung enthaltene Betriebsbestimmungen verschärfen[1007]. Der Anlagenbetrieb kann vorläufig untersagt werden, obwohl der Anlagenbetreiber mit seiner Klage nur einer Milderung der Betriebskonditionen anstrebte oder sich gegen die Anmahnung der Einhaltung bestimmter Betriebskonditionen wehrte[1008].

Diese Kompetenzen sind auch für den *recours de pleine juridiction* ungewöhnlich, in dem der Richter normalerweise wie im Zivilrecht an die Parteianträge gebunden ist[1009]. Auch im *contentieux des édifices menaçant ruine* stehen dem Richter diese Möglichkeiten nicht zu[1010]. Wohl deshalb ist ihre Reichweite unklar und umstritten. Einschränkungen sollen sich insoweit ergeben, als ein Berufungsgericht seine gestalterischen Kompetenzen nur ausüben dürfe, wenn dies im erstinstanzlichen Verfahren

---

weitreichende Prüfungs- und Umgestaltungskompetenzen., vgl. *Théry*, répertoire Dalloz, *contentieux des édifices menaçant ruine*, Rn. 2, 12, 45ff.

[1002] Siehe insbesondere zur *pleine juridiction* im *contentieux électoral*: *Vught*, in répertoire Dalloz, *contentieux électoral*, Rn. 4/5.

[1003] Siehe § 113 Abs. 5 VwGO; *Kopp/Schenke*, § 113, Rn. 182ff.

[1004] Siehe als Ausnahme § 113 Abs. 2 VwGO (Ansprüche auf Geldleistungen); siehe insgesamt *Kopp/Schenke*, § 113, Rn. 149ff.

[1005] *Janin*, S. 14, 40; *Piedbois*, Annales des mines août 1984, S. 73 (76); *Debbasch/Ricci*, Rn. 948; *Ferrand*, Juris-Classeur environnement, *contentieux des installations classées*, fasc. 1040, Rn. 86f.; siehe auch CE, 19 juin 1957, *Lemore*, rec., S. 387 (388).

[1006] *Baucomont/Gousset*, Rn. 336, S. 343 unter Berufung auf CE, *Commune de Tonnay-Charente*, rec., S. 155; ebenso *Romi*, S. 366.

[1007] TA Nantes, 7 février 1991, *Association de sauvegarde du patrimoine rural de Montfort*, req. n° 88-48, abgedruckt bei *Carlier*, Juris-Classeur environnement, *contentieux des installations classées*, fasc. 1040, Rn. 122 (Vorauflage).

[1008] So geschehen in TA Lyon, 13 février 1990 et 2 mai 1990, req., n° 89-42701.

[1009] *Sandevoir*, répertoire Dalloz, *recours de pleine juridiction*, Rn. 390, 392.

[1010] *Théry*, répertoire Dalloz, *contentieux des édifices ménaçant ruine*, Rn. 4f.

beantragt wurde[1011]. Eine Genehmigung könne durch das Berufungsgericht nicht mehr erteilt werden, wenn das Verwaltungsgericht bereits über die Ablehnung entschieden und der Kläger zu dieser Zeit die Genehmigung nicht beantragt habe[1012]. Ferner sei es dem Berufungsgericht, das über eine durch Urteil erfolgte Anordnung der aufschiebenden Wirkung zu entscheiden hat, verwehrt, dem Betreiber Verpflichtungen aufzuerlegen[1013]. Teilweise wird davon ausgegangen, dass entsprechende Anträge der Parteien insgesamt[1014] oder nur der Verwaltung[1015] erforderlich sein.

II. Analyse der Kritik

Die Umgestaltungskompetenzen widersprechen einem fundamentalen Prinzip des französischen Rechts, nämlich der Trennung zwischen Verwaltung und Verwaltungsgerichtsbarkeit[1016]. Wenn ferner berücksichtigt wird, dass das Gericht unter Umständen *ultra petita* entscheiden kann und Änderungen von Sach- und Rechtslage zu berücksichtigen hat[1017], wird der Bestandsschutz der Genehmigung auch im Hinblick auf die lange Verfahrensdauer von ca. 6 Jahren[1018] und die erleichterten Zugangsmöglichkeiten zu Gericht erheblich relativiert.

Die aus deutscher Sicht bestehende Rechtsunsicherheit wird gleichwohl nur selten kritisiert[1019]. Beanstandet wird allenfalls die fehlende Vorhersehbarkeit gerichtlicher Entscheidungen. So sei aus Gründen der Gleichbehandlung problematisch, dass die Möglichkeiten des Gerichts, eine Verwaltungsentscheidung sowohl ersetzen als auch aufheben zu können, an keine konkreten Vorgaben geknüpft sind; im Falle der Aufhebung einer Genehmigung muss der Anlagenbetreiber einen neuen Genehmigungsantrag stellen und steht daher schlechter als bei Genehmigungserteilung[1020]. Infolgedessen sollte der Richter stets vollumfänglich entscheiden, sofern es ihm nach Aktenlage

---

[1011] Vgl. CE, 4 mai 1998, *M. Teallier*, RJE 1999, S. 150 (151).

[1012] Vgl. CAA Nancy, 5 février 1998, *Société ATEP*, Ministère de l'aménagement du territoire et de l'environnement, jurisprudence 1998, S. 37, RJE 1999, S. 142 (143).

[1013] CAA Nantes, 24 juin 1998, *Société Laine*, Ministère de l'aménagement du territoire et de l'environnement, jurisprudence 1998, S. 38.

[1014] *Fromont*, UPR 1983, S. 186 (190); *Lepage-Jessua*, les petites affiches 1993 (n° 90), S. 13 (17); *Staub*, Rn. 753; *Huglo*, thèse, S. 338.

[1015] *Calderaro*, RJE 1995, n° spécial, S. 5 (10).

[1016] *Janin*, S. 10; *Bonello/Fédida*, S. 81.

[1017] Siehe oben, S. 110ff.

[1018] *Courtin*, RJE 1995, n° spécial, S. 53 (64); siehe als Beispiel die Verfahrensschritte von der Einreichung der Klage bei dem Tribunal administratif bis zur Entscheidung des *Conseil d'État* (*Société industrielle armoricaine des légumes*, rec, S. 221), bei *TOS*, enquête-rapport, S. 123; nach *Woehrling* (DVBl 1992, S. 884 (891)) musste der Kläger 1992 im Durchschnitt 3 Jahre auf ein erstinstanzliches Urteil warten.

[1019] Z.B. *Piedbois*, Annales des mines, août 1984, S. 73 (75); *Courtin*, BDEI 1996 (n° 5), S. 9 (12).

[1020] *Courtin*, RJE 1995, n° spécial, S. 53 (56); BDEI 1996 (n° 5), S. 9 (11).

möglich ist[1021]. Ferner verfahren die Gerichte in der Ausübung ihrer gestalterischen Kompetenzen untereinander sehr unterschiedlich[1022]. Überhaupt wird nicht deutlich, ob und inwieweit das Gericht dazu verpflichtet ist, die für den Sachverhalt zweckmäßigste Lösung zu treffen[1023]. Teilweise wird befürchtet, die Verwaltung nehme ihre Anforderungen an die Sorgfalt der Ausarbeitung der Genehmigung in der Erwartung zurück, der Richter werde sie letztverbindlich ausfüllen[1024].

Auch ein Hinweis auf die Gewaltenteilung bzw. das Prinzip gerichtlicher Zurückhaltung erfolgt selten. Nur vereinzelt wird darauf hingewiesen, der Richter sei im Gegensatz zur Verwaltung nicht kompetent, seine Befugnisse sinnvoll zu nutzen, da er ausschließlich auf sachverständige Stellen angewiesen sei[1025]. Hier werden gewisse Parallelen zu der in Deutschland vorgebrachten Kritik richterlicher Kontrolle deutlich. Ferner habe sich die zu überprüfende Rechtsmaterie stetig verkompliziert: Bestand die Aufgabe des Richters früher in der Untersuchung von Abstandsflächen, Schornsteinhöhen sowie Maßnahmen der Geruchsbekämpfung[1026], haben sich die zu prüfenden Normen, Untersuchungen und Abwägungen vervielfacht[1027]. Alternativ wird vorgeschlagen, hierarchische Aufsichtsbefugnisse zu verstärken und die Umgestaltungskompetenzen in einem Widerspruchsverfahren zu binden, um die Verwaltungsgerichte auf ihre traditionellen Prüfungsmöglichkeiten zu beschränken[1028].

Andererseits wird betont, der Richter könne durch seine ausgedehnten Kontrollmöglichkeiten dazu beitragen, unbestimmte Regelungen zu konkretisieren und anwendbar zu machen[1029]. Eine umfassende Kontrolle kompensiere bestehende Rechtsunsicherheit[1030]. Die durch den Instanzenzug mehrfach mögliche Überprüfung der Verwaltungsentscheidungen sowie ein mehrfaches Zurateziehen von Konsultativorganen oder Sachverständigen sei zu begrüßen[1031]. Der Verwaltungsrichter sei aufgrund der fehlenden technischen Kenntnisse und der Unabhängigkeit besonders geeignet, Konflikte unparteiisch zu lösen[1032]. Dem Gericht sei es möglich, das streitige Rechtsverhältnis einer umfassenden und abschließenden Klärung zuzuführen und daher Zeit und Kosten zu sparen, die dadurch entstünden, dass die Genehmigungsbehörde das

---

[1021] Vgl. *Courtin*, RJE 1995, n° spécial, S. 53 (56); BDEI 1996 (n° 5), S. 9 (11).

[1022] *Courtin*, in *Deharbe* (Hrsg.), S. 103 (111).

[1023] *Courtin* (BDEI 1996 (n° 5), S. 9 (11)) scheint insoweit von einer solchen Verpflichtung auszugehen, vgl. auch CAA Lyon, 21 juin 1994, *M. Jean Terolle*, RJE 1994 (n° spécial), S. 103 (104).

[1024] *Courtin*, RJE 1995, n° spécial, S. 53 (62).

[1025] *Gousset/Magistry*, S. 354f.; weniger kritisch *Piedbois*, Annales des mines août 1984, S. 73 (76).

[1026] *Courtin*, RJE 1995, n° spécial, S. 53 (57).

[1027] *Courtin*, RJE 1995, n° spécial, S. 53 (58f.).

[1028] *Gousset/Magistry*, S. 354f.

[1029] *Baucomont*, thèse, S. 402; siehe auch *Lanversin*, in mélanges *Waline*, S. 519 (525, Fn. 17).

[1030] *Baucomont*, thèse, S. 399f.

[1031] *Gabolde*, installations classées, Rn. 419.

[1032] *Calderaro*, RJE 1995, n° spécial, S. 5, 13.

Verfahren neu aufrollen müsste[1033]. Diese Verfahrensart sei weiterhin geeignet, gegenläufige Interessen der beteiligten Parteien in Einklang zu bringen[1034]. Dies sei auch der Grund, warum die richterlichen Kompetenzen durch den Gesetzgeber nicht eingeschränkt wurden[1035]. Teilweise wird diesem System sogar Vorbildcharakter für andere Materien zuerkannt[1036]. So sei es unverständlich, dass der Verwaltungsrichter zwar die Anlagengenehmigung, nicht aber eine erforderliche Baugenehmigung erteilen könne[1037].

Bemerkenswert sind die Stellungnahmen des *commissaire de gouvernement* im zweiten Beispielsfall[1038]. Er warf die Frage auf, ob an den breiten Prüfungs- und Umgestaltungskompetenzen des Verwaltungsgerichts festgehalten werden sollte. Trotz der Technizität der Materie bejahte er dies, weil das Gericht aufgrund der im Genehmigungsverfahren erfolgten umfangreichen administrativen Vorklärung der Sachfragen eine ausreichende Entscheidungsgrundlage habe und daher eine wissenschaftlich fundierte Entscheidung treffen könne. Im übrigen könne das Gericht Behörden und administrative Gremien zu Rate ziehen. Auffälligerweise war die Technizität der Materie im Atomrecht ausschlaggebend, das Verfahren nicht nach den Grundsätzen der *pleine juridiction* zu entscheiden[1039]. Die *commissaires de gouvernement* gingen davon aus, dass im Anlagenzulassungsrecht im Gegensatz zum Atomrecht eine angemessene Berücksichtigung widerstreitender Interessen im Genehmigungsverfahren durch interministerielle Kommissionen nicht gewährleistet sei[1040]. Gerade dies rechtfertige die Anwendung der vollen Prüfungskompetenzen[1041].

Die gerichtlichen Kompetenzen werden demnach überwiegend begrüßt. Dies ist jedoch insofern nicht verwunderlich, als das Gericht von seinen Kompetenzen nur einen vorsichtigen Gebrauch macht, was ebenfalls die bereits angesprochene Analyse von *Courtin* zeigt. Er bemängelt, dass für die außergewöhnlichen Kompetenzen gar kein Bedürfnis bestehe[1042]; er hat aufgezeigt, dass von Dritten angestrengte Gerichtsverfahren nur in ca. 6 % der Fälle mit einer gerichtlichen Änderungsentscheidung enden[1043].

[1033] *Gabolde*, installations classées, Rn. 384; siehe auch *Staub*, Rn. 752.

[1034] *Piedbois*, Annales des mines août 1984, S. 73 (76); conclusions *de la Verpillière*, CE, 15 décembre 1989, *S.P.E.C.H.I.N.O.R.*, RJE 1990, S. 243 (244, 248).

[1035] Siehe *Bignon*, J.O., Rapport fait au nom de la commission des lois constitutionnelles, Doc. Ass. nat., n° 2143, 1976, S. 29.

[1036] *Gabolde*, installations classées, Rn. 384.

[1037] *Huglo/Lepage*, les petites affiches, 13 juillet 1994, n° 83, S. 27 (32).

[1038] Conclusions de la Verpillière, CE, 15 décembre 1989, *S.P.E.C.H.I.N.O.R.*, RJE 1990, S. 243ff.

[1039] Conclusions *Denoix de Saint Marc*, CE, 28 février 1975, *Sieurs Herr, Rettig*, et *Boss*, CJEG 1975, S. 80 (82); siehe oben, S. 73.

[1040] Conclusions *Denoix de Saint Marc*, ebd., S. 80 (83).

[1041] Conclusions *Denoix de Saint Marc*, ebd., S. 80 (83).

[1042] *Courtin*, RJE 1995, n° spécial, S. 53 (55).

[1043] *Courtin*, RJE 1995, n° spécial, S. 53 (66); ähnlich für Berufungsverfahren *ders.* BDEI 1996 (n° 5), S. 9 (10).

Daran dürfte sich bis heute wenig verändert haben[1044]. Auch eine vorläufige Untersagung des Anlagenbetriebes wird nur selten angeordnet[1045]. Der Richter beschränkt sich in der Regel auf die Aufhebung der Verwaltungsmaßnahme[1046]. Insofern handelt es sich beim dritten Beispielsverfahren um einen wirklichen Sonderfall.

Die Aufhebung der Ablehnung unter der gleichzeitigen Verweisung des Sachverhalts zur weiteren Ausarbeitung des Genehmigungsinhaltes an die Genehmigungsbehörde gilt als „Genehmigung im Prinzip"[1047]. Ähnlich ist das TA Lille in dem Beispielsfall *Société S.P.E.C.H.I.N.O.R.* verfahren. Diese Vorgehensweise ist problematisch, denn die Genehmigung darf nach Art. L 512-1 Abs. 2 code de l'environnement nur erteilt werden, wenn sie Betriebsvorschriften enthält, die den Schutz der in Art. L 511-1 code de l'environnement genannten Interessen sicherstellen. Ebenso ist es wegen mangelnder Bestimmtheit bedenklich, wenn ein Gericht den rechtswidrigen Anlagenbetrieb unter der Bedingung genehmigt, dass die Betriebsvorschriften eingehalten werden, „die die Genehmigungsbehörde für erforderlich hält"[1048]. Das Gericht verfährt in den vorbeschriebenen Fällen wie eine Aufsichtsbehörde, die den Sachverhalt an die Fachbehörde zurückverweist. Hierbei handelt es sich wohl um deutlichste Ausprägung finaler Rechtsetzung. Das Gericht betont den gesetzlichen an die Behörde gerichteten Gestaltungsauftrag, in dem es die konkrete Ausgestaltung der gerichtlichen Entscheidung ebenfalls ins behördliche Ermessen stellt.

Es bleibt festzuhalten, das die moderate Kritik vor allem auf die mangelnde praktische Bedeutung der richterlichen Umgestaltungskompetenzen zurückzuführen ist. Insofern ist auch der Konflikt mit der exekutiven Gewalt gering. Mitunter wird sogar davon ausgegangen, dass es sich bei diesem Verfahren um einen Ausnahmefall handele, in dem Gericht und Verwaltung zum Zwecke der zügigen und effektiven Erledigung von Streitigkeiten zusammenarbeiten und die finale Regelungsstruktur durch weite gerichtliche Kompetenzen abgerundet werde[1049]. Dem ist jedenfalls zuzustimmen, wenn das Verwaltungsgericht eine „Genehmigung im Prinzip" erteilt. Ansonsten ist jedoch zu beachten, dass das französische Verwaltungsprozessrecht ausgeprägtere Formen der Zusammenarbeit kennt, die sich zur Erreichung eines solchen Zieles besser eignen. So muss das Gericht im Verfahren der *établissements ménaçants ruine* im Vorfeld der administrativen Entscheidung tätig werden, damit die Behörde nach

---

[1044] Eine Durchsicht der von 1995 bis 1999 in der nicht erschöpfenden Sammlung des Umweltministeriums und der RJE veröffentlichten Entscheidungen zeigt, dass Verwaltungsentscheidungen nur in ca. 6 % der Fälle umgestaltet wurden.

[1045] *Hermon*, S. 594.

[1046] Siehe auch *Baucomont/Gousset*, Rn. 336, S. 342; *Carlier*, Juris-Classeur environnement, *contentieux des installations classées*, fasc. 1040, Rn. 98 (Vorauflage).

[1047] *Gousset/Magistry* (S. 349); CE, 16 octobre 1957, *Tanneries de la Seine*, rec., S. 532.

[1048] Vgl. CAA Lyon, 21 juin 1994, *M. Jean Terolle*, RJE 1994 (n° spécial), S. 103 (104, 106); TA Montpellier, 10 octobre 1989, *Commune de Villeneuve la Comptal*, req. n° 86-17620.

[1049] So die Einschätzung von *Breuer*, UTR 17 (1992), S. 155 (188).

außen wirksam handeln kann[1050]. Ferner zeigt eine Durchsicht von Entscheidungssammlungen, dass der contentieux des installations classées zumindest quantitativ eine große Bedeutung hat. Ferner kommt in dieser Sichtweise die Eigenständigkeit der Verwaltungsgerichtsbarkeit nicht ausreichend zur Geltung. Die Untergerichte emanzipieren sich weiter von der Verwaltung und vom *Conseil d'État*, und die *pleine juridiction* gewinnt an Bedeutung[1051].

B. Bindung des Gerichts an das Recht allgemein

Das französische Verwaltungsgericht kann grundsätzlich wie die Genehmigungsbehörde prüfen und entscheiden. Da das Gericht auch in Frankreich dem Gesetzmäßigkeitsprinzip unterworfen ist[1052], hat es spiegelbildlich auch die Grenzen der Befugnisse zu beachten[1053]. So kann es dem Betreiber nicht aufgeben, einen neuen Genehmigungsantrag zu stellen[1054], die Anlage zu verlegen oder endgültig zu schließen[1055]. Unklar ist, unter welchen Voraussetzungen der Anlagenbetrieb durch das Gericht vorläufig genehmigt werden kann[1056]. Der Verwaltungsrichter ist im Zuge der Konkretisierung ebenfalls an die MTD gebunden[1057].

Das Gericht ist ferner im Rahmen der gebundenen Verwaltung zu einer bestimmten Entscheidung verpflichtet[1058]. In diesen Fällen werden jedoch oft die Ermächtigungsgrundlage oder die entscheidungserheblichen Tatsachen ausgewechselt[1059]. Wenn die Entscheidung mit Rechtsmängeln behaftet ist, greift möglicherweise die *théorie des moyens inopérants*[1060], wonach das Vorliegen eines Klagegrundes nicht zu einer Aufhebung der Entscheidung führt, wenn in der Sache keine andere Entscheidung hätte getroffen werden können. Wie der zweite Beispielsfall verdeutlicht, kann das Gericht die Genehmigung nicht erteilen, wenn wesentliche Verfahrensschritte (*étude*

1050 Siehe oben, S. 143.

1051 Siehe unten, S. 194ff.

1052 *Hoffmann*, S. 36, 44; siehe zur Rechtsbindung des Richters *di Qual*, S. 346ff.

1053 *Musso-Gabai*, Technique & Environnement, 1997, n° 171, S. 51; conclusions *de la Verpillière*, CE, 15 décembre 1989, *S.P.E.C.H.I.N.O.R.*, RJE 1990, S. 243 (244, 250).

1054 CE, 9 octobre 1996, *Sté Solvay, Sté Rhône-Poulenc chimie*, DA 1997, n° 8.

1055 CAA Marseille, 10 décembre 1998, *Ministère de l'aménagement du territoire et de l'environnement et établissements Deschamps*, Ministère de l'aménagement du territoire et de l'environnement, jurisprudence 1998, S. 37.

1056 Vgl. CE, 22 mars 1996, *Groupement agricole d'exploitation en commun du Vieux-Bougy*, RJE 1996, S. 325 (327, in Verbindung mit den conclusions von *Denis-Linton*, S. 327 (329) sowie CAA Lyon, 21 juin 1994, *M. Jean Terolle*, RJE 1994 (n° spécial), S. 103 (104).

1057 Vgl. *Boivin*, S. 256, Rn. 103.

1058 CE, 7 mai 1969, *Sieur Spasaro*, rec., S. 244 (245); vgl. *Boivin*, S. 378, Rn. 44; *Baucomont/Gousset*, Rn. 336, S. 343.

1059 *Boivin*, S. 378, Rn. 44 ; siehe zu den MTD oben Kapitel 1, § 1, A, I.

1060 *Chanel/Boivin*, BDEI (4) 1995, S. 25 (29).

d'impact und *enquête publique*) nicht beachtet wurden[1061]. Eine Heilungsmöglichkeit besteht nur, wenn es sich um weniger wesentliche Verfahrensschritte handelt, wie beispielsweise Stellungnahmen der am Genehmigungsverfahren beteiligten Behörden oder Organisationen[1062].

I. Bindungswirkung von Konkretisierungsnormen allgemein

Bedeutsam ist in diesem Zusammenhang die Bindung des Gerichts an die ministeriellen Rechtsverordnungen, welche nach Art. L 512-5 und Art. L 512-10 code de l'environnement erlassen wurden, um die Betreiberpflichten zu konkretisieren. Diese Frage erlangt zunächst im Falle passiver richterlicher Tätigkeit Bedeutung, also der schlichten Untersuchung der Rechtmäßigkeit der Verwaltungsentscheidung. Hier kann sich das Problem stellen, dass die Behörde von den Grenzwerten oder sonstigen Betriebsbestimmungen einer Rechtsverordnung abweicht und das Gericht über die Rechtmäßigkeit dieses Verhaltens zu entscheiden hat. Das Gericht müsste die Verwaltungsentscheidung aufheben[1063]. Dies gilt allerdings nur, wenn es sich um Rechtsnormen handelt. An Verwaltungsvorschriften ist das Gericht nur ausnahmsweise gebunden. Darauf wird noch gesondert eingegangen[1064].

Im Gegensatz zum deutschen Recht handelt es sich bei Rechtsverordnungen nach französischem Verständnis um anfechtbare Verwaltungsakte, deren Rechtmäßigkeit gerichtlich überprüft werden kann. Für diese Normenkontrolle ist der *Conseil d'État* ausschließlich zuständig. Daneben kann wie in Deutschland jedes Verwaltungsgericht über die Rechtmäßigkeit der Rechtsverordnung auch im Rahmen der Überprüfung der Einzelfallentscheidung befinden (sog. *exception d'illégalité*)[1065]. Da die isolierte Anfechtung von Rechtsverordnungen nur im Rahmen des *recours pour excès de pouvoir* erfolgt und die Inzidenterprüfung nicht nach Art. L 514-6 code de l'environnement dem *contentieux des installations classées* zugewiesen ist, dürften Maßstäbe der *recours pour excès de pouvoir* und mithin der *contrôle minimum* zur Anwendung gelangen.

[1061] Siehe auch CE, 21 décembre 1983, *Association de défense de Saint-Doulchard Sud et autres*, n° 20223; CAA Nancy, 25 juin 1998, *Ministre de l'Environnement*, n° 95NC01139; *Gabolde*, Juris-Classeur administratif, *installations classées*, fasc. 365, Rn. 212.

[1062] Conclusions *de la Verpillière*, CE, 15 décembre 1989, *S.P.E.C.H.I.N.O.R.*, RJE 1990, S. 243 (244, 250).

[1063] Siehe CE, 4 mai 1998, *M. Téallier*, les petites affiches 1999, n° 159, S. 18. Hier stellt das Gericht implizit fest, dass es auch an konkretisierende Rechtsverordnungen gebunden ist.

[1064] Siehe unten, S. 163ff.

[1065] Vgl. CAA Paris, 2 avril 1998, *Société Hydro Agri France*, Ministère de l'aménagement du territoire et de l'environnement, jurisprudence 1998, S. 26; TA Rennes, 16 novembre 1995, *Société civile agricole Mennont*, abgedruckt in *Code Permanent*, S. 5654; vgl. *Baucomont/Gousset*, Rn. 327; Sylvain, S. 128; *Gabolde*, installations classées, Rn. 397 ; *Koch*, S. 112.

II. Verfahrensvorschriften mit relativer Bindungswirkung

Im Grundsatz ist das Gericht an Verfahrensvorschriften in gleicher Weise gebunden wie der *préfet*[1066]. Die Bindungswirkung bestimmter Formvorschriften scheint sich jedoch zu relativieren.

Beispielhaft ist in diesem Zusammenhang die Fallgestaltung des Art. 13 Ausführungsverordnung. Der *préfet* darf die Genehmigung nicht erteilen, wenn vorzeitig mit dem Anlagenbetrieb begonnen wurde und der *c.d.h.* das Vorhaben negativ beurteilt. Während früher angenommen wurde, die *compétence liée* binde auch den Richter[1067], wird heute vermehrt davon ausgegangen, der Richter könne die Stellungnahme prüfen und gegebenenfalls erneut anfordern[1068]. In einer anderen Fallgestaltung hatte das Gericht eine Genehmigung aufgehoben, weil der *préfet* nicht in der nach Art. 11 Ausführungsverordnung erforderlichen Frist entschieden hatte[1069]. Anschließend hat es die Genehmigung jedoch selbst erteilt[1070]. Mittlerweile hat der *Conseil d'État* jedoch entschieden, die unter Fristüberschreitung erteilte Genehmigung könne nicht mehr aufgehoben werden, weil der *préfet* weiterhin zur Entscheidung verpflichtet sei[1071].

Vorschriften, die nicht nur auf eine verwaltungsinterne Verpflichtung abzielen, sondern für das Wesen des Verfahrens mithin die Verwirklichung des Schutzes der in Art. L 511-1 code de l'environnement genannten Interessen wesentlich sind, binden auch das Gericht[1072]. Eine trennscharfe Abgrenzung zwischen wesentlichen und ande-

---

[1066] Siehe CE, 4 mai 1998, *M. Téallier*, les petites affiches 1999, n° 159, S. 18; *Ferrand*, Juris-Classeur environnement, *contentieux des installations classées*, fasc. 1040, Rn. 79.

[1067] CE, 7 mai 1959, *Sieur Spasaro*, rec., S. 244 (245).

[1068] TA Clermond-Ferrand, 30 janvier 1986, *René Lambert c/Ministre de l'Environnement*, AJDA 1986, S. 522; *Boivin*, S. 376, Rn. 37; TA Clermont-Ferrand, 30 janvier 1981, *Lambert*, Ministre de l'environnement, jurisprudence 1993, S. 117.

[1069] TA Strasbourg, 22 juillet 1994, *Association pour la promotion et la défense du cadre de vie c/préfet du Haut-Rhin et société Sagrabe*, BDEI 1995, n° 2, S. 32 (33); vorher bereits TA Nancy, 21 décembre 1982, *M. Michel Clément c/ Ministre de l'environnement*, Premier Ministre (Secrétariat d'Etat à l'environnement et à la qualité de la vie extraits de la jurisprudence, S. 57 (58).

[1070] In einer anderen Entscheidung, der ein ähnlicher Sachverhalt zugrunde lag, wurde die Genehmigung aufgehoben, ohne dass das Gericht die Genehmigung selbst erteilte, vgl. CAA Nantes, 6 octobre 1994, *M. Joseph Lemétayer*, RJE 1995, S. 504 (505).

[1071] CE, 6 juin 1995, *M. et Mme Tchijakoff*, RJE 1996, S. 162 (163); CAA Bordeaux, 5 novembre 1998, *Compagnie générale des matières nucléaires (COGEMA)*, Ministère de l'aménagement du territoire et de l'environnement, jurisprudence 1998, S. 10; entgegen dem normalen Verwaltungsverfahren soll der Fristablauf auch keine Ablehnungsentscheidung fingieren: CAA Nancy, février 1998, *Société ATEP*, RJE 1999, S. 142 (143). Wenn also die Behörde einen Genehmigungsantrag abschlägig bescheidet, diese Entscheidung aufgehoben wird, bleibt die Behörde zur Entscheidung verpflichtet. Bleibt sie untätig, wird keine Ablehnungsentcheidung fingiert. Dieses komplizierte Ergebnis erscheint jedoch wenig sachgerecht, und verdeutlicht erneut, dass das Gericht selbst eine Genehmigung erteilen sollte, um der Aufgabe einer abschließenden Entscheidungsfindung nachzukommen.

[1072] *Carlier*, BDEI 1995, n° 2, S. 31 (32); *Musso-Gabai* (Technique & Environnement, 1997, n° 171, S. 51) spricht von *formalités substantielles*, die auch das Gericht einhalten müsse.

ren Verfahrensvorschriften hat sich jedoch noch nicht etabliert. Wie in dem Beispielsfall *Société S.P.E.C.H.I.N.O.R.* deutlich wird, zählen zu den wesentlichen Verfahrensvorschriften jedenfalls eine ausreichende *étude d'impact*, eine ordnungsgemäße *enquête publique*[1073] sowie die Anhörung des *c.d.h.*[1074].

III. Bindungswirkung von Konkretisierungsnormen mit Öffnungsklauseln

In Frankreich enthalten konkretisierende Rechtsverordnungen regelmäßig Vorschriften, nach denen die Genehmigungsbehörde von den gesetzlichen Vorgaben abweichen kann, um den Besonderheiten des Einzelfalls Rechnung zu tragen[1075]. Entsprechende Vorschriften sind auch in Deutschland bekannt.

Besondere Bedeutung kommt den Ausnahmevorschriften des *arrêté intégré* zu. Nach Art. 1 Abs. 3 können im Genehmigungsbescheid strengere Vorschriften festgesetzt werden, wenn dafür ein Bedürfnis besteht. Allgemein von den Vorgaben abgewichen werden darf entsprechend Art. 74 Abs. 1 nach vorheriger Stellungnahme (*après avis*) des *c.s.i.c.*, soweit europäische Richtlinien beachtet werden. Durch diese Klauseln wird dem Umstand Rechnung getragen, dass dem *préfet* auch im Fall durch Rechtsverordnung erfolgter Konkretisierung ein *pouvoir de particularisation* verbleiben muss[1076]. Entsprechend den Formulierungen anderer Vorschriften[1077] ist davon auszugehen, dass die Genehmigungsbehörde eine *avis* zwar einholen muss, aber nicht an ihren Inhalt gebunden ist.

Fraglich ist, ob auch das Gericht abweichende Feststellungen treffen darf, sei es, weil es der Rechtsverordnung entsprechende Vorgaben für nicht ausreichend oder nicht erforderlich hält oder sei es, weil es eine beantragte Genehmigung selbst erteilen und von den Vorgaben der Rechtsverordnung abweichen will. Eine Annäherung an dieses Problem ist von zwei Seiten möglich, zum einen aus der Sicht des die Verwaltung kontrollierenden Gerichts und zum anderen aus der Sicht eines Gerichts, welches originäre Verwaltungsaufgaben wahrnimmt.

Aus erstem Blickwinkel eröffnen die in Rede stehenden Öffnungsklauseln ein Verwaltungsermessen (es *kann* von den Vorgaben abgewichen werden). Dieses Ermessen wird kontrolliert, und zwar nach den Grundsätzen der *pleine juridiction*, da dies in Art. L 514-6 des höherrangigen Gesetzes vorgeschrieben ist. Wenn eine niedere Rechtsnorm im Grundsatz behördliches Ermessen dadurch bindet, dass sie als Rechtsnorm verbindliche Vorgaben setzt, so wird das der *pleine juridiction* unterliegende Ermessen durch eine derartige Öffnungsklausel wieder freigesetzt und es wird untersucht, ob

---

1073 CE, 15 décembre 1989, *Société S.P.E.C.H.I.N.O.R.*, rec., S. 254 (255).

1074 So wohl *Musso-Gabai* (Technique & Environnement, 1997, n° 171, S. 51), ebenso conclusions *de la Verpillière* im Beispielsfall Société *S.P.E.C.H.I.N.O.R*; siehe auch CE, 6 décembre 1907, *Humblot*, rec., S. 859.

1075 Siehe oben, S. 45f.

1076 *Ferrand/Huglo*, Juris-Classeur environnement, *fonctionnement des installations classées*, fasc. 170-40, Rn. 28.

1077 Vgl. Art. L 512-2 Abs. 1, 511-2 code de l'environnement: Entscheidung *après avis*.

eine Festsetzung abweichender Vorschriften im Hinblick auf den Schutz der in Art. L 511-1 code de l'environnement genannten Interessen erforderlich ist.

Aus zweitem Blickwinkel können die Öffnungsklauseln auch vom Gericht in Anspruch genommen werden, soweit es ebenfalls nicht mehr an die Rechtsverordnung gebunden ist. Will es die Genehmigung erteilen, kann es einen abweichenden Genehmigungsinhalt wählen, soweit die Voraussetzungen erfüllt sind. Möchte das Gericht jedoch gegenüber der Rechtsverordnung mildere Vorschriften zum Inhalt der Genehmigung machen, stellt sich die Frage, ob es entsprechend Art. 74 Abs. 1 *arrêté intégré* eine Stellungnahme des *c.s.i.c.* einholen muss. Nach dem oben Gesagten ist das Gericht an eine gesetzliche Verfahrensvorschrift nur dann nicht gebunden, wenn diese unwesentlich ist. Angesichts der Bedeutung des *c.s.i.c.* dürfte es sich jedoch um eine wesentliche Verfahrensvorschrift handeln.

Da die Voraussetzungen der Öffnungsklauseln dem *contrôle maximum* unterliegen, wird der Geltungsanspruch konkretisierender Rechtsverordnungen in Frankreich in erheblichem Umfang relativiert. Folglich wird das Verwaltungsermessen nur im Grundsatz gebunden, was verwundert, weil es sich gerade bei dem *arrêté intégré* um die Rechtsverordnung handelt, mit der Frankreich die IVU-Richtlinie im wesentlichen umgesetzt haben will, und die einen Großteil von Konkretisierungsnormen ablöst. Allerdings ist zu beachten, dass das Gericht von seinen Kompetenzen nur beschränkten Gebrauch macht. Insofern kommt den Öffnungsklauseln praktisch nur beschränkte Bedeutung zu, so dass konkretisierende Rechtsverordnungen zu einer standardisierenden Bindung führen. Insofern verhält es sich in Frankreich kaum anders als in Deutschland, wo Öffnungsklauseln in der gerichtlichen Praxis kaum von Bedeutung sind.

IV. Zusammenfassung

Das im *contentieux des installations classées* entscheidende Gericht verfügt im Grundsatz über die gleichen Kompetenzen wie die Verwaltung. Dies zeigt sich zum einen daran, dass es wie eine Aufsichtsbehörde die Verwaltungsentscheidung umgestalten kann, an die Anträge der Parteien nur beschränkt gebunden ist und die Rechtslage heranzuziehen hat, die zum Zeitpunkt seiner Entscheidung gilt. Diese Kompetenzen sind für das französische Recht in höchstem Maße ungewöhnlich. Im Vergleich zu dem deutschen Recht bleiben sie ohne Entsprechung. Weiterhin ist das Gericht im Zuge seiner Entscheidungsfindung prinzipiell in gleicher Weise an die wesentlichen Verfahrensvorschriften und materiellen Konkretisierungsnormen gebunden. Konkretisierungsnormen mit Öffnungsklauseln gelten für Verwaltung und Gericht. Dies gilt namentlich für den bedeutsamen *arrêté intégré*. Das Ermessen der Behörde wird daher in Frankreich im Gegensatz zum deutschen Recht nur im Grundsatz gebunden. Das Gericht greift nur in bescheidenem Maße auf seine Prüfungs- und Umgestaltungskompetenzen zurück. Daher kommt den Rechtsverordnungen in der Praxis große standardisierende Wirkung zu. Deshalb ist die durch Rechtsverordnungen erzeugte Bindung des Gerichts in Frankreich letztlich mit der in Deutschland zu verzeichnenden Bindung vergleichbar.

C. Bedeutung von Verwaltungsvorschriften

In Deutschland handelt es sich bei der Problematik der Rechtswirkung von Verwaltungsvorschriften um ein vieldiskutiertes Thema.

I. Grundsätzliche Problematik der Rechtswirkung

Die Rechtswirkungen von Verwaltungsvorschriften sind in beiden Ländern ähnlich. Es handelt es sich um Innenrecht (*mesures d'ordre intérieur*), also Maßnahmen, die ausschließlich behördenintern ausgerichtet sind[1078]. Ähnlich wie in Deutschland lassen sich auch in Frankreich zahlreiche Arten von Verwaltungsvorschriften unterscheiden[1079]. Von Bedeutung sind insbesondere *circulaires*, *instructions* oder *notes de service*[1080]. Dabei handelt es sich um allgemeine Vorschriften höherer Behörden zum Zwecke der Interpretation und Anwendung von Gesetzen[1081]. Für die vorliegende Arbeit sind in erster Linie die Verwaltungsvorschriften von Interesse, die Gesetze oder Rechtsverordnungen interpretieren (*circulaires interprétatives*)[1082]. Sie nehmen den größten Teil der Verwaltungsvorschriften ein[1083]. Diesen Verwaltungsvorschriften nach französischem Verständnis entsprechen auf deutscher Seite gesetzesinterpretierende und ermessenslenkende Verwaltungsvorschriften, was aus der in Frankreich zumindest in expliziter Form fehlenden Trennung zwischen Tatbestand und Rechtsfolge resultiert.

In beiden Rechtsordnungen sind Verwaltungsvorschriften grundsätzlich weder zulässiger Gegenstand verwaltungsprozessualer Rechtsbehelfe, noch kann ihre Verlet-

---

[1078] *Delvolvé*, in répertoire Dalloz, *acte administratif*, Rn. 205f.; *Auby/Drago*, traité de contentieux, Rn. 1105; siehe zu unterschiedlichen Definitionen *Hecquard-Theron*, AJDA 1981, S. 235f.

[1079] Siehe zu weiteren Gruppen der *mesures d'ordre intérieur Auby/Drago*, traité de contentieux, Rn. 1106, S. 186ff.; zur deutschen Terminologie *Ossenbühl*, S. 250ff.; *Maurer*, § 24, Rn. 1.

[1080] *Auby/Drago*, traité de contentieux, Rn. 1105. Die begriffliche Unterscheidung zwischen *circulaires* und *instructions* ist häufig zu finden, ohne dass ein relevanter Unterschied deutlich würde; siehe *Moreau*, Rn. 82. Teilweise soll den *instructions* und vor allem den *directives* ein (gegenüber der einfachen *circulaire*) stärkerer interpretativer Charakter zukommen (*Mockle*, S. 67, 76 sowie *Conseil d'Etat*, première étude, tome 2, S. 97). Es erscheint trotzdem angebracht, auch die *instructions* und *directives* zu den *circulaires* zu zählen. Gleiches gilt für die *notes de service* (siehe *Chapus*, droit administratif, Rn. 683f., S. 472; *Delvolvé*, répertoire Dalloz, *acte administratif*, Rn. 207). So bilden die *circulaires* den Oberbegriff für *ordres du jour, conseils, recommandations, directives d'organisation et de fonctionennement* und *instructions, notes de service oder notes techniques*, siehe *Conseil d'Etat*, première étude, tome 2, S. 97; siehe zu *mesures d'ordre intérieur*, die keine circulaires sind *Lebreton*, S. 89ff.

[1081] *Gaudement*, Rn. 1345; *Lebreton*, S. 82.

[1082] Hierbei handelt es sich gleichzeitig um eine Definition der *circulaire*, vgl. *Leclercq/Chaminade*, S. 285; *Auby/Drago*, traité de contentieux, Rn. 1106, S. 187 Nr. 3, 4,6.

[1083] *Chapus*, droit administratif, Rn. 683.

zung einen Gesetzesverstoß (*violation de la règle de droit*) darstellen[1084], da ihnen der Regelungscharakter (*effets juridiques*[1085]) fehlt, so dass es sich nicht um belastende Verwaltungsmaßnahmen (*décisions de nature à faire grief*) handelt[1086]. Sie binden nur den zuständigen Beamten, soweit sie nicht offensichtlich rechtswidrig sind[1087]. Gegenüber dem Anlagenbetreiber werden sie erst durch die Aufnahme in den Genehmigungsbescheid wirksam[1088]. Nach französischem Verständnis kann sich die Verwaltung bei Erlass eines Verwaltungsaktes nicht (ausschließlich) auf die Vorgaben einer Verwaltungsvorschrift berufen, ohne die Besonderheiten des Einzelfalls zu berücksichtigen; sie begeht andernfalls einen *erreur de droit*[1089]. Eine solche Rechtspflicht zur Berücksichtigung von Einzelfallumständen ist auch in Deutschland anerkannt[1090]. Wird sie nicht beachtet, liegt Ermessensausfall vor. Verwaltungsvorschriften binden auch den Richter in seiner Norminterpretation nicht[1091]. Sie sind daher in beiden Ländern grundsätzlich Gegenstand, nicht jedoch Maßstab richterlicher Kontrolle[1092].

Wegen fehlender Rechtswirkung von Verwaltungsvorschriften wurden Frankreich und Deutschland Anfang der 90er Jahre durch den EuGH wegen unzureichender Umsetzung bestimmter Richtlinien verurteilt[1093]. Anschließend wurden die in Richtlinien enthaltenen Vorgaben wie in Deutschland durch Rechtsverordnungen umgesetzt[1094]. Rechtsverordnungen werden seit dem als Umsetzungsinstrument bevorzugt[1095].

Verwaltungsvorschriften können nach französischem Verständnis Außenwirkung haben und Gericht und Behörde in der Norminterpretation binden. Dies ist anerkannt, wenn eine Verwaltungsvorschrift nicht mehr nur bloßes Innenrecht darstellt, sondern

---

1084 CE, 6 février 1931, *Haurie*, rec., S. 150; CE 25 avril 1947, *Georges This*, rec., S. 162; CE, 31 juillet 1996, *Syndicat national de radio-télévision*, rec., S. 320; *Chapus*, droit administratif, Rn. 684; *Auby/Drago*, traité de recours, Rn. 316.

1085 CE, 13 juillet 1962, *Arnaud*, rec., S. 474; *Auby/Drago*, traité de contentieux, Rn. 1106; anders *Mockle*, S. 263.

1086 *Rivero/Waline*, Rn. 243; Auby/*Drago*, traité de contentieux, Rn. 1106.

1087 CE, 13 juillet 1962, *Arnaud*, rec., S. 474; *Auby/Drago*, traité de contentieux, Rn. 1106; *Gaudemet*, Rn. 1345; *Hecquard-Theron*, AJDA 1981, S. 235 (241).

1088 *Boivin*, S. 240, Rn. 47.

1089 *Chapus*, droit administratif, Rn. 684.

1090 Siehe *Jarass*, NJW 1987, S. 1225 (1227).

1091 CE, 7 janvier 1986, *Tioxide*, RJE 1986, S. 311 (312); TA Caen, 8 décembre 1998, *Association des sauvegarde du pays d'Isigny-Le-Buat*, DE 1999, n° 67, S. 8 (9, 10); TA Dijon, 23 juin 1969, *Jarrot*, JCP 1970, II, N° 16528.

1092 Siehe nur BVerfGE 78, 214ff.

1093 CJCE, AFF. C-13/90, CE-14/90 et C-64/90, 1er octobre 1991, *Commission des communautés européennes c/République française*, RJE 1991, S. 69ff., siehe auch Slg. I, S. 4327ff.; siehe zum deutschen Recht unten, S. 178.

1094 Anpassung des décret n° 74-415 du 13 mai 1974 heute décret n° 98-360 du 6 mai 1998.

1095 *Krämer/Kromarek*, RJE 1994, S. 209 (217).

ihr ein reglementierender Charakter zukommt und es um eine Rechtsverordnung handelt[1096]. Insofern hat sich in Frankreich die Unterscheidung zwischen *circulaires interprétatives* und *circulaires réglementaires* herausgebildet[1097]. Im Prozess wird insoweit eine Inzidenterprüfung vorgenommen[1098], wenngleich eine reglementierende Verwaltungsvorschrift auch direkt vor dem Verwaltungsgericht anfechtbar ist[1099]. Die Behörde muss mit der nötigen Regelungskompetenz ausgestattet sein[1100]. Da diese regelmäßig fehlt, sind reglementierende Verwaltungsvorschriften meistens rechtswidrig, so dass der Bürger sich auf sie nicht gerichtlich berufen kann[1101].

Im Anlagenzulassungsrecht werden dem Umweltminister durch Art. L 512-5 und Art. L 512-10 code de l'environnement umfangreiche Regelungskompetenzen zugestanden. Damit Verwaltungsvorschriften zu rechtmäßigen Verordnungen mutieren, müssen sie das für Rechtsverordnungen erforderliche Erlassverfahren durchlaufen[1102]. Zumindest im Bereich genehmigungspflichtiger Anlagen ist dies oft der Fall[1103]. Folglich ist zu klären, ob Verwaltungsvorschriften des Anlagenzulassungsrechts nicht als bindende Rechtsverordnung zu qualifizieren sind.

Bereits im Problemansatz werden Unterschiede zum deutschen Recht deutlich. Die Problematik der Anerkennung als Rechtsverordnung ist der in Deutschland um die Rechtswirkung von Verwaltungsvorschriften geführten Diskussion vorgelagert. Diese konzentriert sich nicht auf die Abgrenzung der Verwaltungsvorschrift zur Rechtsverordnung im formellen Sinne, sondern vor allem auf die Frage, ob und wie Verwal-

---

[1096] CE, 31 juillet 1948, *Chambre syndicale du Livre du département de Constantine*, rec., S. 364 (365); CE, 25 mars 1983, *Min. Éducation c/époux Mousset*, rec., S. 135 (136);vvgl. CE, 7 janvier 1986, *Tioxide*, RJE 1986, S. 311 (312); CE, 19 janvier 1990, *Mme Douveneau et m. Doré*, AJDA 1990, S. 489; Auby/*Drago*, traité de recours, Rn. 316; *Planche*, revue de droit comptable 1997, Nr. 4, Rn. 189 (191).

[1097] *Chapus*, droit administratif, Rn. 684.

[1098] Vgl. *Lemoyne de Forges* in répertoire Dalloz, *recours pour excès de pouvoir*, Rn. 170; vgl. auch *Massot*, conclusions CE, 4 novembre 1977, *Dame Si Moussa*, rec., S. 417 (426). Die Prüfung erfolgt *par voie d'exception d'illégalité*.

[1099] CE, 12 novembre 1986, *Winterstein*, rec., S. 338.

[1100] Die Kompetenz, eine Rechtsverordnung zu erlassen, bildet nach dem Prinzip *de la mutabilité des formes* eine taugliche Ermächtigungsgrundlage zum Erlass von Verwaltungsvorschriften (CE, 31 juillet 1948, *Chambre syndicale du livre du département de Constantine*, rec., S. 364 (365); CE, 30 mars 1960, *Syndicat national des médecins biologistes et autres*, rec., S. 244. Eine Ermächtigung zum Erlass von *arrêtés* reicht aus. Formell und materiell bestehen keine Unterschiede zu *circulaires réglementaires*, vgl. *Stirn*, S. 61; *Baucomont/Gousset*, Rn. 93, S. 64; *Carlier*, note sous CE, 15 avril 1996, *Union des industries chimiques*, DE 1996 (n° 40), S. 10 (11), anders *Bertrand* (conclusions CE, 6 octobre. 1961, *Union nationale des Associations de Parents d'Elèves de l'Enseignement libre*, R.D.P. 1961, 1271 (1276)).

[1101] CE, 23 mai 1969, *Société Distillerie Brabant et Cie*, AJDA 1969, S. 645; *Planche*, revue de droit comptable 1997, Nr. 4, Rn. 189 (197). Die Fälle, in denen die Behörde über die nötige Regelungskompetenz verfügt, bilden dabei die absolute Ausnahme, vgl. *Mockle*, S. 536.

[1102] Vgl. *Code Permanent*, S. 4010, Rn. 111.

[1103] Interview *Jeoffroi*.

tungsvorschriften in das System der klassischen Rechtsquellen eingebettet werden können. So ist problematisch, ob unter dem Begriff der Rechtsquelle auch Innenrechtssätze subsumiert werden können. Nach wohl überwiegender Meinung soll es sich bei Innenrecht nicht um Rechtsnormen handeln, so dass Verwaltungsvorschriften keine verbindliche Rechtsquelle (auch nicht im Sinne einer Rechtsverordnung) abgeben können[1104]. Verwaltungsvorschriften fehlt gegenüber der Rechtsverordnung der Eingriffscharakter[1105]. Allerdings handelt es sich bei Verwaltungsvorschriften aufgrund ihrer verwaltungsinternen Bindungswirkung zweifellos um Recht[1106]. Insofern wurden früher übliche Kategorien von „Recht“ überwunden, nach denen sich Recht auf Beziehungen zwischen selbständigen Rechtspersonen beschränken muss[1107]. Bei Verwaltungsvorschriften handelt es jedoch grundsätzlich nicht um Rechtsverordnungen im Sinne von Art. 80 GG[1108]. Bei der sehr umstrittenen Abgrenzung zur Rechtsverordnung[1109] kommt es in Deutschland zwar vor allem auf den Adressaten sowie die intendierten Rechtswirkungen an, allerdings stützen sich Rechtsverordnungen nach deutschem Verständnis inhaltlich auf eine formalgesetzliche Ermächtigungsgrundlage[1110]. Insofern werden Erkennungsmerkmale in Deutschland mit Rechtmäßigkeitserfordernissen verknüpft. Die Abgrenzungsproblematik ist jedoch für das deutsche Recht von untergeordneter Bedeutung, weil Verwaltungsvorschriften (insbesondere die TA-Luft) nicht den Formalkriterien des Art. 80 GG genügen und ohnehin nicht als wirksame Rechtsverordnung angesehen werden können[1111]. Mithin handelt es sich bei der folgenden Thematik noch um ein rein französisches Problem.

II. Außenwirkung als Rechtsverordnung

Die Abgrenzung zwischen *circulaires interprétatives* und *circulaires réglementaires* erweist sich trotz umfangreicher Judikatur[1112] als schwierig[1113]. Wesentliches Kriteri-

---

1104 Siehe *Forsthoff*, S. 139f.; *Maurer*, § 24, Rn. 2f.; *Achterberg*, § 20, Rn. 1; differenzierend vor allem *Ossenbühl*, S. 154ff; *Isensee/Kirchhof – Ossenbühl*, § 65, Rn. 37ff.

1105 *Faber*, § 3 III, S. 17f.

1106 *Maurer*, § 24, Rn. 3.

1107 Siehe *Maurer*, § 24, Rn. 2; siehe zum Begriff des Rechtssatzes *Meyer-Cording*, S. 17ff.

1108 Siehe auch *Breuer*, UTR 9 (1989), S. 43 (49).

1109 Siehe *Maurer*, § 24, Rn. 40 und *Meyer-Cording*, S. 115ff.

1110 *Isensee/Kirchhof – Ossenbühl*, § 64, Rn. 5.

1111 Bedenken bestünden z.B. im Hinblick auf das Zitiergebot des Art. 80 Abs. 1 S. 3 GG.

1112 Siehe nur die Rechtsprechungsübersicht bei *Lemoyne de Forges*, répertoire Dalloz, *recours pour excès de pouvoir*, Rn. 168f. (insbesondere die Aktualisierung auf den Seiten 409ff.).

1113 *Planche*, revue de droit comptable 1997, Nr. 4, Rn. 189 (192); siehe auch den von *Mesnard* (AJDA 1978, S. 654 (655f.)) besprochenen Fall. Siehe ferner die unterschiedlichen Lösungen von *Conseil d'Etat* und Regierungskommissar in CE, 4 novembre 1977, *Dame Si Moussa*, rec., S. 417ff.; siehe ferner die unterschiedliche Behandlung der gleichen Verwaltungsvorschrift in CE, 24 avril 1992, *Centre européen d'information et d'automation*, n° 92-280 und CE, 27 mars 1996, *M. Lome*, RFDA 1997, S. 1226, note *Seiller*, RFDA 1997, S. 1218ff.

um ist, ob eine Verwaltungsvorschrift *juristische Effekte* auslöst[1114]. Dies ist auf zwei Ebenen möglich.

1. Abweichende Norminterpretation

Ein reglementierender Charakter kann daraus folgen, dass eine Verwaltungsvorschrift eine höherrangige Norm abweichend interpretiert und dessen unbestimmte Rechtsbegriffe falsch konkretisiert (*circulaire innovatoire*). Dies ist der Fall, wenn gegenüber dem Gesetz neuartige Rechte eingeräumt oder Pflichten auferlegt werden[1115] oder die Rechtslage auf andere Weise verändert wird[1116]. Dies ist im Falle der bloßen Interpretation oder Kommentierung einer gesetzlichen Regelung nicht der Fall[1117], denn die Verwaltungsvorschrift gibt dann nur den in der Rechtsnorm enthaltenen Inhalt wieder[1118]. Die Interpretation muss sich im vorgegebenen Spielraum (*marge d'approximation*) bewegen[1119]. Sie darf keinen exzessiven Charakter haben[1120]. Eine unzutreffende Interpretation löst die Rechtswidrigkeit der Verwaltungsvorschrift

---

[1114] CE, 10 juillet 1995, *Association „Un Sysiphe"*, rec., S. 292 (293); *Delvolvé*, répertoire Dalloz, *acte administratif*, Rn. 208; *Auby/Drago*, traité de contentieux, Rn. 1107; siehe auch CE, 5 mars 1992, *Union hospitalière privée*, rec., S. 99.

[1115] CE, 29 janvier 1954, *Institution Notre-Dame du Kreisker*; rec., S. 64 (hier handelt es sich um das Grundsatzurteil. Durch Verwaltungsvorschrift wurden im Vergleich zum Gesetz zusätzliche Anforderungen an den Antrag für bestimmte Subventionen im Schulrecht aufgestellt); CE, 8 octobre 1971, *syndicat national des architectes chargés de la construction d'H.L.M. et autres* et *Caisse nationale de l'assurance maladie de travailleurs salariés*, rec., S. 585; CE, 2 mars 1973, *Sieur Segu*, rec., S. 182 (183); CE, 3 avril 1981, *Société Armand Pellerin et Compagnie*, AJDA 1981, S. 472 (473); TA Lille, 9 juillet 1992, *Association les papillons blancs*, les petites affiches, 1993 (n° 102), S. 15; *Chapus*, droit administratif, Rn. 686; *Planche*, revue de droit comptable 1997, n° 4, Rn. 189 (192).

[1116] CE, 18 novembre 1977, *SA Entreprise Marchand*, rec., S. 442 (442); CE, 15 février 1978, *Association des étudiants en droit de Metz et autres*, AJDA 1978, S. 678 (679); CE, 27 avril 1981, *Association pour la défense des intérêts des retraités, des préretraités et pensionnés de la Polynésie française*, rec., S. 193 (194); *Lebreton*, S. 82.

[1117] CE, 30 mai 1973, *Flourez*, rec., S. 870; CE, 26 avril 1978, *Minjoz*, rec., S. 186; TA Lille, 8 juillet 1975, *Sieur Sion*, rec., S. 740 (hier wurden Kriterien bestimmt, wie ein Wohnhaus aufgrund von *insalubrité* für unbewohnbar erklärt werden kann); *Lemoyne de Forges*, répertoire Dalloz, *recours pour excès de pouvoir*, Rn. 167ff.; Planche, revue de droit comptable 1997, Nr. 4, Rn. 189 (192); *Hecquard-Theron*, AJDA 1981, S. 235 (237).

[1118] *Delvolvé*, répertoire Dalloz, *acte administratif*, Rn. 210.

[1119] *Delvolvé*, répertoire Dalloz, *acte administratif*, Rn. 210, 213; *Auby/Drago*, traité des recours, Rn. 306.

[1120] *Lebreton*, S. 83 unter Berufung auf CE, 15 mai 1987, *Ordre des avocats à la Cour de Paris*, RFDA 1987, S. 145. In diesem Fall hielt das Gericht den innovativen Charakter einer Verwaltungsvorschrift für nicht ausreichend, um einen reglementierenden Charakter anzunehmen.

aus[1121]. Insofern besteht ein Automatismus zwischen Rechtswidrigkeit und reglementierendem Charakter[1122].

Das Verhältnis eines solchen *derogatorischen* Charakters zu dem innovatorischen Charakter ist unklar und kaum untersucht. Der innovatorische Charakter impliziert, dass eine Verwaltungsvorschrift reglementierenden Charakter haben kann, ohne rechtswidrig zu sein. Jede rechtliche Neuerung beruht jedoch auf einer Abweichung von der alten Rechtslage. Ist dieser *derogatorische* Charakter festgestellt, gibt es keine Heilungsmöglichkeit mehr durch die Zuerkennung einer möglichen Regelungskompetenz, denn auch nach französischem Recht ist eine Rechtsverordnung, die gegen höherrangiges Recht verstößt, rechtswidrig[1123]. Es gibt demnach keine rechtmäßigen reglementierenden Verwaltungsvorschriften. Der praktische Wert dieser Feststellung ist allerdings gering, weil Verwaltungsvorschriften, die einen innovativen Charakter aufweisen, ohnehin fast ausschließlich spätestens aufgrund einer mangelnden Regelungskompetenz der Behörde rechtswidrig werden. Ferner lassen sich innovativer oder derogatorischer Charakter ohnehin nur dann feststellen, wenn die Behörde ihre *marge d'approximation* verlassen hat.

In der Praxis wird ohnehin nicht detailliert nach der Vereinbarkeit einer Verwaltungsvorschrift mit dem zu interpretierenden Recht gefragt. Je unbestimmter das zu interpretierende Recht ist, desto stärkere Wirkung kommt der einzelfallbezogenen Konkretisierungsleistung der Behörde in faktischer Hinsicht zu, und desto schwerer ist festzustellen, ob der gesetzliche Rahmen verlassen wurde[1124]. Eine von der Gesetzeslage abweichende und daher reglementierende Verwaltungsvorschrift wurde für rechtmäßig erklärt, weil sie mit den gesetzlichen Vorgaben letztlich vereinbar sei[1125]. Ferner hat der *Conseil d'État* Verwaltungsvorschriften zwar für illegal, aber nicht ausdrücklich für reglementierend erklärt[1126]. Der *Conseil d'État* setzt sich allerdings inhaltlich kaum mit der Problematik auseinander[1127]. Ferner übt das Gericht bei der Überprüfung einer Verwaltungsvorschrift nur einen *contrôle minimum* unter Einschluss des *erreur manifeste* aus[1128]. Daher wird der reglementierende Charakter nur

---

1121 *Leclercq/Chaminade*, S. 284; *Conseil d'Etat*, première étude, Tome 1, S. 10.

1122 *Delvolvé*, répertoire Dalloz, *acte administratif*, Rn. 221.

1123 *Leclercq/Chaminade*, S. 281.

1124 Siehe *Mockle*, S. 196.

1125 CE, 28 janvier 1987, *Département de la Vendée*, AJDA 1987, S. 282, note *Prétot*.

1126 CE, 19 juin 1981, *Lesage et autres*, rec., S. 279 (280); CE, 27 mars 1996, *Lome*, RFDA 1997, S. 1226f.

1127 Siehe CE, 13 janvier 1975, *Sieur Da Silva*, rec., S. 16 (17) und ferner die Diskrepanz zwischen den conclusions des Regierungskommissars *Massot* und der späteren gegenteiligen Entscheidung (CE, 4 novembre 1977, *Dame Si Moussa*, rec., S. 417ff.).

1128 Dies ist zwar nur für die Überprüfung von *directives* anerkannt, es spricht jedoch nichts dagegen, dies auf die Überprüfung von einfachen Verwaltungsvorschriften zu übertragen, geht es doch jeweils um die Anerkennung einer zulässigen reglementierenden Wirkung.

festgestellt, wenn er offenkundig ist[1129]. Obwohl die Kontrolle mitunter entsprechend den herkömmlichen Prüfungskriterien nach der Wichtigkeit des betroffenen Rechtsgebietes variieren soll[1130], wird der Verwaltung insgesamt ein umfangreicher Spielraum zur Normkonkretisierung eingeräumt.

2. Reglementierender Charakter aufgrund absoluter Ermessensbindung

Weiterhin kommt einer *circulaire* ein reglementierender Charakter zu, wenn ihre Vorgaben das Ermessen der Behörde abschließend binden und ihr keinen Anpassungsspielraum belassen[1131]. Die Einzelheiten sind unklar. Vor allem ist fraglich, ob diese Merkmale deckungsgleich sind mit der im Zuge der Untersuchung von Rechtsverordnungen dargestellten Pflicht, der Behörde einen *pouvoir de particularisation* zu belassen[1132]. Sollte dies der Fall sein, verliehe die absolute Behördenbindung der Verwaltungsvorschrift gleichzeitig sowohl reglementierenden als auch rechtswidrigen Charakter. Ebensowenig ist untersucht, welche Anforderungen eine Verwaltungsvorschrift erfüllen muss, damit Einzelfallumstände ausreichend berücksichtigt werden können. Denkbar wären Ausnahmetatbestände für besondere Fälle, wie dies für die konkretisierenden Rechtsverordnungen üblich ist[1133]. Möglich wäre es auch, aufgrund der fehlenden Detailliertheit, also der fehlenden abschließenden Normierung des Sachverhaltes, auf den Umfang der Ermessensbindung zu schließen. Letztlich resultiert der reglementierende Charakter hier auch aus der Abweichung von einer höherrangigen Norm, soweit diese einen Entscheidungsspielraum der Behörde statuiert.

3. Verwaltungsvorschriften im Anlagenzulassungsrecht

Eine Übertragung der Abgrenzungskriterien auf das französische Anlagenzulassungsrecht erweist sich wegen der Technizität der Materie und der unzureichenden Veröffentlichung der Verwaltungsvorschriften als schwierig. Dies gilt vor allem für die Feststellung, wann die Behörde ihre *marge d'approximation* verlassen hat oder wann eine vollständige Ermessensbindung vorliegt. Die Rechtsprechung hatte sich bereits vergleichsweise häufig mit der Frage befasst. Der *Conseil d'État* hat dabei oft einen rein interpretativen Charakter festgestellt[1134]. Mangels spezifizierter Prüfung einzelner

---

[1129] Aber selbst dann hat der *Conseil d'État* den reglementierenden Charakter bereits verneint: CE, 9 avril 1954, *Syndicat des membres de l'enseignement libre primaire catholique du département de la Seine*, rec., S. 224; CE, 13 juin 1962, *Arnaud*, rec., S. 474; CE, 24 janvier 1975, *Machard*, rec., S. 816; CE, 25 mars 1983, *Ministère de l'Éducation nationale*, AJDA 1983, S. 296.

[1130] *Mockle*, S. 536.

[1131] *Code Permanent*, S. 4010, Rn. 111; *Mesnard*, droit et ville 1978 (n° 6), S. 251 (267/268); *Delvolvé*, répertoire Dalloz, *acte administratif*, Rn. 214, 217.

[1132] Siehe oben, S. 45f.

[1133] Vgl. oben, S. 43ff.

[1134] CE, 8 octobre 1981, *Association de défense des sites de Sainte-Radegonde et de ses environs*, req. n° 4006 (circulaire du 9 mars 1973 relative aux décharges contrôlées de résidus urbains, unveröffentlicht)); CE, 27 novembre 1985, *Société Provence Enrobés*, n° 48.883, in *Code Permanent*, S.

Vorschriften sind die Urteile allerdings wenig aussagekräftig. Insgesamt wird davon ausgegangen, die Rechtsprechung sei in sich nicht schlüssig[1135]. Soweit bekannt, wurde noch keine Verwaltungsvorschrift wegen nicht ausreichender Konkretisierung, also wegen der Festlegung unzureichender Betriebsbestimmungen, kassiert. Die aufgehobenen Verwaltungsvorschriften enthielten durchweg gegenüber dem Gesetz zusätzliche Vorschriften. Ferner erfolgt die selbständige Überprüfung der Rechtmäßigkeit ohnehin nur im Wege der Minimalkontrolle[1136].

In den entschiedenen Fällen lässt sich nur schwer zwischen einer gegenüber dem Gesetz zusätzlichen Regelung und einer absoluten Ermessensbindung unterscheiden. Eine Regelung hat in der Regel nur dann einen das Gesetz ergänzenden Charakter, wenn sie einen gewissen Regelungsanspruch im Sinne einer Behördenbindung aufweist. So wurde eine Verwaltungsvorschrift aufgehoben, nach der der Anlagenbetrieb nur genehmigt werden durfte, wenn dieser auch wasserrechtlich unbedenklich war, weil es sich hier um eine (damals) zusätzliche Vorschrift handelte[1137]. Eine Verwaltungsvorschrift wurde für reglementierend erklärt, weil sie eine gesetzliche Abgabenpflichtigkeit eines Anlagenbetriebes konkretisierte und zusätzlich von der Zugehörigkeit zu einer Versicherung abhängig machte[1138]. Eine Verwaltungsvorschrift wurde aufgehoben, die den Anlagenbetreiber zu einer jährlichen Ernstfallübung bestimmter Notfallpläne verpflichtete, obwohl gesetzlich lediglich die Aufstellung solcher Pläne vorgesehen war[1139]. Der *Conseil d'État* hat eine Verwaltungsvorschrift für nur interpretierend erklärt, die für die Bestimmung der Betreiberpflichten in Bezug auf die

---

5594f. (circulaire du 14 janvier 1974 relative aux centrales d'enrobage à chaud des matériaux routiers, mittlerweile aufgehoben durch den arrêté intégré); CE, 25 septembre 1992, *Union des industries chimiques*, n° 88.141, n° 91.714, n° 109.386, circulaire du 29 décembre 1988 relative aux installations classées pour la protection de l'environnement, arrêté type n° 183 ter (Diese Vorschrift enthält jedoch vergleichsweise zwingende Vorgaben, wie z.B. die Verpflichtung, dass bestimmte Läger in mindestens 30 Meter Abstand gebaut werden müssen (n° 4 a)); CE, 25 novembre 1987, *Société Elf France*, RJE 1988, S. 349 und TA Paris, 16 mars 1988, *Société Shell Française*, RJE 1988, S. 351 (352). Eventuelle Ausnahmeregelungen hat das Gericht jedoch nicht geprüft.

1135 *Baucomont/Gousset*, Rn. 93, S. 64.

1136 Siehe oben, S. 150ff.

1137 CE, 1 avril 1981, *Chambre départemental d'agriculture des Côtes-du-Nord*, rec., S. 178f.; Ministre de l'environnement, Jurisprudence 1978-1991, S. 77 (78), für die circulaire du 12 août 1976 relative aux porcheries.

1138 TA Rennes, 16 novembre 1995, *Société civile agricole Mennont*, *Code Permanent*, S. 5654 bezüglich der circulaire de 9 septembre 1977 ayant pour objet l'application de l'article 17 de la loi du 19 juillet 1976.

1139 CE, 15 avril 1996, *Union des industries chimiques*, DE 1996, S. 10, bezüglich der circulaire du 30 décembre 1991 du ministre de l'intérieur et du ministre de l'environnement relative à l'articulation entre le plan d'opération interne et les plans d'urgence visant les installations classées. Es wurde nicht untersucht, ob diese Vorschrift nicht als allgemeine Regel und technische Vorschrift im Sinne des Art. 7 (heute Art. L 512-10 code de l'environnement) angesehen werden könnte.

Einleitung von Abwässern (vor dem Erlass des *arrêté intégré*) wesentlich war[1140]. Diese habe hinsichtlich der dem *préfet* obliegenden Ausarbeitung des Genehmigungsbescheides nur indizierenden Charakter, so dass der *préfet* mangels verbindlicher Außenwirkung von den Vorgaben abweichen könne. Obwohl das Gericht darauf nicht Bezug nimmt, dürfte der rein interpretative Charakter auch aus einer Klausel resultieren, nach welcher der *préfet* aufgrund besonderer Umstände von den Vorgaben der Verwaltungsvorschrift abweichen kann. Eine andere Vorschrift wurde aufgehoben, weil sie vorsah, dass die Genehmigung dann nicht erteilt werden könne, wenn die *étude d'impact* bestimmte Anforderungen nicht erfüllt[1141]. Eine solche pauschale Ermessensbindung ohne die Möglichkeit, diese Anforderungen durch Auflagen zu erfüllen, bedeute eine die gesetzlichen Vorschriften ergänzende Regelung. Eine andere Norm der Verwaltungsvorschrift wurde aufgehoben, weil sie die Genehmigung bestimmter Anlagen in bestimmten Wasserschutzgebieten pauschal ausschloss und damit eine gegenüber dem Gesetz zusätzliche Regelung aufstellte. In einem anderen Urteil wurde eine Verwaltungsvorschrift teilweise kassiert, die den Anlagenbetreiber in bestimmten Fällen von dem gesetzlich normierten Erfordernis einer zusätzlichen Genehmigung befreite[1142]. Teilweise wurden auch Verwaltungsvorschriften annulliert, ohne das sich das Gericht überhaupt mit dem reglementierenden Charakter näher auseinander setzte[1143].

Auffälligerweise wurde auch bei Annahme eines reglementierenden Charakters nur selten untersucht, ob Art. 7 und Art. 10-1 (Art. L 512-5 und Art. L 512-10 code de l'environnement) als mögliche Ermächtigungsgrundlage taugen[1144]. Der Anwendungs-

[1140] CE, 7 janvier 1986, *Tioxide*, RJE 1986, S. 311f. bezüglich der instruction du ministre de commerce et de l'industrie en date du 6 juin 1953 relative au rejet des eaux résiduaires des établissements classés; ähnlich CE, 19 mai 1971, *Jarrot*, rec., S. 903; kritisch wegen der Detailliertheit: *Baucomont/Gousset*, Rn. 93, S. 64. Der rein interpretative Charakter wurde später bestätigt, siehe TA Lyon, 10 décembre 1989, *FRAPNA*, RJE 1990, S. 119 (120), ebenso für die circulaire ministérielle du 8 août 1974 définissant les prescriptions d'ordre technique applicables aux distilleries vinicoles.

[1141] CE, 13 mars 1998, *Union nationale des industriels de carrières et matériaux de construction (U.N.I.C.E.M.)*, RJE 1998, S. 423f., RJE 1999, S. 276; bezüglich der circulaire du 2 juillet 1996 précisant les dispositions de l'arrêté du 22 septembre 1994 relatif aux exploitations de carrières et aux installations de premier traitement des matériaux de carrière (unveröffentlicht).

[1142] CE, 16 novembre 1998, *Syndicat des fabricants d'explosifs et de produits accessoires et G.I.E. Nitro-Bickford*, Ministère de l'aménagement du territoire et de l'environnement, jurisprudence 1998, S. 26 bezüglich der circulaire du 1er décembre 1997 relative aux unités mobiles de fabrication d'explosifs.

[1143] CE, 25 septembre 1992, *Union des industries chimiques*, n° 88.141, n° 91.714, n° 109.386 bezüglich der circulaire ministérielle du 4 février 1987 relative aux entrepôts.

[1144] Eine der wenigen Ausnahmen bildet TA Caen, 8 décembre 1998, *Association de sauvegarde du pays d'Isigny-Le-Buat*, DE 1999, n° 67, S. 8 (10). Das Gericht lehnte Art. 7 des Gesetzes von 1976 mit unklarer Begründung als Grundlage ab; siehe CAA Nantes, 29 mai 1996, *Association de défense de l'environnement et du cadre municipal de Montereau-en-Gâtinais*, BDEI 1996, n° 4, S. 16 (17).

bereich dieser Vorschriften wurde seit ihrer Einführung 1976 bzw. 1992 erheblich erweitert, so dass umfassende Rechtsverordnungen wie z.B. der *arrêté intégré* mittlerweile auf Art. 512-5 code de l'environnement gestützt werden können. Diese Artikel liefern allerdings keine nachträgliche Ermächtigungsgrundlage für bereits erlassene Verwaltungsvorschriften[1145]. Neben dem Ausbau der Regelungskompetenzen verlieren Verwaltungsvorschriften jedoch als Konkretisierungsinstrument an Bedeutung, weil die Zahl der formellen Rechtsverordnungen stetig zunimmt. Ferner ist zu berücksichtigen, dass der *arrêté intégré* etwa ein Drittel existierender Verwaltungsvorschriften im Bereich genehmigungspflichtiger Anlagen abgelöst hat. Allerdings werden die Verwaltungsvorschriften ihre Bedeutung als Konkretisierungsinstrument für Verfahrensfragen behalten[1146].

Konkretisierende Verwaltungsvorschriften dürften daher im Anlagenzulassungsrecht grundsätzlich keine reglementierende Wirkung haben[1147]. Sollten sie im Einzelfall als rechtmäßige Rechtsverordnungen anzusehen sein, träte ohnehin nur eine punktuelle Bindungswirkung ein, da Verwaltungsvorschriften im Gegensatz zum deutschen Recht zersplittert und in der Regel nur auf einen Anlagentypus oder bestimmte Verhaltensweisen zugeschnitten sind.

III. Außenwirkung als Verwaltungsvorschriften

Verwaltungsvorschriften kann nach französischem und deutschem Recht auch ohne Einstufung als Rechtsverordnung Außenwirkung zukommen.

1. Außenwirkung im französischen Recht

Das französische Recht kennt zwei Möglichkeiten, *circulaires interprétatives* aus dem *non-droit* herauszulösen und mit Rechtswirkungen auszustatten.

a. Außenwirkung als *directive*

Directives geben einer nachgeordneten Behörde das Verhalten in bestimmten Sachbereichen vor[1148]. Sie sollen Ermessen im Zuge der Gesetzesauslegung leiten und rationalisieren und zu einer Vereinheitlichung der Gesetzesauslegung führen[1149]. Sie sind vorwiegend in politisch orientierten Bereichen der Ermessensverwaltung zu finden[1150] und ähneln den ermessenslenkenden Verwaltungsvorschriften nach deutschem Verständnis[1151].

[1145] *Devillers*, BDEI 1996, n° 4, S. 14 (15).

[1146] *Baucomont/Gousset*, Rn. 93, S. 64.

[1147] Leider ohne Begründung anders *Sylvain*, S. 14.

[1148] Siehe *Long/Weil/Braibant*, S. 643; *Auby/Drago*, traité de contentieux, Rn. 1108.

[1149] *Duprat*, répertoire Dalloz, *violation de la règle de droit*, Rn. 301; *Waline*, R.D.P 1971, S. 1219 (1230); *Chapus*, droit administratif, Rn. 689, 693.

[1150] *Planche*, revue de droit comptable 1997, Nr. 4, Rn. 189 (193).

[1151] Auch der deutschen Dogmatik ist der Begriff der „Ermessensrichtlinie" nicht unbekannt, siehe *Faber*, § 11 I, S. 70.

aa. Hintergrund

Directives wurden im Wirtschaftsverwaltungsrecht[1152] entwickelt. Sie resultierten aus dem Bedürfnis, die gerichtliche Kontrolle der Verwaltungstätigkeit zu erweitern, ohne gleichzeitig die Regelungskompetenz des Ministers auszudehnen[1153]. Maßgeblich war das Urteil *Crédit Foncier de France* aus dem Jahre 1970[1154]. Es ging um Beihilfen, die von einer Kommission zur Förderung bestimmter Bauprojekte gewährt wurden[1155]. Diese hatte den Klägern eine bestimmte Summe verweigert und sich auf eine Verwaltungsvorschrift berufen, die für das einschlägige Vorhaben nur die Gewährung eines Kredits vorsah. Das Verwaltungsgericht hatte der Klage stattgegeben, weil es der betreffenden *directive* einen rechtswidrigen reglementierenden Charakter zuerkannte. Der *Conseil d'État* musste darüber befinden, dass die Behörde sich ausschließlich auf die Vorgaben der Verwaltungsvorschrift berufen hat. Wie bereits beschrieben, ist dies in der Ermessensverwaltung regelmäßig unzulässig[1156]. Es handelt hierbei um das Pendant zum Ermessensausfall im deutschen Recht.

Diese Rechtslage wurde als unbefriedigend angesehen[1157]. Die Pflicht zur umfangreichen Begründung der Entscheidung führe in den Fällen, in denen die Behörde aufgrund eines vorgegebenen Programms arbeite, zu einer Aushöhlung der eigenen Effektivität[1158]. Durch die Ausarbeitung standardisierter Begründungen werde es ermöglicht, Kriterien für die Gleich- oder Ungleichbehandlung bestimmter Sachverhalte abstrakt festzulegen[1159]. Wenn es der Behörde gestattet werde, diese Vorgaben zum Inhalt ihrer Entscheidung zu machen, ermögliche dies auch dem Gericht, seine Kontrolle auf dieses abstrakte Entscheidungsprogramm auszudehnen, was die Kontrolle der Verwaltung erleichtere[1160]. Nach herkömmlichem Verständnis ist es der Behörde allerdings nur gestattet, ihre Entscheidung mit Hilfe der Berufung auf eine Rechtsnorm

---

[1152] Neben dem Steuer- und Sozialrecht finden Verwaltungsvorschriften hier am häufigsten Anwendung, siehe *Planche*, Revue de droit comptable 1997, Nr. 4, Rn. 189.

[1153] *Duprat*, répertoire Dalloz, *violation de la règle de droit*, Rn. 300.

[1154] CE, 11 décembre 1970, rec., S. 750f., vervollständigt durch CE, 29 juin 1973, *Société Gea*, rec., S. 453.

[1155] Siehe im einzelnen *Waline*, R.D.P. 1971, 1219 (1224f.); *Bertrand*, CE, 11 décembre 1970, *Crédit foncier de France*, rec., 1970, S. 750f.

[1156] CE, 23 mai 1969, *Société Distillerie Brabant et Cie*, S. 264; *Chapus*, droit du contentieux administratif, Rn. 649; *Auby/Drago*, traité de contentieux, Rn. 1108, 1273; *Tournier*, AJDA 1969, S. 645 (647); *Delvolvé*, répertoire Dalloz, *acte administratif*, Rn. 232; *Leclercq/Chaminade*, S. 286; *Mesnard*, AJDA, 1978, S. 654 (657), S. 183ff.; *Lebreton*, S. 85.

[1157] *Bertrand*, conclusions CE, 11 décembre 1970, *Crédit foncier de France*, rec., S. 750 (S. 753ff.).

[1158] *Long/Weil/Braibant* (S. 641); *H.C.T.*, AJDA 1971, S. 196 (197).

[1159] *Pacteau*, le juge, S. 195; conclusions *Questiaux*, CE, 23 mai 1969; *Société Distillerie Brabant es Cie*, AJDA 1969, S. 640 (644); *H.T.C.*, AJDA 1971, S. 196 (198); *Savy*, AJDA 1972, S. 3 (15, 17); *Vier*, note CE, 29 juin 1973, *Société Gea*, AJDA 1973, S. 589 (593).

[1160] Conclusions *Questiaux*, CE, 23 mai 1969, *Société Distillerie Brabant et Cie*, AJDA 1969, S. 640 (643).

zu begründen[1161]. Eine Ausdehnung der ministeriellen Regelungskompetenzen wurde wegen verfassungsrechtlicher Bedenken verworfen[1162]. Die Lösung bestand darin, dass die Behörde die Vorgaben einer *directive* zur Grundlage ihrer Entscheidung erhebt. Insofern führen *directives* zu einer automatischen Begrenzung des Verwaltungsermessens[1163]. Sie liefern ein Begründungssubstitut[1164]. Die Pflicht zur Berücksichtigung der Einzelfallumstände wird nur begrenzt[1165]. Dem behördlichen *pouvoir de particularisation* ist weiterhin Rechnung zu tragen[1166]. Mangels Regelungscharakter sind *directives* nicht selbständig anfechtbar[1167]. In der Inzidenterprüfung unterliegt sie nur dem *contrôle minimum*[1168], welcher in der Regel eher oberflächlich ausfallen soll[1169].

bb. Rechtswirkungen

Die Rechtswirkungen der *directives* fußen auf der Gleichbehandlung des einzelnen durch die Verwaltung[1170]. Zwei Fallkonstellationen sind zu trennen.

1161 Siehe die conclusions von *Questiaux* (CE, 23 mai 1969, *Société Distillerie Brabant et Cie*, AJDA 1969, S. 640 (644)).

1162 Conclusions *Questiaux*, CE, 23 mai 1969, *Soc. Distillerie Brabant et Cie*, AJDA 1969, S. 640 (642ff.).

1163 CE 26 juin 1985, *Association trinitaine de défense de la pêche à pied et de l'environnement*, rec., S. 207 (209); CE, 12 novembre 1986, *Winterstein*, rec., S. 338; CE, 14 décembre 1988, *SA Gibert Marine*, AJDA 1989, S. 266; CE, 29 juillet 1994, *Epoux Gentilhomme*, rec., S. 371; CAA Nancy, 14 décembre 1995, *Agence nationale pour l'amélioration de l'habitat*, AJDA 1996, S. 329; TA Nice, 26 octobre 1989, *Mme Maestri*, rec., S. 434; *Delvolvé*, répertoire Dalloz, *acte administratif*, Rn. 232; *Planche*, revue de droit comptable 1997, Nr. 4, Rn. 189 (193); *Waline*, R.D.P 1971, S. 1219 (1229, 1231); siehe kritisch *Mesnard*, AJDA 1978, S. 654 (659f.); *Fromont*, D. 1969, S. 457 (458); *Mockle*, S. 571ff.; siehe zu älteren Ansätzen *Waline*, R.D.P. 1971, S. 1219 (1229f.) ; *Savy*, AJDA 1972, S. 3 (15).

1164 *Planche*, revue de droit comptable 1997, n° 4, Rn. 189 (194).

1165 CAA Lyon, 14 juin 1993, *Ministre de l'Equipement*, AJDA 1993, S. 891; *Pavlopoulos*, S. 215; *Waline*, R.D.P. 1971, S. 1219 (1228, 1231); *Vier*, note CE, 29 juin 1973, *Société Gea*, AJDA 1973, S. 589 (594); *Gaudemet*, Rn. 1351; *Cliquennois*, AJDA 1992, S. 3 (6); *Lebreton*, S. 89.

1166 CE, 18 octobre 1991, *Union nationale de la propriété immobilière*, RFDA 1991, S. 1014. Ansonsten weist sie einen reglementierenden Charakter auf: *Moreau*, Rn. 86; *Mesnard*, droit et ville 1978 (n° 6), S. 251 (268). Ungeklärt ist, ob die Aufnahme einer Ausnahmeklausel erforderlich ist oder die mangelnde Bestimmtheit ausreicht. Dieses Problem ist bereits bei der Untersuchung der reglementierenden Verwaltungsvorschriften aufgetreten (siehe oben, S. 160).

1167 CE, 18 octobre. 1991, *Union nationale de la propriété* immobilière, RFDA 1991, S. 1014; CE, 14 décembre 1988, *Société Anonyme Gibert Marine*, AJDA 1989, S. 266; CE, 12 novembre 1986, *Winterstein*, rec., S. 338; *Planche*, revue de droit comptable 1997 Nr. 4, Rn. 189 (194); kritisch *Pavlopoulos*, S. 224; *Gaudemet*, Rn. 1351; *Duprat*, répertoire Dalloz, *violation de la règle de droit*, Rn. 301.

1168 Conclusions *Questiaux*, CE, 23 mai 1969, *Société Distillerie Brabant es Cie*, AJDA 1969, S. 640 (644).

1169 *Fromont*, JCP 1972 II, Nr. 17232.

1170 *Pavlopoulos*, S. 224; *Mesnard*, droit et ville 1978 (n° 6), S. 251 (268); *Stassinopoulos*, S. 215f.; *Dupuis/Guédon/Chrétien*, S. 77.

Geht die Verwaltungsentscheidung mit den Vorgaben der *directive* konform, kann und muss sich der einzelne auf die Umstände des Einzelfalls oder ein öffentliches Interesse berufen, um eine abweichende Behandlung zu erreichen[1171]. Er trägt dafür die Beweislast[1172]. Daher genießen Verwaltungsentscheidungen, die gemäß den *directives* ergehen, eine *présomption de la légalité*[1173]. Mithin binden *directives* auch den Richter in seiner Rechtskonkretisierung. Einzelfallumstände sowie Allgemeininteresse unterliegen grundsätzlich nur dem *contrôle minimum* unter Einschluss der Prüfung des *erreur manifeste*[1174]. Die Bedeutung der Berufungsmöglichkeit hängt allerdings wesentlich von der Effektivität der Kontrolle ab[1175]. Je schwächer sie ausfällt, desto eher dienen *directives* nur dazu, der Verwaltung das oben beschriebene Begründungssubstitut an die Hand zu geben. Vereinzelt hat der *Conseil d'État* seinen Kontrollmaßstab bereits auf eine *qualification juridique des faits*[1176] sowie eine Interessenabwägung ausgedehnt[1177]. Dies deutet wiederum darauf hin, dass durch die Anerkennung des Instituts eine Erweiterung der gerichtlichen Kontrolle ausgelöst wird[1178]. Die gerichtliche Prüfung könne sich auf ein gesamtes Entscheidungskonzept stützen und nicht mehr nur auf die von der Behörde angeführten Entscheidungsgründe[1179]. Letzteres erweist sich insbesondere als schwierig, wenn gesetzliche Bestimmungen wegen ihrer Unbestimmtheit nur vage Prüfungsmaßstäbe vorgeben[1180]. Vor dem Hintergrund eines Entscheidungskonzeptes fallen die Besonderheiten des Einzelfalls stärker ins Gewicht[1181]. Allerdings unterwirft das Gericht nicht die gesamte *directive* einer Rechtmäßigkeitskontrolle, sondern nur das in Rede stehende Kriterium[1182]. Da der Kläger ferner für das Vorliegen besonderer Umstände die Beweislast trägt, führen die *directi-*

[1171] CE, 24 juillet 1987, *Zimmermann*, rec., S. 562; *Chapus*, droit du contentieux administratif, Rn. 650; *Pavlopoulos*, S. 224.

[1172] *Pavlopoulos*, S. 216; *Delvolvé*, AJDA 1974, S. 459 (472); *Vier*, note CE, 29 juin 1973, *Société Gea*, AJDA 1973, S. 589 (594); *van Lang/Gondouin/Inserguet-Brisset*, S. 112; *Sylvain*, S. 15; CE, 14 décembre 1988, *S.A. Gibert Marine*, AJDA 1989, S. 266.

[1173] *Pavlopoulos*, S. 216.

[1174] CE, 20 janvier 1971, *Union départementale des sociétés mutualistes du Jura*, rec. , S. 45 (46); CE, 23 mai 1980, *Agence nationale pour l'amélioration de l'habitat*, rec., S. 238 (239); *Massot*, conclusions CE, 4 novembre 1977, *Dame Si Moussa*, rec., S. 417 (424); *Cliquennois*, AJDA 1992, S. 3 (7), die darauf hinweist, dass sich aus den schwammigen Formulierungen kaum handfeste Prüfungsmaßstäbe entwickeln lassen, so dass der Verwaltung ein großer Spielraum in der Anwendung einer *directive* verbleibt.

[1175] *Fromont*, in FS *Jahrreiß*, S. 67 (82).

[1176] CE, 23 mai 1980, *Agence nationale pour l'améliorisaion de l'habitat*, rec., S. 238 (239).

[1177] *Massot*, conclusions CE, 4 novembre 1977, *Dame Si Moussa*, rec., S. 417 (425).

[1178] *Bergmann*, S. 159.

[1179] *Mesnard*, droit et ville 1978, S. 249 (269).

[1180] *Schlette*, S. 238.

[1181] *Mesnard*, droit et ville 1978, S. 251 (255, 269).

[1182] Conclusions *Questiaux*, CE, 23 mai 1969, *Société Distillerie Brabant es Cie*, AJDA 1969, S. 640 (644).

ves zu einer Beweislastverschiebung. Allerdings ist zu beachten, dass der Richter in den Verfahren, in denen auch die Anwendung einer *directive* in Frage kommt, ohnehin nur eine eingeschränkte Prüfung in Form des *contrôle minimum* ausübt, denn wie bereits erwähnt, kommen *directives* vor allem in den Bereichen zum Tragen, die sich durch eine ausgeprägte Ermessensverwaltung kennzeichnen. Da sich die allgemeine Vermutung der Rechtmäßigkeit von Behördenhandeln auch auf *directives* erstreckt, hat sich die gerichtliche Kontrolle tatsächlich wenig verändert.

Wenn die Verwaltung von der *directive* abweicht, kann der einzelne deren Vorgaben prozessual einfordern, es sei denn, ein Abweichen erscheint aufgrund des Einzelfalls oder des Allgemeininteresses gerechtfertigt[1183]. *Directives* erzeugen mithin eine Art Selbstbindung der Verwaltung[1184]. Dies ist insofern bemerkenswert, als eine Selbstbindung in Frankreich grundsätzlich nicht anerkannt wird, da sie dem Grundsatz der Prüfung der Einzelfallumstände widerspricht[1185]. Solange diese Prüfung erfolgt ist, kann sich der einzelne nicht auf eine Gleichbehandlung ähnlicher Sachverhalte berufen[1186]. Bei der Selbstbindung handelt es sich eher um eine Nebenwirkung dieses Instituts. *Directives* wurden vornehmlich entwickelt, um der Behörde ein Entscheidungsmuster an die Hand zu geben und ihr eine tiefgreifende Einzelfallprüfung für jeden Sachverhalt zu ersparen[1187]. Ohnehin ist unklar, wie stark die Bindung tatsächlich ausfällt, welcher Kontrollmaßstab der Richter bezüglich der Nichtanwendung einer *directive* also heranzieht. Diese Frage ist noch nicht entschieden[1188]. Zum Teil wird die Ansicht vertreten, die Anwendung der *directives* sei in ein weitgehend freies Ermessen der Behörde gestellt, weil der Bindungseffekt nur darin bestünde, dass die Behörde die Gründe für die Nichtanwendung der *directive* vorzutragen habe[1189]. Allerdings unterliegt bereits die Frage, ob von der *directive* ausnahmsweise hätte abgewichen werden müssen, der Prüfung des *erreur manifeste*. Insofern hat die Frage, ob die Verwaltung von der *directive* überhaupt abweichen durfte, ebenfalls dieser Kontrolle zu unterliegen. Das Ermessen der Behörde ist in diesem Fall viel stärker gebunden und nähert sich gebundener Verwaltung an[1190]. Da die Behörde für das

---

1183 CE, 11 décembre 1970, *Crédit Foncier de France*, rec., S. 750f.; CE, 16 novembre 1977, *Entreprise Marchand*, rec., S. 444; *Pavlopoulos*, S. 214; *Rivero/Waline*, Rn. 92-2; *Chapus*, droit du contentieux administratif, Rn. 650; *H.T.C.*, AJDA 1971, S. 196 (199); *Delvolvé*, répertoire Dalloz, *acte administratif*, Rn. 232; *van Lang/Gondouin/Inserguet-Brisset*, S. 112; *Sylvain*, S. 15; vgl. auch TA Besançon, 7 février 1973, *Sieur Ballaud*, AJDA 1973, S. 590.

1184 Anders *Bergmann*, S. 158.

1185 *Bergmann*, S. 158.

1186 Siehe instruktiv *Schlette*, S. 196.

1187 *Mockle*, S. 406.

1188 Anders *Schlette*, der aber nur den umgekehrten Fall belegt (S. 239). In TA Besançon, 7 février 1973, *Sieur Ballaud*, AJDA 1973, S. 590 wird der Kontrollmaßstab nicht deutlich.

1189 *Lerche*, in *Frowein*, S. 1 (16).

1190 *Delvolvé*, AJDA 1974, S. 459 (472)

Vorliegen der Gründe, die ein Abweichen rechtfertigen, die Beweislast trägt[1191], wird die gerichtliche Kontrolle verstärkt. Angesichts von Rechtfertigungsdruck und Arbeitserleichterung[1192] wird eine Behörde die *directive* im Regelfall anwenden. Sie schaffen daher eine das Gericht bindende Konkretisierung unbestimmter Rechtsbegriffe[1193]. Aufgrund dieser gesetzesähnlichen Wirkung wäre es sinnvoll, eine direkte Anfechtungsmöglichkeit zuzulassen[1194].

Das Rechtsinstitut fügt sich harmonisch in den insgesamt zurückhaltenden Kontrollmechanismus des *recours pour excès de pouvoir* ein. An der Rechtsschutzsituation des einzelnen ändert sich durch *directives* letztlich wenig.

cc. Abgrenzung

Die entsprechende Verwaltungsvorschrift muss zunächst ordnungsgemäß bekannt gemacht worden sein[1195]. Inhaltlich muss sie vor dem Hintergrund eines Rechtsgebietes erlassen werden, das sich durch ein ausgeprägtes Verwaltungsermessen und ein Bedürfnis nach staatlicher Planung auszeichnet[1196]. Dies trifft neben dem Wirtschaftsverwaltungsrecht auf andere Materien zu[1197]. So hat der *Conseil d'État* das Institut auch bereits im Sozialrecht[1198], Landschaftsplanungsrecht[1199], im Beamtenrecht[1200] sowie im Schulrecht[1201] angewandt. Es wird sogar davon ausgegangen, dass das Institut für alle Bereiche des Verwaltungshandelns Geltung beanspruche[1202]. Zum Teil wird angenommen, der *Conseil d'État* wolle *directives* auf bestimmte Bereiche nicht ausdehnen, wie z.B. das öffentliche Dienstrecht[1203]. Ferner muss es sich bei der Verwal-

---

1191 *Delvolvé*, AJDA 1974, S. 459 (472).

1192 *Mockle*, S. 98.

1193 So auch *Mockle*, S. 571f., 573.

1194 So auch *Lebreton*, S. 88; *Delvolvé*, AJDA 1974, S. 459, 60 (471) und *Fromont*, JCP 1972 (1), n° 17232.

1195 *Planche*, revue de droit comptable 1997, Nr. 4, Rn. 189 (194).

1196 *Debbasch/Ricci*, Rn. 811.

1197 *Gaudemet*, Rn. 1352.

1198 CE, 20 janvier 1971, *Union départementale des sociétés mutualistes du Jura*, rec., S. 45 (46); *H.T.C.*, AJDA 1971, S. 196 (199).

1199 CE, 18 novembre 1977, *S.A. Entreprise J. Marchand*, rec., S. 442 (443); nach *Mesnard* (AJDA 1978, S. 654 (658) tendiere das Urteil zur Ausdehnung der *directives* auf alle Bereiche der Ermessensverwaltung; siehe auch *Cliquennois*, AJDA 1992, S. 3 (4, 9f.); ihre Beispiele zeigen, dass der *Conseil d'Etat* mit der Ausdehnung zögerlich verfährt; CE, 26 juin 1985, *Association trinitaine de défense de la pêche à pied et de l'environnement*, rec., S. 207 (208).

1200 CE, 19 janvier 1994, *Dame Obrego*, rec., S. 24; abgelehnt noch durch CE, 4 novembre 1977, *Dame Si Moussa*, rec., S. 417f., gegen die Ausführungen des Regierungskommissars.

1201 CE, 29 juillet 1994, *Ministère de l'éducation nationale*, rec., S. 371.

1202 *Mesnard*, droit et ville 1978 (n° 6), S. 251 (268); siehe auch *Lerche*, in *Frowein*, S. 1 (15) und *Delvolvé*, répertoire Dalloz, *acte administratif*, Rn. 232, die anscheinend davon ausgehen, dass es sich bei allen Verwaltungsvorschriften der Ermessensverwaltung um *directives* handele.

1203 Siehe *Godbillon*, AJFP 1998, n° 5, S. 8 (14).

tungsvorschrift inhaltlich um mehr als nur eine Richtlinie (*guide)* handeln, sondern um den Ausdruck eines anpassungsfähigen Konzepts von Ermessensbegrenzung[1204]. Insofern sollen sie über die reine Interpretation der Rechtslage hinausgehen[1205]. Teilweise wird auch auf eine besonders imperative oder detaillierte Formulierung der Vorschrift sowie darauf abgestellt, wie stark die entscheidende Behörde aufsichtsrechtlich eingebunden sei[1206]. Dies hilft jedoch ebenso wenig weiter wie ein Rückgriff auf die spärlichen Entscheidungen des *Conseil d'État*[1207], nicht zuletzt weil die Begriffe der *circulaires* und *directives* nicht immer sauber voneinander abgegrenzt werden[1208]. Ferner scheinen *directives* ausschließlich im Verwaltungsprozess und weniger in der behördlichen Praxis Bedeutung zu erlangen[1209]. Tragfähige Abgrenzungskriterien lassen sich nicht ausmachen[1210].

dd. Bedeutung

Der *directive* kommt im französischen Verwaltungsprozessrecht keine so große Bedeutung zu, wie es zum Zeitpunkt ihrer Entwicklung Anfang der siebziger Jahre zu vermuten war. Die Zahl einschlägiger Urteile hat gegenüber den siebziger Jahren erheblich abgenommen[1211]. Es soll sich um ein „Strohfeuer" der siebziger Jahre handeln[1212]. Immerhin bilden *directives* aber bis heute in regelmäßigen Abständen den Gegenstand von Entscheidungen. Ferner ist darauf hinzuweisen, dass der *Conseil d'État* dieses Institut auch auf andere Bereiche des Verwaltungsrechts ausgedehnt hat. Ebenfalls fallen einige Urteile auf, in denen der *Conseil d'État* auf das Konzept der *directives* zurückgegriffen hat, ohne deren Qualifikation ausdrücklich festzustellen[1213]. Dies deutet zumindest darauf hin, dass sich dieses Institut etabliert hat[1214].

1204 *Moreau*, Rn. 85; ähnlich *Questiaux*, conclusions CE, 23 mai 1969, *Société Distillerie Brabant et Cie*, AJDA 1969, S. 640 (644); *Franc*, conclusions CE, 18 novembre 1977, *Société anonyme Entreprise Marchand*, rec., S. 442 (449).

1205 *Moreau*, Rn. 85.

1206 *Mockle*, S. 97.

1207 Siehe als Negativbeispiel insbesondere CE, 4 novembre 1977, *Dame Si Moussa*, rec., S. 417ff.

1208 Siehe die Rechtsprechungsübersicht bei *Mockle*, S. 71, sowie Fn. 1213.

1209 *Vier*, note CE, 29 juin 1973, *Société Gea*, AJDA 1973, S. 589 (593) „On serait alors tenté de définir ainsi la directive une note de service qui a réussi à parvenir jusqu'au juge...".

1210 *Mockle*, S. 88.

1211 So auch die Einschätzung von *Cliquennois*, AJDA 1992, S. 3.

1212 Siehe *Schlette*, S. 241; ähnlich *Bergmann*, S. 159.

1213 CE, 18 novembre 1987, *Groupe d'information et de soutien des travailleurs immigrés*, rec., S. 528; CE, 5 juin 1989, *Syndicat national de l'einseignement de l'éducation physique et sportive*, rec., S. 741 (742); CE, 26 juin 1985, *Association trinitaine de défense de la pêche à pied et de l'environnement*, rec., S. 207 (208); CE, 18 avril 1980, *Société Maxi Librati*, RDP 1991, S. 235; TA Lille, 8 juillet 1975, *Sieur Sion*, rec., S. 740.

1214 *Cliquennois*, AJDA 1992, S. 3 (4).

Gleichwohl ist nicht anzunehmen, dass alle Verwaltungsvorschriften, die die abstrakten Merkmale einer *directive* erfüllen, tatsächlich auch als solche behandelt werden. Prägnante Beispiele liefern hier zwei neuere Urteile des *Conseil d'État*, die gegen die auf *directives* erkennenden *commissaires de gouvernement* eine Anwendung abgelehnt haben[1215]. Es hat den Anschein, als sei der *Conseil d'État* nicht mehr sicher, wie er mit dem Institut heute verfahren soll. Es dient vorwiegend der Arbeitserleichterung der Behörde. Sobald es um mit der Ermessensbindung der Behörde verbundene Ansprüche einzelner geht, verfährt die Rechtsprechung sehr vorsichtig.

Das Ergebnis einer nur beschränkten Bedeutung wird indirekt bestätigt durch die Rechtsprechung des EuGH bezüglich der Frage, ob in europäischen Richtlinien enthaltene Betriebspflichten in ausreichender Form durch Verwaltungsvorschriften umgesetzt werden können. Wie bereits erwähnt wurde Frankreich (aus den gleichen Gründen wie Deutschland) wegen unzureichender Richtlinienumsetzung verurteilt. Trotz der Bezeichnung einer betreffenden Verwaltungsvorschrift als *directive*[1216], hat sich Frankreich nicht ausdrücklich auf deren Rechtswirkungen berufen[1217]. Im Gegensatz zu den in Deutschland diskutierten normkonkretisierenden Verwaltungsvorschriften hat sich das Gericht nicht weiter mit den dogmatischen Hintergründen und Auswirkungen der *directives* beschäftigt. Aus deutscher Sicht auffällig ist weniger das Ergebnis, als vielmehr die fehlende Nachlese dieser Entscheidung. Das Urteil wurde größtenteils kommentarlos hingenommen, so dass sich die Meinung streitlos durchgesetzt hat, dass Verwaltungsvorschriften nur dann ein taugliches Instrument der Umsetzung darstellen, wenn es sich um reglementierende Verwaltungsvorschriften (und daher um Rechtsverordnungen) handelt[1218].

ee. Übertragung auf das Anlagenzulassungsrecht

Eine Übertragung auf das französische Anlagenzulassungsrecht hätte zur Folge, dass sich die Behörde sowie Dritte, sei es in der Person des Anlagenbetreibers, eines Nachbarn oder eines Umweltschutzverbandes, auf die Vorgaben einer Verwaltungsvorschrift berufen könnten. In ihren spärlichen Entscheidungen scheint die Rechtsprechung von einer Bindungswirkung auszugehen[1219]. Leider wird diese nicht immer

---

[1215] CE, 5 octobre 1998, *Djossou*, DA 1999, n° 2 (bezüglich einer Verwaltungsvorschrift, welche bestimmte Hilfen für Langzeitarbeitslose gewährt); CE, 12 décembre 1997, *ONIFLHOR*, DA 1998, n° 2, Nr. 4 , S. 8.

[1216] CJCE, 1er octobre 1991, *Commission des Communautés européenes c/ République française*, RJE 1992, S. 70 (n° 6).

[1217] Vgl. *Everling*, UTR 17 (1992), S. 3 (13).

[1218] *Simon/Rigaux*, RJE 1991, S. 282, 297; *Baucomont/Gousset*, Rn. 93, S. 65.

[1219] CE, 19 mai 1971, *Jarrot*, S. 903; TA Lille, 27 janvier 1978, *Cadoux*, abgedruckt bei *Carlier*, Juris-Classeur environnement, *contentieux des installations classées*, fasc. 1040, Rn. 134 (Vorauflage); TA Lyon, 10 décembre 1989, *FRAPNA*, RJE 1990, S. 119 (120), bezüglich der circulaire ministérielle du 8 août 1974 (définissant les prescriptions d'ordre technique applicables aux distilleries vinicoles), sowie der instruction du ministre de commerce et de l'industrie en date du 6 juin 1953 problematisiert, wenn der Sachverhalt Anlass dazu gibt[1220]. Auch die Prüfung der Besonderheiten des Einzelfalls fällt sehr knapp aus[1221]. In der Literatur wird gleichfalls von einer Bindungswirkung ausgegangen, ohne dass diese jedoch näher problematisiert würde[1222]. Dies mag seinen Grund darin haben, dass sich die Verwaltungsvorschriften oftmals durch eine Vielzahl unbestimmter Regelungen auszeichnen und daher nur von einem vagen Entscheidungsprogramm gesprochen werden kann[1223]. Nur selten sind detaillierte Vorgaben zu finden, die eine direkte Anwendung auf den Einzelfall ermöglichen. Mithin haben *directives* allenfalls eine untergeordnete praktische Bedeutung. Das Gericht wird daher im Zuge seiner Rechtskonkretisierung nicht oder, wie bei den *circulaires réglementaires*, allenfalls punktuell gebunden.

Erstaunlicherweise sind jedoch keinerlei Auseinandersetzungen mit der Problematik zu finden, ob dieses Rechtsinstitut mit den Besonderheiten der *pleine juridiction* harmoniert. Hintergrund der Rechtsprechung *Crédit foncier de France* war ein Verfahren des *recours pour excès de pouvoir*, in dessen Mechanismus einer grundsätzlich beschränkten Kontrolle sich das Institut der *directives* harmonisch einfügt. Fraglich sind jedoch die Prüfungskompetenz des Gerichts hinsichtlich der Rechtmäßigkeit der *directive* und die Kontrolle der Umstände des Einzelfalls. Da die Frage der Vereinbarkeit einer Einzelfallentscheidung mit dem Gesetz der *pleine juridiction* unterliegt, hat dies erst recht für die Vereinbarkeit mit einer Verwaltungsvorschrift zu gelten. Das Gericht ist daher nicht zwangsläufig zur Realisierung der *directive* verpflichtet, sondern kann deren Anwendungsvoraussetzungen vollständig kontrollieren. Theoretisch läuft der Standardisierungseffekt der *directive* völlig leer, wenn das Gericht über die Frage der Anwendbarkeit im Wege einer Vollkontrolle entscheiden kann. Aufgrund der gerichtlichen Zurückhaltung entfalten *directives* jedoch faktisch eine standardisierende Wirkung wie einfache Verwaltungsvorschriften, so dass directives zumindest praktisch mit den Eigenarten des *contentieux des installations classées* harmonieren.

---

relative au rejet des eaux résiduaires des établissements classés. In seinen conclusions stellt *Fontbonne* fest, dass diese Verwaltungsvorschriften ohne Zweifel den Charakter von *directives* haben (RJE 1990, S. 121 (122)).

1220 Siehe CE, 27 novembre 1985, *Société Provence Enrobés*, in *Code Permanent*, S. 5594f., bezüglich der circulaire du 14 janvier 1974 relative aux centrales d'enrobage à chaud des matériaux routiers, auf welche sich der Anlagenbetreiber berufen hatte. Siehe ferner CE, 7 janvier 1986, *Tioxide*, RJE 1986, S. 311f.: Der *préfet* wich hier von den Vorgaben einer Verwaltungsvorschrift ab, woraufhin das Verwaltungsgericht den Genehmigungsbescheid aufhob. Der *Conseil d'Etat* kassierte das Urteil, weil es sich bei der Verwaltungsvorschrift nur um eine interpretierende Verwaltungsvorschrift handele, die den *préfet* nicht binden könne. Das Gericht hat jedoch nicht geprüft, ob es sich um eine *directive* handelte.

1221 Siehe TA Lyon, 10 décembre 1989, *FRAPNA*, RJE 1990, S. 119 (120).

1222 *Boivin*, S. 241, Rn. 46; *Prieur*, RJE 1978, S. 189 (190); *Boquet*, S. 83; *Ferrand/Huglo*, Juris-Classeur environnement, *fonctionnement des installations clasées*, fasc. 170-40, Rn. 29; *Sylvain*, S. 95.

1223 Siehe oben, S. 47ff.

ff. Zusammenfassung

Directives haben allgemein im französischen Recht und auch im französischen Anlagenzulassungsrecht nur eine untergeordnete Bedeutung und lösen keine signifikante Außenwirkung von Verwaltungsvorschriften aus.

b. Verrechtlichung durch das décret vom 28. November 1983

Nach Art. 1 décret n° 83-1025 du 28 novembre 1983 kann sich jeder auf die inhaltlichen Vorgaben veröffentlichter Verwaltungsvorschriften berufen[1224]. Dadurch werden weitreichende Berufungsmöglichkeiten statuiert, zumal für norminterpretierende Verwaltungsvorschriften seit 1978 eine Veröffentlichungspflicht besteht[1225], die nach herrschender Meinung auch *directives* einschließt[1226]. Die Vorschrift legt es nahe, Verwaltungsvorschriften auch des französischen Anlagenzulassungsrechts als *circulaires réglementaires* zu behandeln[1227].

Es ist daher nicht verwunderlich, dass die Reichweite der Vorschrift umstritten ist[1228]. Insbesondere kann nicht davon ausgegangen werden, dass durch diese Rechtsverordnung eine generelle Regelungskompetenz begründet werden sollte[1229]. Zum Teil wird angenommen, die Vorschrift gelte nur für Verwaltungsvorschriften, welche dem einzelnen Vorteile einräumen[1230]. Nach anderer Ansicht gelte die Vorschrift nur für *directives*[1231], so dass diese nur dann eine Berufungsmöglichkeit eröffnen, wenn weder das Allgemeininteresse noch besondere Umstände des Einzelfalls entgegenstünden[1232]. In diesem Fall könnte sich der einzelne aber ohnehin auf die *directives* berufen, so dass diese nur verrechtlicht würden[1233]. Wohl überwiegend wird allerdings ohne

---

[1224] *Tout intéressé est fondé à se prévaloir, à l'encontre de l'Administration, des instructions, directives et circulaires publiées dans les conditions prévues par l'article 9 de la loi susvisée du 17 juillet 1978, lorsqu'elles ne sont pas contraires aux lois et règlements.* Ein ähnlicher Grundsatz existiert im Steuerrecht, vgl. *Planche*, revue de droit comptable 1997, Nr. 4, Rn. 189 (205f.); *Amselek*, droit fiscal 1984, S. 149ff; *Maisl/Wiener/Woehrling*, AJDA 1984, S. 137 (143); *Combeau*, AJDA 2000, S. 495ff.

[1225] Siehe Art. 9 loi du 17 juillet 1978; décret n° 78-753 du 22 septembre 1979.

[1226] *Rivero/Waline*, Rn. 92-2; *Crucis*, in Juris-Classeur, fasc. 106-10, Nr. 58; *Leclercq/Chaminade*, S. 287; *Chapus*, droit administratif, Rn. 692; vgl. *Mockle*, S. 87; *Lebreton*, S. 88; CAA Nancy, 14 décembre 1995, *Agence nationale pour l'amélioration de l'habitat*, AJDA 1996, S. 329; anders *Letourneur*, observations CAA Nancy, 14 décembre 1995, *Agence nationale pour l'amélioration de l'habitat*, AJDA 1996, S. 329 (330).

[1227] Vgl. *Delvolvé*, répertoire Dalloz, *acte administratif*, Rn. 205 (S. 36); *Crucis*, Juris-Classeur administratif, fasc. 106-10, Nr. 58.

[1228] Siehe *Chapus*, droit administratif, Rn. 687.

[1229] *Auby*, DA 1986, S. 124 (133).

[1230] *Baucomont/London*, Lamy, n° 110-54.

[1231] *Sylvain*, S. 96.

[1232] *Rivero/Waline*, Rn. 92-2; *Lebreton*, S. 88; *Maisl/Wiener/Woehrling*, AJDA 1984, S. 137 (143, Fn. 40); *Auby*, DA 1986, S. 124 (134); *Amselek*, droit fiscal 1984, S. 149 (150).

[1233] *Amselek*, droit fiscal 1984, S. 149 (153).

nähere Begründung angenommen, dass der Rechtsverordnung die gesetzlich beschriebenen Rechtsfolgen in vollem Umfang zukommen sollen[1234]. Nach anderer Ansicht ist die Vorschrift rechtswidrig, weil sie als Rechtsverordnung nichts am traditionellen Verständnis der Verwaltungsvorschriften ändern könne, es dafür vielmehr eines formellen Gesetzes bedürfe[1235]. Zweifelhaft ist hier insbesondere die Gesetzgebungskompetenz zum Erlasse des *décrets*, da es dem *Premier Ministre* nicht gestattet ist, bereits erlassene und zukünftige Verwaltungsvorschriften zu Gesetzen zu erklären, da dies einer Generalermächtigung der Minister gleichkäme[1236].

Auch die Rechtsprechung verfährt nicht einheitlich. Untergerichte erkennen eine Berufungsmöglichkeit an[1237]. Der *Conseil d'État* hat dies jedoch regelmäßig ohne nähere Begründung abgelehnt[1238] oder eine Anwendung der Rechtsverordnung gar nicht erst untersucht[1239]. Die Vorschrift ist daher praktisch wertlos[1240]. Selbst wenn aber eine Berufungsmöglichkeit im Anlagenzulassungsrecht anerkannt würde, ist zu berücksichtigen, dass viele ältere Vorschriften in diesem Bereich überhaupt nicht veröffentlicht wurden[1241].

Indirekt bestätigt wird die mangelnde Bedeutung durch die Entscheidungen des EuGH, mit der Frankreich wegen einer in Form von Verwaltungsvorschriften erfolgten und daher mangelhaften Umsetzung von in Richtlinien enthaltenen Grenzwerten verurteilt wurde[1242]. In der Urteilsbegründung wird dieses décret gar nicht erwähnt, was darauf hindeutet, dass sich Frankreich nicht auf diese Regelung berufen hat. In Anbetracht der Unsicherheiten, welche die Anwendung der Vorschrift mit sich bringt, überrascht hier - wie bei den *directives* - weniger der Ausgang des Verfahrens, sondern vielmehr der Umstand, dass diese Rechtsverordnung in der ohnehin schon spärlichen Nachlese der Rechtsprechung des EuGH so gut wie überhaupt nicht berücksichtigt wird.

[1234] *Code Permanent*, S. 4012, Rn. 111; *Gaudemet*, Rn. 1348; *Rivero/Waline*, Rn. 92-1; *Leclercq/Chaminade*, S. 287; *Maisl/Wiener/Woehrling*, AJDA 1984, S. 137 (142f.); *Mockle*, S. 159; *Baucomont/Gousset*, Rn. 93, S. 63/64; *Lamarque*, S. 522; *Charbonneau*, RFDA 1988, S. 529 (534); *Chanel*, BDEI 1995, n° 2, S. 45 (46); *Briseul*, AJDA 1990, S. 644 (645); *Planche*, revue de droit comptable 1997, n° 4, Rn. 189 (201ff.); *Heinis*, les petites affiches 1997, n° 78, S. 7.

[1235] *Auby/Drago*, traité de recours, Rn. 316; *Chapus*, droit du contentieux administratif, Rn. 650.

[1236] Siehe zu den Anforderungen an die Ermächtigung oben, S. 156.

[1237] Vgl. TA Rennes, 29 janvier 1987, *Mme Luoarn*, rec., S. 461 (462); TA Marseille, 11 décembre 1987, *Mme Bernardi*, rec., S. 494 (495); TA Clermont-Ferrand, 3 avril 1990, *M. Gamet*, AJ 1990, S. 643 (644); TA Pau, *Lorente Bilbao*, 3 janvier 1989, rec., S. 375.

[1238] CE, 25 avril 1994, *Ministre de l'éducation nationale*, rec., S. 189 (190); CE 27 mai 1987, *Arnaudis*, rec., S. 187; CE, 31 juillet 1992, *Kizil*, rec., S. 662/971; CE, 26 octobre 1992, *Jonquet*, rec., S. 662; CE, 27 mars 1996, *Lome*, RFDA 1997, S. 1226 (1227).

[1239] CE, 5 octobre, *Djossou*, DA janvier 1999, n° 2.

[1240] *Van Lang/Gondouin/Inserguet-Brisset*, S. 112; ähnlich *Busch*, S. 85.

[1241] Siehe *Baucomont/London*, Lamy, n° 224-1,7.

[1242] Siehe oben, S. 155.

Auch der Gesetzgeber ist sich anscheinend nicht sicher, wie er mit diesem Anspruch zukünftig verfahren will. 2000 wurden die Beziehungen zwischen Bürger und Verwaltung durch förmliches Gesetz grundlegend neu geregelt, um die Stellung des Bürgers zu verbessern[1243]. Dabei wurden Teile des décrets vom 28 November 1983 aufgehoben. Der Gesetzgeber hat Art. 1 zwar nicht angetastet, ihn jedoch nicht in den Rang eines formellen Gesetzes erhoben[1244].

c. Zusammenfassung

Verwaltungsvorschriften haben in Frankreich grundsätzlich keine unmittelbare Außenwirkung. Dies gilt gleichermaßen für das Anlagenzulassungsrecht. Eine beschränkte Verrechtlichung ist als *directive* möglich. Dieses Rechtsinstitut hat jedoch insbesondere im Anlagenzulassungsrecht nur rudimentäre Bedeutung. Eine völlige Verrechtlichung sollte das décret von 1983 liefern, welches eine Berufungsmöglichkeit in Bezug auf den Großteil ermessenslenkender Verwaltungsvorschriften vorsieht. Vor allem mangels höchstrichterlicher Anerkennung ist der praktische Wert der Vorschrift beschränkt. Nicht zuletzt aus diesen Gründen wird sich Frankreich in Bezug auf die Konkretisierung unbestimmter Rechtsbegriffe in der Tendenz für das Instrument der Rechtsverordnung entschieden haben. Eine richterliche Bindungswirkung haben die Verwaltungsvorschriften im Anlagenzulassungsrecht nicht in rechtlicher, sondern aufgrund zurückhaltender Kontrolle nur in praktischer Hinsicht.

2. Außenwirkung im deutschen Recht

Auch nach deutschem Recht können Verwaltungsvorschriften Außenwirkung haben, ohne dass es sich um Rechtsverordnungen handelt[1245]. Die Rechtsnatur von Verwaltungsvorschriften ist jedoch im deutschen Recht im Gegensatz zum französischen Recht heftig umstritten[1246]. Probleme ranken sich insbesondere um norminterpretierende und ermessenslenkende Verwaltungsvorschriften. In ihrer Unterscheidung kommt wiederum die klassische Differenzierung zwischen Tatbestand und Rechtsfolge zum Ausdruck, weil sich die Norminterpretation auf den Bereich des Tatbestandes und Ermessensfragen auf den Bereich der Rechtsfolge beschränken.

a. Norminterpretierende Verwaltungsvorschriften

Die Diskussion um die Außenwirkung von Verwaltungsvorschriften konzentriert sich in Deutschland auf den Bereich der Vorschriften, die tatbestandliche Voraussetzungen einer Norm interpretieren und für den Einzelfall handhabbar machen. Wesentliche Bedeutung kommt im Anlagenzulassungsrecht der TA-Luft zu. Ihre Bestimmungen

---

[1243] Loi n° 2000-321 du 12 avril 2000 relative aux droits des citoyens dans leurs relations avec l'administration, J.O. 13 avril.

[1244] Kritisch *Combeau*, AJDA 2000, S. 495 (496f.).

[1245] *Meyer-Cording*, S. 146ff; *Ossenbühl*, S. 484ff.

[1246] *Isensee/Kirchhof – Ossenbühl*, § 65, Rn. 30ff; *Ossenbühl*, S. 153ff., 502ff.

konkretisieren die in unbestimmten Rechtsbegriffen formulierten tatbestandlichen Voraussetzungen des Gesetzes. Insofern wird diskutiert, ob der Exekutive ein abstrakter Beurteilungsspielraum zuzuerkennen ist, mit der Folge, dass das Gericht eine Einzelfallentscheidung, welche mit den abstrakten Vorgaben konform geht, nur eingeschränkt überprüft[1247]. Es soll sich bei dem Erlass von Verwaltungsvorschriften um die Ausübung einer normativen Beurteilungsermächtigung handeln[1248]. Insofern wird die einzelfallbezogene Problematik eines Beurteilungsspielraumes auf die abstrakte Ebene eines Standardisierungsspielraumes verlagert[1249].

Überwiegend wird davon ausgegangen, der Exekutive komme ein solcher Standardisierungsspielraum kraft gesetzlicher Ermächtigung in § 48 BImSchG zu[1250]. Dies wird vor allem mit der ausgeprägten technischen und naturwissenschaftlichen Dichte dieser Verwaltungsvorschriften gerechtfertigt. Insbesondere erscheine eine Vollkontrolle nicht gerechtfertigt, wenn ein repräsentativer Sachverstand in Form administrativer Referenzmaßstäbe existiere. Abgesichert wird dieser Standardisierungskompetenz mit einem besonderen gesetzlichen Auftrag zur normkonkretisierenden Standardsetzung. Parallel wird das Problem der Außenwirkung von Verwaltungsvorschriften auch im Wasserrecht diskutiert[1251]. Eine ähnliche Problematik stellt sich für technische Regelwerke[1252]. Aber auch außerhalb des Umweltverwaltungsrechts erlangt die Problematik der Außenwirkung von Verwaltungsvorschriften immer mehr Bedeutung[1253]. Diese fallgruppenorientierte Konkretisierung von oben ist insbesondere aus Gründen der Rechtssicherheit sowie aufgrund der ausgeprägteren Legitimation zur Standardsetzung gegenüber dem einzelfallbezogenen Beurteilungsspielraum vorzuziehen. Zuläs-

---

1247 *Breuer*, NVwZ 1990, S. 211 (223); ders., NVwZ 1988, S. 104 (112); *Jarass*, NJW 1987, S. 1225 (1229).

1248 *Di Fabio*, DVBl. 1992, S. 1338 (1340).

1249 Siehe zum Standardisierungsspielraum *Breuer*, UTR 45 (1998), S. 161 (172ff.); ders., UTR 9 (1989), S. 43 (66f.).

1250 *Schmatz/Nöthlichs*, Nr. 10052, Nr. 3; *Boisserée/Oels/Hansmann*, § 3, Rn. 11; *Badura*, FS *Bachof*, S. 169 (172); *Schwab*, DVBl. 1986, S. 170 (175); *Breuer*, UTR 9 (1989), S. 43 (66f.); ders. NVwZ 1990, S. 211 (222); ders. NVwZ 1988, S. 104 (112f.); ders. UTR 17 (1992), S. 155 (171); ders. UTR 45 (1998), S. 161 (174ff.); *Jarass*, NJW 1987, S. 1225 (1229); *Feldhaus*, UPR 1982, S. 137 (147); *Sendler*, UPR 1993, S. 321 (325ff.); *Hill*, NVwZ 1989, S. 401 (403ff.); *Papier*, FS *Luke*, S. 159 (162ff.); siehe auch *Herdegen*, JZ 1991, S. 747 (749), der diesen dem Verwaltungsermessen zuordnet; siehe ferner allgemein *Jachmann*, Die Verwaltung 28 (1995), S. 17 (22ff.); kritisch *Bönker*, DVBl. 1992, S. 804 (806ff.); *Koch*, ZUR 1993, S. 103 (104ff.); *Krist*, UPR 1993, S. 178 (179f.); *Paetow*, NuR 1999, S. 199 (201); *Fischer*, S. 144; *Koch/Schneunig – Koch*, § 48, Rn. 69ff.; siehe umfassend *Faßbender*, S. 207ff., 215ff.

1251 Siehe *Czychowski*, § 7 a, Rn. 22f.

1252 Siehe UGB-KomE, S. 492f., 500.

1253 Siehe zu gemeinsamen Richtlinien der Landesmedienanstalten *Ladeur*, DÖV 2000, S. 217ff.

sig kann ein solcher Standardisierungsspielraum jedoch nur sein, wenn der abstrakt zu konkretisierende Rechtsbegriff inhaltlich nicht eindeutig bestimmbar ist[1254].

Sind die Vorgaben der TA-Luft im Einzelfall eingehalten, ist ihre prozessuale Bindungswirkung umstritten[1255]. Die Bandbreite der Ansätze reichen von „gewichtigen Anhaltspunkten für den Stand der wissenschaftlichen Erkenntnis zur Frage der Gefährlichkeit von Immissionen“[1256], „Markierungen..., die einen nicht genau bekannten Übergangsbereich zwischen schädlichen und unschädlichen Umwelteinwirkungen kennzeichnen“[1257], einem Beweiszeichen der Unschädlichkeit[1258], einem Beweis des ersten Anscheins[1259], einer Beweislastumkehr[1260], einem antizipierten Sachverständigengutachten[1261], einem Gutachten, welches in der Regel nur im Falle der schlüssigen Erschütterung seiner Feststellung zur Einholung eines Obergutachtens zwänge[1262] bis zu einer Deutung als widerlegliches Exekutivrecht[1263] mit quasi-gesetzlicher Wirkung[1264]. Die Anerkennung als Außenrechtsnormen bleibt allerdings aus verfassungsrechtlichen Gründen, insbesondere im Hinblick auf Art. 80 GG ausgeschlossen[1265]. Der Figur des antizipierten Sachverständigengutachtens wird vorgeworfen, dass die TA-Luft als politisch wertende Entscheidung kein Sachverständigengutachten im herkömmlichen Sinne abgeben könne[1266]. Ihr Vorteil liegt darin, dass sie eine Bindungswirkung mit vorhandenen prozessualen Mitteln schafft.

Das Bundesverwaltungsgericht gestaltete die Bindungswirkung in mehreren Entscheidungen aus. Zunächst stellte es fest, bei den abstrakten Festlegungen der TA-Luft handele es sich aufgrund des konzentrierten und legitimierten Sachverstandes um ein antizipiertes Sachverständigengutachten, welchem insbesondere in Zweifelsfällen eine

---

1254 Siehe *Breuer* (UTR 9 (1989), S. 43 (68) m.w.N.), der darauf hinweist, dass ein Spielraum für den Begriff der *allgemein anerkannten Regeln der Technik* abzulehnen ist, weil dieser an eine geläuterte Mehrheitsauffassung anknüpft.

1255 Siehe übersichtlich *Badura*, FS *Bachof*, S. 169 (172ff.).

1256 OVG Lüneburg, Gewerbearchiv 1975, S. 303 (305).

1257 OVG Münster, DVBl. 1976, S. 790 (795).

1258 So bereits OVG Hamburg, DVBl. 1975, S. 207 (209); GewA 1977, S. 126 (130).

1259 *Breuer*, DVBl. 1978, S. 28 (35).

1260 *Jarass*, NJW 1987, S. 1225 (1228f.).

1261 *Breuer*, NVwZ 1988, S. 104 (112); ders., AöR 101 (1976), S. 46 (82ff., 86f.); ders., DVBl. 1978, S. 598f.; ders., DVBl. 1986, S. 849 (848); beide Wirkungen zulassend *Salzwedel*, NVwZ 1987, S. 276 (278); siehe ferner *Vieweg*, NJW 1982, S. 2473ff; zustimmend *Eyermann/Fröhler – Rennert*, § 114, Rn. 58; siehe allgemein *Gusy*, NuR 1987, S. 156ff.

1262 *Eyermann/Fröhler – Rennert*, § 114, Rn. 58.

1263 *Breuer*, Entwicklungen, S. 81.

1264 OVG Münster, DVBl. 1988, S. 152 (153); *Hill*, NVwZ 1989, S. 401 (409); *Feldhaus*, UPR 1982, S. 137 (147); *Paetow*, NuR 1999, S. 199 (201); *Jachmann*, Die Verwaltung 28 (1995), S. 17 (30f.).

1265 *Kloepfer*, § 3, Rn. 71; *Papier*, FS *Luke*, S. 159.

1266 *Erbguth*, S. 376ff.; *Jarass*, NJW 1987, S. 1225 (1226, 1228f.); *Papier*, FS *Luke*, S. 159 (161).

indizierende Wirkung zukomme[1267]. Einen wesentlichen Schritt zum Ausbau der Bindungswirkung machte das Bundesverwaltungsgericht durch das *Wyhl*-Urteil im Atomrecht[1268]. § 7 Abs. 2 Nr. 3 des Atomgesetzes (a.F.) eröffne der Exekutive einen Standardisierungsspielraum gegenüber der judikativen Kontrolle, so dass die einschlägige Verwaltungsvorschrift zur atomaren Risikovorsorge[1269] bzw. die daran orientierte Einzelfallentscheidung nur im Hinblick auf ihre Plausibilität zu überprüfen sind[1270]. Ein einzelfallbezogener Beurteilungsspielraum bestand schon vorher. Dieser wurde durch die Anerkennung der besonderen Rechtswirkungen der Verwaltungsvorschrift abstrahiert[1271]. Die Vorgaben seien aufgrund normkonkretisierender Funktion der Verwaltungsvorschrift auch für Verwaltungsgerichte verbindlich und gingen daher über die Wirkung eines antizipierten Sachverständigengutachtens hinaus[1272]. Das Institut normkonkretisierender Verwaltungsvorschriften sei nach weit verbreiteter Meinung auf die nach § 48 BImSchG erlassene TA-Luft zu übertragen[1273]. Das Bundesverwaltungsgericht ist dem inhaltlich gefolgt; es geht davon aus, dass die TA-Luft als technisches Regelwerk nach § 48 BImSchG unbestimmte Rechtsbegriffe durch generelle (z. B vorsorgeorientierte) Standards verbindlich konkretisiere[1274]. Es hat eine Klärung der Frage, ob die Vorgaben der TA-Luft als antizipiertes Sachverständigengutachten oder als normkonkretisierende Verwaltungsvorschrift anzusehen sind sowie eine genaue Abgrenzung bisher offengelassen[1275]. Insofern findet in der Praxis nur eine mehr oder weniger umfangreiche Rahmenkontrolle statt[1276]. Ferner kontrolliert das Gericht, ob der Verwaltung ein Standardisierungsspielraum zusteht[1277]. Die Prüfung verlagert sich von der Tatsachenwertung hin zu einer Kontrolle der formalen Einbeziehung der für eine korrekte Entscheidungsfindung nötigen Tatsachen, Umstände und Wertungen[1278]. Dem Gericht steht dabei die Möglichkeit offen, die aufgrund

---

1267 BVerwGE 55, S. 250 (255, 258).

1268 BVerwGE 72, S. 300 (316f.); siehe auch BVerwG, DVBl. 1988, S. 148 (149) und *Rengeling*, DVBl. 1986, S. 265ff.; ablehnend *Pfaundler*, UPR 1999, S. 336 (338f.).

1269 Richtlinie zu § 45 der Strahlenschutzverordnung vom 15.8.1979, „Allgemeine Berechnungsgrundlage für Strahlenexposition bei radioaktiven Ableitungen mit der Abluft oder Oberflächengewässern".

1270 Ähnlich auch BVerwG, DVBl. 1998, S. 339 (340ff.).

1271 Siehe *Wilke*, Jura 1992, S. 186 (192).

1272 BVerwGE 72, S. 300 (320).

1273 OVG Lüneburg, NVwZ 1985, S. 357 (358); OVG Lüneburg, NVwZ 1988, S. 173; OVG Mannheim, VBlBW 1996, S. 56 (57); so auch *Breuer*, NVwZ 1990, S. 211 (223).

1274 BVerwG, UPR 2001, S. 448ff; BVerwG, UPR 2000, S. 309ff.

1275 Vgl. BVerwG, DVBl. 1988, S. 539 (540); BVerwG, DVBl. 1995, S. 516 (517); BVerwG, UPR 1996, S. 306; BVerwG NVwZ 1997, S. 497 (498); BVerwG, Urteil vom 21.06.2001, UPR 2001, S. 448ff; BVerwG, Urteil vom 20.12.1999, UPR 2000, S. 309ff.

1276 Siehe die Übersicht bei *Schwab*, DVBl. 1986, S. 170 (175).

1277 *Breuer*, UTR 17 (1992), S. 155 (172f.) m. w. N.

1278 Siehe insbesondere BVerwG, DVBl. 1998, S. 399 (340ff.).

des abstrakten Standardisierungsspielraumes ergangen Verwaltungsvorschriften auf ihre Aktualität sowie auf die Berücksichtigung atypischer Einzelfälle zu hinterfragen, sowie die Einzelfallentscheidung vor allem auf ihre Plausibilität hin zu überprüfen[1279]. Sie binden die Behörde nicht, wenn ihre Vorgaben durch neuere wissenschaftliche Erkenntnisse überholt sind oder ein atypischer Sachverhalt vorliegt, den der Vorschriftengeber nicht regeln konnte oder wollte[1280]. Das Bundesverwaltungsgericht stellt hohe Anforderungen an die Feststellung, wann beispielsweise die TA-Luft überholt ist und verlangt mindestens eine entsprechende „gesicherte Erkenntnis"[1281].

Eine abschließende und Rechtsklarheit schaffende bestätigende Entscheidung des Bundesverwaltungsgerichts war zu erwarten[1282]. Neue Unsicherheiten brachten mehrere Urteile des EuGH. Die Bundesrepublik wurde unter anderem verurteilt, weil sie in Richtlinien enthaltene Vorgaben in Form von Verwaltungsvorschriften (TA-Luft) umgesetzt hat[1283]. Weil die Bundesrepublik keine auch Gerichte bindende Wirkung nachweisen konnte, gewährte diese Umsetzung dem einzelnen keinen ausreichenden Rechtsschutz und stellte keine ausreichende Umsetzung der Richtlinie dar[1284]. Die Bindungswirkung normkonkretisierender Verwaltungsvorschriften reichte dem Ge-

---

[1279] BVerwG, NVwZ 1988, S. 539; *Breuer*, NVwZ 1988, S. 104 (113).

[1280] *Landmann/Rohmer – Hansmann*, 3.2 TA-Luft, Nr. 1, Rn. 9; *Jarass*, NJW 1987, S. 1225 (1230).

[1281] BVerwG, Urteil vom 21.06.2001, UPR 2001, S. 448ff. mit kritischer Anmerkung *Faßbender*, UPR 2002, S. 15 (17f.).

[1282] Siehe *Breuer*, Entwicklungen, S. 78.

[1283] EuGH, 30 Mai 1991, Slg. I, S. 2596ff. bezüglich der Richtlinie 80/779/EWG des Rates vom 15. Juli 1980 über Grenzwerte und Leitwerte der Luftqualität für Schwefeldioxid und Schwebestaub (ABl. L 229, S. 30); EuGH, 30. Mai 1991, Slg. I, S. 2626ff. bezüglich der Richtlinie 82/884/EWG des Rates vom 3. Dezember 1982 betreffend den Grenzwert für den Bleigehalt in der Luft (ABl. L 378, S. 15). Ein ähnliches Umsetzungsdefizit erkannte das Gericht bereits im Wasserrecht bezüglich der ebenfalls durch Verwaltungsvorschriften erfolgten Umsetzung der Richtlinie 75/440/EWG des Rates vom 16 Juni 1975 über die Qualitätsanforderungen an Oberflächengewässer für die Trinkwassergewinnung in den Mitgliedstaaten (ABl. L 194, S. 34) sowie der Richtlinie 79/869/EWG des Rates vom 9. Oktober 1979 über die Messmethoden sowie über die Häufigkeit der Probeentnahmen an der Analysen des Oberflächenwassers für die Trinkwassergewinnung in den Mitgliedstaaten (ABl. L 271, S. 44), siehe EuGH, 17. Oktober 1991, Slg. I, S. 5019ff.; siehe auch neuerdings bezüglich der Umsetzung der Richtlinien 78/659/EWG des Rates vom 18.7.1979 (ABl. L 222, S. 1) sowie der Richtlinie 79/923/EWG des Rates vom 30.10.1979 (ABl. L 281, S. 47) EuGH, NVwZ 1997, S. 369, sowie bezüglich der Richtlinien 82/176/EWG des Rates vom 22.3.1982 (ABl. L 81, S. 29), 83/513/EWG des Rates vom 26.9.1983 (ABl. L 291, S. 1), 84/156/EWG des Rates vom 8.3.1984 (ABl. L 74, S. 49), 84/491/EWG des Rates vom 9.10.1984 (ABl. L 274, S. 11), 86/280/EWG des Rates vom 12.6.1986 (ABl. L 181, S. 16) EuGH, NVwZ 1997, S. 371; siehe instruktiv *Faßbender*, S. 82ff.; kritisch *von Danwitz*, Verwaltungs-Archiv 83 (1993), S. 73 (81ff.); *Breuer*, Entwicklungen, S. 75ff.; ders. UTR 17 (1992), S. 155 (173ff.); *Steiling*, NVwZ 1992, S. 134 (135f.); *Everling*, UTR 17 (1992), S. 3 (20).

[1284] EuGH, 30. Mai 1991, Slg. I, S. 2596 (2602, Nr. 20); EuGH, 30. Mai 1991, Slg. I, S. 2626 (2632, Nr. 23).

richt nicht aus[1285]. Der einzelne müsse in allen Fällen, in denen die Überschreitung der Grenzwerte die menschliche Gesundheit gefährden könnte, in der Lage sein, sich auf zwingende Vorschriften zu berufen[1286]. Ferner habe auch der Betreiber keine ausreichende Gewissheit über seine Pflichten[1287].

Die Rechtsprechung des EuGH ist aus deutscher Sicht vor allem deshalb problematisch, weil den erforderlichen normativen Festlegungen direkt ein umfassender drittschützender Charakter zuerkannt würde, was der deutschen Lehre vom subjektiv-öffentlichen Recht widerspricht. Dieser Konflikt ist vorprogrammiert, weil die Rechtsprechung hier von französischen Konzepten geprägt ist. Hiernach setzt der Bürger im Verwaltungsprozess nicht seine Rechte durch, sondern handelt im Allgemeininteresse als Hüter des Rechts, was die Möglichkeit einer objektiven Überprüfung des Verwaltungshandelns in den Vordergrund rückt[1288]. In letzter Konsequenz erhebt die Rechtsprechung des EuGH den deutschen Bürger zum Hüter des Europarechts. Diese Funktion kann dem einzelnen jedoch nur dann zukommen, wenn die Rechtsprechung gegenüber der Exekutive eine gewisse Zurückhaltung an den Tag legt, was in Frankreich der Fall ist[1289].

Das Bundesverwaltungsgericht hält an seiner Auslegung der TA-Luft als normkonkretisierende Verwaltungsvorschrift fest[1290]. Verwaltungsvorschriften taugen jedoch nur noch zur Konkretisierung und Standardbildung auf nationaler Ebene[1291] und soweit nicht ohnehin unverbindliche Vorgaben, wie beispielsweise bvT[1292] umgesetzt werden. Dies gilt jedenfalls dann, wenn es um die Umsetzung konkreter Maßnahmen, insbesondere konkreter Grenzwerte geht[1293].

b. Ermessenslenkende Verwaltungsvorschriften

Auch ermessenslenkende Verwaltungsvorschriften haben Außenwirkung. Diese folgt aus der Selbstbindung der Verwaltung, also aus dem Gleichbehandlungsgrundsatz des

---

1285 Vgl. EuGH, 30. Mai 1991, Slg. I, S. 2596 (2602, Nr. 20); EuGH, 30. Mai 1991, Slg. I, S. 2626 (2632, Nr. 23).

1286 EuGH, 30. Mai 1991, Slg. I, S. 2596 (2601, Nr. 16); EuGH, 30. Mai 1991, Slg. I, S. 2626 (2631, Nr. 19).

1287 EuGH, 30 Mai 1991, Slg. I, S. 2596 (2602 Nr. 20); EuGH, 30. Mai 1991, Slg. I, S. 2626 (2631, Nr. 18).

1288 Siehe oben, S. 58; siehe instruktiv *Halfmann*, Verwaltungsarchiv Band 91 (2000), S. 74 (78ff.); siehe zu den französischen Einflüssen umfassend *Masing*, S. 196ff.

1289 Siehe oben, S. 69ff. und S. 118ff.; siehe auch *Masing*, S. 209ff.

1290 BVerwG, Urteil vom 21.06.2001, UPR 2001, S. 448ff; BVerwG, Urteil vom 20.12.1999, UPR 2000, S. 309ff.

1291 *Breuer*, UTR 45 (1998), S. 161 (178); *Zuleeg*, VVDStRL 53 (1994), S. 154 (176); *von Danwitz*, UTR 48 (1999), S. 53 (60); *Erbguth*, S. 234.

1292 *Dürkop/Kracht/Wasielewski*, UPR 1995, S. 425 (426).

1293 Siehe zu den verbleibenden Möglichkeiten der Umsetzung durch normkonkretisierende Verwaltungsvorschriften *Faßbender* , S.92ff., 99, 106.

Art. 3 GG[1294]. Basis ist eine ständige Verwaltungspraxis, welche sich grundsätzlich in Verwaltungsvorschriften widerspiegelt und von der nicht ohne sachliche Gründe abgewichen werden darf[1295]. Diese können in den Besonderheiten des Einzelfalles oder in zwingenden Gründen des Gemeinwohls liegen[1296]. Auch der TA-Luft kommt die beschriebene Wirkung zu, soweit sie Ermessensrichtlinien enthält[1297].

3. Außenwirkung von Verwaltungsvorschriften im Vergleich

Ein Vergleich der Außenwirkung von Verwaltungsvorschriften im deutschen und französischen Recht fördert zunächst die Erkenntnis zu Tage, dass dieses aus deutscher Sicht aktuelle Problem in Frankreich von völlig untergeordneter Bedeutung ist. Insbesondere im französischen Anlagenzulassungsrecht wird nicht diskutiert, ob die in Form von Verwaltungsvorschriften standardisierten Festsetzungen den Richter in der Anwendung seiner weiten Prüfungskompetenzen binden können[1298].

Diese aus deutscher Sicht unbefriedigenden Divergenzen beruhen auf unterschiedlichen dogmatischen Konzepten. So kann eine richterliche Bindungswirkung in Frankreich das Resultat einer Qualifizierung einer Verwaltungsvorschrift als Rechtsverordnung im herkömmlichen Sinne der Rechtsquellenlehre sein. Dieser Weg wird allerdings in Deutschland durch Art. 80 GG versperrt. Abgesehen davon steht die Qualifizierung als Rechtsverordnung in Frankreich nicht als Instrument zur Diskussion, die umfassende richterliche Kontrolle zu beschneiden, sondern ist zufälliges Produkt der Norminterpretation.

Überschneidungen mit dem deutschen Recht werden bei den *directives* deutlich, die eine Verwaltungspraxis als Grundidee teilen[1299]. Die interne Bindungswirkung ermessenslenkender Verwaltungsvorschriften wird mit der äußeren gleichgeschaltet. Diese Gemeinsamkeiten sind darauf zurückzuführen, dass die deutsche Lehre hier als Vorbild für die Etablierung entsprechender französischer Konzepte anzusehen ist[1300]. Die französische Lehre geht sogar über die deutsche hinaus, indem sie *directives* mangels

---

1294 *Landmann/Rohmer – Hansmann*, 3.2. TA-Luft, Nr. 1, Rn. 11; *Hamann*, Verwaltungsarchiv 1982, S. 28 (29); siehe auch *Isensee/Kirchhof – Ossenbühl*, § 65, Rn. 45ff; *Erichsen – Ossenbühl*, § 10, Rn. 20.

1295 BVerwGE 34, S. 280f.; BVerwG, DVBl. 1981, S. 1149; *Isensee/Kirchhof – Ossenbühl*, § 65, Rn. 46; *Ossenbühl*, S. 523; *Hamann*, Verwaltungsarchiv 1982, S. 28 (29).

1296 *Hamann*, Verwaltungsarchiv 1982, S. 28 (36); *Landmann/Rohmer – Kutscheidt*, § 3 BImSchG, Rn. 19k.

1297 Siehe zur Problematik *Landmann/Rohmer – Kutscheidt*, § 3 BImSchG, Rn. 19c, g; *Hamann*, Verwaltungsarchiv 1982, S. 28 (29); *Breuer*, AöR 101 (1976), S. 46 (69ff.); ders., DVBl. 1978, S. 28 (30, 35); BayVGH, BayVBl. 1981, S. 50f.; *Feldhaus*, UPR 1982, S. 137 (145); siehe auch BVerwG NVwZ 1982, S. 101; *Stelkens/Bonk/Sachs – Sachs*, § 40, Rn. 218; *Obermayer – Liebetanz*, § 40, Rn. 83; *Jarass*, NJW 1987, S. 1225 (1228).

1298 So auch *Breuer*, UTR 17 (1992), S. 155 (186).

1299 Vgl. *Fromont*, JCP 1972 (I), n° 17232; D. 1969, S. 458.

1300 *Pavlopoulos*, S. 123.

expliziter Unterscheidung zwischen Tatbestand und Rechtsfolge auch auf die Tatbestandsseite einer Ermächtigungsnorm erstreckt. Ferner ist zu beachten, dass eine Selbstbindung der Verwaltung in Frankreich ohne Verwaltungsvorschriften im Gegensatz zum deutschen Recht grundsätzlich nicht anerkannt ist[1301]. Trotz äußerlicher Gemeinsamkeiten unterscheiden sich *directives* und ermessenslenkende Verwaltungsvorschriften. *Directives* dienen vorwiegend dazu, der Verwaltung ein standardisiertes Entscheidungskonzept an die Hand zu geben. Der Aspekt der Gleichbehandlung steht hinten an. Die Bindungswirkung erscheint eher als Zufallsprodukt und ist nicht so ausgeprägt wie in Deutschland, was wiederum auf den autonomen Entscheidungsbereich der Behörde zurückzuführen ist. In Deutschland ist es dagegen der Aspekt der Gleichbehandlung, welcher den dogmatischen Hintergrund und die praktische Handhabung des Instituts prägt.

Die fehlenden Übereinstimmungen haben ihre Ursache in den divergierenden verwaltungsprozessualen Hintergründen beider Länder. So wird in Frankreich deshalb kaum über die Außenwirkung von Verwaltungsvorschriften diskutiert, weil sich richterliche Kontrolle im allgemeinen französischen Verwaltungsprozessrecht sowie im *contentieux des installations classées* ohnehin selbst beschränkt. Insofern besteht in Frankreich kein derartiger Konflikt zwischen administrativen und judikativen Kompetenzen und daher auch kein Bedürfnis, die Entscheidungen des Richters denen der Verwaltung anzugleichen. Auf diese Weise lassen sich auch die Divergenzen in der dogmatischen Begründung von ermessenslenkenden Verwaltungsvorschriften und *directives* erklären. Vor dem Hintergrund einer ohnehin beschränkten richterlichen Kontrolle ist es nicht verwunderlich, dass der Aspekt der Durchsetzung der Ansprüche auf Gleichbehandlung vor Gericht im Gegensatz zu Deutschland kaum Bedeutung hat. Aufgrund der mangelnden Konfliktlage fehlt auch der Nährboden für eine dem deutschen Recht entsprechende Problemdiskussion um die normkonkretisierenden Verwaltungsvorschriften. Dies dürfte ferner damit zu erklären sein, dass Verwaltungsvorschriften im französischen Recht ohnehin keine vergleichbare standardisierende Wirkung zukommt. Dies beruht wiederum auf dem klassischen französischen Konzept, die Betriebsbestimmungen vor allem konsensual und einzelfallbezogen zu ermitteln. Ferner ist dies Resultat einer unterentwickelten gesellschaftlichen Normbildung in Form technischer Regelwerke, welche in Verwaltungsvorschriften rezipiert werden könnten.

Vor dem andersartigen Hintergrund werden auch Gemeinsamkeiten standardisierender Wirkung von Verwaltungsvorschriften in praktischer Hinsicht deutlich. In Frankreich besteht bereits der Zustand, der in Deutschland erst aufgrund komplizierter juristischer Konstruktionen erreicht werden soll. Durch die de facto zurückhaltende Kontrolle macht der Richter sich das Konkretisierungsergebnis zu eigen, welches die Verwaltung im Zuge der standardisierten Einzelfallentscheidung gefunden hat. Dies gilt im normalen Verwaltungsprozess aufgrund des *contrôle minimum* für die *directi-*

[1301] Vgl. *Gilli/Hubert/de Lanversin*, S. 476f.

ves, sowie für die Ermittlung der Frage, ob Verwaltungsvorschriften einen möglicherweise reglementierenden Charakter haben. Aufgrund der zurückhaltenden Kontrolle räumt der Richter der Verwaltung faktisch einen Spielraum zur Normkonkretisierung ein. Dies gilt auch im Anlagenzulassungsrecht, da sich das Gericht hier ebenfalls in einer beschränkten Kontrolle übt. Gemeinsamkeiten mit normkonkretisierenden Verwaltungsvorschriften lassen sich insoweit feststellen, als das Gericht selbst entscheidet, ob und wie weit es eine umfangreiche Kontrolle beschränkt. Eine standardisierende Wirkung entfällt daher, wenn das Gericht entscheidet, Verwaltungsvorschrift und abgeleitete Einzelfallentscheidung genügten nicht mehr dem aktuellen Stand der Wissenschaft oder seien sonst nicht mehr geeignet, den Schutz der Umwelt sicherzustellen. Ferner beruht die standardisierende Wirkung von Verwaltungsvorschriften in beiden Ländern darauf, der Exekutivspitze eine Kompetenz zur Konkretisierung und letztverbindlichen Entscheidung zuzugestehen.

Das französische Recht kann deutschen Bestrebungen zur Kontrollreduzierung jedoch nicht als Referenz oder dogmatische Stütze dienen. Zu groß sind die Unterschiede in Bezug auf die Bedeutung der standardisierenden Wirkung von Verwaltungsvorschriften, weil das französische Recht immer noch das Konzept einer einzelfallbezogenen Optimierung der Betriebspflichten verfolgt. Grundverschieden sind ferner die Kontrollansätze. Das französische Recht geht im Grundsatz von einer zurückhaltenden Kontrolle aus, während im deutschen Recht prinzipiell eine umfassende und wohl auch im weiteren europäischen Vergleich einzigartige[1302] Kontrolle anvisiert wird. Daher fußt die faktische Außenwirkung von Verwaltungsvorschriften letztlich auf einer bereits im Einzelfall beschränkten Kontrolle, während der Umfang der richterlichen Kontrolle in Deutschland, gleichsam von der abstrakten Ebene ausgehend und auf den Einzelfall zurückgeführt, reduziert werden soll. Der Problemkern liegt daher in der grundverschiedenen Konzeption der Kontrolle der Einzelfallentscheidungen.

D. Zusammenfassung

Die Untersuchung der jeweiligen Rechtsbindung des Gerichts führt zu dem Ergebnis, dass die im Zuge der Überprüfung administrativer Entscheidungen vorzunehmende richterliche Konkretisierung unbestimmter Rechtsbegriffe des Anlagenzulassungsrechts in Frankreich in wesentlich schwächerem Maße als in Deutschland durch Konkretisierungsnormen vorbestimmt ist. Dies gilt zunächst für den Fall, dass die Konkretisierung in Form von Rechtsverordnungen vorgenommen wurden. Insbesondere ältere französische Rechtsverordnungen enthalten in der Regel nur wenig bestimmbare Rechtspflichten. Jedoch ist die Tendenz zu einer verstärkten Determination zu erkennen, so dass insofern auch die richterliche Entscheidungsfindung in stärkerem Maße gestaltet werden wird. Darüber hinaus können französische Rechtsverordnungen einen relativen Bindungsanspruch haben, das Gericht mithin weniger stark binden als die Behörde. Dies ist vor allem dann bedeutsam, wenn der Richter selbst Verwaltungsauf-

---

[1302] Siehe *Sendler*, FS Ule, S. 337 (357f).

gaben übernimmt, weil er die in Rede stehende Verwaltungsentscheidung beispielsweise selbst erlassen will. Aber auch im Hinblick auf die Rechtskontrolle ist die Bindungswirkung geringer, da die Rechtsverordnungen das behördliche Ermessen tendenziell in Frankreich weniger stark beschränken als in Deutschland.

Die in beiden Ländern bekannten Öffnungsklauseln von Rechtsverordnungen haben in Frankreich eine größere Bedeutung als hierzulande. Sie sollen eine flexible Anpassungsmöglichkeit gewährleisten, was mitunter dazu führt, dass die in den Rechtsverordnungen enthaltenen Grenzwerte nur als Mindeststandards angesehen werden. In Deutschland wird dagegen das Verwaltungshandeln durch konkretisierende Rechtsverordnungen entscheidend vorbestimmt. Wiederum wird deutlich, dass die Betriebspflichten in Frankreich weniger abstrakt, sondern einzelfallbezogen festgelegt werden. Da der französische Verwaltungsrichter von seinen Kompetenzen allerdings nur einen beschränkten Gebrauch macht, kommt Rechtsverordnungen im Grundsatz eine vergleichbare standardisierende Funktion zu. Aufgrund der de iure schwächeren Ermessensbindung des Gerichts ähneln sie aus deutscher Sicht Verwaltungsvorschriften.

Verwaltungsvorschriften haben in Frankreich keine relevante standardisierende Wirkung gegenüber dem Gericht. Anders als im deutschen Recht werden sie ausschließlich anhand materieller Kriterien von Rechtsverordnungen abgegrenzt. Weisen sie einen regelnden Inhalt auf, handelt es sich um Rechtsverordnungen. Diese wären aufgrund der umfangreichen Regelungskompetenz des französischen Umweltministers sowie der besonderen Erlassverfahren in der Regel rechtmäßig. In der Praxis wird jedoch von dieser Möglichkeit der Standardisierung der richterlichen Entscheidungsfindung kein Gebrauch gemacht. Insbesondere werden Verwaltungsvorschriften des Anlagenzulassungsrechts allenfalls punktuell als Rechtsverordnung eingestuft. Insofern ist die in Deutschland geführte Diskussion um die normkonkretisierenden Verwaltungsvorschriften in Frankreich völlig unbekannt. Verwaltungsvorschriften können dort nur im Hinblick auf die Gleichbehandlung eine wenn auch beschränkte Bedeutung als *directive* erlangen. Ihnen kommt jedoch aufgrund der beschränkten richterlichen Kontrolle eine standardisierende Wirkung in faktischer Hinsicht zu. Selbst diese ist jedoch mit der Wirkung in Deutschland kaum vergleichbar, weil der Kontrollrückzug auf der Einzelfallebene erfolgt, im Gegensatz zum deutschen Recht konturenlos ist, insbesondere die älteren Verwaltungsvorschriften eher nur vage Konkretisierungen der Betriebspflichten liefern und Verwaltungsvorschriften insgesamt an Bedeutung verlieren.

Konkretisierungsnormen in Gestalt von Rechtsverordnungen und Verwaltungsvorschriften binden daher auch den französischen Verwaltungsrichter weniger stark als seinen deutschen Kollegen. Dies ist vor dem Hintergrund zu würdigen, dass der Richter in Frankreich über weitreichende Prüfungs- und (im Gegensatz zu Deutschland) über weitreichende Umgestaltungskompetenzen verfügt. Dieses weite richterliche Ermessen wird ebensowenig gebunden. Der Richter hält sich jedoch auch in der Umgestaltung von Verwaltungsentscheidungen zurück. Die Finalität französischer Rechtssetzung wirkt daher bis in die gerichtliche Entscheidung.

§ 4. Historischer Hintergrund

Für das Verständnis gerichtlicher Befugnisse ist die Kenntnis des historischen Hintergrundes der Verwaltungsgerichtsbarkeit in Frankreich und Deutschland wesentlich.

A. Entwicklung der französischen Verwaltungsgerichtsbarkeit und des *contentieux des installations classées*

Obwohl die Rechtsprechung die richterlichen Kompetenzen im Anlagenzulassungsrecht permanent konkretisiert hat, sind die historischen Dimensionen unverkennbar. Das Anlagenzulassungsrecht kann in Frankreich auf eine lange Tradition zurückblicken[1303]. Eine erste Regelung erfuhr es 1810[1304]. Bereits damals handelte der *préfet* als Genehmigungsbehörde. Rechtsbehelfe waren an den *Conseil de préfecture* und im Falle ihrer Ablehnung an den *Conseil d'État* zu richten[1305].

Diese Kompetenzzuweisung ist vor dem Hintergrund der Entwicklung des französischen Verwaltungsprozessrechts zu sehen. Die maßgeblichen Weichenstellungen wurden um 1789 während der französischen Revolution vorgenommen. Durch Art. 13 des Gesetzes von 1790 wurden die *Parlements*, also die obersten Gerichte verboten, welche seit der zweiten Hälfte des 17. Jahrhunderts auch in Fragen der Staatsmacht des Königs entschieden[1306]. Aus dessen Sicht blockierten diese oftmals die Regierungstätigkeit[1307]. So wurden beispielsweise Verwaltungsentscheidungen scheinbar willkürlich aufgehoben oder deren Vollzug behindert[1308]. Ferner verweigerten sie oftmals ihre notwendige Beteiligung an der Umsetzung königlicher Rechtsakte oder streikten, um Reformen zu verhindern[1309]. Diese selbst geschaffenen exekutiven und legislativen Kompetenzen wurden gefürchtet[1310], so dass sich die Politik des Königs darauf konzentrierte, die Befugnisse dieser selbständigen Gerichte zu beschränken. Dies geschah mit Hilfe der *intendants*, die in jeder Provinz als höchste Verwaltungsinstanz eingerichtet wurden[1311]. Sie waren auch für Beschwerden zuständig und übernahmen schrittweise die Kompetenzen der *Parlements*[1312]. Erstaunlicherweise soll die französische Revolution bis heute nachwirken. So habe sich ein Misstrauen gegenüber

---

[1303] Siehe *Jeoffroi*, S. 1ff.

[1304] Décret du 15 octobre 1810 relatif aux manufactures et ateliers insalubres, incommodes ou dangereux.

[1305] *Ferrand*, Juris-Classeur environnement, *contentieux des installations classées*, fasc. 1040, Rn. 4.

[1306] *Berst*, S. 71.

[1307] Siehe *Chevallier*, S. 67.

[1308] *Sandevoir*, S. 53.

[1309] *Sandevoir*, S. 53; *Berst*, S. 76.

[1310] *Sandevoir*, S. 53.

[1311] *Berst*, S. 73.

[1312] Siehe zum Entwicklungsprozess *Berst*, S. 73ff.

der Gerichtsbarkeit gehalten, wodurch die starke Stellung der Exekutive begünstigt worden sei[1313].

Nach dem Verbot der parlements sollte eine Instanz geschaffen werden, die das sich entwickelnde Verwaltungshandeln kontrolliert[1314]. Diese Aufgaben sollten jedoch nicht die (ordentlichen) Gerichte vornehmen. Durch Gesetz vom 16. und 24. August 1790 wurde der Gerichtsbarkeit verboten, in die Verwaltung einzugreifen und selbst Verwaltungstätigkeit zu übernehmen[1315]. Die Gerichte waren vor allem auf die Aufhebung rechtswidriger Verwaltungsmaßnahmen beschränkt[1316]. Dieser Grundsatz galt ursprünglich nur für Zivilgerichte, ist jedoch Stütze des Prinzips gerichtlicher Zurückhaltung und Ausdruck des französischen Verständnisses der Gewaltenteilung, welches von einer ausgeprägten Autonomie der exekutiven Gewalt ausgeht[1317].

Es galt das *principe de l'unicité de la fonction juridictionnelle*: Richterliche Tätigkeit war nur als zivilrichterliche Tätigkeit denkbar[1318]. Von der Schaffung einer selbständigen Gerichtsbarkeit zivilprozessualen Vorbilds wurde jedoch abgesehen, um die Verwaltung nicht zu schwächen[1319]. Dies ist wiederum auf schlechte Erfahrungen zurückzuführen, die mit der (Zivil-)Gerichtsbarkeit gemacht wurden[1320]. Eine Kontrolle der Verwaltung sollte weder von Zivilgerichten noch von einer eigenständigen Verwaltungsgerichtsbarkeit wahrgenommen werden. Vielmehr wurde die Funktion der Verwaltung als Kontrollorgan weiter ausgebaut; es galt: *juger l'administration, c'est encore administrer*[1321].

Diese *justice retenue* entwickelte sich zweigleisig. Auf Regierungsebene etablierte sich der *Conseil d'État*, welcher als Konsultativorgan der Regierung sowohl für Regierungsfragen als auch für Rechtsbehelfe fungierte. Für die Entscheidung von Rechtsbehelfen zuständig war jedoch anfangs ausschließlich der Minister selbst (*théorie du ministre-juge*)[1322]. Der *Conseil d'État* bereitete die Entscheidungen des Ministers vor, so dass er hier eine umfangreiche Kontrolle vornehmen konnte, ohne in die Verwaltung einzugreifen[1323]. Durch Gesetz vom 24. Mai 1872 wurde dem *Conseil d'État* rechtsprechende Funktion übertragen (*justice déléguée*). Der Minister hatte das Erst-

---

1313 *Riedel*, VVDStRL 58 (1999), S. 180 (188).

1314 Siehe zu den verschiedenen Ansätzen *Sandevoir*, S. 93f.; siehe zur Entwicklung des Verwaltungsrechts *Varadinek*, S. 6ff.

1315 Vgl. *Auby/Drago*, traité de contentieux, Rn. 378, 167; conclusions *de la Verpillière*, CE, 15 décembre 1989, *S.P.E.C.H.I.N.O.R.*, RJE 1990, S. 243 (244, 248); *Bonello/Fédida*, S. 81.

1316 CE, 7 décembre 1979, *Ministre de la Défense c/ Amar*, rec., S. 455; conclusions *de la Verpillière*, CE, 15 décembre 1989, *S.P.E.C.H.I.N.O.R.*, RJE 1990, S. 243 (244, 248).

1317 Siehe *Berst*, S. 137; *Sandevoir*, S. 49.

1318 Siehe *Sandevoir*, S. 46ff.

1319 *Sandevoir*, répertoire Dalloz, *recours de pleine juridiction*, Rn. 28; *Chevallier*, S. 72f.

1320 *Rivero/Waline*, Rn. 131; *Woehrling*, NVwZ 1985, S. 21 (22); kritisch *Sandevoir*, S. 64f.

1321 *Chevallier*, S. 57; *Sandevoir*, S. 63ff.

1322 *Dupuis/Guédon/Chrétien*, S. 33f.

1323 Vgl. *Chevallier*, S. 112; *Loschak*, S. 60.

entscheidungsrecht, und der *Conseil d'État* entschied als Berufungsinstanz[1324]. Dies wurde jedoch schnell aufgegeben, so dass das Gericht direkt angerufen werden konnte[1325]. Auch heute erfüllt der *Conseil d'État* eine Doppelfunktion, indem er neben seiner rechtsprechenden Tätigkeit gleichzeitig die Regierung berät (beispielsweise bei *décrets en Conseil d'État*, welche bei der Realisierung atomarer Großvorhaben benötigt werden)[1326]. Seinen Stellungnahmen wird fast meistens gefolgt[1327]. Er bildet die Spitze der Verwaltung und der Verwaltungsgerichtsbarkeit[1328].

Auf dezentraler Ebene entwickelte sich Verwaltungsrechtsprechung in Form verschiedener *directoires*, *conseils* und *cours*[1329]. Anzuknüpfen ist hier an die bereits erwähnten *intendants*. Diese fungierten zunächst als Aufsichtsbehörde (*administrateur-juge*)[1330], und konnten nur in wenigen Bereichen angerufen werden[1331]. Nach der Revolution wurden diese Kompetenzen durch Gesetz vom 7-11 September 1790 größtenteils auf die *directoires de départements* übertragen. Dazu zählten insbesondere der *contentieux fiscal* und der *contentieux électoral*[1332]. Diese übernahmen die *Conseils de préfecture*, die durch die loi pluviôse an VIII[1333] geschaffen wurden[1334]. Sie verfügten ebenfalls nicht über eine Generalzuständigkeit, sondern konnten nur auf gesetzlich zugewiesenen Gebieten entscheiden (*compétence d'attribution*)[1335]. Dazu zählten neben dem *contentieux fiscal*, dem *contentieux électoral* und dem *contentieux des édifices menaçant ruine* (baufällige Gebäude)[1336] auch die *travaux publiques* (Arbeiten der öffentlichen Hand), *domaines nationaux* (Verwaltung von Staatsbesitz), sowie *voirie* (Straßenwesen)[1337]. 1810 gesellte sich der *contentieux des installations classées* hinzu[1338]. Es soll sich um die erste Verfahrensart handeln, in denen die *Conseils de préfecture* und der *Conseil d'État* mit Kompetenzen ausgestattet waren, die einer rechtsprechenden Instanz vergleichbar sind[1339]. Dies lässt sich in damalige Be-

---

[1324] *Auby/Drago*, traité de contentieux, Rn. 156.

[1325] Siehe CE, 13 décembre 1889, *Cadot*, S. 1148.

[1326] *Woehrling*, S. 7; *Rivero/Waline*, Rn. 200ff.; *von Danwitz*, DVBl 1998, S. 928 (933f.); *Dupuis/Guédon/Chrétien*, S. 168f.

[1327] *Woehrling*, S. 7; *Lerche* in *Frowein*, S. 2.

[1328] Kritisch unter dem Gesichtspunkt der Gewaltenteilung *Woehrling*, S. 9.

[1329] Siehe die Übersicht bei *Chevallier*, S. 77 und 128f.

[1330] *Chevallier*, S. 39, 57.

[1331] Siehe *Sandevoir*, répertoire Dalloz, *recours de pleine juridiction*, Rn. 30f.

[1332] *Auby/Drago*, traité de contentieux, Rn. 1361, 222.

[1333] Nach dem *calendrier republicain* handelt es sich hier um den Zeitraum zwischen dem 20. Januar und dem 20. Februar 1800.

[1334] *Auby/Drago*, traité de contentieux, Rn. 221.

[1335] *Royer*, S. 429.

[1336] Siehe *Théry*, répertoire Dalloz, *contentieux des édifices menaçant ruine*, Rn. 2, 12, 45ff.

[1337] *Royer*, S. 429.

[1338] Décret du 15 octobre 1810 und die ordonnance du 14 janvier 1815.

[1339] *Baucomont/Gousset*, Rn. 250, S. 239.

strebungen einreihen, spezielle Grundfreiheiten umfangreicher zu schützen[1340]. So sollte bereits Anfang des 19. Jahrhunderts die Möglichkeit eines adäquaten Ausgleichs von Betreiberinteressen und nachbarlichen Belange gewährleistet werden[1341]. Auffällig ist, dass sämtliche der *pleine juridiction* zugewiesenen Bereiche einen starken örtlichen Bezug aufweisen.

Bei den *conseils de préfecture* handelte es sich sowohl um Konsultativorgane des *préfet* als auch um judikative Instanzen, die über gegen Genehmigungen eingelegte Beschwerden (*oppositions, recours*) entscheiden konnten[1342]. Ähnliche *conseils* standen bereits den *intendants* und den *directoires* zur Seite, allerdings konnten diese im Gegensatz zu den *conseils de préfecture* nicht direkt angerufen werden. Letztere zählten daher bereits zur *justice déléguée*, so dass hier eine selbständige Verwaltungsgerichtsbarkeit bereits vor dem *Conseil d'État* entstanden ist, der zu dieser Zeit noch als Hilfsorgan agierte[1343]. Ein richterliches Einmischen in die Verwaltungstätigkeit auf dezentraler Ebene wurde als nicht störend empfunden wie auf nationaler, wo der *Conseil d'État* sonst über die Regierungstätigkeit hätte entscheiden können[1344]. Ferner hatte der *préfet* auch direkten Einfluss, weil er dem *conseil* vorsaß[1345]. Gericht und entscheidende Behörde waren daher lange Zeit so eng miteinander verbunden, dass trotz formaler *justice déléguée* nicht von einer unabhängigen Gerichtsbarkeit gesprochen werden konnte[1346]. Der *conseil de préfecture* konnte die Verwaltung aufgrund seiner Eingliederung in den Verwaltungsapparat umfassend kontrollieren. Die Kontrolle kam einer hierarchischen Kontrolle gleich und beinhaltete eine vollständige Rechts- und Fachaufsicht[1347] sowie ein Umgestaltungsrecht[1348]. In der Folgezeit entwickelten sich die den *conseils de préfecture* zugewiesenen Materien zum *contentieux administratif ordinaire* und waren aufgrund der ausgeprägten Prüfungskompetenzen die Vorläufer der heutigen *pleine juridiction*[1349]. Lange Zeit handelte es sich um die einzige Möglichkeit, gegen Verwaltungsentscheidungen Rechtsmittel auf dezentraler Ebene einzulegen. Wie bereits erwähnt, waren diese *Conseils* jedoch nur ausnahmsweise zuständig, so dass der *Conseil d'État* die beinahe einzige rechtsprechende Instanz Frankreichs in anderen Materien stellte, soweit dieser zuständig war.

1340 *Baucomont/Gousset*, Rn. 250, S. 239; conclusions *Pietri*, CAA Nancy, 6 juin 1996, *Société Cristallerie Lalique*, RJE 1997, S. 55 (56, 57).

1341 *Baucomont/Gousset*, Rn. 250, S. 240.

1342 *Moreau*, S. 20; conclusions *de la Verpillière*, CE, 15 décembre 1989, *S.P.E.C.H.I.N.O.R.*, RJE 1990, S. 243 (244, 246); conclusions *Denoix de Saint Marc*, CJEG 1975, S. 80 (81).

1343 *Rivero/Walline*, Rn. 134.; *Chevallier*, S. 94.

1344 *Chevallier*, S. 124.

1345 *Chevallier*, S. 124.

1346 *Chevallier*, S. 130.

1347 *Janin*, S. 12.

1348 *Gabolde*, installations classées, S. 266, Rn. 381f.

1349 *Sandevoir*, répertoire Dalloz, *recours de pleine juridiction*, Rn. 31.

In der Folgezeit wurde die Stellung des *Conseil de préfecture* weiter ausgebaut. Ihm war vorgeworfen worden, die Verwaltung wegen mangelnder Souveränität nicht wirklich zu kontrollieren[1350]. Er löste sich langsam aus der Einflusssphäre des *préfet* und entwickelte sich zu einer eigenständigen Verwaltungsgerichtsbarkeit. 1953 wurden diese *conseils* zur Entlastung des *Conseil d'État* zu den *tribunaux administratifs*, einer allgemein zuständigen Verwaltungsgerichtsbarkeit erster Instanz, umgewandelt[1351]. Der *Conseil d'État* wurde Berufungsinstanz[1352]. Die durch die Rechtsprechung des *Conseil d'État* und vor allem der *conseils de préfecture* etablierte weite Prüfungskompetenz wurde im Laufe der Zeit nicht aufgegeben, während sich parallel eine beschränkte Prüfung im Verfahren des *recours pour excès de pouvoir* entwickelte[1353]. Insbesondere in den Vorläufern des heutigen Anlagenzulassungsrechts von 1917[1354] und 1976[1355] blieben die Kompetenzen unangetastet. Die Entwicklung fand ihren Abschluss 1992, als in Art. 14 des Gesetzes vom 19. Juli 1976 ausdrücklich aufgenommen wurde, dass die aufgeführten Entscheidungen im Verfahren des *recours de pleine juridiction* zu kontrollieren sind[1356], obwohl am Charakter des Streitverfahrens keine Zweifel bestanden[1357]. Hier handelte es sich um die Bestätigung von in Rechtsprechung und Wissenschaft geformten Prüfungskompetenzen. Dem *recours de pleine juridiction* werden auch Einflüsse auf die Konzeption und Kontrolldichte der Rechtsprechung des EuGH zugeschrieben[1358], obwohl auch Ähnlichkeiten mit dem *recours pour excès de pouvoir* unverkennbar sind[1359].

Der Prozess einer Trennung der Verwaltungsgerichtsbarkeit von der aktiven Verwaltung ist bis heute noch nicht abgeschlossen. Deutlich wird dies ebenfalls an der Beteiligung des Verwaltungsgerichts am Genehmigungsverfahren[1360].

B. Entwicklung des *recours pour excès de pouvoir*

Der *recours pour excès de pouvoir* wurde maßgeblich durch die Rechtsprechung des *Conseil d'État* geprägt. Anfang des 19. Jahrhunderts bestand die einzige Klagemög-

---

[1350] Siehe die Übersicht bei *Chevallier*, S. 214/215.

[1351] *Dupuis/Guédon/Chrétien*, S. 35; *Auby/Drago*, traité de contentieux, Rn. 231.

[1352] *Ferrand*, Juris-Classeur environnement, *contentieux des installations classées*, fasc. 1040, Rn. 4.

[1353] Siehe dazu im folgenden Abschnitt.

[1354] Loi du 19 décembre 1917 relative aux établissements dangereux, insalubres ou incommodes; siehe *Rials*, répertoire Dalloz, *contentieux des installations classées*, Rn. 5 (Vorauflage).

[1355] *Gabolde*, installations classées, Rn. 383, 385.

[1356] Loi n° 92-654 du 13 juillet 1992.

[1357] Siehe bereits *Gousset/Magistry*, S. 327; CE, 25 février 1876, *Duboys d'Anger*, rec., S. 191; CE, 16 janvier 1891, *Sieur Tschupp*, rec., S. 1.

[1358] *Plouvier*, revue du marché commun, 1973, S. 365 (367, 371, 373); *Woehrling*, le juge administratif à l'aube du XXIe siècle, S. 247 (251).

[1359] Siehe *Rausch*, S. 301ff; *Schwarze*, S. 287ff.

[1360] Siehe oben, S. 34.

lichkeit grundsätzlich in der Geltendmachung der Verletzung subjektiver Rechte[1361]. Verwaltungshandeln, dass nicht ein subjektives Recht verletzte, war nicht anfechtbar (*actes de pure administration*)[1362]. Eine reine Rechtmäßigkeitskontrolle war den Gerichten verwehrt[1363]. Dieser Grundsatz galt auch für die Rechtsprechung auf dezentraler Ebene[1364]. Da im *contentieux des ateliers dangereux, incommodes ou insalubres* (der heutige *contentieux des installations classées*) erleichterte Grundsätze galten[1365], stellte dieses Verfahren bereits damals eine Besonderheit dar.

Um unbillige Entscheidungen zu vermeiden, ging der *Conseil d'État* langsam dazu über, Verwaltungsentscheidungen wegen ihrer Rechtswidrigkeit aufzuheben und nicht, um dem Recht des einzelnen Geltung zu verschaffen[1366]. Das Gericht eröffnete dem einzelnen die Möglichkeit einer objektiven Kontrolle der Verwaltungsentscheidung als Auffangklagemöglichkeit[1367]. Da sich dieser Rechtsbehelf noch zu Zeiten der *justice retenue* entwickelte und eine objektive Rechtskontrolle im Vordergrund stand, wurde dieses Verfahren anfangs den *recours hiérarchiques* zugeordnet und erst später als gerichtliches Verfahren angesehen[1368]. Der Richter entschied hier wie eine Aufsichtsbehörde[1369]. Die Kontrollkompetenzen waren daher stark ausgeprägt. Eine solche Entwicklung war nur zu Zeiten der *justice retenue* möglich, da Gericht und Verwaltung eng verbunden waren[1370].

Der *recours pour excès de pouvoir* entwickelte sich durch eine Ausweitung der Streitgegenstände und eine Herabsetzung der Anforderungen an die Klagebefugnis weiter[1371]. Wesentlicher Schritt auf zentraler Ebene war der Übergang von der *justice retenue* zur *justice déléguée* (1872)[1372]. Das Gericht behielt seine weiten Kompetenzen zunächst bei, so dass es ähnlich dem *conseil de préfecture* wie eine Aufsichtsbehörde entscheiden konnte[1373].

1361 *Auby/Drago*, traité de contentieux, Rn. 1073.

1362 *Chevallier*, S. 165; siehe insgesamt *Sandevoir*, S. 219f.

1363 *Auby/Drago*, traité de contentieux, Rn. 1073.

1364 Vgl. *Chevallier*, S. 132f., 146.

1365 *Sandevoir*, S. 221; Chevallier, S. 134, 167

1366 *Auby/Drago*, traité de contentieux, Rn. 1073; Sandevoir, S. 260ff.

1367 *Chevallier*, S. 168.

1368 Siehe *Auby/Drago*, traité de contentieux, Rn. 1076.

1369 *Sandevoir*, S. 364; nach *Woehrling* (NVwZ 1985, S. 21 (23) hat der *recours pour excès de pouvoir* seine Ursprünge in der Dienstaufsichtsbeschwerde.

1370 *Sandevoir*, S. 374.

1371 *Chevallier*, S. 260; *Auby/Drago*, traité de contentieux, Rn. 1075.

1372 *Chevallier*, AJDA 1972, S. 67 (75); conclusions *de la Verpillière*, CE, 15 décembre 1989, *S.P.E.C.H.I.N.O.R.*, RJE 1990, S. 243 (244, 248).

1373 *Chevallier*, AJDA 1972, S. 67 (79).

Eine ähnliche Entwicklung fand auf lokaler Ebene statt[1374]. Der erste Schritt erfolgte hier bereits durch die Schaffung der *conseils de préfecture*[1375]. Seine Urkompetenzen blieben von dieser Entwicklung jedoch zum großen Teil verschont, was daran zu erkennen ist, dass neben dem *contentieux des installations classées* auch der *contentieux des édifices menaçant ruine* (baufällige Gebäude), der *contentieux électoral* (im Sinne des Kommunalwahlrechts) sowie zum Teil der *contentieux fiscal* und Streitigkeiten in Bezug auf die *travaux publics* heute nach den Grundsätzen der *pleine juridiction* entschieden werden[1376].

Weil das Gericht nicht mehr Teil der Verwaltung war, schränkte es auch die Kontrolle langsam ein[1377]. 1872 hatte sich der *recours pour excès de pouvoir* als prozessuale Verfahrensart etabliert, in dem der *contentieux de l'excès de pouvoir* vom *contentieux ordinaire* (als *voie extraordinaire*) gesetzlich unterschieden wurde[1378]. Der Richter urteilte nicht mehr nur über Rechte, sondern die Verwaltungstätigkeit als solche[1379]. Eine Tatsachenkontrolle entwickelte sich jedoch nur zögerlich[1380]. So hob der *Conseil d'État* Verwaltungsentscheidungen anfangs nur wegen besonders schwerer und offensichtlicher Fehler auf[1381]. Der Schwerpunkt lag auf der Kontrolle der formellen Rechtmäßigkeit, insbesondere der Zuständigkeit[1382]. Durch einen stetigen Ausbau der Kontrolle und die Zuordnung neuer Materien unter den *recours pour excès de pouvoir* löste er den *recours de pleine juridiction* jedoch als *contentieux de droit commun* langsam ab[1383].

Zum Zeitpunkt der Entstehung des Anlagenzulassungsrechts bestand mithin noch keine Möglichkeit, gegen die Entscheidung im Verfahren des *recours pour excès de pouvoir* vorzugehen, so dass sich das Verfahren auch nicht nach diesen Maßstäben

---

[1374] *Chevallier*, S. 93; *Auby/Drago*, traité de contentieux, Rn. 167; hier soll das Prinzip der richterlichen Zurückhaltung sogar zum ersten mal zum Ausdruck gekommen sein.

[1375] *Chevallier*, S. 92/93.

[1376] *Negrin*, S. 148f.; *Sandevoir*, répertoire Dalloz, *recours de pleine juridiction*, Rn. 263f.; *Chevallier*, AJDA 1972, S. 67 (80); siehe insbesondere zur *pleine juridiction* im *contentieux électoral*: *Vught*, in répertoire Dalloz, *contentieux électoral*, Rn. 4/5. Hier kann das Gericht über die Aufhebung der Wahl hinaus einen Kandidaten als gewählt erklären. Auch hier handelt es sich um eine Mischform zwischen objektiver und subjektiver Klage nach französischem Verständnis. Die gerichtlichen Kompetenzen sind dagegen im Bereich des *contentieux contractuel* und im *contentieux de la résponsabilité administrative* weniger stark ausgeprägt, siehe *Negrin*, S. 149; siehe zu den *travaux publics*: *Letourneur/Bauchet/Méric*, S. 170.

[1377] *Chevallier*, S. 245/246, 270 und AJDA 1972, S. 67 (75); *Loschak*, S. 60.

[1378] Art. 9 de la loi du 1872; *Chevallier*, S. 186; *Sandevoir*, répertoire Dalloz, *recours de pleine juridiction*, Rn. 41; *ders.* (S. 378).

[1379] *Sandevoir*, S. 266.

[1380] *Chevallier*, S. 181.

[1381] *Schlette*, S. 75; *Chevallier*, S. 180.

[1382] *Chevallier*, S. 179.

[1383] *Auby/Drago*, Rn. 1364.

entwickeln konnte[1384]. Eine weitere wesentliche Ursache für die getrennte Entwicklung der Klagearten ist darin zu sehen, dass bis 1934 ausschließlich der *Conseil d'État* im Verfahren des *recours pour excès de pouvoir* zuständig war[1385]. Insofern konnten die *conseils de préfecture* zwangsläufig nicht nach diesem Verfahrensmodus entscheiden[1386]. Die Entwicklung des *recours pour excès de pouvoir* erfolgte daher sowohl örtlich als auch sachlich unabhängig vom damaligen *contentieux ordinaire*, also insbesondere dem *contentieux des installations classées*.

Da es sich bei dem *recours pour excès de pouvoir* um die Klageform handelt, die inzwischen das französische Prozessrecht dominiert, füllt dieser auch das Prinzip der gerichtlichen Zurückhaltung mit Leben. So wird angenommen, dass die richterlichen Kompetenzen im Verfahren des *recours pour excès de pouvoir* deswegen begrenzt seien, weil es sich hier um einen Bereich handele, in dem die Handlungsfähigkeit des Staates am stärksten berührt werde[1387]. Bezüglich der Kontrolldichte zeigen sich Parallelen zur einer aufsichtsbehördlichen Kontrolle nur noch dann, wenn das Gericht seine Kontrolle beispielsweise im Polizeirecht auf die Fragen der Zweckmäßigkeit ausdehnt[1388]. Umgekehrt bestimmte dieses Prinzip wiederum den Anwendungsbereich des *recours pour excès de pouvoir*. Wie bereits erwähnt, kommt der Rechtsprechung bei der Entwicklung der Klagearten und der Zuordnung eines Streitgegenstandes unter eine Klageart erhebliche Bedeutung zu. Auch gab der technische Einschlag der Materie oftmals den Ausschlag dafür, dass der betreffende Streitgegenstand nicht dem *recours de pleine juridiction*, sondern dem *recours pour excès de pouvoir* zugeordnet wurde und der Richter dort nur eine eingeschränkte Kontrolle vornahm[1389]. Dies gilt vor allem für die Verfahren, die sich im 20. Jahrhundert entwickelten. Vor diesem Hintergrund wird auch verständlich, warum sich andere, ebenfalls hochtechnische Bereiche des Umweltschutzrechts, wie beispielsweise das Atomrecht, nur unter eingeschränkter gerichtlicher Kontrolle entwickelten. Der *Conseil d'État* hat die weite Prüfungskompetenz der *pleine juridiction* im Anlagenzulassungsrecht stets vehement verteidigt, genau wie er in anderen Bereich mit größter Sorgfalt überwacht, dass das Gericht die ihm gesteckten Grenzen beachtet[1390]. Das Prinzip der gerichtlichen Zurückhaltung hat sich daher mit Hilfe des Vehikels des *recours pour excès de pouvoir* zu einem Selbstläufer entwickelt.

[1384] Conclusions *de la Verpillière*, CE, 15 décembre 1989, *S.P.E.C.H.I.N.O.R.*, RJE 1990, S. 243 (244, 246).

[1385] Siehe conclusions *Denoix de Saint Marc*, CJEG 1975, S. 80 (81).

[1386] Siehe conclusions *Denoix de Saint Marc*, CJEG 1975, S. 80 (81).

[1387] *Negrin*, S. 154

[1388] *Auby/Drago*, traité de contentieux, Rn. 1076.

[1389] *Sandevoir*, répertoire Dalloz, *recours de pleine juridiction*, Rn. 95ff. mit Rechtsprechungsbeispielen.

[1390] *Chevallier*, AJDA 1972, S. 67 (79).

C. Entwicklung der Verwaltungsgerichtsbarkeit in Deutschland

Die Entwicklung der deutschen Verwaltungsgerichtsbarkeit verlief im wesentlichen ähnlich der französischen. In deutschen Ländern etablierte sich eine unabhängige Verwaltungsgerichtsbarkeit Mitte des 19. Jahrhunderts[1391]. Vorher wurde die Zuständigkeit der ordentlichen Gerichte aufgrund der zunehmenden Trennung von öffentlichem und privaten Recht immer stärker eingeschränkt[1392]. Die Verwaltung kontrollierte sich durch eigene Organe weitgehend selbst (sog. Administrativjustiz)[1393]. Als Vorbild diverser Kontrollorgane fungierte meistens der *Conseil d'État* in der damaligen Ausprägung der *justice retenue*[1394]. Selbständige Entscheidungskompetenzen standen ihnen jedoch teilweise bereits vor dem *Conseil d'État* zu[1395]. Auf unterer Ebene waren diese Kontrollgremien wie in Frankreich auch an der aktiven Verwaltung beteiligt[1396]. Aufgrund der mangelnden organisatorischen und personellen Selbständigkeit handelte es sich zwar um Verwaltungsorgane, allerdings wurde hier bereits nach gerichtlichen Grundsätzen und herkömmlichen Prozessordnungen entschieden, so dass sie mehr als nur beratende Gremien darstellten[1397]. Die Entwicklung von einer Widerspruchsbehörde zum Gericht vollzog sich daher schneller, was eine Ursache dafür sein dürfte, dass das deutsche Recht nur rudimentäre Überreste von Umgestaltungskompetenzen aufzeigt. Hoheitliches Handeln war insgesamt nur beschränkt justitiabel. Dem einzelnen blieben oft nur Schadenersatzansprüche (*dulde und liquidiere*)[1398].

Bereits mit der Gründung des deutschen Reiches hatte sich jedoch eine umfassende, teilweise mit Generalklauseln ähnlich dem heutigen § 40 Abs. 1 VwGO ausgestattete, unabhängige Verwaltungsgerichtsbarkeit etabliert[1399]. Im Gegensatz zu Frankreich diente die Verwaltungsgerichtsbarkeit jedoch nur dem Schutz individueller Rechtspositionen. Insofern hatte sich das „süddeutsche System" gegenüber dem französischen Grundsätzen ähnelnden „preußischen System" durchgesetzt[1400].

Der Übergang der Administrativjustiz zur eigenständigen Gerichtsbarkeit blieb aber auch in Deutschland nicht ohne Folgen für den Umfang gerichtlicher Kontrolle. Dies wird insbesondere an der beschränkten Kontrolle des Verwaltungsermessens deutlich (vgl. § 114 VwGO)[1401]. Eine allgemeinzuständige Verwaltungsgerichtsbarkeit wurde

---

[1391] Siehe im Überblick *Sommermann*, S. 1 und *Hufen*, § 2, Rn. 9f.

[1392] Siehe *Rüfner*, DÖV 1963, S. 719 (720ff.).

[1393] *Hufen*, § 2, Rn. 4; *Sommermann*, S. 2/3.

[1394] *Ule*, S. 2; *Hufen*, § 2, Rn. 4; *Sommermann*, S. 1; *Poppitz*, AöR 33 (1943), S. 158 (164f.).

[1395] Siehe *Poppitz*, S. 209 (für Bayern).

[1396] *Hufen*, § 2, Rn. 11.

[1397] Vgl. *Poppitz*, S. 172, 179, 196ff., 200f., 208.

[1398] *Hufen*, § 2, Rn. 3.

[1399] Siehe *Rüfner*, in *Jeserich/Pohl/von Unruh*, Bd. III, S. 912ff.

[1400] Siehe *Sommermann*, S. 4f. und *Ule*, S. 3f.

[1401] *Ule*, S. 23.

erst nach dem zweiten Weltkrieg geschaffen[1402]. Die stärkere Bedeutung der Verwaltungsgerichtsbarkeit manifestierte sich vor dem Hintergrund des Art. 19 Abs. 4 GG auch in der Vertiefung der Kontrolle gegenüber der Verwaltung. Wenngleich die Verwaltungsgerichtsbarkeit nach deutschem Rechtsverständnis traditionell eine andere Bedeutung hat und stärker ausgeprägt ist als in Frankreich, fanden daher wesentliche Weichenstellungen unterschiedlicher Entwicklung im 20. Jahrhundert statt. Deutlich wird dies auch daran, dass das Verwaltungsermessen in den 50iger Jahre auf die Rechtsfolgenseite beschränkt wurde.

D. Zusammenfassender Vergleich

Die umfangreichen richterlichen Kompetenzen im *contentieux des installations classées* erklären sich aus der Geschichte des französischen Verwaltungsprozessrechts. In dessen Anfängen wurde in wenigen Bereichen eine direkte Klagemöglichkeit vor örtlichen Organen und dem *Conseil d'État* eröffnet, die gleichzeitig entscheidende und beratende Funktion hatten und daher eine umfangreiche Fachaufsicht vornehmen konnten. Eine allgemeine Rechtskontrolle in Form des *recours pour excès de pouvoir* entwickelte sich erst Mitte des 19. Jahrhunderts, parallel mit der zunehmenden Eigenständigkeit der Gerichte und der wachsenden Zurückhaltung gegenüber der Verwaltung. Der *contentieux des installations classées* hatte sich jedoch wie andere verwaltungsprozessuale Streitigkeiten mit starkem örtlichen Bezug bereits gefestigt, und wurde durch die Entwicklung des *recours pour excès de pouvoir* auch wegen der vergleichsweise geringen praktischen Bedeutung kaum beeinflusst.

Dagegen hatten die Kontrollgremien in Deutschland ihre aufsichtsrechtlichen Wurzeln bereits früher abgeschlagen. Während das französische Verwaltungsprozessrecht dem deutschen daher lange Zeit als Vorbild diente, wurde es in der Entwicklung vom deutschen Recht vor allem in der zweiten Hälfte dieses Jahrhunderts überholt. Die Kontrolle verstärkte sich vor allem aufgrund der zunehmend stärkeren Konditionierung des Verwaltungshandelns.

[1402] Siehe *Rüfner*, in *Jeserich/Pohl/von Unruh*, Bd. V, S. 1179f. und *Hufen*, § 2, Rn. 20f.

§ 5. Neuere Entwicklungen

Insbesondere seit den neunziger Jahren sind in Frankreich vielschichtige Entwicklungen zu erkennen, die gerichtliche Kontrolle sowie gerichtliche Befugnisse gegenüber der Verwaltung zu verstärken. Der Verwaltungsprozess soll effektiver gestaltet werden, um einem seit den siebziger Jahren stetigen Anstieg der verwaltungsgerichtlichen Klagen sowie der Länge der Verfahren zu begegnen[1403].

Zunächst wächst die Bedeutung des *recours de pleine juridiction* insbesondere in seiner Ausgestaltung des *contentieux des installations classées*. Die Einbeziehung wasserrechtlicher und abfallrechtlicher Belange in das anlagenzulassungsrechtliche Genehmigungsverfahren Anfang der neunziger Jahre[1404] führte zu einer Ausdehnung der dem Anlagenzulassungsrecht eigenen Kontrolle auf diese Bereiche. Auch andere, anlagenzulassungsrechtlich nicht relevante wasserrechtliche Entscheidungen sind dem *contentieux* nach L Art. 514-6 code de l'environnement unterworfen (vgl. Art. L 214-10, L 211-6, L 216-2, L 226-8 Nr. 4 code de l'environnement). Oberirdische Abbauvorhaben (*carrières*)[1405] unterfallen seit 1993 dem Anlagenzulassungsrecht[1406]. Da der Richter hier vorher einen *contrôle minimum* bzw. einen *contrôle normal* vornahm, führte diese Zuordnung zu einer Ausdehnung der Kontrollkompetenzen[1407]. Kerntechnische Anlagen ausgenommen, sind mithin alle wesentlichen industriellen Unternehmungen vom Anlagenzulassungsrecht erfasst[1408], das sich somit zu einer *police générale de l'environnement* entwickelt[1409]. Obwohl der Gesetzgeber den *contentieux des installations classées* nicht in allen Bereichen des code de l'environnement zur Anwendung gebracht hat, entwickelt sich dieser zu einem umweltrechtlichen *contentieux commun*[1410].

Mit der Ausweitung soll Umweltschutz im Wege eines ganzheitlichen Ansatzes verfolgt werden[1411]. Das Anlagenzulassungsrecht im engeren Sinne stellt daher für die Umsetzung der IVU-Richtlinie den zentralen Regelungsmechanismus dar[1412]. Eine parallele Ausweitung der *pleine juridiction* ermöglicht auch eine gerichtliche Gesamt-

---

1403 *Vandermeeren*, le juge administratif à l'aube du XXIe siècle, S. 229 (232, 237) sowie Interview *Papp* in *TOS*, enquête-rapport, S. 93.

1404 Siehe oben, S. 38.

1405 Im Sinne von Art. 1 und 4 des code minier.

1406 Art. 511-1 Abs. 2 code de l'environnement.

1407 Siehe *Lepage-Jessua*, les petites affiches, 1993, n° 90, S. 13 (16).

1408 *Huglo/Lepage*, les petites affiches, 13 juillet 1994, n° 83, S. 27 (28f.). Eine Annäherung zum Atomrecht soll jedoch in einer Verknüpfung von Aufsichtsbefugnissen liegen.

1409 *Courtin*, BDEI 1996 (n° 5), S. 9 (10); *Huglo/Lepage*, les petites affiches, 13 juillet 1994, n° 83, S. 27, 31; siehe insbesondere *Pintat*, BDEI 1995 (n° 5), S. 2ff; von einer weiteren Ausdehnung des Art. 14 des Gesetzes vom 19. Juli 1976 (Art. L 514-6 code de l'environnement) wurde aus Gründen der Rechtssicherheit abgesehen; siehe *Baucomont/Gousset*, Rn. 250, S. 240.

1410 Siehe *Lepage-Jessua*, les petites affiches 1993, n° 90, S. 13 (17).

1411 *Approche global*, vgl. *Code Permanent*, S. 3977, Nr. 1; *Baucomont/Gousset*, Rn. 98f.

1412 *Boivin*, S. 39, Rn. 48.

schau der zu integrierenden Interessen. Aufgrund einer fortschreitenden Technisierung des Rechts und der europäischen Einflüsse verändert sich die Rolle des Richters. Ihm kommt stärker die Aufgabe zu, unbestimmt formulierte Gesetze zu interpretieren, um die zu überprüfenden Normen anwendbar zu machen[1413].

Auch außerhalb des Umweltverwaltungsrechts gewinnt die *pleine juridiction* an Bedeutung[1414]. Sie hat in neuen gesetzlichen Regelungen oftmals gegenüber dem *recours pour excès de pouvoir* den Vorzug erhalten[1415]. Auch die Rechtsprechung hat in zahlreichen Gebieten den *recours de pleine juridiction* anstelle des *recours pour excès de pouvoir* für anwendbar erklärt[1416]. *Woehrling*[1417] erkennt insofern eine *redécouverte du contentieux de la pleine juridiction*. Der *recours pour excès de pouvoir* habe seinen Zweck, die Verwaltung einer objektiven Rechtskontrolle zu unterwerfen, erfüllt, so dass der Verwaltungsprozess sich weiter entwickeln müsse[1418]. *Chapus*[1419] wirft sogar die Frage auf, ob die *pleine juridiction* den *recours pour excès de pouvoir* allgemein als verwaltungsprozessuale Standardklageart ablösen werde. Wird dies weitergedacht, so mauserte sich die *pleine juridiction* nicht nur im Umweltrecht, sondern allgemein im Verwaltungsrecht zum *contentieux ordinaire*.

Durch die zunehmende Gewichtung der *pleine juridiction* in der Kontrolle rein objektiv-rechtlicher Fallgestaltungen wird die gesamte Abgrenzungsdogmatik der Klagearten in Frage gestellt[1420]. Die Klagen ließen sich durch die zunehmende Vermischung nur noch sinnvoll nach dem Klagebegehren unterscheiden[1421]. Dies ist bemerkenswert, weil früher davon ausgegangen wurde, dass sich beide Klagearten unverrückbar gegenüberstünden und eine Angleichung undenkbar sei[1422]. Solange die Rechtsprechung sich in Ausübung ihrer Kompetenzen ebenso wie im *recours pour excès de pouvoir* zurückhält, vergrößern sich jedoch nur die gerichtlichen Umgestaltungskompetenzen, was ausschließlich zu einer stärkeren Finalisierung des Rechts führt, da dem Gericht die Möglichkeit eingeräumt wird, den behördlichen Gestaltungsauftrag zu Ende zu führen.

Aber auch im *recours pour excès de pouvoir* werden die richterlichen Kompetenzen ausgedehnt. Bereits die Entwicklung von *erreur manifeste d'appréciation* und *théorie*

1413 *Calderaro*, RJE 1995, n° spécial, S 5 (11/12).

1414 *Peiser*, S. 141; *Woehrling*, le juge administratif à l'aube du XXIe siècle, S. 247 (251f.).

1415 Siehe die Übersicht bei *Bernard*, AJDA 1995, S. 190 bis 195; *Chapus*, droit du contentieux, Rn. 267. Dies gilt z.B. für die Regulierung des Telefonmarktes, vgl. Art. L 36-11, n° 4 code des postes et télécommunications sowie das Gesetz n° 659 du 26 juillet 1996.

1416 Siehe die Übersicht bei *Bernard*, AJDA 1995, S. 190 bis 195.

1417 *Woehrling*, le juge administratif à l'aube du XXIe siècle, S. 247 (255, 258).

1418 *Woehrling*, le juge administratif à l'aube du XXIe siècle, S. 247 (259).

1419 *Chapus*, droit du contentieux administratif, Rn. 264, 267.

1420 *Woehrling*, le juge administratif à l'aube du XXIe siècle, S. 247 (260, 263); siehe oben, S. 60f.

1421 *Woehrling*, le juge administratif à l'aube du XXIe siècle, S. 247 (266).

1422 Siehe *Sandevoir*, S. 351.

du bilan waren Ausdruck einer stetigen Vertiefung gerichtlicher Kontrolle[1423]. Die gerichtlichen Kompetenzen gegenüber der Verwaltung wurden wesentlich durch das Gesetz n° 95-125 vom 8 février 1995 erweitert, das dem Gericht im Verfahren des *recours pour excès de pouvoir* die Kompetenz einräumt, die Vollstreckung von Urteilen durch Zwangsgeld sicherzustellen[1424]. Ferner können in einem Urteil bestimmte Vollstreckungsmaßnahmen angeordnet werden[1425]. Vorher war es dem Richter nicht möglich, für die Ausführung der Urteile zu sorgen; dies wurde dem *préfet* überlassen[1426]. Diese Möglichkeiten stehen dem Richter auch im *contentieux des installations classées* zu[1427]. Bedeutung erlangt in diesem Zusammenhang das Urteil *M. Teallier*[1428]. Der *Conseil d'État* hat hier eine Entscheidung bestätigt, in der der CAA über die Anträge, den *préfet* zu bestimmten Zwangsmaßnahmen gegenüber dem Anlagenbetreiber zu verpflichten, hinausgegangen ist, und diese selbst ausgeurteilt hat. Dies werde ebenfalls die Instanzgerichte ermuntern, einen stärkeren Gebrauch von ihren Umgestaltungskompetenzen zu machen[1429]. Weiterhin mehren sich in der Literatur Stimmen, nach denen im *recours pour excès de pouvoir* die Möglichkeit eingeführt werden soll, das Gericht über das Bestehen eines Rechts entscheiden zu lassen, was die Verwaltung zu einem bestimmten Verhalten gegenüber der betreffenden Person verpflichten würde (*action en déclaration de droit*)[1430]. Dies wäre ein wesentlicher Schritt hin zu der Einführung einer Verpflichtungsklage[1431].

Ferner ist an die Reform des einstweiligen Rechtsschutzes zu erinnern, die darauf abzielte, die Rechte des gewaltunterworfenen Bürgers gegenüber der Verwaltung zu stärken[1432]. Weitere Erleichterungen werden gefordert[1433].

Eine andere Entwicklung ist in ihren Auswirkungen auf Kontrolltiefe und das Maß gerichtlicher Zurückhaltung gegenüber der Verwaltung noch nicht gänzlich absehbar. Wie bereits im Zuge der Untersuchung der Kontrolltiefe im Instanzenzug darge-

---

[1423] *Bockel*, AJDA 1978, S. 355 (363ff.).

[1424] Jetzt Art. L 911-1ff. CJA; siehe ausführlich , S. 189ff.

[1425] Siehe *Bernard*, AJDA 1995, S. 190 (196 bis 198); *Chanel*, BDEI 1995, n° 2, S. 45ff.

[1426] Siehe *Gabolde*, répertoire Dalloz, *installations classées*, Fasc. 365, Rn. 216.

[1427] *Code Permanent*, S. 4035, Rn. 227.

[1428] CE, 4 mai 1998, *M Teallier*, RJE 1999, S. 150f.

[1429] *Deharbe*, les petites affiches, n° 159, S. 19 (21); DE 1999, n° 69, S. 15 (17).

[1430] *Hocreitere*, in le juge administratif à l'aube du XXIe siècle, S. 198 (210); *Woehrling*, le juge administratif à l'aube du XXIe siècle, S. 247 (266f.), note sous CE, 8 juin 1988, *ABC Engineering*, Gazette zu Palais 1989, S. 724 (728).

[1431] Siehe CE, 8 juin 1988, *ABC Engineering*, Gazette zu Palais 1989, S. 723; hier hat das Gericht jedoch Anträge auf Erklärung eines Anspruches auf Baugenehmigung zurückgewiesen, weil es dem Gericht nicht zukomme, Verpflichtungen gegenüber der Verwaltung auszusprechen; siehe dagegen note *Woehrling*, Gazette zu Palais 1989, S. 724 (725).

[1432] Siehe oben, S. 125f.

[1433] Siehe *Vandermeeren*, le juge administratif à l'aube du XXIe siècle, S. 229 (244) stellt[1434], wurden 1989 die CAA eingeführt, um den *Conseil d'État* zu entlasten. Diese übernahmen vom *Conseil d'État* die Funktion der Berufungsinstanz, während sich dieser auf die *cassation* beschränkte, die insbesondere im *contentieux des installations classées* eine Tatsachenwertung im wesentlichen ausschließt und insofern den CAA eine umfangreiche Eigenständigkeit belässt. Dies führt zwar nicht unmittelbar zu einer Steigerung verwaltungsgerichtlicher Kontrolle, allerdings verliert der *Conseil d'État* Möglichkeiten der Einflussnahme auf die allgemeine Entwicklung der Verwaltungsgerichtsbarkeit, wie er sie seit Jahrhunderten wahrgenommen hat. Die Tatsachenwertung als wesentlicher Teil der gerichtlichen Entscheidungsfindung wird nicht mehr von einem Organ wahrgenommen, das die Spitzen von Verwaltung und Verwaltungsgerichtsbarkeit vereint. Die Verwaltungsgerichtsbarkeit wird dadurch ganz wesentlich dezentralisiert. Da die Instanzgerichte allgemein weniger zurückhaltend entscheiden als der *Conseil d'État*, dürfte sich die Verwaltungsgerichtsbarkeit gegenüber der aktiven Verwaltung in Zukunft weiter emanzipieren und diese umfangreicher kontrollieren.

Die Kompetenzen des Verwaltungsgerichts werden daher laufend in kleinen Schritten gestärkt. Diese Tendenzen knüpfen an die bereits mehrere Jahrhunderte währende behutsame Entwicklung der französischen Verwaltungsgerichtsbarkeit an und zeigen gleichzeitig, dass diese noch nicht abgeschlossen ist. Die Verwaltungsgerichtsbarkeit emanzipiert sich stetig von der aktiven Verwaltung und formt und schärft ihre Kontrollkompetenzen. Gleichzeitig wird erkennbar, dass sich das französische System der in Deutschland vollzogenen, im Grundsatz ausgeprägten Kontrolle – bei weiterhin unterschiedlichen Grundparametern – tendenziell langsam nähert.

[1434] Siehe oben, S. 112f.

§ 6. Zusammenfassung des 3. Kapitels

Im Zuge der judikativen Konkretisierung unbestimmter Rechtsbegriffe des Anlagenzulassungsrechts verfügt der französische Verwaltungsrichter über wesentlich stärkere Kompetenzen als im sonstigen französischen und insgesamt im deutschen Verwaltungsprozessrecht. Die theoretische Kontrolltiefe ist in beiden Ländern grundsätzlich vergleichbar. Auffällig sind jedoch die Kompetenzen des Gerichts, selbst Aufgaben der Verwaltung ausüben zu können. Ferner berücksichtigt das Gericht im Hinblick auf die maßgebliche Sach- und Rechtslage anders als in Deutschland sowie im übrigen französischen Recht den Zeitpunkt der gerichtlichen Entscheidung. Weiterhin steht ihm unter Umständen auch die Kompetenz zu, ultra petita zu entscheiden. Außerdem ist in Frankreich der Zugang zu Gericht wegen des fehlenden obligatorischen Vorverfahrens, geringerer Anforderungen an die Klagebefugnis, langer Klagefristen und des geringeren Kostenrisikos erheblich leichter als in Deutschland. Ferner ist der Richter in seiner Entscheidungsfindung auch durch Konkretisierungsnormen, sei es in Gestalt von Rechtsverordnungen oder Verwaltungsvorschriften, in Frankreich zumindest theoretisch weniger stark gebunden als sein deutscher Kollege.

Die besonderen richterlichen Kompetenzen kommen indessen in der Praxis nur beschränkt zum Einsatz. In praktischer Hinsicht nähert sich die Kontrolle derjenigen im normalen Verfahren an und bleibt vor allem im Hinblick auf ihre Tiefe hinter deutschen Verhältnissen zurück. Dies liegt zum einen daran, dass de facto nur zwei Prüfungsinstanzen vorhanden sind. Ferner wirkt sich auch die fehlende aufschiebende Wirkung von Rechtsbehelfen auf die Kontrolltiefe in der Hauptsache aus. Insgesamt wird daher das Gewicht der richterlichen Kontrolle auf formelle Verfahrensvorschriften verlagert, welche beispielsweise in Form der *étude d'impact* oder anderer von kompetenten Stellen erarbeiteten Analysen die richterliche Rechtsprüfung zum Teil vorwegnehmen. Dies zeigt sich auch in den hohen Anforderungen, welche in der Praxis an die Pflicht zur Einholung externer Sachverständigengutachten gestellt werden. Bei der Verlagerung der Prüfung auf die formelle Seite handelt es sich um eine Auffälligkeit, die auch im einfachen gerichtlichen Verfahren sowie vor allem im einstweiligen Rechtsschutz zu konstatieren ist. Die Ursachen der richterlichen Zurückhaltung liegen darin begründet, dass sich die für das französische Recht normale Zurückhaltung auch in im speziellen *contentieux de pleine juridiction* bemerkbar macht.

Der *contentieux des installations classées* gehörte zwar bereits zu den Urformen französischen Verwaltungsprozessrechts. Doch wurde er durch den sich entwickelnden *recours pour excès de pouvoir* auf die Bereiche beschränkt, für welche die dezentrale Rechtsprechung zu Anfang der sich entwickelnden Verwaltungsgerichtsbarkeit zuständig war. Dieser Ausnahmecharakter des Verfahrens ist ebenfalls dafür verantwortlich, dass sich die theoretischen Kompetenzen nicht in der Form in die Praxis umsetzen könnten, wie es insbesondere aus deutscher Sicht zu erwarten war. Es kann mithin nicht verwundern, dass sich ein Kompetenzkonflikt der Gewalten in Frankreich nicht in dem Maße stellt wie in Deutschland. Daher fehlt es grundsätzlich an Nährboden für Versuche, die Gerichtskontrolle zu beschränken. Durch eine allgemein zurückhaltende Kontrolle kommt Verwaltungsvorschriften auf abstrakter Ebene bereits eine deutschen

Bestrebungen vergleichbare standardisierende Wirkung zu. Auf der Ebene der Einzelfallentscheidung wird der Verwaltung durch gerichtliche Zurückhaltung bereits ein Beurteilungsspielraum zugestanden. Darüber hinaus wird durch das Prinzip, unbestimmte Rechtsbegriffe durch die Genehmigungsbehörden einzelfallbezogen zu konkretisieren, erst in jüngerer Zeit durch den Erlass von Konkretisierungsnormen abgeschwächt, welche zumindest einen Basisstandard vorgeben.

Der *recours de pleine juridiction* gewinnt jedoch stetig an Bedeutung, und gerichtliche Kompetenzen gegenüber der Verwaltung werden auch in anderen Bereichen verstärkt. Mithin ist es nicht unwahrscheinlich, dass sich die richterliche Prüfung in Zukunft langsam weiter ausdehnt und einen mit deutschen Verhältnissen vergleichbaren Kompetenzkonflikt erzeugt. Dann wäre auch die Bedeutung von Konkretisierungsnormen zu überdenken. Dies setzte jedoch einen verstärkte standardisierende Wirkung der Konkretisierungsnormen voraus. Eine solche Entwicklung ist jedoch wegen der abnehmenden Bedeutung von Verwaltungsvorschriften nur im Hinblick auf die zunehmende Detailliertheit von Rechtsverordnungen erkennbar. Ihre standardisierende Wirkung wird jedoch durch die ausgeprägten Öffnungsklauseln in Frankreich wiederum erheblich relativiert. Insofern bleibt das Prinzip der einzelfallbezogenen Konkretisierung erhalten, das Basis der in Frankreich eher final erfolgenden Rechtssetzung ist, während sich das deutsche Recht durch stärkere und detailliertere gesetzliche Ausformungen eher konditional strukturiert. Gerade diese unterschiedlichen Gesetzgebungstechniken lassen sich durch eine Stärkung der judikativen Gewalt nicht kurzfristig überwinden. Insofern ist nicht davon auszugehen, dass sich der Umfang gerichtlicher Kontrolle in Deutschland und Frankreich in naher Zukunft gleichen werde, auch wenn in beiden Ländern eine durch den Wechsel der Vorzeichen bedingte Annäherung in der Kontrolle erkennbar ist.

Kapitel 4.
Auswirkungen des integrierten Ansatzes der IVU-Richtlinie auf das nationale Anlagenzulassungsrecht

Die IVU-Richtlinie[1435] hat erhebliche Auswirkungen auf das nationale Anlagenzulassungsrecht.

§ 1. Der integrierte Ansatz der IVU-Richtlinie

Ziel der Richtlinie ist die integrierte Verminderung der durch näher definierte, besonders umweltrelevante[1436] industrielle Tätigkeiten verursachten Umweltverschmutzungen[1437]. Emissionen in Luft, Wasser und Boden sollen soweit wie möglich vermieden und andernfalls verringert werden, um ein hohes Schutzniveau für die Umwelt insgesamt zu erreichen[1438]. Dies soll vor allem durch ein integriertes Genehmigungsverfahren erfolgen, um eine Verlagerung der Verschmutzung von einem Umweltmedium auf ein anderes zu verhindern[1439].

Der vielschichtige Begriff *integrierter Ansatz* ist in der Richtlinie nur schwach definiert[1440]. Auch bisher erlassene europäische Rechtsakte helfen nicht weiter[1441]. Das integrierte Konzept ist durch einen formellen und einen materiellen Aspekt gekennzeichnet[1442]. Während sich der formelle Aspekt auf die Vereinheitlichung von Verwaltungsverfahren bezieht, nimmt der materielle Aspekt vor allem ein hohes Schutzniveau für Wasser, Luft und Boden ins Visier[1443]. Gerade in Bezug auf die innerhalb der Gesamtbetrachtung erforderliche Abwägungsentscheidung, die sich auf intermediale Wechselwirkungen bezieht, liefert die Richtlinie jedoch kaum brauchbare Vorga-

---

[1435] Richtlinie 96/61/EG des Rates vom 24.9.1996 über die integrierte Vermeidung und Verminderung der Umweltverschmutzung, ABl. Nr. L 257/26 (directive relative à la prévention et à la réduction intégrées de la pollution) ; siehe zur Entstehungsgeschichte *Dolde*, NVwZ 1997, S. 313; *Schnutenhaus*, ZuR 1994, S. 299ff.; *Wasielewski*, UPR 1995, S. 90ff.; *Krämer*, in *Rengeling*, Umweltschutz, S. 51ff.

[1436] Erwägungsgründe, Nr. 27.

[1437] Art. 1 S. 1 und Erwägungsgründe, Nr. 2.

[1438] Art. 1 S. 2 und Erwägungsgründe, Nr. 8.

[1439] Erwägungsgründe, Nr. 7. Als Standardbeispiel dient die Nasswäsche von Rauchgasen, die eine fast vollständige Reinigung der Abluft bewirkt, das Abwasser jedoch stark belastet, während die alternative Trockenfilterung zu Abfall führt, vgl. *Steinberg*, NuR 1999, S. 192 (194); *Sellner*, in *Rengeling*, Umweltschutz, S. 79 (95); siehe zum integrierten Konzept insgesamt *Volkmann*, Verwaltungs-Archiv 89 (1998), S. 363ff.

[1440] *Baucomont*, BDEI 1997 (2), S. 11 (12); *Steinberg/Koepfer*, DVBl. 1997, S. 973 (974); *Zöttl*, NuR 1997, S. 157 (161); *Wasielewski*, UPR 1995, S. 90; *Steinberg*, NuR 1999, S. 192 (195).

[1441] Siehe *von Danwitz* UTR 48 (1999), S. 53 (77f.).

[1442] Siehe *Schnabl*, in *Rengeling*, Auf dem Weg zum UGB I, S. 1 (2); siehe zur sog. internen und externen Integration *Haigh*, in *di Fabio/Haigh*, S. 57.

[1443] Siehe *Schnabl*, in *Rengeling*, Auf dem Weg zum UGB I, S. 1 (2).

ben[1444]. Sie bedient sich allerdings verschiedener Instrumente, um die materielle Integration mit Leben zu füllen.

Art. 3 IVU-RL stellt einen Pflichtenkatalog ähnlich dem deutschen Immissionsschutzrecht auf[1445], dessen Beachtung nach Art. 3 Abs. 1, 8 Abs. 1, 9 Abs. 1 IVU-RL zwingende Genehmigungsvoraussetzung ist[1446]. Die Mitgliedstaaten treffen die erforderlichen Vorkehrungen, damit die zuständigen Behörden sich vergewissern, dass alle geeigneten Vorsorgemaßnahmen gegen Umweltverschmutzungen getroffen werden, insbesondere durch den Einsatz der besten verfügbaren Techniken (bvT). Es dürfen keine erheblichen Umweltverschmutzungen verursacht werden. Abfälle sind zu vermeiden, andernfalls zu verwerten oder schadlos zu beseitigen. Energie ist effizient zu verwerten. Die Richtlinie liefert medienübergreifend ausgestaltete Definitionen, für *Umweltverschmutzung*[1447], *Emission*[1448] und *bvT*[1449]. Die Betriebspflichten zielen vor allem auf den Schutz der Umwelt insgesamt auf hohem Niveau ab. Hierbei handelt es sich um einen wesentlichen Aspekt des integrierten Ansatzes[1450]. Bemerkenswert ist jedoch, dass die Berücksichtigung medienübergreifender Aspekte nicht ausdrückliche Betriebspflicht geworden ist. Da die vorgenannten Anforderungen sich wie im französischen Recht an die Genehmigungsbehörde und nicht an den Anlagenbetreiber richten, handelt es sich nicht um Grundpflichten nach deutschem Verständnis, sondern um einen verbindlichen Ausgestaltungsauftrag an die Genehmigungsbehörde.

Die Betriebspflichten werden durch das Genehmigungsverfahren handhabbar gemacht, dem wesentliche Bedeutung im medienübergreifenden Umweltschutz zu-

---

[1444] *Lübbe-Wolff*, NuR 1999, S. 241 (243).

[1445] Die Ausgestaltung ist im wesentlichen auch auf deutsche Forderungen zurückzuführen, siehe *Krings/Schweitzer*, UTR 36 (1996), S. 559 (563 m.w.N.).

[1446] So auch *Koch/Jankowski*, ZuR 1998, S. 57 (58); im Ergebnis auch *Rengeling – Kracht/Wasielewski*, § 35, Rn. 27; siehe auch Erwägungsgründe, Nr. 15; anders *Zöttl*, NuR 1997, S. 157 (163).

[1447] Siehe Art. 2 S. 2. Darunter ist die durch menschliche Tätigkeiten direkt oder indirekt bewirkte Freisetzung von Stoffen, Erschütterungen, Wärme oder Lärm in Luft, Wasser und Boden zu verstehen, die der menschlichen Gesundheit oder der Umweltqualität schaden oder zu einer Schädigung von Sachwerten bzw. einer Beeinträchtigung oder Störung von Annehmlichkeiten und anderen legitimen Nutzungen der Umwelt führen können.

[1448] Siehe Art. 3 Nr. 5.

[1449] Siehe Art. 3 Nr. 11. Er bezeichnet den effizientesten und fortschrittlichsten Entwicklungsstand der Tätigkeiten und entsprechenden Betriebsmöglichkeiten, der spezielle Maßnahmen als praktisch geeignet erscheinen lässt, grundsätzlich als Grundlage für die Emissionsgrenzwerte zu dienen, um Emissionen in und Auswirkungen auf die gesamte Umwelt allgemein zu vermeiden oder, wenn dies nicht möglich ist, zu vermindern. Nach Art. 3 Nr. 11 Spiegelstrich 2 nimmt der Begriff „verfügbar" auch Aspekte eines abstrakten Kosten/Nutzen – Verhältnisses in sich auf. Auch im Anhang IV der Richtlinie werden verschiedene Aspekte aufgelistet, welche bei der Festlegung der bvT zu berücksichtigen sind.

[1450] Siehe auch *Zöttl*, NuR 1997, S. 157 (161).

kommt[1451]. Das Genehmigungsverfahren ist nach Art. 7 IVU-RL vollständig zu koordinieren, wenn unterschiedliche Behörden medienbezogene Genehmigungen erteilen. Kern dieses koordinierten Verfahrens bildet die abgestimmte Ausarbeitung der Genehmigungsauflagen. Die Genehmigung hat nach Art. 9 Abs. 3 Satz 1 IVU-RL Emissionsgrenzwerte für Schadstoffe oder äquivalente Parameter oder äquivalente technische Maßnahmen (namentlich die des Anhangs III) zu enthalten, die von der Anlage unter Berücksichtigung der Art der Schadstoffe und der Gefahr medienübergreifender Belastungsverschiebungen emittiert werden können. Diese Grenzwerte sind nach Art. 9 Abs. 4 IVU-RL auf bvT zu stützen. Hierbei sind technische Beschaffenheit der Anlage, geographischer Standort und örtliche Umweltbedingungen zu berücksichtigen. In jeden Fall sind Vorkehrungen zur weitestgehenden Verminderung weiträumiger und grenzüberschreitender Umweltverschmutzungen zu treffen sowie ein hohes Schutzniveau für die Umwelt insgesamt sicherzustellen. Weitere nationale Anforderungen bleiben unberührt (Art. 8 Abs. 1 IVU-RL). Bereits bestehende Anlagen sind entsprechend Art. 5 IVU-RL innerhalb von acht Jahren nach Umsetzung der Richtlinie anzupassen.

Unbeschadet dieser einzelfallbezogenen Ausarbeitung von Betriebspflichten können die Mitgliedstaaten nach Art. 9 Abs. 8 IVU-RL Anlagenanforderungen in allgemeinen Vorschriften festlegen. Auch bvT werden abstrakt, und zwar innerhalb *industrieller Sektoren*, festgelegt[1452], was die Ermittlung auf ein abstraktes Niveau verlagert, während die örtlichen Besonderheiten einzelfallbezogen festzustellen sind. Hier treffen zwei verschiedene anlagenzulassungsrechtliche Konzepte aufeinander, und die Richtlinie verliert an Steuerungskraft[1453]. Auf der einen Seite spiegeln sich deutsche Bestrebungen wieder, Betriebskonditionen abstrakt festzulegen. Auf der anderen Seite kommen französische und britische[1454] Vorstellungen zum Ausdruck, Betriebsbestimmungen einzelfallbezogen zu ermitteln[1455]. Im Erlassverfahren der IVU-Richtlinie sprach sich die französische Industrie vehement gegen deutsche Vorstellungen aus und favorisierte statt der bvT Umweltqualitätsziele. An ihnen sollten sich die bvT orientieren und für jede Anlage anhand der Besonderheiten des Einzelfalls ermittelt werden[1456]. Eine europäischen Ermittlung von Emissionsgrenzwerten auf der Basis der bvT erlau-

---

[1451] Siehe *Dolde*, NVwZ 1997, S. 313 (314); *Steinberg/Koepfer*, DVBl. 1997, S. 973 (974); *Rebentisch*, in *Rengeling*, Umweltschutz, S. 167 (168); *Zöttl*, NuR 1997, S. 157 (161).

[1452] Siehe Art. 2 Abs. 22 Spiegelstrich 2 der IVU-Richtlinie.

[1453] *Krings*, UTR 45 (1998), S. 47 (60); *Schmidt-Preuß*, in *Rengeling*, Auf dem Weg zum UGB I, S. 115 (122f.).

[1454] *Rengeling–Kracht/Wasielewski*, § 35, Rn. 39f.; siehe zum englischen und walisischen Recht *Meinken*, NuR 1999, S. 616 (617f.); siehe ferner *Braun*, in *Rengeling*, Auf dem Weg zum UGB I, S. 39ff.

[1455] Siehe *Dolde*, NVwZ 1997, S. 313 (315, Fn. 21); *Schmidt-Preuß*, in *Rengeling*, Auf dem Weg zum UGB I, S. 115 (122f.).

[1456] Vgl. *Rouger-de Grivel/Bavoillot*, BDEI 1995 (n° 4), S. 3 (4/5).

be es nach damaliger Ansicht der französischen Industrie nicht, örtliche Besonderheiten in die Ermittlung der Betriebsvorschriften einzubeziehen[1457].

Dementsprechend ist unklar, ob örtliche Besonderheiten ein Abweichen von bvT erlauben[1458]. Örtliche Besonderheiten sollen vor allem in Gebieten mit hoher Industriekonzentration einen effektiven Umweltschutz gewährleisten[1459], so dass eine Verschärfung von Betriebskonditionen gegenüber bvT zulässig ist. Nach Art. 10 IVU-RL sind im Vergleich zu bvT strengere Auflagen vorzuschreiben, um Umweltqualitätsnormen (im Sinne von Immissionswerten[1460]) zu entsprechen[1461]. Hierbei handelt es sich um eine sinnvolle Verknüpfung der Konzepte der Emissions- und Immissionsgrenzwerte[1462]. Im Bereich der Luftreinhaltung ist hier insbesondere die Luftqualitätsrahmenrichtlinie[1463] mit ihren Tochterrichtlinien von Bedeutung. Fraglich ist jedoch, ob bei guten Umweltbedingungen weniger strengere Konditionen zugelassen werden können[1464]. Die Grenze der Berücksichtigung örtlicher Besonderheiten liegt zunächst in den strikten Umweltqualitätsstandards[1465]. Eine Berücksichtigung lokaler Besonderheiten wird ferner durch die Zielvorgabe in Art. 9 Abs. 4 Satz 2 IVU-RL begrenzt, nach der Vorkehrungen zur weitestgehenden Verminderung weiträumiger Umweltverschmutzungen vorzuschreiben sind und ein hohes Schutzniveau für die Umwelt sicherzustellen ist[1466]. Hier sind wiederum Einflüsse des deutschen Rechts erkennbar, die Betriebskonditionen möglichst abstrakt und vorsorgeorientiert festzulegen[1467]. Anhaltspunkte liefert ferner der Umstand, dass die sog. *escape-clause*[1468] nicht Richtlinieninhalt geworden ist, die Ausnahmen von bvT in besonders unbelasteten Gebieten ermöglichen sollte[1469]. Auf der anderen Seite sind die örtlichen Besonderheiten in der Richtlinie bewusst als Abwägungskriterium aufgenommen worden[1470]. Insofern dürfte ein Unterschreiten der bvT zulässig sein, beispielsweise, wenn eine örtlich begrenzte

---

1457 Vgl. *Rouger-de Grivel/Bavoillot*, BDEI 1995 (n° 4), S. 3 (5)

1458 So *Haigh*, in *di Fabio/Haigh*, S. 57; siehe allgemein *Krings*, UTR 45 (1998), S. 47 (58f.).

1459 Begründung des gemeinsamen Standpunktes Nr. 9/96 des Rates, ABl. EG 1996, C 87, S. 26.

1460 *Steinberg/Koepfer*, DVBl. 1997, S. 973 (979).

1461 Art. 10 und Erwägungsgründe, Nr. 19.

1462 So auch *Appel*, DVBl. 1995, S. 399 (405, 407).

1463 Richtlinie 96/62/EG des Rates über die Beurteilung und die Kontrolle der Luftqualität vom 27.9.1996 (ABl. EG Nr. L 296/55).

1464 Siehe insbesondere *Lübbe-Wolff*, NVwZ 1998, S. 777 (781f.).

1465 *Zöttl*, NuR 1997, S. 157 (166).

1466 So auch *Lübbe-Wolff*, NVwZ 1998, S. 777 (782).

1467 Vgl. *Rengeling –Kracht/Wasielewski*, § 35, Rn. 40f.; *Lübbe-Wolff* (NVwZ 1998, S. 777 (781)) spricht hier zutreffend von einem Kompromiss zwischen deutschem und englischem Recht.

1468 Siehe Art. 9 Abs. 3 des Kommissionsvorschlages, NVwZ 1994, S. 459 (462).

1469 Siehe *Steinberg/Koepfer*, DVBl. 1997, S. 973 (979f.); *Rengeling – Kracht/Wasielewski*, § 35, Rn. 38ff.; *Lübbe-Wolff*, NVwZ 1998, S. 777 (782).

1470 Vgl. *Lübbe-Wolff*, NuR 1998, S. 777 (783).

Emissionen von Stoffen in Rede steht, für die Gefahrenschwellen existieren[1471] und wenn eine medienübergreifende Bewertung stattgefunden hat[1472]. In Frankreich werden sogar noch weiter reichende Abweichungen für zulässig gehalten[1473]. Die Behörde dürfte jedoch nicht *verpflichtet* sein, örtliche Besonderheiten in diesem Sinne zu berücksichtigen und dadurch schwächere Anforderungen zuzulassen, soweit sich aus Art. 176 EGV und Art. 9 Abs. 8 IVU-RL die Befugnis zu strengeren einheitlichen Vorgaben ableiten lässt[1474].

Verwaltungsvorschriften dürften keine zulässige Form „allgemein bindender Vorgaben" im Sinne von Art. 9 Abs. 8 IVU-RL sein[1475]. Es liegt nahe, auf die Anforderungen des EuGH zur Richtlinienumsetzung zurückzugreifen[1476], da nicht ersichtlich ist, warum der EuGH hinsichtlich abstrakter Setzung integrierender Standards anders verfahren sollte. Verwaltungsvorschriften kommen allenfalls in Frage, soweit sie europäische Vorgaben, die mittels Rechtsverordnung in nationale Recht umgesetzt wurden, im Sinne einer stärkeren medienübergreifenden Integration verschärfen. Dies macht Art. 176 EGV möglich.

Neben Art. 9 Abs. 8 IVU-RL bedient sich die Richtlinie weiterer abstrakter Konkretisierungsformen. Nach Art. 18 Abs. 1 IVU-RL legt der Rat einheitliche Emissionsgrenzwerte für im Anhang I genannte Anlagen und in Anhang II genannte Schadstoffe fest, wenn sich insbesondere aufgrund des in Art. 15 Abs. 3 und Art. 16 IVU-RL statuierten Informationsaustausches zwischen den Mitgliedstaaten bezüglich Emissionsquellen, Emissionsgrenzwerten und bvT herausstellt, dass die Gemeinschaft tätig werden muss.

Die Kommission erarbeitet vor allem sog. *IPPC BAT Reference Documents (BREFs)*[1477]. Diese Standardisierung stellt die untergesetzliche Normung in den Vordergrund[1478]. Es handelt sich um nichtverbindliche Rechtsakte[1479], die bei der Bestim-

---

[1471] *Rengeling –Kracht/Wasielewski*, § 35, Rn. 41f.; *Lübbe-Wolff*, NuR 1998, S. 777 (783f.).

[1472] *Krings*, UTR 45 (1998), S. 47 (59).

[1473] *Deharbe*, RJE 1998, n° 2, S. 171 (178f.); *Razafindratandra*, DE 1996, n° 44, S. 19 (22f.).

[1474] *Rengeling – Kracht/Wasielewski*, § 35, Rn. 43; anders wohl *Zöttl*, NuR 1997, S. 157 (165); *Krings*, UTR 45 (1998), S. 47 (61). Einen Hinweis in diese Richtung liefert auch Nr. 18 der Erwägungsgründe. Hiernach ist es Aufgabe der Mitgliedstaaten, festzulegen, wie nötigenfalls die technische Beschaffenheit der betroffenen Anlage, ihr geographischer Standort sowie die örtlichen Umweltbedingungen berücksichtigt werden können. Auf die Rolle der Mitgliedstaaten weist auch die Begründung des gemeinsamen Standpunktes Nr. 9/96 des Rates hin (ABl. EG 1996, C 87, S. 26).

[1475] *Dolde*, NVwZ 1997, S. 313 (318); unklar *Dürkop/Kracht/Wasielewski*, UPR 1995, S. 425 (432).

[1476] Siehe oben, S. 178f.

[1477] Siehe *Steinberg/Koepfer*, DVBl. 1997, S. 973 (982); *Rengeling – Kracht/Wasielewski*, § 35, Rn. 99f.; *Zierock*, in *Rengeling*, Auf dem Weg zum UGB I, S. 167 (168ff.). Diese sind im Internet erhältlich unter <*http://eippcb.jrc.es*>.

[1478] Vgl. *Feldhaus*, in *Rengeling*, Umweltnormung, S. 137 (146f.).

[1479] *Schnabl*, in *Rengeling*, Auf dem Weg zum UGB I, S. 1 (5).

mung der bvT neben anderen Faktoren zu berücksichtigen sind[1480]. Mit dieser abstrakten Konkretisierungskompetenz sollte ein Ausgleich für die ausgeprägte Bedeutung örtlicher Besonderheiten gefunden werden, welche vor allem auf die Einflüsse der französischen Industrie zurückgeführt wird. Es sei zu befürchten, dass die einzelfallbezogene Konkretisierung vor allem den Interessen der Industrie förderlich sei[1481].

Ein Tätigwerden der Kommission wird für erforderlich gehalten, wenn Differenzen zwischen den nationalen Anforderungen zu groß sind, so dass europäische Vorgaben letztlich nur als Mindestanforderungen fungieren[1482]. Gleiches gilt für die subsidiäre Geltung von Betriebspflichten aus bisher erlassenen europarechtlichen Vorschriften (Art. 18 Abs. 2 IVU-RL), so dass Behörden zu prüfen haben, ob in die Genehmigung strengere Betriebsvorschriften aufzunehmen sind[1483]. Die im Erlassverfahren umkämpfte[1484] Vorschrift ist vor allem auf deutsche Initiativen zurückzuführen[1485].

Abstrakte Konkretisierungsformen sind aus Gründen der Rechtssicherheit und der Harmonisierung europäischen Umweltrechts unverzichtbar, abstrahieren jedoch den auf Einzelfallprüfung angelegten materiellen medienübergreifenden Ansatz[1486]. Aus Frankreich sind sogar noch weiter reichende Zweifel zu vernehmen, wonach sich die bvT einer Standardisierung gänzlich verschlössen[1487]. Ferner ließen sich Integrationsansätze in Immissionsgrenzwerten ohnehin nur schwer verwirklichen, weil diese final medienbezogen sind und bereits eine Schädlichkeitsschwelle markieren[1488]. Indem sie sowohl einzelfallbezogene als auch abstrakte medienübergreifende Bewertungen zulässt, nimmt die Richtlinie diesen Widerspruch jedoch in Kauf. Daher dürfen an das integrierte Konzept in materieller Hinsicht keine überspannten Anforderungen gestellt werden[1489]. Insbesondere muss auf Einzelfallebene nicht stets eine Saldierung möglicher Belastungen und Wechselwirkungen vorgenommen werden[1490], sofern ausreichende abstrakte Standards vorliegen. Der Zweck der Richtlinie liegt insgesamt in

---

[1480] Siehe Anhang IV, Spiegelstrich 12.

[1481] Vgl. *Rouger-de Grivel/Bavoillot*, BDEI 1995 (n° 4), S. 3 (5).

[1482] *Krings/Schweitzer*, UTR 36 (1996), S. 559 (565); *Dolde*, NVwZ 1997, S. 313 (318).

[1483] *Rengeling – Kracht/Wasielewski*, § 35, Rn. 102; *Steinberg/Koepfer*, DVBl. 1997, S. 973 (982, Fn. 118).

[1484] Siehe *Schnutenhaus*, ZuR 1994, S. 299 (301, 303f.).

[1485] *Schnutenhaus*, ZuR 1994, S. 299 (301); *Sellner/Schnutenhaus*, NVwZ 1993, S. 828 (831, 833).

[1486] *Steinberg*, NuR 1999, S. 192 (194ff. m.w.N.); *Masing*, DVBl. 1998, S. 549 (551, 555); *Steinberg/Koepfer*, DVBl. 1997, S. 973 (974).

[1487] So wohl *Deharbe*, RJE 1998, n° 2, S. 171 (182).

[1488] Siehe *Schmidt-Preuß*, DVBl. 1998, S. 857 (861); *Di Fabio*, NVwZ 1998, S. 329 (335).

[1489] Nach *Masing* (DVBl. 1998, S. 549 (558) seien dem „...Pathos der Ganzheitlichkeit die nüchternen Grenzen der Regelungsfähigkeit entgegenzusetzen“.

[1490] Siehe zur verobjektivierten Wertung der medialen Verschmutzung im englischen und walisischen Recht *Meinken*, NuR 1999, S. 616 (619f.).

einer möglichst anspruchsvollen Harmonisierung nationaler Rechtssysteme[1491]. Sie beläst den Mitgliedstaaten jedoch weitreichende Freiräume bei der Implementierung medienübergreifender Konzepte. Durch diesen Verlust an Steuerungskraft verlagert sich der Schwerpunkt zwangsläufig auf die Koordination der Genehmigungsverfahren.

[1491] Siehe auch *Steinberg/Koepfer*, DVBl. 1997, S. 973 (981); nach *Wahl* (NVwZ 2000, S. 502 (505)), erfordere der integrative Ansatz eine medienübergreifende Berücksichtigung der Belastungen, wenn eine Belastungsverschiebung naheliegt.

§ 2. Auswirkungen auf das französische Recht

Die Auswirkungen der IVU-Richtlinie auf das französische Anlagenzulassungsrecht können hier nicht vollumfänglich dargestellt werden, sondern sollen sich auf die Implementierung des integrierten Ansatz beschränken[1492].

Das französische Anlagenzulassungsrecht kennzeichnet sich nach vielfach vertretener Meinung bereits durch einen medienübergreifenden Ansatz der Betrachtung und Bewertung von Emissionen und Immissionen der Anlage aus[1493]. Dies werde durch die Verschränkung mit dem Wasser- und Abfallrecht[1494] und das Genehmigungsverfahren gewährleistet, das aufgrund der breit angelegten Beteiligung von Behörden und Interessenvertretern eine ganzheitliche Beurteilung des Vorhabens ermögliche[1495]. Uneinigkeit herrscht nur bezüglich des Zeitpunktes, seit dem das französische Recht den integrierten Ansatz verfolgt. Zum Teil wird auf 1976 bzw. 1977[1496] oder auf die Einbeziehung wasserrechtlicher und abfallrechtlicher Genehmigungserfordernisse abgestellt[1497]. Andere betonen die bedeutende Rolle des *arrêté intégré*[1498]. Insofern wurden auch nur marginale Rechtsänderungen für erforderlich gehalten[1499]. Die zur Richtlinienumsetzung erfolgten Rechtsänderungen beschränken sich im wesentlichen auf eine medienübergreifende Anpassung der Anforderungen an die étude d'impact und die behördliche Verpflichtung, im Zuge der Ausarbeitung der Betriebsvorschriften weiträumige Umweltverschmutzungen zu verhindern[1500]. Weitere Maßnahmen zur Imple-

---

1492 Siehe allgemein *Papp*, BDEI 1997 (n° 2), S. 35ff; *Razafindratandra*, Droit de l'environnement 1996, n° 44, S. 19ff.; *Rouger-de Grivel/Bavoillot*, BDEI 1995 (n° 4), S. 3ff.

1493 *Kromarek*, in *Rengeling*, Auf dem Weg zum UGB I, S. 57; ähnlich *Rehbinder*, S. 122.

1494 *Kromarek*, in *Rengeling*, Auf dem Weg zum UGB I, S. 57 (63).

1495 Siehe die Einleitung der erläuternden Verwaltungsvorschrift (circulaire du 25 septembre 2001 relative aux installations classées – procedure d'instruction des demandes d'autorisation).

1496 *TOS*, installations classées, S. 5/6, 16; *Boivin*, S, 455, Rn. 25, *Deswarte*, Juris-Classeur environnement, *installations classées pour la protection de l'environnement*, fasc. 170-10, Rn. 58; *London*, les petites affiches 1996, n° 130, S. 4 (6); *Kromarek*, in *Rengeling*, Auf dem Weg zum UGB I, S. 57; im Grundsatz auch *Baucomont*, BDEI 1997 (2), S. 11 (12); *Papp*, BDEI 1995 (n° 2), S. 39; ähnlich *Rouger-de Grivel/Bavoillot*, BDEI 1995 (n° 4), S. 3; *Wemaëre* wiedergegeben von *Bührer*, NVwZ 1997, S. 1198 (1199); *Chabanne-Pouzynin*, in *Deharbe* (Hrsg.), S. 49 (58f.).

1497 Siehe *Huglo/Mafoua-Badinga*, les petites affiches, 30 octobre 1992, n° 131, S. 11 (18); *Deharbe*, rupture ou continuité du droit des installations classées, S. 7 (12f.).

1498 Vgl. *Bavoillot/Wertenschlag*, S. 38; *Brunet-Lecomte*, BDEI 1998, n° 4, S. 9.

1499 *Deharbe*, RJE 1998, n° 2, S. 171 (172); *London*, les petites affiches 1996, n° 130, S. 4ff.; *Baucomont*, BDEI 1997 (2), S. 11 (18); *Kromarek*, zitiert nach *Hermanns*, UPR 1998, S. 375 (376); siehe im Überblick *Razafindratandra*, DE 1996, n° 44, S. 19ff. und *Kromarek*, in *Rengeling*, Auf dem Weg zum UGB I, S. 57 (83f.). Gefordert wurden insbesondere eine stärkere Abstimmung innerhalb des Genehmigungsverfahrens (siehe *Baucomont*, BDEI 1997 (2), S. 11 (18)) sowie Änderungen der Anforderungen an die *étude d'impact* (siehe *London*, les petites affiches 1996, n° 130, S. 4ff.; *Deharbe*, RJE 1998, n° 2, S. 171 (172, 177); *Razafindratandra*, DE 1996, n° 44, S. 19 (20)).

1500 Siehe da décret n°200-258, 20 mars 2000, J.O. du 22 mars 2000.

mentierung eines integrierten Ansatzes sind nach Erlass der IVU-Richtlinie nicht erfolgt.

Diese unbeschwerte Haltung wurzelt in der verbreiteten Ansicht, die IVU-Richtlinie sei ein französisches Produkt oder französische Einflüsse seien zumindest unverkennbar[1501]. Insbesondere der *arrêté intégré* habe großen Einfluss auf die Richtlinie gehabt[1502] und bedeute daher eine (europarechtlich bemerkenswerte) „vorweggenommene Richtlinienumsetzung“[1503]. Französische Regelungen industriellen Umweltschutzes seien Vorbild für europäische Bestrebungen zur Vereinheitlichung der Umweltgesetzgebung[1504].

Die nach der Richtlinie erforderliche formelle Integration ist in Frankreich durch ein einheitliches Genehmigungsverfahren gewährleistet. In materieller Hinsicht bestehen jedoch Zweifel. Das französische Recht ist gegenüber dem deutschen insofern im Vorteil, als es den Schwerpunkt nicht auf den Verschmutzungspfad Luft legt[1505]. Der Berücksichtigung von Wechselwirkungen förderlich ist insbesondere die Beteiligung des pluralistisch besetzten *conseil départemental d'hygiène*. Die bunte Mischung der in Art. L 511-1 code de l'environnement geschützten allgemein gehaltenen Umweltgüter lässt keine medienspezifische Orientierung zu. Das französische Recht begründet abgesehen vom Schutz wasserrechtlicher Belange (Art. 214-7 code de l'environnement) auch keine medienspezifischen Schutzpflichten. Die Zulassungsvoraussetzungen lassen sich daher reduzieren auf eine „Pflicht zum effektiven Umweltschutz“, die sich noch dazu als Ausgestaltungsauftrag an die Genehmigungsbehörde richtet. Vor diesem Hintergrund lässt sich auch medienübergreifender Umweltschutz grundsätzlich einfach verwirklichen.

Dementsprechend liefert das französische Recht kaum nähere Begriffsdefinitionen im Sinne von Art. 2 IVU-RL. Dies gilt insbesondere für medienübergreifende Definitionen von *Umweltverschmutzung* und *Emission*. Der Begriff der bvT findet sich im französischen Recht wieder als MTD. Der Begriff wurde erst durch den *arrêté intégré* eingeführt[1506]. Dieser liefert mithin eine schärfere und einzelfallunabhängigere Defini-

---

1501 Siehe *Deharbe*, RJE 1998, n° 2, S. 171; *Code Permanent*, S. 3982, Nr. 16; *Pintat*, BDEI 1995, n° 2, S. 2 (6); *Kromarek*, in *Rengeling*, Auf dem Weg zum UGB I, S. 57. Bemerkenswert ist die Einleitung der erläuternden Verwaltungsvorschrift (circulaire du 25 septembre 2001 relative aux installations classées – procedure d'instruction des demandes d'autorisation), wo es bezüglich des französischen Genehmigungsverfahrens heißt: „Au plan européen et international, la valeur de cette démarche a été ensuite reconnue et adoptée par la directive europeénne n° 96/61/CE du Conseil du 24 septembre 1996... “

1502 *Deswarte*, Juris-Classeur environnement, *installations classées pour la protection de l'environnement*, fasc. 170-10, Rn. 58 (Aktualisierung); *Ferrand/Huglo*, Juris-Classeur environnement, *contentieux des installations classées*, fasc. 170-40, Rn. 1; *Froman/Gey/Laurans*, S. 5ff.

1503 *Huglo/Lepage*, les petites affiches, 13 juillet 1994, n° 83, S. 27 (28); *Deharbe*, RJE 1998, n° 2, S. 171 (184); vgl. *Matysen*, CJEG 1997, S. 237 (238); *Romi*, S. 363l.

1504 *Razafindratandra*, in *Deharbe* (Hrsg.), S. 29 (30).

1505 Siehe bereits oben, Seite 17. 17ff.

1506 *Lefebvre*, Rn. 417.

tion als Art. 17 Ausführungsverordnung, wonach örtliche Belange in wesentlich stärkerem Maße zu berücksichtigen sind[1507]. Allerdings ist zweifelhaft, ob dieser Grad der Abstrahierung ausreicht, um den Anforderungen der bvT gerecht zu werden, da diese auch branchenspezifisch zu ermitteln sind[1508].

Wesentliche Bedeutung im Zuge der Umsetzung der IVU-Richtlinie kommt dem *arrêté intégré*[1509] zu. Diese Verordnung legt für eine Vielzahl genehmigungspflichtiger Anlagen Vorgaben fest hinsichtlich Wasserverbrauch sowie Emissionen aller Art. Neben allgemeinen stellt die Verordnung auch medienspezifische Betriebspflichten unter anderem in Form von Emissionsgrenzwerten auf. Gerade darin liegt die wesentliche Neuerung[1510]. Diese Vorgaben sind nach Art. 74 Abs. 2 arrêté intégré nach den Grundsätzen der MTD ermittelt worden. Dies harmoniert mit der Tendenz, Betriebskonditionen verstärkt national festzulegen und die diesbezüglichen Kompetenzen des *préfet* weiter einzuschränken[1511]. Diese Entwicklung wird auch dadurch gefördert, dass im Zuge der europäischen Harmonisierung einheitliche Vorgaben der bvT festgelegt werden[1512]. Ferner wird eine Abkehr von der Verwaltungsvorschrift als Konkretisierungsinstrument deutlich. Zahlreiche Anlagenkategorien werden jedoch ausgenommen[1513]. Diese Ausnahmen harmonieren jedoch nicht mit dem Anlagenkatalog der IVU-Richtlinie[1514]. Überhaupt ist noch ein Anpassungsbedarf hinsichtlich der *nomenclature* gegeben[1515]. Die Emissionsgrenzwerte sind indessen nur als Minimalan-

---

1507 Siehe *Sylvain*, S. 127. Allerdings dürfte Art. 17 Abs. 1 Ausführungsverordnung als höherrangiges Recht (décret) weiter Geltung beanspruchen, so dass er im Falle einer Normkollision Vorrang hätte. Siehe zum Verhältnis zu Art. 17 auch *Lefebvre*, Rn. 417ff. Die erläuternde Verwaltungsvorschrift (circulaire du 25 septembre 2001 relative aux installations classées – procedure d'instruction des demandes d'autorisation) verweist insoweit in Nr. 5 Abs. 2 mittlerweile auf die nach der IVU-Richtlinie zu erarbeitenden BREFs.

1508 Siehe *Kromarek*, zitiert nach *Hermanns*, UTR 1998, S. 375 (376); *Sylvain*, S. 127.

1509 Siehe bereits oben, S. 42.

1510 *Deharbe*, rupture ou continuité du droit des installations classées, S. 7 (12).

1511 *Prieur*, Rn. 669.

1512 *Boivin*, S. 234, Rn. 24.

1513 Es wird nicht einheitlich beurteilt, wie umfangreich der Anteil der Anlagen der *nomenclature* ausfällt, welcher vom *arrêté intégré* erfasst wird. Überwiegend wird von ca. 40 % ausgegangen (siehe *Chabanne-Pouzynin*, BDEI 1996, n° 44, S. 16 (17); auch *Code Permanent*, S. 4012 B, Rn. 112; *Matysen*, CJEG 1997, S. 237 (239)). Mitunter ist auch von 90 % die Rede (*Sanson*, zitiert nach *Mandelkern*, BDEI 1997 (n° 2), S. 20 (21)).

1514 So sind z. B. Aufzuchtsanlagen, Tierkörper- und Müllverbrennungsanlagen, Papierfabriken und Zementwerke umfangreich ausgeschlossen (Art. 1 arrêté intégré), was im Hinblick auf Anhang I Nr. 3.1, 5.2 und 6.1, 6.5., 6.6 IVU-RL problematisch ist.

1515 *Huglo/Lepage*, les petites affiches, 13 juillet 1994, n° 83, S. 27 (36); *Code Permanent*, S. 3979, Nr. 7 a.E.; siehe auch *Wemaëre* wiedergegeben von *Bührer*, NVwZ 1997, S. 1198 (1199); siehe bezüglich des Anlagenbegriffes auch *Kromarek*, in *Rengeling*, Auf dem Weg zum UGB I, S. 57 (61f.).

forderungen zu verstehen[1516]. Deutlich wird dies an den bekannten Öffnungsklauseln[1517]. Das *arrêté intégré* bewirkt daher nur eine grundsätzliche Standardisierung der Betriebsvorschriften, die weiterhin durch die Genehmigungsbehörde für den Einzelfall anzupassen sind.

Es ist fraglich, ob das französische Recht damit den Anforderungen an eine materielle Integration genügt. Weder Art. 511-1 ff. code de l'environnement, noch die Ausführungsverordnung, noch der *arrêté intégré* enthalten eine ausdrückliche Verpflichtung, bei der Erarbeitung konkreter oder abstrakter Betriebspflichten Belastungsverschiebungen zwischen den Umweltmedien zu verhindern[1518]. Insofern ist davon auszugehen, dass das Gesetz einen integrierten Ansatz erlaubt, aber nicht zwingend fordert. Dies erscheint insbesondere für die Öffnungsklauseln des *arrêté intégré* problematisch. Die Berücksichtigung medienübergreifender Aspekte soll vor allem im Zuge der Ausarbeitung der Einzelfallentscheidung erfolgen, im Zuge der Orientierung an den standardisierten Vorgaben des *arrêté intégré* auch unter Zuhilfenahme der Öffnungsklauseln[1519]. Den Anforderungen der IVU-Richtlinie dürfte ohne eine explizite Optimierungsklausel nicht entsprochen werden können, weil das französische Recht auch aufgrund seines finalen Ansatzes auf eine einzelfallbezogene Ausgestaltung und Optimierung durch die Genehmigungsbehörde angelegt ist. Mithin lässt sich der integrierte Ansatz in finalen Normstrukturen zwar grundsätzlich leichter umsetzen[1520], allerdings erhöht diese auch die Anforderungen an die Implementierung eines integrierten Ansatzes. Dagegen spricht nicht, dass das französische Recht grundsätzlich keinen medienspezifischen Ansatz verfolgt, den es zu überwinden gilt. Eine medienübergreifende Bewertung kommt ohne eine vorgelagerte Ermittlung medienbezogener Belastungen nicht aus. Eine Pflicht zur medienübergreifenden Optimierung ist somit ausdrücklich im französischen Recht zu verankern. Daran ändern auch mögliche Einflüsse den *arrêté intégré* auf die IVU-Richtlinie nichts, da diese zumindest nicht evident sind[1521]. Damit ist das französische Anlagenzulassungsrecht nicht richtlinien-

---

1516 *Brunet-Lecomte*, BDEI 1998, n° 4, S. 9 (11); *Kromarek*, in *Rengeling*, Auf dem Weg zum UGB I, S. 57 (81); siehe auch Art. 1 S. 5 der erläuternden Verwaltungsvorschrift.

1517 Siehe oben, S. 45.

1518 Eine solche Vorschrift findet sich nur in der erläuternden Verwaltungsvorschrift und auch nur für Abwasserbehandlungsanlagen (Art. 18 Abs. 4). Bemerkenswert ist ferner, dass dies auch in der Einleitung der Verwaltungsvorschrift nicht zum Ausdruck kommt. Hier wird nur allgemein darauf hingewiesen, dass es Ziel der Rechtsverordnung sei, die Bestimmungen der IVU-Richtlinie in das französische Recht umzusetzen. Ein medienübergreifender Ansatz schimmert ferner in der Verpflichtung durch, für bestimmte Stoffe jährlich eine Umweltbilanz aufzustellen. Diese soll nach der Verwaltungsvorschrift zum besseren Verständnis und zur Vorsorge gegen Belastungsverschiebungen dienen.

1519 Siehe *Kromarek*, in *Rengeling*, Auf dem Weg zum UGB I, S. 57 (86f.).

1520 Siehe bereits *Breuer*, Umweltrechtstage, S. 53 (78).

1521 Eventuelle Rückschlüsse vom *arrêté intégré* auf die Umsetzungsanforderungen der IVU-Richtlinie lassen weder die Entstehungsgeschichte des *arrêté intégré* noch der Richtlinie zu. Der *arrêté in-*

konform. Dies folgt auch daraus, dass eine ausdrückliche und effektive Trennung zwischen Schutz- und Vorsorgepflichten sich ebenfalls noch nicht etabliert hat. Das *arrêté intégré* allein dürfte auch insofern keine vollständige Richtlinienumsetzung gewährleisten, als zahlreiche Industrieanlagen der IVU-Richtlinie nicht dem Anwendungsbereich des *arrêté intégré* unterliegen.

Ferner stellt sich die Frage, ob Anpassungsrecht und Öffnungsklauseln nicht mit einer europäischen Harmonisierung der Betriebsbestimmungen und insbesondere der bvT kollidieren, wenn die umzusetzenden europäischen Standards keinen Anpassungsspielraum vorsehen[1522]. Die Öffnungsklauseln sind in Frankreich Ausdruck der Pflicht, den Genehmigungsbehörden einen Anpassungsspielraum zu belassen[1523]. Nach Art. 18 Abs. 2 IVU-RL gelten europäische Emissionsgrenzwerte bis zum Erlass einheitlicher Vorgaben zunächst nur als Mindestwerte. Ferner lässt Art. 9 Abs. 4 IVU-RL die Berücksichtigung von Einzelfallumständen mit einer abstrakten Standardsetzung zumindest in Konkurrenz treten. Nach Art. 176 EGV können die Mitgliedstaaten strengere Vorgaben treffen, als in Umweltschutzrichtlinien vorgesehen sind. Für die Reichweite der Sperrwirkung von Art. 176 EGV ist besonders auf die Ziele des Sekundärrechtsaktes abzustellen[1524]. Die IVU-Richtlinie bezweckt einen medienübergreifenden Umweltschutz auf hohem Niveau. Eine einzelfallbezogene Verschärfung europäischer Vorgaben ist damit jedenfalls möglich. Wenn ein Unterschreiten europäischer Vorgaben im Einzelfall einen effektiveren und damit medienübergreifenderen Umweltschutz auf höherem Niveau gewährleistet, dürfte dies als gegenüber der IVU-Richtlinie verstärkendes Schutzinstrumentarium anzusehen sein. So wird es in Frankreich mitunter für möglich gehalten, weniger strenge Betriebsbestimmungen zu erlassen, als es die bvT fordern[1525]. Dann ist jedoch in jedem Fall die Implementierung einer medienübergreifenden Optimierungsklausel erforderlich, ohne die einzellfallbezogene Anpassungsspielräume nicht mit den Vorgaben der IVU-Richtlinie vereinbar sind. Im übrigen ist Vorsicht geboten bei der Formulierung von Öffnungsklauseln. Je großzügiger Öffnungsklauseln ausgestaltet sind, desto mehr gleichen sie Verwaltungsvorschriften, was den Anforderungen an eine effektive Richtlinienumsetzung nicht genügen dürfte[1526].

---

tégré geht jedoch auf einen Entwurf aus 1989 zurück, siehe *Kromarek*, in *Rengeling*, Auf dem Weg zum UGB I, S. 57 (86).

1522 Vgl. *Deharbe*, RJE 1998, n° 2, S. 171 (177).

1523 Siehe bereits oben, S. 43ff.

1524 *Winter*, DÖV 1998, S. 377 (379); *Callies/Ruffert*, Art. 176, Rn. 8.

1525 Vgl. *Deharbe*, RJE 1998, n° 2, S. 171 (178f.); *Razafindratandra*, DE 1996, n° 44, S. 19 (22f.).

1526 Vgl. *Breuer* (S. 84) bezüglich des Gedankenspiels, die TA-Luft als Rechtsverordnung zu erlassen.

§ 3. Auswirkungen auf das deutsche Recht

Die Auswirkungen auf das Anlagenzulassungsrecht können auch hier nur verkürzt wiedergegeben werden[1527].

Wie der Ruf nach Optimierungsklauseln und Reduktion richterlicher Kontrolltiefe zeigen, wird der materiellen Seite des integrierten Ansatzes in Deutschland großes Gewicht beigemessen. Im Gegensatz zu Frankreich wurde hier ein dringender Handlungsbedarf konstatiert. Dies mag darauf zurückzuführen sein, dass das integrierte Konzept nicht als hauseigene Erfindung angesehen wird. Interessanterweise wird es nicht Frankreich zugesprochen, sondern es werden britische Wurzeln bemüht[1528]. Dies betrifft insbesondere den Kommissionsvorschlag[1529], dessen britische Einflüsse auf die Besetzung der entsprechenden Kommissionsabteilung zurückgeführt werden[1530]. Wenngleich ein integrierter Ansatz in England seit den neunziger Jahren vollzogen wird[1531], lässt sich die Idee einer medienübergreifenden Bewertung bereits in Aktionsprogrammen der Gemeinschaft seit den achtziger Jahren erkennen[1532]. Auch deutsche Einflüsse werden an dem Pflichtenkatalog sowie der abstrakten Festlegung der Betriebspflichten deutlich[1533].

Mit dem Artikelgesetz[1534] wurden u.a. das Bundesimmissionsschutzgesetz geändert. Die wesentlichen Umsetzungswege bestehen in einer Implementierung integrierender Anforderungen im Gesetzeszweck, den Grundpflichten sowie in einem Implementierungsauftrag an den untergesetzlichen Normgeber und der Koordination des Genehmigungsverfahrens.

Zunächst wurde der in § 1 BImSchG formulierte Gesetzeszweck neu gefasst. Soweit es sich um genehmigungspflichtige Anlage handelt, dient das Gesetz u.a. der integrierten Vermeidung und Verminderung schädlicher Umwelteinwirkungen, um ein hohes Schutzniveau für die Umwelt insgesamt zu erreichen. § 1 BImSchG zielte

---

1527 Siehe auch in Bezug auf andere EG-rechtliche Vorschriften *Jarass*, DÖV 2000, S. 241ff.

1528 *Breuer*, Entwicklungen, S. 45; *Rengeling/Gellermann*, UTR 36 (1996), S. 1 (14); *Steinberg*, NuR 1999, S. 192 (197); *Masing*, DVBl. 1998, S. 549 (552).

1529 Abgedruckt in NVwZ 1994, S. 459ff.; *Schnutenhaus*, ZuR 1994, S. 299; *Zöttl*, NuR 1997, S. 157 (159); *Koch/Jankowski*, ZuR 1998, S. 57 (62, Fn. 54); siehe auch *Krämer*, in *Rengeling*, Umweltschutz, S. 51 (77/78); *Rengeling – Kracht/Wasielewski*, § 35, Rn. 7; relativierend *Haigh*, in *di Fabio/Haigh*, S. 57.

1530 Siehe *Schnutenhaus*, ZuR 1994, S. 299 (304).

1531 Siehe zum englischen Recht im Überblick *Jankowski*, NuR 1997, S. 113 (114ff.); *Steinberg*, NuR 1999, S. 192 (197); *Meinken*, NuR 1999, S. 616ff.

1532 *Zöttl*, NuR 1997, S. 157 (158); *Sellner/Schnutenhaus*, NVwZ 1993, S. 828 (829); *Krämer*, in *Rengeling*, Umweltschutz, S. 51ff.

1533 *Rengeling/Gellermann*, UTR 36 (1996), S. 1 (14/15).

1534 Gesetz zur Umsetzung der UVP-Änderungsrichtlinie, der IVU-Richtlinie und weiterer EG-Richtlinien zum Umweltschutz vom 27.07.2001, BGBl I, S. 1950.

bereits in alter Fassung auf den Schutz der Umwelt insgesamt ab, so dass medienübergreifender Ansätze vorhanden waren[1535].

Ferner wurde die Definition von *Stand der Technik* angepasst. Während es nach altem Recht wesentlich auf vergleichbare Verfahren, Einrichtungen und Betriebsweisen ankam, die mit Erfolg im Betrieb erprobt worden sind, handelt es sich dabei nach neuem Recht nur noch um ein Kriterium, dem andere, u.a. auch medienübergreifende Aspekte zur Seite gestellt wurden (siehe Anhang zu § 3 Abs. 6 Satz 2 BImSchG). Obwohl nicht einheitlich beurteilt wurde, inwieweit die alte Definition bereits integrierte Ansätze verfolgte[1536], wurde das Bedürfnis gesehen, den Begriff inhaltlich medienübergreifenden Anforderungen anzupassen[1537]. Der neu eingeführte Anhang ist weitgehend wortgleich mit Anhang IV der IVU-Richtlinie. Entsprechend wurde auch im Abfallrecht (§ 3 Abs. 12 KrW-/ AbfG) und im Wasserrecht (§ 7a Abs. 5 WHG) verfahren, was zu gleichen Definitionen von *Stand der Technik* führte[1538]. Der Gesetzgeber hat den Begriff der bvT aus Gründen der Rechtssicherheit bewusst nicht übernommen, weil sich der Begriff Stand der Technik bewährt habe[1539]. Er geht davon aus, dass *Stand der Technik* mindestens bvT einschließe[1540]. Dem deutschen Gesetzgeber blieb es unbenommen, strengere Anforderungen aufzustellen[1541]. Bereits die alte Begriffsfassung dürfte strenger gewesen sein als die der bvT, weil letzterer eine stärkere Berücksichtigung wirtschaftlicher[1542] und standortbezogener Aspekte[1543] erfordert. Angesichts der nahezu wortgleichen Anhänge von Richtlinie und Bundesimmissionsschutzgesetz zur Begriffsbestimmung sind allerdings Zweifel angebracht, ob nicht auch die Begriffe mittlerweile deckungsgleich sind. Jedenfalls ist der Gesetzgeber hier geschickt verfahren, weil er einen altvertrauten Begriff mit teilweise neuem europarechtlich gefordertem Unterbau versehen hat. Ob dies zu Änderungen im Gesetzesvollzug führen wird, muss abgewartet werden. Jedenfalls kann dem Gesetzgeber nicht vorgeworfen werden, die IVU-Richtlinie insofern nicht ausreichend umgesetzt zu haben.

Wesentlich ist ebenfalls die Änderung der Grundpflichten in § 5 Abs. 1 BImSchG. Diese wurden darauf ausgerichtet, ein hohes Schutzniveau für die Umwelt insgesamt

---

[1535] *Rebentisch*, in *Rengeling*, Umweltschutz, S. 167 (173).

[1536] *Dolde*, NVwZ 1997, S. 313 (315/316); *Koch/Jankowski*, ZuR 1998, S. 57 (63); offenlassend *Dürkop/Kracht/Wasielewski*, UPR 1995, S. 425 (429); siehe zusammenfassend *Sendler*, UTR 45 (1998), S. 7 (22f.).

[1537] *Dolde*, NVwZ 1997, S. 313 (316); *Koch/Jankowski*, ZuR 1998, S. 57 (63); *Rengeling – Kracht/Wasielewski*, § 35, Rn. 54; *Di Fabio*, NVwZ 1998, S. 329 (336).

[1538] Vgl. die Gesetzesbegründung, BT-Drs. 14/4599, S. 116.

[1539] Vgl. die Gesetzesbegründung, BT-Drs. 14/4599, S. 116.

[1540] Vgl. die Gesetzesbegründung, BT-Drs. 14/4599, S. 116.

[1541] *Dürkop/Kracht/Wasielewski*, UPR 1995, S. 425 (430).

[1542] *Kloepfer*, § 14, Rn. 23; *Steinberg/Koepfer*, DVBl. 1997, S. 973 (980f.); *Koch/Jankowski*, ZuR 1998, S. 57 (61); eine Ähnlichkeit konstatiert dagegen *Dolde*, NVwZ 1997, S. 313 (315).

[1543] *Dolde*, NVwZ 1997, S. 313 (315).

zu erreichen. Daneben wurde die nach alter Rechtslage auf schädliche Umwelteinwirkungen beschränkte Vorsorgepflicht auf sonstige Gefahren, erhebliche Nachteile und erhebliche Belästigungen ausgedehnt. Zur Zielerreichung sind insofern nicht mehr nur Emissionen zu begrenzen, sondern allgemein dem Stand der Technik entsprechende Maßnahmen zu treffen. Weiterhin wurden die abfallbezogenen Pflichten durch die Festlegung der Rangfolge Vermeidung, Verwertung und Beseitigung präzisiert. Die Betreiberpflichten zeigten bereits nach alter Fassung (beispielsweise aufgrund § 6 Abs. 1 Nr. 2 BImSchG) integrierte Ansätze[1544]. Dadurch dass die Begriffe Immission und Emission nicht entsprechend ausgedehnt wurden, steht der Schutz von Luftverunreinigungen nach wie vor im Vordergrund[1545]. Der Begriff *schädliche Umwelteinwirkungen* ist aufgrund seiner Fixierung auf die Verschmutzung der Luft nicht deckungsgleich mit dem Begriff der Umweltverschmutzung der IVU-Richtlinie[1546]. Gleiches gilt auch für den Emissionsbegriff, der im Gegensatz zur Richtlinie ebenfalls den Luftpfad betont[1547]. Im Ergebnis ist es jedoch zulässig, nur Schutz- und Vorsorgepflichten und nicht auch die Begriffsbestimmungen (abgesehen von Stand der Technik) um integrierte Aspekte anzureichern, da die daraus folgende Anknüpfung an den Luftpfad der Tatsache Rechnung trägt, dass diesem hinsichtlich der Belastung anderer Umweltmedien besondere Bedeutung zukommt. Im übrigen wurden im Wasser- und Abfallrecht ebenfalls integrierende Ansätze verankert.

Durch eine Änderung von § 10 Abs. 5 BImSchG wurde sichergestellt, dass mit dem Vorhaben zusammenhängende Genehmigungsverfahren weitgehend koordiniert werden. Bei der Ausfüllung der vollständigen verfahrensmäßigen Integration ist im wesentlichen der Landesgesetzgeber gefragt[1548]. Das alte Recht entsprach nicht der erforderlichen Verklammerung von Genehmigungsverfahren[1549]. Ferner wurde der Anlagenkatalog der 4. BImSchV angepasst.

Ähnliche Änderungen wurden auch im Wasserrecht vorgenommen. In § 1 a WHG wurden die Bewirtschaftungsgrundsätze um die Pflicht ergänzt, mögliche Verlagerungen von einem Schutzgut auf ein anderes zu berücksichtigen und ein hohes Schutzniveau für die Umwelt insgesamt zu gewährleisten. Die Implementierung medienüber-

---

[1544] 6. Immissionsschutzbericht der Bundesregierung, BT-Drs. 13 /4825, S. 10; *Dolde*, NVwZ 1997, S. 313 (316); *Di Fabio*, NVwZ 1998, S. 329 (334); *Rebentisch*, in *Rengeling*, Umweltschutz, S. 167 (170ff.); siehe auch *Steinberg/Koepfer*, DVBl. 1997, S. 973 (974f., 981), die daher nur von der Erforderlichkeit punktueller Änderungen ausgingen; ebenso *Rengeling – Kracht/Wasielewski*, § 35, Rn. 64; ebenfalls optimistisch *Steinberg*, NuR 1999, S. 192 (195).

[1545] Vgl. die Gesetzesbegründung, BT-Drs. 14/4599, S. 78.

[1546] *Dürkop/Kracht/Wasielewski*, UPR 1995, S. 425 (426); *Dolde*, NVwZ 1997, S. 313 (315); *Koch/Jankowski*, ZuR 1998, S. 57 (60); *Rengeling – Kracht/Wasielewski*, § 35, Rn. 29; *Koch*, wiedergegeben von *Bührer*, NVwZ 1997, S. 1198 (1199).

[1547] *Dürkop/Kracht/Wasielewski*, UPR 1995, S. 425 (426); *Dolde*, NVwZ 1997, S. 313 (315).

[1548] Siehe Maaß, DVBl 2002, S. 364 (369ff.).

[1549] Vgl. *Rengeling*, Gesetzgebungskompetenzen, S. 63; *Kloepfer*, § 14, Rn. 25.

greifender Ansätze in materieller und verfahrensmäßiger Hinsicht wurde hier den Bundesländern aufgetragen (§ 7 Abs. 1 Satz 3 WHG).

Für die vorliegende Untersuchung ist besonders bedeutsam, dass die immissionsschutzrechtliche Genehmigung trotz der Anreicherung ausdrücklicher integrierender Elemente ihren gebundenen Charakter behalten hat und daher der gesetzesvollziehenden Behörde kein Ermessen eingeräumt wird. Auch ein einzelfallbezogener Beurteilungsspielraum auf Tatbestandsseite ist vom Gesetzgeber nicht ausdrücklich gewollt. Dies ist zulässig, da Art. 8 Abs. 1 IVU-RL den Mitgliedstaaten keine zwingenden Vorgaben bezüglich der Ausgestaltung der Genehmigung als gebundene oder den Grundsätzen des Verwaltungsermessens unterliegende Entscheidung gibt[1550]. Das Gesetz ist daher weiterhin auf Einzelfallebene konditional und nicht final strukturiert. Mitunter wird jedoch angenommen, Schutzpflichten ließen sich nur durch ein finale Normstruktur vollständig integrierend ausrichten[1551]. Auch vor Erlass des Artikelgesetzes wurde davon ausgegangen, dass die Richtlinie aufgrund der erforderlichen Bewertung möglicher intermedialer Belastungsverschiebungen ein Bewirtschaftungsermessen erfordere und daher von der gebundenen Ausgestaltung der Genehmigung Abstand genommen werden müsse[1552]. Dem ist entgegenzuhalten, dass auch das geltende Recht komplizierte Abwägungsentscheidungen kennt, die nicht mit einem Beurteilungsspielraum verbunden sind. Ferner lässt die IVU-Richtlinie integrierte Standardsetzung zu, wodurch sich das Bedürfnis nach einzelfallbezogenen Wertungsspielräumen vermindert. So hat der deutsche Gesetzgeber den Schwerpunkt materieller Integration auf Konkretisierungsvorschriften nach §§ 7 und 48 BImSchG gelegt: Nur dort ist die Verpflichtung ausdrücklich Gesetz geworden, mögliche Verlagerungen von nachteiligen Auswirkungen von einem Schutzgut auf ein anderes zu berücksichtigen. Ansonsten fordert § 5 Abs. 1 Satz 1 BImSchG nur die Gewährleistung eines hohen Schutzniveaus für die Umwelt insgesamt. Eine einzelfallbezogene, medienübergreifende Optimierungsklausel wurde nicht in die Grundpflichten übernommen. Insofern folgt das Bundesimmissionsschutzgesetz den Vorgaben der IVU-Richtlinie, die in ihren Grundpflichten (Art. 3) ebenfalls keine ausdrückliche Berücksichtigung von Belastungsverschiebungen vorsieht. Damit fordert der Gesetzgeber für die Einzelentscheidung keine langwierige Suche nach der auch unter Verlagerungsgesichtspunkten optimalsten Lösung für die Umwelt. Das Gesetz fordert für die Einzelfallentscheidung vor allem eine verfahrensmäßige Integration durch Koordinierung verschiedener

---

1550 *Kloepfer*, § 14, Rn. 24; *Dolde*, NVwZ 1997, S. 313 (318); *Steinberg/Koepfer*, DVBl. 1997, S. 973 (974); *Dolde*, NVwZ 1997, S. 313 (318); *Zöttl*, NuR 1997, S. 157 (165).

1551 *Kugelmann*, DVBl 2002, S. 1238 (1247); *Enders/Krings*, DVBl 2001, S. 1389 (1394).

1552 *Koch/Verheyen*, NuR 1999. S. 1 (7); *Rengeling/Gellermann*, UTR 36 (1996), S. 1 (16f.); *Volkmann*, Verwaltungs-Archiv 89 (1998), S. 363 (390ff.); *Masing*, DVBl. 1998, S. 549 (552); *von Danwitz*, UTR 48 (1999), S. 53 (79); in diese Richtung auch *Breuer*, NVwZ 1997, S. 833 (839); wohl auch *Steinberg/Koepfer*, DVBl. 1997, S. 973 (975); ähnlich *Appel*, DVBl. 1993, S. 399 (407f.); *Schmidt-Preuß*, DVBl. 1998, S. 857 (868).

Genehmigungsverfahren und die Gewährleistung eines hohen Schutzniveaus[1553]. Wenn berücksichtigt wird, dass die Umwelt auch vor der IVU-Richtlinie auf hohem Niveau geschützt wurde und auffällige Belastungsverschiebungen im deutschen Recht ohnehin selten sind[1554], dürfte die Behörde für die Einzelfallentscheidung ohne Beurteilungsspielraum und Ermessen auskommen. Aus den gleichen Gründen halten sich auch die Folgen des von *Breuer* konstatierten Systembruchs in Grenzen, der in der Anreicherung der Grundpflichten mit unzweifelhaft final ausgerichteten Aspekten liegt[1555].

Bedeutsam sind Änderungen der Verordnungsermächtigung in § 7 BImSchG und der Ermächtigung zum Erlass von Verwaltungsvorschriften in § 48 BImSchG. Bei der Festlegung konkretisierender Anforderungen für genehmigungsbedürftige Anlagen sind nun mögliche Verlagerungen von nachteiligen Auswirkungen von einem Schutzgut auf ein anderes zu berücksichtigen und ein hohes Schutzniveau für die Umwelt insgesamt zu gewährleisten. Ähnlich wurde auch im Wasserrecht verfahren (§ 7a Abs. 1 Satz 2 WHG). Den Verordnungs- und Verwaltungsvorschriftengeber trifft hier die wesentliche Umsetzungslast der IVU-Richtlinie[1556].

Auf der Basis von § 48 BImSchG wurde im Juli 2002 die neue TA-Luft erlassen[1557]. Diese berücksichtigt bereits integrierte Konzepte[1558]. Deutlich wird dies an zahlreichen Einzelregelungen[1559]. Der integrierende Ansatz soll jedoch auch dann zum Ansatz kommen, wenn integrative untergesetzliche Anforderungen oder entsprechende, dem Stand der Technik entsprechende Vorgaben fehlen[1560]. Daher soll die integrative Ausgestaltung der Zweckbestimmung des Gesetzes und der Grundpflichten vor allem als Auslegungsdirektive für unbestimmte Rechtsbegriffe und wasserrechtliche Ermessenstatbestände dienen[1561]. Dies soll sich insbesondere auf die Vorsorgepflicht beziehen[1562].

[1553] Vgl. *Feldhaus*, ZuR 2002, S.1 (2f.).

[1554] Vgl. *Feldhaus*, ZuR 2002, S. 1 (5).

[1555] Anders *Breuer*, Umweltrechtstage, S. 53 (83ff.).

[1556] Vgl. BT-Drs 14/4599, S. 77.

[1557] Erste Allgemeine Verwaltungsvorschrift vom 24.07.2002 zum Bundes-Immissionsschutzgesetz (Technische Anleitung zur Reinhaltung der Luft – TA-Luft), GMBl 2002, S. 511ff.

[1558] Siehe Günter, NuR 2002, S. 394 (396); insbesondere bezüglich der Vorsorgewerte: Begründung zur TA Luft v. 12.12.2001, BR-Drs 1058/01, S. 242. 244ff.

[1559] Dies gilt beispeilsweise für Nr. 5.1.1, 5.1.3, siehe insbesondere die Aufzählung in der Begründung zur TA Luft v. 12.12.2001, BR-Drs 1058/01, S. 246f.

[1560] Vgl. die Gesetzesbegründung, BT-Drs. 14/4599, S. 77; 117

[1561] Vgl. die Gesetzesbegründung, BT-Drs. 14/4599, S. 77.

[1562] Vgl. die Gesetzesbegründung, BT-Drs. 14/4599, S. 77; 117.

Inwieweit die Konkretisierungsverordnungen bereits ausreichend integrierend sind, wird nicht einheitlich beurteilt[1563]. Unbestritten wird das gesamte untergesetzliche Regelwerk auf seinen medienübergreifenden Charakter überprüft werden müssen[1564].

Die Umsetzung der Richtlinie fällt im Vergleich zu den im Vorfeld geführten Diskussionen moderat aus. Der Gesetzgeber hat nur punktuelle Änderungen vorgenommen und insofern nicht überreagiert. Er ist von einem geringen und nur auf die Implementierung eines integrierenden Ansatzes ausgerichteten Umsetzungsbedarf ausgegangen[1565], weil sich die IVU-Richtlinie in den zentralen Punkten der Betriebspflichten und der darin enthaltenen Unterscheidung zwischen Vorsorge- und Schutzprinzip (Art. 3 Satz 1 IVU-RL), dem Anlagenbegriff (Art. 2 Nr. 3 IVU-RL) und dem Anlagenkatalog (Anhang I) am Bundesimmissionsschutzgesetzes orientiere[1566]. Bei zurückhaltender Kritik wird dem Gesetzgeber zu Recht konzediert, dass er seinen Umsetzungspflichten aus der IVU-Richtlinie mit dem Artikelgesetz nachgekommen ist[1567].

1563 Siehe *Dolde*, NVwZ 1997, S. 313 (316); differenzierend *Steinberg*, NuR 1999, S. 192 (196f.); skeptisch *Steinberg*, NuR 1999, S. 192 (196), anders *Schmidt-Preuß*, DVBl. 1998, S. 857ff.

1564 Siehe *Wahl*, NVwZ 2000, S. 502 (507f.).

1565 Vgl. die Gesetzesbegründung, BT-Drs. 14/4599, S. 77.

1566 Vgl. die Gesetzesbegründung, BT-Drs. 14/4599, S. 77.

1567 *Koch/Siebel-Huffmann*, NVwZ 2001, S. 1081 (1083, 1088); *Günter*, NuR 2002, S. 394 (395ff.); *Enders/Krings*, DVBl 2001, S. 1389ff; siehe die Zusammenstellung der Anhörung von Sachverständigen bei *Koch/Siebel-Huffmann*, NVwZ 2001, S. 1081 (1082).

§ 4. Zusammenfassender Vergleich

Die IVU-Richtlinie lässt gerade durch ihren Richtliniencharakter sowohl eine final als auch eine konditional orientierte Implementierung des integrierten Ansatzes zu[1568]. Das deutsche Anlagenzulassungsrecht ist auf eine umfangreiche Spezifikation gesetzlicher Anforderungen angelegt. Diese Ausdifferenzierung erforderte eine ausdrückliche Implementierung des integrierten Ansatzes vor allem in den Grundpflichten und den Ermächtigungen zum Erlass konkretisierender Rechtsverordnungen und Verwaltungsvorschriften. Weiterhin war eine stärkere Verzahnung medienspezifischer Zulassungsverfahren erforderlich. Frankreich hat es insofern leichter, als das Anlagenzulassungsrecht wegen seiner allgemein gehaltenen Schutzgüter keine besondere Ausdifferenzierung in umweltmedienbezogener Hinsicht aufweist, die es durch einen integrierten Ansatz zu überwinden gilt und das Genehmigungsverfahren bereits weitgehend integriert ist. Eine konkretisierende Standardsetzung entwickelt sich erst langsam und liefert regelmäßig nur Mindestvorgaben, die es für den Einzelfall durch die Genehmigungsbehörde zu optimieren gilt. Gerade wegen seiner finalen Normstrukturen kommt das französische Recht jedoch nicht ohne eine ausdrückliche medienübergreifende Optimierungsklausel aus. Da das deutsche Recht den Schwerpunkt der Implementierung eines integrierten Ansatzes auf die Setzung abstrakter Standards legt, ist eine ausdrückliche Optimierungsklausel nicht erforderlich. Obwohl Deutschland wegen der konditionalen Strukturen des Anlagenzulassungsrechts größere Anstrengungen zur Implementierung des integrierten Ansatzes unternehmen musste, ist ihm im Gegensatz zu Frankreich eine ausreichende Richtlinienumsetzung gelungen.

1568 *Breuer* (Umweltrechtstage, S. 53 (78)) sieht hingegen bereits in der Richtlinie finale Normstrukturen.

§ 5. Exkurs: Einheitliche Umweltgesetzgebung

Unabhängig von der IVU-Richtlinie wurde in Frankreich Ende 2000 der code de l'environnement erlassen[1569]. Im besonderen Teil (livre I bis VI) sind u.a. Vorschriften über den Schutz von Wasser, Luft und Landschaft sowie über Jagd, Fischerei, klassifizierte Anlagen, Chemikalien, Gentechnik, Abfall und Lärm enthalten. Im Anlagenzulassungsrecht waren mit der Integration in den code nur marginale Rechtsänderungen verbunden[1570]. Den besonderen Regelungen ist ein allgemeiner Teil vorangestellt (livre I). Dieser führt allgemeine Prinzipien des Umweltschutzes auf, wie Verursacher- und Vorsorgeprinzip. Es folgen Vorschriften über Beteiligungsrechte der Öffentlichkeit, Anhörungsverfahren, étude d'impact, Umweltinformationsrechte, öffentliche Einrichtungen und private Organisationen des Umweltschutzes sowie über eine Umweltschutzsteuer. Der allgemeine Teil zieht jedoch kaum Regelungen vor die Klammer. Er hat im Gegensatz zum allgemeinen Teil des Umweltgesetzbuches (UGB)[1571] in Deutschland kaum abstrahierende Funktion. Er überführt größtenteils die bereits geltende Rechtslage in eine systematische Struktur, wie es regelmäßiges Kennzeichen der insgesamt 58 in Frankreich geltenden codes ist[1572]. Der code de l'environnement wurde von der Regierung und nicht vom gesetzgebenden Parlament erlassen, so dass er keine förmlichen, also vom Parlament erlassenen Gesetze abändern, sondern diese allenfalls neu ordnen und konkretisieren konnte[1573]. Beispielsweise waren die Regelungen über die étude d'impact früher Teil des Naturschutzrechts, wenngleich sie bereits auch für das Anlagenzulassungsrecht galten. Insofern handelt es sich eher um eine systematische Gesetzessammlung mit durchlaufender Nummerierung, die eine mitunter heterogene Struktur aufweist und von der bezweifelt wird, ob sie das Umweltrecht repräsentativ wiedergibt[1574]. Auffällig ist, dass er bislang noch keine nichtformellen Ausführungsvorschriften (décrets, arrêtés) zusammengefasst hat. Dieses Vorhaben steht noch aus.

Dagegen ist die Umsetzung der IVU-Richtlinie in Deutschland eng verbunden mit dem Erlass eines UGB, das als langfristiges Umsetzungsinstrument dienen soll[1575]. Bei dem Artikelgesetz handelt es sich insofern nur um ein Vorschaltgesetz[1576]. Umfang-

---

[1569] Ordonnance n° 2000-914 du 18 septembre relative à la partie législative du code de l'environnement, J.O. du 21 septembre 2000, zuletzt geändert durch ordonnance n° 2001-321 du 11 avril 2001 relative à la transposition de directives communautaires et à la mise en œuvre de certaines dispositions du droit communautaire dans le domaine de l'environnement (JO du 14 avril 2001).

[1570] Siehe Baucomont/London, Lamy, n° 105-57.

[1571] Siehe im folgenden Absatz.

[1572] Siehe zu den verschiedenen Erlassverfahren der codes *Kromarek*, in *Dolde* (Hrsg.), Umweltrecht im Wandel, S. 189 (193ff.).

[1573] *Kromerek*, in *Dolde* (Hrsg.), Umweltrecht im Wandel, S. 189 (197).

[1574] *Cans*, DE 2001, S. 3 (4, 6).

[1575] Siehe UGB-KomE, S. 106.

[1576] *Wickel*, UPR 2000, S. 92 (93).

reichste Basis für ein solches Regelungswerk bildet bislang ein Kommissionsentwurf[1577]. Zwischenzeitlich wurde die teilweise Verabschiedung in Form eines UGB I erwogen, um eine rechtzeitige Umsetzung der IVU-Richtlinie zu gewährleisten[1578]. Es folgte ein weiterer, unveröffentlichter Referentenentwurf. Vor allem aufgrund Bedenken hinsichtlich der Gesetzgebungskompetenz des Bundes liegen diese Entwürfe jedoch auf Eis[1579], sollen jedoch in Kürze weiter vorangetrieben werden[1580].

Das UGB liefert ein umfassendes Regelungswerk, welches die wichtigsten umweltrelevanten Rechtsgebiete zusammenfasst und harmonisiert[1581]. Es führt Genehmigungstatbestände in einer Vorhabengenehmigung zusammen, in der einheitlich und medienübergreifend über die Zulassung befunden wird[1582]. Für diese Vorhaben gelten allgemeine Grundpflichten[1583], die für die Zulassung von Industrieanlagen spezifiziert werden[1584]. Hier handelt sich im wesentlichen um den Katalog des BImSchG, welcher um die Vorgaben der IVU-Richtlinie angereichert wurde[1585]. Diese Grundpflichten werden durch eine Integrationsklausel medienübergreifend konkretisiert[1586]. Ferner muss der Genehmigungsbescheid medienübergreifend definierte und eventuelle Wechselwirkungen berücksichtigende Emissionsgrenzwerte enthalten[1587]. Auch die Begriffe *Emission*[1588], *Immission*[1589] und *Stand der Technik* werden medienübergreifend definiert[1590].

1577 Entwurf der Unabhängigen Sachverständigenkommission zum Umweltgesetzbuch beim Bundesministerium für Umwelt, Naturschutz und Reaktorsicherheit (Hrsg.).

1578 Arbeitsentwurf für ein Umweltgesetzbuch – Erstes Buch, vom Bundesministerium für Umwelt, Naturschutz und Reaktorsicherheit (Projektgruppe UGB – Geschäftsführung – Z II 4-41022) vom 5.3.1998 im folgenden „AE", abgedruckt in *Rengeling* (Hrsg.), Auf dem Weg zum UGB I, S. 273ff; dieser Entwurf deckt sich weitgehend mit dem Kommissionsentwurf, reicht jedoch inhaltich weniger weit, weil er Industrieanlagen in den Vordergrund stellt; siehe *Gallas*, in *Rengeling*, Auf dem Weg zum UGB I, S. 17ff.; Referentenentwurf zum UGB I vom. 31.8.1998; siehe zu den Vorüberlegungen vom UGB-KomE ausgehend *Sendler*, UTR 45 (1998), S. 7ff.

1579 Siehe *Rengeling*, Gesetzgebungskompetenzen, S. 90ff. Er zieht insbesondere Art. 74 Abs. 1 Nr. 11 GG heran (S. 117); optimistisch auch *Sendler*, UTR 45 (1998), S. 7 (39ff.).

1580 EUWID, Ausgabe Nr. 42 vom 15.10.2002, S. 20.

1581 Siehe zum UGB sowie den Auswirkungen auf das deutsche Anlagenzulassungsrecht *Schmidt-Preuß*, DVBl. 1998, S. 857ff.

1582 Siehe §§ 80 Abs. 1, 99 UGB-KomE, § V 1 AE; UGB-KomE, S. 614.

1583 Siehe § 83 UGB-KomE, § V 4 AE.

1584 Siehe § 422 Abs. 2 UGB-KomE, § I 3 AE.

1585 Siehe *Schmidt-Preuß*, in *Rengeling*, Auf dem Weg zum UGB I, S. 115 (117ff.).

1586 § 83 Abs. 2 UGB-KomE, § V 5 Abs. 2 AE; kritisch *Krings*, UTR 45 (1998), S. 47 (70ff.).

1587 Siehe § V 16 Abs. 2 AE.

1588 Siehe § 2 Nr. 6 UGB-KomE.

1589 Siehe § 2 Nr. 7 UGB-KomE.

1590 Siehe § 2 Nr. 9 UGB-KomE und UGB-KomE, S. 444/445.

Die immissionsschutzrechtliche Genehmigung bleibt aufgrund weiterhin konditional formulierter Genehmigungsvoraussetzungen gebunden[1591]. Allerdings wird ein Beurteilungsspielraum von bemerkenswertem Ausmaß implementiert: Prognosen und Bewertungen in der Anwendung umweltrechtlicher Vorschriften, die technischen oder naturwissenschaftlichen Sachverstand voraussetzen, werden nur einer Rahmenkontrolle unterzogen[1592]. Es wird geprüft, ob die vorgeschriebenen Verfahren eingehalten wurden und ob die Prognosen und Bewertungen nachvollziehbar sind und auf einer vollständigen Erkenntnisgrundlage beruhen. Dies gilt sowohl für Wertungen im Einzelfall als auch für untergesetzlich erfolgte Wertungen in Form abstrakter Standards[1593]. Eine ähnliche Bestimmung ist im Wasserrecht zu finden[1594]. Das wasserrechtliche Ermessen wird als Beurteilungsspielraum in den Tatbestand integriert und daher in herkömmlicher Form aufgegeben[1595]. Der Kommissionsentwurf beruft sich auf die normative Ermächtigungslehre[1596]. Insbesondere im Zusammenspiel mit einer Integrationsklausel soll der Verwaltung eine Einschätzungsprärogative zukommen[1597]. Die um eine Beschränkung gerichtlicher Kontrolle geführte Diskussion fände hier ihren Abschluss[1598].

Diese Rechtsentwicklung bedeutet einen auffälligen Bruch mit deutschen Traditionen konditionaler Rechtssetzung[1599]. Die Integrationsklausel zieht den gebundenen Charakter der Genehmigung in Zweifel[1600]. Diese wird einer Ermessensentscheidung angenähert[1601]. Die konditionale Struktur zeigt auch die Grenzen der richterlichen Prüfungsmöglichkeiten auf[1602]. Insofern erscheint es fraglich, ob die Genehmigungsvoraussetzungen durch ihre Tatbestandsorientierung tatsächlich gegenüber der Alternative eines Verwaltungsermessens eine größere Steuerungskraft und Klarheit erlangen[1603]. Aufgrund der Rechtsklarheit und Rechtssicherheit erscheint eine stärkere konditionale Orientierung in Form einer Anbindung an abstrakte Standards vorzugswürdiger[1604]. Im Vergleich zur französischen Rechtslage werden die Änderungen

---

[1591] UGB-KomE, S. 618.

[1592] § 43 UGB-KomE.

[1593] UGB-KomE, S. 534.

[1594] § 362 Abs. 1 Nr. 3 UGB-KomE, § V 5 II 1 AE.

[1595] UGB-KomE, S. 629; *Schmidt-Preuß*, in *Rengeling*, Auf dem Weg zum UGB I, S. 115 (126f.).

[1596] UGB-KomE, S. 531.

[1597] Siehe *Wickel*, UPR 2000, S. 92 (97f.).

[1598] Siehe zur Diskussion S. 88ff. und S. 138ff.; kritisch *Breuer*, UTR 45 (1998), S. 161 (188f.).

[1599] Siehe auch *Breuer*, Umweltrechtstage, S. 53 (8f.).

[1600] So *Fluck*, UTR 45 (1998), S. 93 (107); *Breuer*, UTR 94 (1998), S. 161 (204f.); siehe auch *Sendler*, UTR 45 (1998), S. 7 (28ff.).

[1601] So auch UGB-KomE, S. 630.

[1602] So *Breuer*, UTR 94 (1998), S. 161 (204f.).

[1603] So aber UGB-KomE, S. 618.

[1604] *Breuer*, UTR 45 (1998), S. 161 (206).

besonders deutlich. Rechtlich ist die Kontrolle in Frankreich weiter ausgestaltet als in Deutschland. Faktisch hält sich der Richter jedoch im Rahmen richterlicher Selbstbeschränkung zurück. Im UGB würde die Kontrolle daher stärker beschnitten als in Frankreich.

Vor diesem Hintergrund bemängelt *Breuer*, es fehle es im Gegensatz zur abstrakten Standardisierungsermächtigung an einer dogmatisch schlüssigen Untermauerung, insbesondere in Form einer institutionellen und prozeduralen Ausgestaltung der Verwaltungsentscheidung, die Kontrolleinbußen legitimieren könnte[1605]. Er sieht das französische Recht hier zu Recht im Vorteil[1606]. Eine entsprechende Kontrollbeschränkung ließe sich hier leichter mit der Ausgestaltung des Genehmigungsverfahrens rechtfertigen, vor allem weil der *c.d.h.* aufgrund seiner pluralistischen sachverständigen und repräsentativen Besetzung für eine höhere sachverständige und gesellschaftliche Akzeptanz des Genehmigungsbescheides sorgt.

Darüber hinaus bestehen auch europarechtliche Bedenken. Nach dem Kommissionsentwurf[1607] zählen auch europäische Verordnungen zu den umweltrechtlichen Vorschriften, deren Anwendung nur einer beschränkten Kontrolle unterliegen. *Breuer* weist hier darauf hin, dass der deutsche Gesetzgeber damit in Europa einen Sonderweg beschreitet[1608]. Dies wird wiederum an der flexiblen Handhabung von Beurteilungsspielräumen in Frankreich deutlich. Der Kommissionsentwurf degradiert die einschlägigen europäischen Vorschriften pauschal zu *soft law*, was letztlich mit dem *effet utile* kaum zu vereinbaren ist.

Der Entwurf weist noch weitere prozessuale Änderungen auf. Vorsorgegrenzwerte werden insgesamt mit drittschützender Wirkung ausgestattet und damit einklagbar[1609]. Insofern könnten europäische Vorgaben auch in Form von Verwaltungsvorschriften umgesetzt werden, weil diese einen europarechtlich ausreichenden Drittschutz vermitteln. Ferner wird die Möglichkeit von Verbandsklagen ausgeweitet[1610]. Weiterhin sollen Konkurrenten Umweltrechtsverstöße unterbinden können[1611]. Schließlich wird die aufschiebende Wirkung von Widerspruch und Anfechtungsklage beschränkt[1612]. Das deutsche Recht bewegt sich stark auf das französische zu. Dieses kennt eine Schutznormtheorie nicht, so dass normative Festlegungen im Prinzip einklagbar sind[1613]. Ferner stattet es Verbände mit weiten Klagemöglichkeiten aus[1614]. Rechtsbe-

---

1605 Siehe *Breuer*, UTR 45 (1998), S. 161 (196f, 200f.).

1606 Siehe *Breuer*, UTR 45 (1998), S. 161 (202).

1607 Siehe § 2 Nr. 3, § 43 UGB-KomE.

1608 Siehe hier und im folgenden UTR 45 (1998), S. 161 (194ff.).

1609 Siehe § 44 UGB-KomE sowie die Erläuterungen in UGB-KomE, S. 535f.

1610 Siehe § 45 UGB-KomE sowie die Erläuterungen in UGB-KomE, S. 536ff.

1611 Siehe § 46 UGB-KomE.

1612 § 48 UGB-KomE.

1613 Siehe zu Klagebefugnis oben, S. 120 und S. 58f.

1614 Siehe oben, S. 120.

helfe haben nur ausnahmsweise aufschiebende Wirkung[1615]. Die Angleichung an französisches Recht ist zwar im Hinblick auf eine Rechtsharmonisierung grundsätzlich zu begrüßen, allerdings wird erneut deutlich, welche fundamentalen Änderungen geplant sind.

Auffallend ist die zukünftige Rolle von Verwaltungsvorschriften als Konkretisierungsnormen im UGB. Diese können zur Konkretisierung von Grenz- und Richtwerten für die Umweltqualität sowie der Anforderungen an Anlagen und Betriebsweisen erlassen werden[1616], wenn der Stand wissenschaftlicher Erkenntnisse und der technischen Entwicklung nicht hinreichend gesichert erscheint oder zu erwarten ist, dass bei der Anwendung der zu treffenden Regelung vielfache Ausnahmen zu gewähren sein werden[1617]. Verwaltungsvorschriften sollen aus Gründen der Rechtssicherheit nur dort Anwendung finden, wo sie als flexibles Konkretisierungsinstrument nötig sind[1618]. Ferner soll Verwaltungsvorschriften sowie amtlich eingeführte technische Regelwerke die Vermutungswirkung zukommen, dass sie den Stand der Technik oder den Stand von Wissenschaft und Technik zutreffend wiedergeben[1619]. Der Umfang der Außenwirkung ist unklar. Einerseits wird von einer Bindung ähnlich normkonkretisierender Verwaltungsvorschriften ausgegangen[1620], während andererseits nur eine Beweislastumkehr angenommen wird[1621]. Der Standardisierungsspielraum wird damit kompensiert, dass die konkretisierenden Verordnungen und Verwaltungsvorschriften durch umfangreiche Verfahrensregelungen und Beteiligungsvorschriften mit einer stärkeren Legitimationswirkung ausgestattet werden[1622].

Von Interesse ist schließlich die sog. Öffnungsklausel[1623]. Die Vorhabengenehmigung kann von einzelnen Vorsorgegrenzwerten abweichen, wenn daraus unter Berücksichtigung des Einsatzes von Ressourcen und Energie Vorteile für die Umwelt in ihrer Gesamtheit erwachsen, welche die Nachteile nach Einschätzung der Behörde eindeutig überwiegen. Diese Öffnungsklausel auf Gesetzesebene gilt für alle zu erlassenen konkretisierenden Rechtsverordnungen. Durch diese Regelung sollen die Nachteile überwunden werden, welche sich im Hinblick auf eine medienübergreifende Bewertung aus einer starren Standardsetzung ergeben[1624]. Die Entscheidung steht im Ermessen der Behörde[1625]. Diese Klausel wird kritisiert, weil sie klare Vollzugsvorgaben

---

1615 Siehe oben, S. 124ff.

1616 § 25 UGB-KomE; siehe ferner UGB-KomE, S. 1179.

1617 Siehe bereits *Kloepfer/Rehbinder/Schmidt-Aßmann*, § 155 Abs. 1.

1618 UGB-KomE, S. 487f.

1619 §§ 26, 33 UGB-KomE; siehe auch *Kloepfer/Rehbinder/Schmidt-Aßmann*, §§ 156, 161.

1620 UGB-KomE, S. 489.

1621 UGB-KomE, S. 489.

1622 Siehe § 16ff., 24, 30, 29 Abs. 1; UGB-KomE, S. 465.

1623 § 84 Abs. 3 UGB-KomE; leicht modifiziert in § V 5 Abs. 3 AE.

1624 UGB-KomE, S. 631f.

1625 UGB-KomE, S. 632.

aufweicht[1626]. Die IVU-Richtlinie fordert eine derart flexible Integration nicht. Vielmehr gestattet sie eine abstrakte medienübergreifende Standardsetzung, die aus Gründen der Rechtssicherheit vorzuziehen ist[1627]. Diese Vorschrift bewirkt jedoch eine weitere Angleichung an das französische Recht. Wie die zahlreichen französischen Öffnungsklauseln relativiert sie den Geltungsanspruch konkretisierender Standards, um eine flexible Einzelfallanpassung zu ermöglichen. Es handelt sich um finale Rechtssetzung und damit um eine Neuheit[1628]. Da die standardisierenden Anforderungen nur den zu verwirklichenden Mindeststandard wiedergeben, dienen die Klauseln in Frankreich vor allem zur Verschärfung der Anforderungen. In Deutschland soll sie gezielt eine Berücksichtigung medienübergreifender Konfliktlagen erlauben.

Durch den Erlass des UGB im vorliegenden Entwurf würde das deutsche Umwelt- und insbesondere das Anlagenzulassungsrecht in zahlreichen Punkten dem französischen Recht angenähert. Es geht sogar teilweise darüber hinaus, weil das UGB mit seiner Vorhabengenehmigung eine wesentlich stärkere integrierende Funktion hat als der code de l'environnement. Vor dem Hintergrund der fundamentalen Unterschiede zwischen beiden Rechtsordnungen wird das Ausmaß der geplanten Rechtsänderungen deutlich. Wenn sich der französische Gesetzgeber, dem traditionell mehr an der einzelfallbezogenen Optimierung einer Zulassung als an abstrakten Vorgaben gelegen ist, noch nicht zu einer derart weitreichenden Integration industrieller Zulassungsverfahren durchringen konnte, sollte sich der deutsche Gesetzgeber fragen, ob er damit nicht über das Ziel hinausschießt. Ferner würde die judikative Kontrolldichte insbesondere auf Einzelfallebene weitreichender beschnitten als in Frankreich. Dies sollte dem deutschen Gesetzgeber zu denken geben.

[1626] *Lübbe-Wolff*, NuR 1999, S. 241 (243ff.) positiv dagegen *Schmidt-Preuß*, in *Rengeling*, Auf dem Weg zum UGB I, S. 115 (134f.).

[1627] *Lübbe-Wolff*, NuR 1999, S. 241 (243ff.).

[1628] Vgl. *Schmidt-Preuß*, DVBl. 1998, S. 857 (866).

Resümee

Das deutsche und das französische Anlagenzulassungsrecht weisen zahlreiche Übereinstimmungen auf. Beide Rechtsordnungen unterwerfen besonders umweltrelevante Anlagen einer Genehmigungspflicht. Das französische Recht zählt die vom Gesetz erfassten (klassifizierten) Anlagen abschließend auf und unterscheidet zwischen genehmigungspflichtigen und anzeigepflichtigen Anlagen, wobei das Verhältnis bei etwa eins zu neun liegt. Das französische Recht unterscheidet im Gegensatz zum deutschen nicht zwischen einem einfachen und einem förmlichen Genehmigungsverfahren. Öffentlichkeitsbeteiligung und *étude d'impact* sind stets durchzuführen. Im deutschen Recht werden nur genehmigungspflichtige Anlagen abschließend aufgeführt. Die übrigen nur abstrakt vorgegebenen Anlagen sind weder genehmigungs- noch anzeigepflichtig, unterliegen aber gesetzlichen Pflichten. Die genehmigungspflichtigen Anlagen werden abhängig von ihrer Umweltrelevanz im förmlichen oder einfachen Verfahren genehmigt. Öffentlichkeitsbeteiligung und UVP kennzeichnen das förmliche Verfahren.

Während konkrete Betriebspflichten in Frankreich regelmäßig einzellfallbezogen ermittelt oder optimiert werden, sind sie in Deutschland eher abstrakt vorgegeben. Das deutsche Recht zeichnet sich durch detaillierte abstrakte Vorgaben aus, während die Regelungsdichte in Frankreich deutlich geringer ist. So ist ein abstrakter, an den Anlagenbetreiber gerichteter Grundpflichtenkatalog in Frankreich im Gegensatz zu Deutschland unbekannt. Die gesetzlichen Betriebspflichten richten sich als Gestaltungsauftrag an die Genehmigungsbehörde. Dies ist Kennzeichen der in Frankreich final erfolgenden Rechtssetzung, während das deutsche Recht eher konditionale Strukturen zeigt.

In der Folge unterscheiden sich die Konkretisierungsmechanismen unbestimmter Rechtsbegriffe. Beide Rechtsordnungen machen Rechtsverordnungen und Verwaltungsvorschriften nutzbar. In Frankreich werden dazu absolut gesehen Rechtsverordnungen bevorzugt, während in Deutschland Verwaltungsvorschriften dominieren. Aufgrund ausgeprägter Öffnungsklauseln und einer mit ihnen zusammenhängenden, in Deutschland unbekannten Pflicht des Gesetzgebers, der Genehmigungsbehörde einen einzelfallbezogenen Entscheidungsspielraum zu belassen, ähneln französische Rechtsverordnungen deutschen Verwaltungsvorschriften. Allerdings ist in Frankreich die Tendenz zu einer verstärkten nationalen Harmonisierung der Betriebskonditionen zu erkennen.

Verwaltungsvorschriften haben in beiden Rechtsordnungen zumindest nach herkömmlichem Verständnis keine Außenwirkung. Sie binden mithin Behörde und Verwaltungsgericht nur in Sonderfällen. Dies ist für den Bereich des Verwaltungsermessens anerkannt, der sich nach französischem Verständnis auf Tatbestand und Rechtsfolge einer Norm bezieht. In Frankreich wurden *directives* entwickelt, welche – wie ermessenslenkende Verwaltungsvorschriften nach deutschem Verständnis – aus dem Gleichbehandlungsgebot zu einer Selbstbindung der Verwaltung führen. In Gegensatz zum deutschen Recht kommt diesem Institut nur eine untergeordnete und unklare Bedeutung zu. In Frankreich erfüllen anlagenzulassungsrechtliche Verwaltungsvorschriften im Gegensatz zu Deutschland häufig die formellen Voraussetzungen konkretisierender Rechtsverordnungen. Allerdings haben diese mutierten Verwaltungsvorschriften als Standardisierungsinstrument in Frankreich kaum praktische Bedeutung. Versuche, Verwaltungsvorschriften mit einer Bindungswirkung auszustatten, sind um deutschen Umweltrecht in reger Diskussion. Hier wird eine Bindungswirkung aufgrund eines abstrakten, tatbestandsbezogenen Standardisierungsspielraumes angenommen. Entsprechende Tendenzen sind in Frankreich nicht auszumachen.

Dies hat seine Ursache in der unterschiedlichen gerichtlichen Kontrolldichte. Der französische Verwaltungsrichter übt sich im allgemein Verwaltungsrecht in einer zurückhaltenden Kontrolle, insbesondere hinsichtlich der Verhältnismäßigkeit der Verwaltungsmaßnahme. Eine Unterscheidung in der rechtlichen Würdigung von unbestimmten Rechtsbegriffen auf Tatbestands- oder Rechtsfolgenseite ist in Frankreich nur insofern ansatzweise zu finden, als die Zurückhaltung richterlicher Kontrolle vor allem auf Rechtsfolgenseite der Norm zum Tragen kommt. Die Ermächtigungsnormen enthalten jedoch eher Gestaltungsaufträge, so dass sie zwangsläufig nicht immer in Tatbestand und Rechtsfolge zerfallen. In Deutschland bildet diese Unterscheidung dagegen vor dem Hintergrund stärker konditionierter Ermächtigungsnormen ein fundamentales Kriterium bei der Bestimmung des Verwaltungsermessens, weil dieses nur auf Rechtsfolgenseite der Norm besteht. Hier handelt es sich um ein wesentliches Kennzeichen der deutschen konditionalen und der französischen finalen Normstruktur.

Verwaltungsermessen folgt in beiden Rechtsordnungen aus unbestimmten Rechtsbegriffen. In Frankreich kommt jedoch vor allem der Rechtsprechung die Aufgabe zu, zwischen gebundener und freier Verwaltung zu unterscheiden, während sich diese Trennung in Deutschland anhand einer Analyse ohnehin stärker konditionierter Ermächtigungsnorm vollzieht. Das französische Verwaltungsrecht weist ein geringere Regelungsdichte auf. Eine Lockerung der Kontrolldichte vollzieht sich in Deutschland auf der Tatbestandsseite der Norm in Form von Beurteilungsspielräumen, welche im Bereich des Anlagenzulassungsrechts nur in Verbindung mit einer abstrakten Standardisierungskompetenz anerkannt sind. Durch seine Zurückhaltung erkennt der französische Verwaltungsrichter der Verwaltung aber gleichfalls einen zumindest faktischen Beurteilungs- und Standardisierungsspielraum auf konkreter und abstrakter Ebene zu.

Vor diesem Hintergrund divergierender materieller und prozessualer Systeme fällt auch die Umsetzung der IVU-Richtlinie völlig unterschiedlich aus. Die unterschiedlichen, konditionalen und finalen Regelungsansätze haben ebenfalls Einzug in die IVU-Richtlinie gehalten, in dem sie die Implementierung eines integrierten Ansatzes sowohl einzelfallbezogen als auch durch abstrakte Festlegung von Betriebspflichten ermöglicht. Erfolgt die Umsetzung wie im französischen Recht eher final, ist eine ausdrückliche, bislang im französischen Recht fehlende medienübergreifende Optimierungsklausel erforderlich. Frankreich hat daher im Gegensatz zu Deutschland die IVU-Richtlinie nicht ausreichend umgesetzt.

Im Anlagenzulassungsrecht und weiten Teilen des Umweltrechts sind die Verwaltungsgerichten grundsätzlich eröffneten Kontrollmöglichkeiten in beiden Ländern gleich. Dem französischen Richter ist es im Gegensatz zum übrigen französischen Prozessrecht und seinem deutschen Kollegen sogar möglich, die Verwaltungsentscheidung zur erlassen oder abzuändern. Ferner bestehen im Hinblick auf Klagebefugnis, Klagefrist, Kostenrisiko sowie die Berücksichtigung von Änderungen in tatsächlicher und rechtlicher Hinsicht erhebliche Unterschiede. Die anlagenzulassungsrechtliche Genehmigung genießt in Frankreich einen wesentlich schwächeren Bestandsschutz als in Deutschland. Die ausgeprägten gerichtlichen Zugangsmöglichkeiten führen jedoch in Frankreich nicht zu vergleichbaren Kompetenzkonflikten, da der Richter von seinen auch für das französische Recht außergewöhnlichen Prüfungs- und Umgestaltungskompetenzen nur vorsichtigen Gebrauch macht. Das die französische Verwaltungsgerichtsbarkeit prägende Prinzip richterlicher Zurückhaltung wirkt auch im Anlagenzulassungsrecht. Das Gericht macht von seinen investigativen Befugnis nur einen beschränkten Gebrauch, sondern zieht eher Gutachten und Stellungnahmen heran, die bereits der Genehmigungsbehörde vorlagen. Die Finalität der Rechtssetzung wirkt insofern bis in die gerichtliche Entscheidung, als das Gericht den an die Genehmigungsbehörde gerichteten gesetzlichen Gestaltungsauftrag mit den seinen Mitteln und bei gebotener Zurückhaltung zu Ende führt und die Entscheidung gegebenenfalls repariert. Ferner ist zu beachten, dass Rechtsbehelfe in Frankreich im Gegensatz zum deutschen Recht in der Regel keine aufschiebende Wirkung haben. Dies wirkt sich auf die Abwägung der widerstreitenden Interessen aus. Der Schwerpunkt gerichtlicher Kontrolle liegt daher in Frankreich allgemein auf der Einhaltung von Verfahrensvorschriften. Praktisch geht die in Deutschland vollzogene richterliche Kontrolle somit über die in Frankreich wesentlich hinaus. In Frankreich bildet die gerichtliche Zurückhaltung den Grundsatz und eine tiefgreifendere Kontrolle die Ausnahme, während es sich in Deutschland genau umgekehrt verhält.

Die Unterschiede beruhen auf einer anderen richterlichen Grundhaltung und der damit untrennbar verbundenen, finalen bzw. konditionalen Normstruktur. Diese beiden Aspekte ziehen sich wie ein roter Faden durch die gesamte Untersuchung. Der deutsche Richter verwirklicht vor allem vor dem Hintergrund des Art. 19 Abs. 4 GG eine ausgeprägte und umfangreiche Kontrolle des Verwaltungshandelns und erzeugt damit Kompetenzkonflikte mit der Verwaltung. Er verwirklicht wie im Zivilrecht subjektive Interessen gegenüber der öffentlichen Gewalt. Der Verwaltungsprozess dient nach französischem Verständnis regelmäßig nur zur Durchsetzung objektiven Rechts; der Staat vertritt das öffentliche Interesse, so dass eine umfangreiche gerichtliche Beschränkung der Verwaltung nicht im öffentlichen Interesse liegt. Da sich die gerichtliche Kontrolle in Frankreich zurückhält, besteht kein Bedürfnis nach konditionaler Normstruktur und mangels konditionaler Normstruktur kann das Verwaltungsgericht den Gesetzen auch nur einen lediglich der Rahmenkontrolle zu unterziehenden Gestaltungsauftrag entnehmen. Zwangsläufig verlagert sich die Kontrolle auf die verfahrensmäßigen formellen Grundlagen der Entscheidungsfindung.

Angesichts dieser tiefgreifenden Unterschiede in der Kultur des Verwaltungs- und Verwaltungsprozessrechts lassen sich einzelne nationale Eigenarten nur schwerlich auf das jeweils andere Recht übertragen. Ihre abweichende Grundlage und Rechtfertigung würde außer Acht gelassen. Eine Aufgabe der in Deutschland praktizierten Trennung zwischen Tatbestand und Rechtsfolge lässt sich nicht mit einem Verweis auf die andersartige Praxis in Frankreich aufgeben, da das Verwaltungsermessen in Frankreich im System der Gewaltenteilung einen anderen Stellenwert hat, insbesondere weil es durch die seitens des Gesetzgebers erfolgende Ausgestaltung der Ermächtigungsnormen weniger stark determiniert und durch die Rechtsprechung weniger stark begrenzt wird. Ebensowenig ließen sich umfangreiche Beurteilungsspielräume im deutschen Recht mit dem Hinweis auf die französische Praxis rechtfertigen. In Frankreich hat sich in langjähriger Übung in den verschiedenen Kontrollstufen ein halbwegs konturenscharfes Kontrollsystem der Verwaltungsgerichtsbarkeit entwickelt, auf das Deutschland nicht zurückblicken kann. Auch ein Hinweis auf den *contentieux des installations classées* hilft nicht weiter, weil der dort durch die faktische richterliche Zurückhaltung eröffnete Entscheidungsspielraum versteckt und konturenlos ist. Umfassende Kontrollbeschränkungen sind in Frankreich eine Selbstverständlichkeit, während sie dem deutschen Verwaltungsrecht nicht grenzenlos aufgezwängt werden können ohne an seinen Grundlagen zu rühren. Solange bleibt die französische Praxis für Kritiker der deutschen keine realistische Alternative sondern Utopie.

Die vorliegende Untersuchung führt zu der Erkenntnis, dass jeweilige nationale Besonderheiten in Rechtsetzung, Ermessenslehre, Entstehungsgeschichte und Aufgabe der Verwaltungsgerichtsbarkeit, Zugangsmöglichkeiten zu Gericht, richterlichem Selbstverständnis und einstweiligem Rechtsschutz sowie der Richtlinienumsetzung tieferliegende Ursachen in der andersartigen Rechtskultur haben, die stets zu vergegenwärtigen sind, sobald über Reformen diskutiert wird. Änderungen deutschen Verwaltungsrechtsschutzes müssen behutsam erfolgen. Die im *contentieux des installations classées* zu verzeichnende Rechtsunsicherheit mahnen insbesondere zu behutsamen und fallorientierten Kontrollbeschränkungen in Deutschland, die gleichzeitig mit einer erhöhten Legitimation der behördlichen Entscheidungsfindung kompensiert werden müssen. Deutschland befindet sich mit der Beschränkung gerichtlicher Kontrolle durch die Anbindung an abstrakte Standards bereits auf einem guten Weg, den es fortzuentwickeln und europarechtlichen Anforderungen anzupassen gilt. Die weitreichenden Kontrollbeschränkungen und sonstigen Umgestaltungen durch das geplante UGB sind jedoch verfrüht.

Ausblick

Mit den gefundenen Ergebnissen fällt ein Ausblick schwer. Die Untersuchung hat indessen ebenfalls gezeigt, dass sich das französische und das deutsche Rechtssystem vorsichtig nähern. Bei in Frankreich weiterhin finaler und in Deutschland immer noch konditionaler Rechtssetzung findet ein Wechsel der Vorzeichen vor allem der gerichtlichen Kontrolle statt.

In Frankreich gewinnt die Klageart des *recours de pleine juridiction* an Bedeutung. Damit steigen auch die Umgestaltungskompetenzen des Gerichts. Gleichzeitig wird vermutet, dass der französische Verwaltungsrichter in Zukunft vor allem im Bereich des Anlagenzulassungsrechts einen stärkeren Gebrauch seiner Kompetenzen macht, auch weil der *Conseil d'État* seine Möglichkeiten zur Rechtsentwicklung größtenteils eingebüßt hat. Ferner ist im Bereich des *recours pour excès de pouvoir* seit geraumer Zeit ein stetiger Ausbau der gerichtlichen Kontrolltiefe zu verzeichnen. In Deutschland mehren sich dagegen Fälle und konkrete Bestrebungen der Beschränkung verwaltungsgerichtlicher Kontrolle.

Bislang ist es vor allem die mangelnde aufschiebende Wirkung von Rechtsbehelfen, welche neben der noch zu verzeichnenden richterlichen Zurückhaltung der *recours en pleine juridiction* die Schärfe nimmt. Die Untersuchung hat indes gezeigt, dass die Fälle gesetzlich angeordneter oder durch den Richter anzuordnenden aufschiebenden Wirkung stetig zunehmen, während in den Deutschland von den gegenteiligen Grundsatz immer mehr abgewichen wird.

Mit zunehmender Angleichung müssten sich jedoch die Grundstrukturen ändern. Insbesondere die finalen Normstrukturen in Frankreich vor dem Hintergrund gerichtlicher Zurückhaltung lassen sich mit konditionalen Normstrukturen und einer auf strengster Gesetzmäßigkeit bedachten Verwaltungsgerichtsbarkeit ansonsten nicht zur Deckung bringen.

Mit stetigem Ausbau richterlicher Prüfungskompetenzen könnten daher auch in Frankreich ähnliche Kompetenzkonflikte wie in Deutschland entstehen. Insofern könnte sich auch ein Bedürfnis nach Standardisierung der Kontrolle entwickeln, so dass auch die Bedeutung von Konkretisierungsnormen und insbesondere von Verwaltungsvorschriften in Frankreich zukünftig zu überdenken wäre. Dann wird aus französischer Sicht interessant sein, wie die Probleme hierzulande gelöst wurden.

Abkürzungsverzeichnis

a.A. .... anderer Ansicht
a.a.O. .... am angegebenen Ort
ABl. .... Amtsblatt
Abs. .... Absatz
Abschn. .... Abschnitt
a.E. .... am Ende
a.F. .... alte Fassung
AFNOR .... Association française pour la normalisation
AJDA .... L'actualité juridique - droit administratif (Zeitschrift)
AJFP .... L'actualité juridique - fonctions publiques (Zeitschrift)
Alt. .... Alternative
Amtl. Begr. .... Amtliche Begründung
Anh. .... Anhang
Anm .... Anmerkung
AöR .... Archiv des öffentlichen Rechts
Art. .... Artikel
Ass .... association
BayVBl. .... Bayerische Verwaltungsblätter – Zeitschrift für öffentliches Recht und öffentliche Verwaltung
BayVGH .... Bayerischer Verwaltungsgerichtshof
BB .... Betriebsberater (Zeitschrift)
Bd. .... Band
BGB .... Bürgerliches Gesetzbuch
BGBl. .... Bundesgesetzblatt
BGH .... Bundesgerichtshof
BGHZ .... Entscheidungen des Bundesgerichtshofes in Zivilsachen
BImSchG .... Bundesimmissionsschutzgesetz
BImSchV .... Verordnung zur Durchführung des Bundesimmissionsschutzgesetzes
BImSchVwV .... Verwaltungsvorschrift zum Bundesimmissionsschutzgesetz
BMU .... Bundesministerium für Umwelt, Naturschutz und Reaktorsicherheit
BR-Drucks. .... Bundesratsdrucksache
BT-Drucks. .... Bundestagsdrucksache
BVerfG .... Bundesverfassungsgericht
BVerfGE .... Entscheidungen des Bundesverfassungsgerichts
BVerwG .... Bundesverwaltungsgericht
bvT .... beste verfügbare Technik
bzw...... .... beziehungsweise
CA. .... Cour d'appel
CAA .... Cour administrative d'appel

c.d.h. .... conseil départemental d'hygiène
CE. .... Conseil d`État
CEN .... Comité Européen de Normalisation
CENELEC .... Comité Européen de Normalisation Électrotechnique
CJA .... Code de justice administrative
CJCE .... Cour de justice des Communautés Européenes
CJEG .... Cahier juridique de l'électricité et du gaz
c.s.i.c. .... conseil supérieur des installations classées
CTACAA .... Code des tribunaux administratifs et des cours administratives d'appel
D. .... Recueil Dalloz
d.h.. .... das heißt
DIN .... Deutsches Institut für Normung
Diss. .... Dissertation
DÖV .... Die Öffentliche Verwaltung
DVBl. .... Deutsches Verwaltungsblatt
EDCE .... Études et documents du Conseil d'Etat
EG .... Europäische Gemeinschaft
EGV .... Vertrag zur Gründung der Europäischen Gemeinschaft
Einl .... Einleitung
etc. .... et cetera
EuGH .... Europäischer Gerichtshof
EuZW .... Europäische Zeitschrift für Wirtschaftsrecht
f. .... folgende (Seite etc.)
fasc. .... fascicule
ff .... folgende (Seiten etc.)
Fn. .... Fußnote
FS .... Festschrift
GewArch .... Gewerbearchiv (Zeitschrift)
GewO .... Gewerbeordnung
GG .... Grundgesetz
GMBl. .... Gemeinsames Ministerialblatt
GWB .... Gesetz gegen Wettbewerbsbeschränkungen
h.A. .... herrschende Auffassung
h.M. .... herrschende Meinung
Hrsg. .... Herausgeber
H.T.C. .... (siehe dazu die Anmerkung im Literaturverzeichnis unter „H“)
i.d.F. .... in der Fassung
i.d.R. .... in der Regel
i.e.S. .... im engeren Sinne
InvZulG .... Investitionszulagengesetz
ISO .... International Standardization for Organization
i.S.v. .... im Sinne von
i.V.m. .... in Verbindung mit

Jura .... Juristische Ausbildung (Zeitschrift)
J.C.P. .... Juris-classeur périodique (Semaine juridique, Zeitschrift)
J.O. .... Journal officiel
JuS .... Juristische Schulung (Zeitschrift)
JZ .... Juristenzeitung (Zeitschrift)
Kfz .... Kraftfahrzeug
KG .... Kammergericht
LAI .... Länderausschuß für Immissionsschutz
LImSchG .... Landes-Immissionsschutzgesetz
Lfd. Nr. .... laufende Nummer
MBl .... Ministerialblatt
MDR .... Monatszeitschrift für Deutsches Recht
MAK-Werte .... Richtlinien „Maximale Immissionswerte", VDI 2310
MIK-Werte .... Richtlinien „Maximale Immissions-Konzentrationswerte", VDI 23061
m.w.N. .... mit weiteren Nachweisen
n° .... numéro
n.F. .... neue Fassung
NJW .... Neue Juristische Wochenschrift
Nr. .... Nummer
NuR .... Natur und Recht (Zeitschrift)
NVwZ .... Neue Zeitschrift für Verwaltungsrecht
NVwZ-RR .... NVwZ-Rechtsprechungsreport (Zeitschrift)
NW .... Nordrhein-Westfalen
NwVBl .... Nordrhein-westfälische Verwaltungsblätter (Zeitschrift)
OVG .... Oberverwaltungsgericht
OVGE .... Entscheidungen der Oberverwaltungsgerichte Münster und Lüneburg
p. .... page
RA .... Revue administrative (Zeitschrift)
R.D.P. .... Revue de droit public et de la science politique en France et à l'étranger (Zeitschrift)
R.F.D.A. .... Revue française de droit administratif (Zeitschrift)
rec. .... Recueil Lebon (Entscheidungssammlung), Recueil des décisions du Conseil d'Etat
RegE .... Regierungsentwurf
Rn. .... Randnummer
R.R.J. .... Revue de la recherche juridique
Rspr .... Rechtsprechung
S. .... Seite, Satz
s. .... siehe
sog. .... sogenannt
st. .... ständige
Sté .... société

StGB .... Strafgesetzbuch
str. .... streitig
t. .... tables
TÜV .... Technischer Überwachungsverein
u.a. .... und andere
u.ä. .... und ähnlich
UGB-KomE .... Entwurf der Unabhängigen Sachverständigenkommission zum Umweltgesetzbuch beim Bundesministerium für Umwelt, Naturschutz und Reaktorsicherheit
UPR .... Umwelt und Planungsrecht (Zeitschrift)
usw .... und so weiter
UTR .... Schriftenreihe des Instituts für Umwelt- und Technikrecht der Universität Trier
u.U. .... unter Umständen
UVPG .... Gesetz über die Umweltverträglichkeitsprüfung
v .... vom
v.a. .... vor allem
Var. .... Variante
VBlBW .... Verwaltungsblätter für Baden-Württemberg
VDE .... Verband deutscher Elektrotechniker
VerfGH .... Verfassungsgerichtshof
Verw .... Die Verwaltung (Zeitschrift)
VerwArch .... Verwaltungsarchiv (Zeitschrift)
VG .... Verwaltungsgericht
VGH .... Verwaltungsgerichtshof
vgl .... vergleiche
VO .... Verordnung
Vorb .... Vorbemerkung
VR .... Verwaltungsrundschau (Zeitschrift)
VVDStRL .... Veröffentlichungen der Vereinigung der Deutschen Staatsrechtslehrer
VwGO .... Verwaltungsgerichtsordnung
VwV .... Verwaltungsvorschrift
VwVfG .... Verwaltungsverfahrensgesetz des Bundes bzw. des jeweiligen Landes
WiVerw .... Wirtschaft und Verwaltung (Zeitschrift)
z.B. .... zum Beispiel
z.T. .... zum Teil
ZUR .... Zeitschrift für Umweltrecht
zust .... zustimmend

Literaturverzeichnis

ACHTERBERG, NORBERT: Allgemeines Verwaltungsrecht – Ein Lehrbuch, Heidelberg 1982
AMSELEK, PAUL: L'opposition à l'administration de sa propre doctrine, les innovations apportées par le décret du 28 novembre 1983, droit fiscal 1984, S. 149ff.
APPEL, IVO: Emissionsbegrenzung und Umweltqualität – Zu zwei Grundkonzepten der Vorsorge am Beispiel des IPPC-Richtlinienvorschlages der EG, DVBl. 1995, S. 399ff.
AUBY, JEAN-BERNARD: note CE, 5 mai 1986, *Mme Boudet*, rec., S. 136, AJDA 1986, S. 602f.
AUBY, JEAN-BERNARD/PÉRINET-MARQUET, HUGUES: Droit de l'urbanisation et de la construction, Paris 1987
AUBY, JEAN-MARY: Le décret du 28 novembre 1983, DA 1984, S. 125ff.
AUBY, JEAN-MARY/DRAGO, ROLAND: Traité de contentieux administratif,
- tome premier, 3ᵉ édition, Paris 1984
- tome deuxième, 3ᵉ édition, Paris 1984
- Traité des recours en matière administrative, Paris 1992
AUPOIX, M.: Le préfet peut-il fixer des normes de rejet plus sévères que celles résultant des objectifs de qualité des cours d'eau ? Conclusions TA Rouen 15 décembre 1995, *M. Denis Leblanc*, req. n° 92-1207 et *Société d'exploitation piscicole de la vallée de la Saône*, req. n° 92-1424, BDEI 1996 (4), S. 23ff.
AVRILLIER, RAYMOND: L'écologie à l'épreuve du droit, le droit à l'épreuve de l'écologie, RJE 1995 (n° spécial), S. 15ff.
BACHOF, OTTO: Beurteilungsspielraum, Ermessen und unbestimmter Rechtsbegriff im Verwaltungsrecht, JZ 1955, S. 97ff.
BACKHAUS, L: Länderbericht Frankreich – Gefahren und Gefahrenbeurteilungen in der Rechtsordnung Frankreichs, in: *Rudolf Lukes* (Hrsg.): Gefahren und Gefahrenbeurteilungen im Recht – Rechtliche und technische Aspekte von Risikobeurteilungen insbesondere bei neuere Technologien, Teil II: Risikoforschung in der Technik, Länderberichte Bundesrepublik Deutschland und Frankreich, Köln, Berlin, Bonn, München 1980
BADURA, PETER: Gestaltungsfreiheit und Beurteilungsspielraum der Verwaltung, bestehend aufgrund und nach Maßgabe des Gesetzes, in: Festschrift für Otto Bachof zum 70. Geburtstag, herausgegeben von *Günter Püttner*, München 1984, S. 169ff.
BAGHESTANI-PERREY, LAURENCE: La valeur juridique du principe de précaution, RJE 2000 n° spécial, S. 19ff.
BARALLE, PIERRE-JEAN: La conciliation des intérêts protégés par la loi du 19 juillet 1976, in *Deharbe* (Hrsg.): Les évolutions récentes du droit des installations classées pour la protection de l'environnement, Aras 2001, S. 71ff.
BASPECQ, CHANTAL: De la frontière entre la légalité et l'opportunité dans la jurisprudence du juge
de l'excès de pouvoir, RDP 1980, S. 803ff.

Battis, Ulrich/Krautzberger, Michael/Löhr, Rolf-Peter: Baugesetzbuch - BauGB -, achte Auflage, München 2002 (zitiert: *Battis/Krautzberger/Löhr* – Bearbeiter)
Baucomont, Michel: L'industrie et la protection juridique de l'environnement, thèse Paris, 1991
Baucomont, Michel/Gousset, Pierre: Traité de droit des installations classées, Paris 1994
- Directive du Conseil du 24 septembre 1996 relative à la prévention et la réduction intégrées de la pollution, BDEI 1997 (2), S. 11ff.

Bavoillot, François/Wertenschlag, Bruno: Droit de l'environnement industriel, Levallois-Perret, 1996
Beckmann, Martin: Der notwendige Schutz des Umweltrechts durch die Verwaltungsgerichte, UPR 1987, S. 321ff.
- Verwaltungsgerichtlicher Rechtsschutz im raumbedeutsamen Umweltrecht – Eine Untersuchung zum Umfang der richterlichen Kontrolle im Abfall-, Immissionsschutz-, Wasserhaushalts- und Naturschutzrecht, Münster 1987

Bergmann, Susanne: Der Schutz der Umwelt im französischen Recht, zugl. Berlin Freie Univ. Diss. 1996, Berlin 1996
Bernard, François-Charles: Pratique des contentieux de l'urbanisme, Paris 1999
Bernard, Michel: Le recours pour excès de pouvoir est-il frappé à mort ? DA 1985, S. 190ff.
Berst, Sascha: Der Grundsatz der Gewaltenteilung im französischen Verwaltungsprozeßrecht, Univ. Diss. Freiburg (Breisgau), u.a. Frankfurt am Main, Berlin 1996
Bockel, Alain: Contribution à l'étude du pouvoir discrétionnaire de l'administration, AJDA 1978, S. 355ff.
Bocquet, Alain: Guide des installations classées, Paris 1979
Böhm-Amtmann, Edeltraud: Konkretisierung der materiellen Anforderungen der IVU-Richtlinie durch untergesetzliche Regelwerke (Art. 16, 18 IVU-RL) sowie damit zusammenhängende Aktivitäten, in: *Rengeling, Hans-Werner* (Hrsg.): Auf dem Weg zum Umweltgesetzbuch I – Zur Umsetzung der IVU- und der UVP-Änderungsrichtlinie – sechste Osnabrücker Gespräche zum deutschen und europäischen Umweltrecht vom 17. Bis 19. Juni 1998, Köln, Berlin, Bonn, München 1999, S. 153ff.
Bönker, Christian: Die verfassungs- und europarechtliche Zulässigkeit von Umweltstandards in Verwaltungsvorschriften, DVBl. 1992, S. 804ff.
Boisserée, Klaus/Oels, Franz/Hansmann, Klaus: Imissionsschutzrecht, Kommentar, Loseblattsammlung, Stand Januar 1999, Siegburg 1999
Boivin, Jean-Pierre: Droit des installations classées, Paris 1994
- *Ders./Penaforte, Manuel/Vérot, Yvan*: La réglementation des installations classées, guide méthodologique. Paris 2002

Bonello, Yves-Henri/Fédida, Jean-Marc: Le contentieux de l'environnement, que sais-je ? Paris 1994
Bonnard, Roger: Le pouvoir discrétionnaire des autorités administratives et le recours pour excès de pouvoir, RDP 1923, S. 363ff.

BONNMANN, RÜDIGER: 22. Umweltrechtliche Fachtagung der Gesellschaft für Umweltrecht e.V. in Berlin (Berichte und Hinweise), UPR 1999, S. 57ff.

BOROWSKI, MARTIN: Intendiertes Ermessen, DVBl. 2000, S. 149ff.

BOURGOIS, JEAN-PIERRE: L'erreur manifeste d'appréciation – la décision administrative, le juge et la force de l'évidence, Villeneuve d'Ascq 1988

BRAIBANT, GUY: Le principe de proportionnalité, in: mélanges offerts à Marcel Waline – le juge et le droit public, tome 2, S. 297ff., Paris 1974.

BRAIBANT, GUY/STIRN, BERNARD: Le droit administratif français, 4e édition revue et mise à jour, Paris 1997

BRAUD, XAVIER: Commentaire partiel de la loi n° 2000-597 du 30 juin 2000 relative au référé devant les juridictions administratives, RJE 2000, S. 575ff.

BRAUN, CHRISTOPHER: Die Umsetzung der IVU- und der UVP – Änderungsrichtlinien in Großbritannien, in: *Rengeling, Hans-Werner* (Hrsg.): Auf dem Weg zum Umweltgesetzbuch I – Zur Umsetzung der IVU- und der UVP-Änderungsrichtlinie – sechste Osnabrücker Gespräche zum deutschen und europäischen Umweltrecht vom 17. bis 19. Juni 1998, Köln, Berlin, Bonn, München 1999, S. 39ff.

BREUER, RÜDIGER: Legislative und administrative Prognoseentscheidungen, Der Staat 1977, S. 21ff.

- Direkte und indirekte Rezeption technischer Regeln durch die Rechtsordnung, AöR 101 (1976), S. 46ff.
- Die rechtliche Bedeutung der Verwaltungsvorschriften nach § 48 BImSchG im Genehmigungsverfahren, DVBl. 1978, S. 28ff.
- Anmerkung zu BVerwG, Urteil vom 17.2.1978, DVBl. 1978, S. 598ff.
- Der maßgebliche Zeitpunkt für die gerichtliche Kontrolle atom- und immissionsschutzrechtlicher Genehmigungen, DVBl. 1981, S. 300ff.
- Ausbau des Individualschutzes gegen Umweltbelastungen als Aufgabe des öffentlichen Rechts, DVBl. 1986, S. 849ff.
- Gerichtliche Kontrolle der Technik, NVwZ 1988, S. 104ff.
- Die internationale Orientierung von Umwelt- und Technikstandards im deutschen und europäischen Recht, UTR 9 (1989), S. 43ff.
- Anlagensicherheit und Störfälle – Vergleichende Risikobewertung im Atom- und Immissionsschutzrecht, NVwZ 1990, S. 211ff.
- Atom- und Immissionsschutzrecht auf unterschiedlichen Wegen – Vergleichende Betrachtungen zum deutschen, französischen und niederländischen Recht, UTR 17 (1992), S. 155ff.
- Entwicklungen des europäischen Umweltrechts – Ziele, Wege und Irrwege, Berlin, New York 1993
- Zunehmende Vielgestaltigkeit der Instrumente im deutschen und europäischen Umweltrecht – Probleme der Stimmigkeit und des Zusammenwirkens, NVwZ 1997, S. 833ff.
- Tendenzwende des Rechtsschutzes? Betrachtungen zu den §§ 43ff. UGB-KomE, UTR 45 (1998), S. 161ff.
- Konditionale und finale Rechtsetzung – Gegensätze und Möglichkeiten der Harmonisierung, S. 53ff., Tagungsband der Umweltrechtstage 2000 am 22. und

23. August 2000 in Düsseldorf, veranstaltet vom Institut für das Recht der Wasser- und Entsorgungswirtschaft an der Universität Bonn und dem Ministerium für Umwelt und Naturschutz, Landwirtschaft und Verbraucherschutz des Landes Nordrhein-Westfalen (zitiert: *Breuer*, Umweltrechtstage)

BRISEUL, JEAN-PAUL: Observations TA Clermont-Ferrand, 3 avril 1990, *M. Gamet*, AJDA 1990, S. 644f.

BRUNET-LECOMTE, HÉLÈNE: L'arrêté ministériel du 2 février 1998 relatif aux prélèvements et à la consommation d'eau ainsi qu'aux émissions de toute nature des installations classées, BDEI 1998, n° 4, S. 9ff.

BÜHRER, ANDREA: Die Anlagenzulassung nach französischem und deutschem Recht unter Einfluß der IVU-Richtlinie: Tagung des Instituts für Umwelt- und Technikrecht der Universität Trier am 14.02.1997, NVwZ 1997, S. 1198ff.

BUGGE, HANS CHRISTIAN: La pollution industrielle, problèmes juridiques et administratifs, Paris 1976

BULLINGER, MARTIN: Unbestimmte Gesetzesbegriffe in der neueren deutschen und französischen Verwaltungsrechtsprechung, in: Festschrift für Hermann Jahrreiß, herausgegeben vom Institut für Völkerrecht und ausländisches öffentliches Recht der Universität zu Köln, Köln, Berlin, Bonn, München 1974

- Verwaltungsermessen im modernen Staat, in: *Bullinger, Martin* (Hrsg.): Verwaltungsermessen im modernen Staat, Landesberichte und Generalbericht der Tagung für Rechtsvergleichung 1985 in Göttingen, Baden-Baden 1986

BUNDESMINISTERIUM FÜR UMWELT, NATURSCHUTZ UND REAKTORSICHERHEIT (Hrsg.): Umweltgesetzbuch (UGB-KomE) – Entwurf der Unabhängigen Sachverständigenkommission zum Umweltgesetzbuch beim Bundesministerium für Umwelt, Naturschutz und Reaktorsicherheit, Berlin 1998

BURDEAU, GEORGES/HAMON, FRANCIS/TROPER, MICHEL: Droit Constitutionnel, 26e édition, Paris 2001

BUSCH, CHRISTIANE: Industrielle Abwassereinleitung in Frankreich und Deutschland – Ein Rechtsvergleich unter Einbeziehung der Richtlinie 76/464/EWG, Köln, Berlin, Bonn, München 2000, zugl. : Bonn, Univ. Diss., 1999

CABALLERO, FRANCIS: Essai sur la notion juridique de nuisance, Paris 1981

- Le Conseil d'Etat, ennemi de l'environnement ? RJE 1984, S. 4ff.

CALDERARO, NORBERT: Le contentieux administratif et la protection de l'environnement – le point de vue d'un magistrat, RJE 1995, n° spécial, S. 5ff.

CAMMILLERI, ANNE: Le pouvoir d'injonction du juge administratif: Une révolution avortée ? JCP 1997, n° 3, Nr. 3992, S. 31ff.

CANS, CHANTAL: Entre arbitrages politiques et démarches pragmatiques: l'improbable identité du code de l'environnement, DE 2001, S. 3ff.

CARLIER, ERIK: Le plan d'occupation des sols peut-il interdire l'ouverture de certaines catégories d'installations classées dans une zone industrielle ? BDEI 1995 (n° 1), S. 24

- Le juge des installations classées a-t-il plus de pouvoirs que le préfet ? Commentaire TA Strasbourg, 22 juillet 1994, *Association pour la promotion et la défense du cadre de vie c/ préfet du Haut-Rhin et société Sagrabe*, BDEI 1995, n° 1, S. 31ff.

- Note sous CE, 15 avril 1996, *Union des industries chimiques*, DE 1996 (n° 40), S. 10f.

CHABANNE-POUZYNIN, LAURENCE: L'annulation de l'arrêté dit „intégré" et ses conséquences, DE 1996, n° 44, S. 16ff.

- La démarche intégrée de l'arrêté du 2 février 1998 relatif aux installations classées soumises à autorisation, in *Deharbe* (Hrsg.): Les évolutions récentes du droit des installations classées pour la protection de l'environnement, Aras 2001, S. 49ff.

CHAMARD, MICHEL: Pouvoirs du Préfet d'imposer des prescriptions spéciales à des installations classées soumises au régime de la déclaration, même en l'absence de normes officielles, BDEI 1995, n° 4, S. 23.

CHANEL, CHRISTIAN: Quelques réflexions sur les innovations en matière de procédure administrative introduites par la loi du 8 février 1995, BDEI 1995, n° 2, S. 45ff.

CHANEL, CHRISTIAN/BOIVIN, JEAN-PIERRE: Pouvoirs du préfet en cas de constat par l'inspecteur d'une installation classée de l'inobservation d'une condition d'exploitation, BDEI (4) 1995, S. 25ff.

CHAPUS, RENÉ: Droit du contentieux administratif, 10ème édition, Paris 2002

- Droit administratif général, Tome 1, 15e édition, Paris 2001
- Droit administratif général, Tome 2, 15e édition, Paris 2001

CHARBONNEAU, SIMON: La nature du droit de la prévention des risques techniques, RFDA 1988, S. 529ff.

CHEVALLIER, JACQUES: L'Élaboration historique du principe de séparation de la juridiction administrative et de l'administration active, Paris 1970

- L'interdiction pour le juge administratif de faire acte d'administrateur, AJDA 1972, S. 67ff.

CLASSEN, Claus Dieter: Die Europäisierung der Verwaltungsgerichtsbarkeit – eine vergleichende Untersuchung zum deutschen, französischen und europäischen Verwaltungsprozeßrecht, Tübingen 1996

CLÉMENT, JEAN-NICOLAS: L'autorisation d'exploiter doit-elle être compatible avec les schémas directeurs ? Commentaire CAA Paris, 3 novembre 1994, *Société de Construction Electrique Jupiter*, BDEI 1995, n° 1, S. 21ff.

- Le droit français des études d'impact doit-il être modifié après la directive du 3 mars 1997 ? BDEI 1997, n° 3, S. 41ff.

CLIQUENNOIS, MARTINE: Que reste-t-il des directives ? AJDA 1992, S. 3ff.

CODE DE LA SANTÉ PUBLIQUE: Code de la santé publique, code de la famille et de l'aide sociale, treizième édition, annotations par *Forges, Jean-Michel de/Truchet, Didier/Demichel, André/Penneau, Jean* et *Viala, Georges*, Paris 1999

CODE DE L'ENVIRONNEMENT: Code de l'environnement, troisième édition, réalisé avec le concours de *Jean Lamarque*, Paris 1990

- Code de l'environnement, sixième édition réalisée avec le concours de *Jean Lamarque*, Paris 1998

COLINE, LE: Guide pratique loi „installations classées", mode d'emploi, Paris 1995

COLSON, JEAN-PHILIPPE: „Graveline, Cattenom, Tchernobyl et les autres...", RJE 1986, n° 2, S. 179ff.

Combeau, Pascal: Un oubli dans la réforme: l'invocabilité des circulaires et instructions administratives, AJDA 2000, S. 495ff.

Conseil d'État (section du rapport et des études): Première étude sur le problème de l'information dans l'administration, Tome 1 et 2, Paris 1985

Costa, Jean-Paul: Le principe de proportionnalité dans la jurisprudence du Conseil d'État, AJDA 1988, S. 434ff.

Courtin, Michel: Le contentieux des installations classées, un contentieux à repenser? RJE 1995, n° spécial, S. 53ff.

- Le contrôle juridictionnel des décisions individuelles relatives aux installations classées: peut-on se satisfaire de la pratique traditionnelle ? BDEI 1996 (n° 5), S. 9ff.
- Le juge ou le préfet? Pouvoirs d'injonction et de substitution du juge administratif, in *Deharbe* (Hrsg.) Les évolutions récentes du droit des installations classées pour la protection de l'environnement, Aras 2001, S. 103ff.

Czychowski, Manfred: Wasserhaushaltsgesetz – unter Berücksichtigung der Landeswassergesetze und des Wasserstrafrechts, Kommentar, 7., neubearbeitete Auflage, München 1998

Dalloz:, répertoire de contentieux administratif in: Encyclopédie juridique de Dalloz, publié sous la direction de *Gazier, Francois* et *Drago, Roland*, Loseblattsammlung, Stand: Paris 2000 (zitiert: Bearbeiter in: répertoire Dalloz)

Danwitz von, Thomas: Normkonkretsierende Verwaltungsvorschriften und Gemeinschaftsrecht, Verwaltungs-Archiv 84 (1993), S. 73ff.

- Europarechtliche Beurteilung der Umweltnormung: Kompetenzen – Legitimation – Binnenmarkt, in: *Rengeling, Hans-Werner* (Hrsg.): Umweltnormung – Deutsche, europäische und internationale Rechtsfragen – Fünfte Osnabrücker Gespräche zum deutschen und europäischen Umweltrecht am 12./13. Juni 1997, Köln, Berlin, Bonn, München, S. 187ff.
- Rechtliche Optimierungsgebote oder Rahmensetzung für das Verwaltungshandeln, DVBl. 1998, S. 928ff.
- Europarechtliche Determination der umweltrechtlichen Instrumente im nationalen Recht, UTR 48 (1999), S. 53ff.

Darrieutort, J.P.: Quelles dispositions réglementaires appliquer à l'étude d'impact sur l'environnement ? BDEI 1995 (n° 4), S. 9ff.

Debbasch, Charles/Ricci, Jean-Claude: Contentieux administratif, 7e édition, Paris 1999.

Deharbe, David: Commentaire TA Nancy, 11 février 1997, *Oiseaux Nature, association de sauvegarde des vallées et de prévention des pollutions* (*ASVPP*), DE 1997, n° 54, S. 5ff.

- Les ambiguïtés de l'approche intégrée de la pollution des milieux récepteurs: la directive n° 96/61/CE du Conseil de l'Union européenne du 24 septembre 1996, RJE 1998, n° 2, S. 171ff.
- Le contentieux administratif de la régularisation des installations classées – un laboratoire du droit de l'environnement industriel (1re partie), DE 1999, n° 68, S. 15ff.

- Le contentieux administratif de la régularisation des installations classées – un laboratoire du droit de l'environnement industriel (2ᵉ partie), DE 1999, n° 69, S. 15ff.
- Note sous CE, 4 mai 1998, *M. Téallier*, les petites affiches 1999, n° 159, S. 19ff.
- (Hrsg.) Les évolutions récentes du droit des installations classées pour la protection de l'environnement, Aras 2001
- Rupture ou continuité du droit des installations classées? In ders. (Hrsg): Les évolutions récentes du droit des installations classées pour la protection de l'environnement, Aras 2001, S. 7ff.

DELVOLVÉ, PIERRE: La notion de directive, AJDA 1974, S. 459ff.
- Existe-t-il un contrôle de l'opportunité ? Conseil constitutionnel et Conseil d'État, colloque des 21 et 22 janvier 1988 au Sénat, Salle Médicis, Palais Luxembourg, Université de Droit, d'Économie et des Sciences sociales de Paris (Hrsg.), Paris 1988

DESPAX, MICHEL/COULET, WILLIAM: Loi et pratique concernant le contrôle de la pollution en France, Brüssel 1983

DEVILLERS, DANIÈLE: Dans quelles conditions le préfet peut-il imposer à l'exploitant d'une installation classée de prendre des mesures de sécurité à l'extérieur de cette installation ? Commentaire CAA Nantes, 5 mai 1994, *Groupement d'intérêt économique (Gie) Norgal*, BDEI 1995, n° 4, S. 19ff.
- Le juge administratif peut-il fixer la durée maximale de fonctionnement d'une installation de stockage de déchets, lui imposer des normes de rejet et un équipement particulier ? Commentaire CAA Nantes, 22 mai 1996, *Association de défense de l'environnement et du cadre de vie de Montereau-en-Gâtinais*, BDEI 1996, n° 4, S. 14ff.

DI FABIO, UDO: Verwaltungsvorschriften als ausgeübte Beurteilungsermächtigung – Plädoyer für die Neubestimmung der normkonkretisierenden Verwaltungsvorschriften im System der Rechtsquellen – , DVBl. 1992, S. 1338ff.
- Integratives Umweltrecht, NVwZ 1998, S. 329ff.

DOLDE, KLAUS-PETER: Die EG-Richtlinie über die integrierte Vermeidung und Verminderung der Umweltverschmutzung (IVU-Richtlinie) – Auswirkungen auf das deutsche Umweltrecht, NVwZ 1997, S. 313ff.

DRAGO, ROLAND: note sous CE, 5 novembre 1982, *Schwetzhoff*, rec., S. 369, RDP 1983, S. 205ff.

DREWS, BILL/WACKE, GERHARD/VOGEL, KLAUS/MARTENS, WOLFGANG: Gefahrenabwehr – Allgemeines Polizeirecht (Ordnungsrecht) des Bundes und der Länder, 9., völlig neubearbeitete Auflage, Köln, Berlin, Bonn, München 1986

DÜRKOP, JÜRGEN/KRACHT, HARALD/WASIELEWSKI, ANDREAS: Die künftige EG-Richtlinie über die integrierte Vermeidung und Verminderung der Umweltverschmutzung (IVU-Richtlinie), UPR 1995, S. 425ff.

DUGUIT, LÉON: Droit Constitutionnel, 3ième édition, tome 1, Paris 1927

DUPUIS, GEORGES/GUÉDON, MARIE-JOSÉ/CHRÉTIEN, PATRICE: Droit administratif, cinquième édition, Paris 1996

DUROUSSEAU, MICHEL: Installations classées déclarées: nouvelle donne pour la prévention des pollutions ? RJE 1995, n° 2, S. 187ff.

EBINGER, BARBARA: Der unbestimmte Rechtsbegriff im Recht der Technik, eine Untersuchung anhand des Beispiels der „Gefahren, erhebliche Nachteile oder Belästigungen" im Anlagengenehmigungsverfahren, zugl. Univ. Diss. Bayreuth, Berlin 1993

EHMKE, HORST: „Ermessen" und „unbestimmter Rechtsbegriff" im Verwaltungsrecht, Tübingen 1960

EISENMANN, CHARLES: Cours de droit administratif, tome II, Paris 1983

ENDERS, RAINALD/ KRINGS MICHAEL: Das Artikelgesetz au immissionsschutz- und abfallrechtlicher Sicht – Zur Umsetzung der UVP-Änderungsrichtlinie, der IVU-Richtlinie, der Deponierichtlinie und weiterer EG-Richtlinien zum Umweltschutz, DVBl 2001, S. 1389ff.

ENGELHARDT, HANNS/SCHLICHT, JOHANNES: Bundesimmissionsschutzgesetz-BImSchG-Kommentar, 4., verbesserte und erweiterte Auflage, Köln, Berlin, Bonn, München 1997

ERBGUTH, WILFRIED: Rechtssystematische Grundfragen des Umweltrechts, Berlin 1987

ERBGUTH, WILFRIED/SCHINK, ALEXANDER: Gesetz über die Umweltverträglichkeitsprüfung, Kommentar, 2., vollständig überarbeitete Auflage, München 1996

ERICHSEN, HANS-UWE: Die sog. unbestimmten Rechtsbegriffe als Steuerungs- und Kontrollmaßgaben im Verhältnis von Gesetzgebung, Verwaltung und Rechtsprechung, DVBl. 1985, S. 22ff.

- (Hrsg.): Allgemeines Verwaltungsrecht, 11., neubearbeitete Auflage, Berlin, New York 1998

EVERLING, ULRICH: Umsetzung von Umweltrichtlinien durch normkonkretisierende Verwaltungsvorschriften – zur jüngsten Rechtsprechung des Europäischen Gerichtshofes, UTR 17 (1992), S. 3ff.

EYERMANN, ERICH/ FRÖHLER, LUDWIG: Verwaltungsgerichtsordnung – Kommentar, 10. Auflage, München 1998 (zitiert: *Eyermann/Fröhler – Bearbeiter*)

FABER, HEIKO: Verwaltungsrecht, 4., überarbeitete Auflage, Tübingen 1995

FABERON, JEAN-YVES: La loi du 30 décembre 1996 sur l'air et l'utilisation rationnelle de l'énergie, RJE 2/1997, S. 133ff.

FAßBENDER, KURT: Neues zur Bindungswirkung normkonkretisierender Verwaltungsvorschriften – zugleich Anmerkung zu BVerwG, UPR 2001, S. 448 -, UPR 2002, S. 15ff.

- Die Umsetzung von Umweltstandards der Europäischen Gemeinschaft, Köln, Berlin, Bonn, München, 2001

FAURE, BERTRAND: La crise du pouvoir réglementaire entre ordre juridique et pluralisme institutionnel, AJDA 1998, S. 547ff.

FELDHAUS, GERHARD: Entwicklung und Rechtsnatur von Umweltstandards, UPR 1982, S. 137ff.

- Umweltnormung und Deregulierung, in: *Rengeling, Hans-Werner* (Hrsg.): Umweltnormung – Deutsche, europäische und internationale Rechtsfragen – Fünfte

Osnabrücker Gespräche zum deutschen und europäischen Umweltrecht am 12./13. Juni 1997, Köln, Berlin, Bonn, München, S. 137ff.
- Bundesimmissionsschutzrecht: Kommentar, Loseblattsammlung, 2., völlig neu bearbeitete Auflage, Stand Oktober 2002, Heidelberg 2002
- Integriertes Anlagenzulassungsrecht materiell- und verfahrensrechtliche Anforderungen nach neuem Recht, ZuR 2002, S. 1ff.

FISCHER, PRECHT: Umweltschutz durch technische Regelungen – Zur Bedeutung der Grenzwertfestsetzungen und Verfahrensbeschreibungen des Immissions- und Atomrechts, zugl.: Hamburg, Univ. Diss. 1988, Berlin 1989

FLUCK, JÜRGEN: Die Vorschriften über die Vorhabengenehmigung im Kommissions-Entwurf eines UGB, UTR 45 (1998), S. 93ff.

FORSTHOFF, ERNST: Lehrbuch des Verwaltungsrechts, erster Band, allgemeiner Teil, 10., neubearbeitete Auflage, München 1973

FROMAN, BERNARD/GEY, JEAN-MARC/LAURANS, BERNARD; Qualité & environnement, vers un système de management intégré, Paris 1998

FROMONT, MICHEL: Le contrôle de l'appréciation des faits économiques dans la jurisprudence administrative, AJDA 1966, S. 588ff.
- Note sous CE, 26 janvier 1968, *Société Maison Génestal*, D. 1969, S. 457ff.
- L'examen du fait par le juge administratif en France et en Allemagne, in: Homenaje a Enrique Sayagues-Laso, Separata, Instituto de Estudios de Administración Local (Hrsg.), Madrid 1969
- Observations CE, 11 décembre 1970, *Crédit foncier de France*; CE, 20 janvier 1971, *Union départemental des sociétés mutualistes du Jura*, JCP 1972 (I), n° 17232
- Le pouvoir discrétionnaire et le juge administratif français, in: Festschrift für *Hermann Jahrreiß*, herausgegeben vom Institut für Völkerrecht und ausländisches öffentliches Recht der Universität zu Köln, Köln, Berlin, Bonn, München 1974
- Rechtsschutz im französischen Umweltrecht, UPR 1983, S. 186ff.
- Die französischen Dezentralisierungsgesetze, DÖV 1983, S. 397ff.

FRÖHLER, LUDWIG: Effektiver Rechtsschutz bei der Genehmigung technischer Anlagen, in: Verwaltung im Rechtsstaat, Festschrift für *Carl Hermann Ule*, herausgegeben von *Willi Blümel*, *Detlef Merten*, *Helmut Quaritsch*, Köln, Berlin, Bonn, München 1987, S. 55ff.

GABOLDE, CHRISTIAN: Les installations classées pour la protection de l'environnement, Paris 1978
- Procédure des tribunaux administratifs et des cours administratifs d'appel, 6e édition, Paris 1997

GALLAS, ANDREAS: Innerstaatliche Umsetzung der IVU-Richtlinie und der UVP – Änderungsrichtlinie durch ein Erstes Buch zum Umweltgesetzbuch, in: *Rengeling, Hans-Werner* (Hrsg.): Auf dem Weg zum Umweltgesetzbuch I – Zur Umsetzung der IVU- und der UVP-Änderungsrichtlinie – sechste Osnabrücker Gespräche zum deutschen und europäischen Umweltrecht vom 17. Bis 19. Juni 1998, Köln, Berlin, Bonn, München 1999, S. 17ff.

Gaudemet, Yves: Pouvoir discrétionnaire de l'administration moderne, in: *Bullinger, Martin* (Hrsg.): Verwaltungsermessen im modernen Staat, Baden-Baden, 1986
- Traité de droit administratif, tome 1, 14e édition, Paris 1996

Gilli, Jean-Paul/Hubert, Charles/Lanversin, Jacques de: Les grands arrêts du droit de l'urbanisme, 3e édition, Paris 1989

Godbillon, Bernard: La jurisprudence sur le pouvoir réglementaire des ministres à l'égard du personnel, AJFP 1998, n° 5, S. 8ff.

Gohin, Olivier: Contentieux administratif, 3e édition, Paris 2002

Goldenberg, Leo: Le Conseil d'État, juge du fait, thèse Paris 1932

Gousset, P./Magistry, G.: Le droit des établissements classées dangereux, insalubres ou incommodes, Paris 1968

Grau, Eros Roberto: Notes sur les concepts juridiques, Revue de la recherche Juridique, droit prospectif, 1994 (Nr. 3), S. 769ff.

Grote, Rainer: Ermessenslehre und Ermessenspraxis in Frankreich, NVwZ 1986, S. 269ff.

Guillot, Philippe Ch.-A.: Droit de l'environnement, Paris 1998

Günter, Gisela: Zur Europarechtskonformität der Umsetzung der IVU-Richtlinie nach dem Artikelgesetz, NuR 2002, S. 394ff.

Gusy, Christoph: Antizipiertes Sachverständigengutachten im Verwaltungs- und Verwaltungsgerichtsverfahren, NuR 1987, S. 156ff.

H.T.C.: De l'arrêt Société „Maison Genestal" à l'arrêt „Crédit foncier de France", AJDA 1971, S. 196ff. (der Autor wünscht nach Auskunft der Zeitung anonym zu bleiben)

Haigh, Nigel: Integratives Umweltrecht – Bestand, Ziele, Möglichkeiten, in: *di Fabio, Udo/Haigh, Nigel*, Integratives Umweltrecht – Bestand, Ziele, Möglichkeiten, Dokumentation zur 21. wissenschaftlichen Fachtagung der Gesellschaft für Umweltrecht e.V. Berlin 1997, Berlin 1998, S. 57ff.

Halfmann, Ralf: Entwicklungen des Verwaltungsrechtsschutzes in Deutschland, Frankreich und Europa, Verwaltungsarchiv, Band 91 (2000), S. 74ff.

Hamann, Andreas: Rechtsfragen zu ermessenslenkenden Verwaltungsvorschriften, Verwaltungs-Archiv 1982, S. 28ff.

Hansmann, Klaus: Die Umsetzung von EG-Umweltschutzrichtlinien durch Verwaltungsvorschriften – Probleme und Alternativen im Anschluß an die Entscheidung des EuGH zu den Richtlinien über die Grenzwerte für Schwefeldioxid/Blei, UTR 17 (1992), S. 21ff.
- Die Luftqualitätsrahmenrichtlinie der EG und ihre Umsetzung in deutsches Recht, NuR 1999, S. 10ff.

Hecquard-Theron, Maryvonne: De la mesure d'ordre intérieur, AJDA 1981, S. 235ff.

Hegele, Dorothea: Die Bedeutung von Sachverständigengutachten für die richterliche Rechtskonkretisierung im Umweltschutz, zugl. Köln, Univ., Diss., 1992, Berlin 1993

Heinis, Marc: L'article premier du décret du 28 novembre 1983 devant le juge de l'impôt, les petites affiches 1994, n° 78, S. 7ff.

Hélin, Jean-Claude: Le contrôle juridictionnel des décisions administratives dans les domaines de l'économie, de la planification et de l'énergie nucléaire en France, in: *Schwarze, Jürgen/Schmidt-Aßmann, Eberhard*: Das Ausmaß der gerichtlichen Kontrolle im Wirtschafts- und Umweltrecht, Baden-Baden, 1992, S. 63ff.

Herdegen, Matthias: Beurteilungsspielraum und Ermessen im strukturellen Vergleich, JZ 1991, S. 747ff.

Hermanns, Caspar David: Bericht zum „Umweltgesetzbuch I" – Bericht über die Sechsten Osnabrücker Gespräche zum deutschen und europäischen Umweltrecht, UPR 1998, S. 375ff.

Hermon, Carole: Le juge administratif et l'environnement, recherche sur le traitement juridictionnel de atteintes à l'environnement, thèse de doctorat, université de Nantes, Nantes 1995

Hill, Hermann: Normkonkretisierende Verwaltungsvorschriften, NVwZ 1989, S. 401ff.

Hocreiterre, Patrick: La vision des administrateurs: exemple de l'urbanisme, in: le juge administratif à l'aube du XXIe siècle, actes du Colloque du 40e anniversaire des tribunaux administratifs, S. 198ff., Institut français de sciences administratives à Grenoble (Hrsg.), Grenoble 1995

Holleaux, André: La jurisprudence du bilan, RA 1980, S. 593ff.

Hoppe, Werner: Planung und Pläne in der verwaltungsgerichtlichen Kontrolle, in: System des verwaltungsgerichtlichen Rechtsschutzes, Festschrift für *Christian-Friedrich Menger* zum 70. Geburtstag, herausgegeben von *Hans-Uwe Erichsen, Werner Hoppe, Altert v. Mutius*, Köln, Berlin, Bonn, München 1985, S. 747ff.

Houllier, Christophe/Oudart, Bénédicte: Guide de lecture de l'arrêté ministériel du 1er mars 1993 relatif aux prélèvements et à la consommation d'eau ainsi qu'aux rejets de toute nature des installations classées pour la protection de l'environnement soumises à autorisation, Limoges 1994

Hufen, Friedhelm: Verwaltungsprozeßrecht, 2., überarbeitete Auflage, München 1996

Huglo, Christian/Mafoua-Badinga, A.T.G.: La loi 92-646 du 13 juillet 1992 relative à l'élimination des déchets ainsi qu'aux installations classées pour la protection de l'environnement: une loi ambitieuse et/ou efficace ?, les petites affiches, 30 octobre 1992, n° 131, S. 11ff.

Huglo, Christian: Le juge, la prévention et la résolution des litiges en matière d'environnement, thèse pour le doctorat en droit de l'Université Paris II, Paris 1994

Ders./Lepage, Corinne: Les innovations du décret 94.484 du 9 juin 1994 sur les installations classées pour la protection de l'environnement au regard du projet de directive sur la prévention et la réduction intégrée de la pollution, les petites affiches, 13 Juillet 1994, n° 83, S. 27ff.

Huglo, Christian: Installations classées pour la protection de l'environnement: oû en est-on en l'an 2000? BDEI 2/2000, S. 2ff.

Ipsen, Jörn: Die Genehmigung technischer Großanlagen - rechtliche Regelung und neuere Judikatur, AöR 107 (1982), S. 259ff.

ISENSEE, JOSEF/KIRCHHOF, PAUL (Hrsg.): Handbuch des Staatsrechts der Bundesrepublik Deutschland, Band III, Handeln des Staates, Heidelberg 1988
JACHMANN, MONIKA; Die Bindungswirkung normkonkretisierender Verwaltungsvorschriften – Anmerkungen zu einer Rechtsetzungsfunktion der rechtsanwendenden Verwaltung aus methodologischer sowie verfassungsrechtlicher Sicht, Die Verwaltung 28 (1995), S. 17ff.
JACQUOT, HENRI/PRIET, FRANÇOIS: Droit de l'urbanisme, 3e édition, Paris 1998.
JALLON, F./LETOURNEUX, S.: Guide de lecture de l'arrêté du 2 février 1998 et de sa circulaire d'application du 17 décembre 1998, Montpellier 1999
JANIN, PATRICK: Installations classées, les particularités du recours contentieux devant le juge administratif en matière d'installations classées pour la protection de l'environnement, Veröffentlichung des französischen Umweltministeriums, Paris 1982
JANKOWSKI, KLAUS: Eine Einführung in das System der Integrated Pollution Control im englischen Umweltrecht, NuR 1997, S. 113ff.
JARASS, HANS D.: Der rechtliche Stellenwert technischer und wissenschaftlicher Standards – Probleme und Lösungen am Beispiel der Umweltstandards, NJW 1987, S. 1225ff.
- Bundesimmissionsschutzgesetz (BImSchG), Kommentar, 5., vollständig überarbeitete Auflage, München 2002
- Europäisierung des Immissionsschutzrechts, UPR 2000, S. 241ff.
JELLINEK, WALTER: Gesetz, Gesetzesanwendung und Zweckmäßigkeitserwägung, zugleich ein System der Ungültigkeitsgründe von Polizeiverordnungen und –Verfügungen, eine staats- und verwaltungsrechtliche Untersuchung, Tübingen 1913
JEOFFROI, ALAIN: L'application de la loi du 19.12.1917 sur les établissements classés et la réforme apportée par la loi du 19.07.1976 sur les installations classées, Veröffentlichung des französischen Umweltministeriums, Paris 1977
JESCH, DIETRICH: Zur Revisibilität unbestimmter Rechtsbegriffe, DÖV 1956, S. 77ff.
JESERICH KURT G.A./POHL, HANS/UNRUH, GEORG-CHRISTOPH VON (Hrsg.): Deutsche Verwaltungsgeschichte,
- Band III, Das Deutsche Reich bis zum Ende der Monarchie, Stuttgart 1984
- Band V, Die Bundesrepublik Deutschland, Stuttgart 1987
JESSNITZER, KURT/FRIELING, GÜNTER: Der gerichtliche Sachverständige – Ein Handbuch für die Praxis, 10. Auflage, Köln, Berlin, Bonn, München 1992
JURIS-CLASSEUR: Juris-Classeur administratif, *Leit-Veaux, Georges/Auby, Jean-Bernard* (directeurs de la collection), Loseblattsammlung, Stand Paris September 2002 (zitiert: Bearbeiter, in: Juris-Classeur administratif)
JURIS-CLASSEUR: Juris-Classeur environnement, *Huglo Christian/Malafosse, Jehan de* (directeurs de la collection), Loseblattsammlung, Stand Paris September 2002 (zitiert: Bearbeiter, Juris-Classeur environnement)
KELLNER, HUGO: Einiges zum behördlichen Ermessen, DÖV 1969, S. 309ff.
KIMMINICH, OTTO/LERSNER, HEINRICH FREIHERR VON/STORM, PETER-CHRISTOPH (Hrsg.): Hand-wörterbuch des Umweltrechts, 2., überarbeitete Auflage, I. Band, 1994
KLOEPFER, MICHAEL: Umweltrecht, 2. Auflage 1998
- Rechtsschutz im Umweltrecht, Verwaltungs-Archiv 76 (1985), S. 371ff.

KLOEPFER, MICHAEL/MAST EKKEHART: Das Umweltrecht des Auslandes, Berlin 1995

KLOEPFER, MICHAEL/REHBINDER, ECKARD/SCHMIDT-AßMANN, EBERHARD: Umweltgesetzbuch – Allgemeiner Teil –, im Auftrag des Umweltbundesamtes (Hrsg.), 2. Auflage, Berlin 1991

KLOEPFER, MICHAEL/REINERT, SIGRID/FRANZIUS, CLAUDIO: Zur Geschichte des deutschen Umweltrechts, Berlin 1994

KNACK, HANS-JOACHIM: Verwaltungsverfahrensgesetz (VwVfG), 5. neubearbeitete und erweiterte Auflage, Köln, Berlin, Bonn, München, 1996 (zitiert: *Knack – Bearbeiter*)

KNAUB, GILBERT: Le contrôle par le juge administratif français de l'appréciation des faits, in: *Burmeister, Joachim* (Hrsg.): Die verfassungsrechtliche Stellung der Verwaltung in Frankreich und der Bundesrepublik Deutschland, Köln, Berlin, Bonn München 1991

KOCH, HANS-JOACHIM: Unbestimmte Rechtsbegriffe und Ermessensermächtigungen im Verwaltungsrecht, eine logische und semantische Studie zur Gesetzesbindung der Verwaltung, Frankfurt am Main, 1979

- Die gerichtliche Kontrolle technischer Regelwerke im Umweltrecht – ein Plädoyer gegen die Ausdehnung administrativer Letztentscheidungskompetenzen, ZUR 1993, S. 103ff.

KOCH, HANS-JOACHIM/JANKOWSKI, KLAUS: Die IVU-Richtlinie: Umsturz im deutschen Anlagengenehmigungsrecht ? ZUR 1998, S. 57ff.

KOCH, HANS-JOACHIM/SCHEUNIG, DIETER H. (HRSG.): GK-BImSchG – Gemeinschaftskommentar zum Bundes-Immissionsschutzgesetz, Loseblattsammlung, Stand Mai 2002, Düsseldorf 2002

KOCH, HANS-JOACHIM/VERHEYEN, RODA: Klimaschutz im deutschen Anlagengenehmigungsrecht: völkerrechtlicher Rahmen, europäische Vorgaben, innerstaatlicher Anpassungsbedarf, NuR 1999, S. 1ff.

KOCH, HANS-JOACHIM/ SIEBEL-HOFFMANN, HEIKO: Das Artikelgesetz zur Umsetzung der UVP-Änderungsrichtlinie, der IVU-Richtlinie und weiterer Umweltschutzrichtlinien, NVwZ 2001, S. 1081ff.

KOCH, JOHANNES: Verwaltungsrechtsschutz in Frankreich – eine rechtsvergleichende Untersuchung zu den verwaltungsinternen und verwaltungsgerichtlichen Rechtsbehelfen des Bürgers gegenüber der Verwaltung, zugl.: Univ. Diss. Berlin, Berlin 1998

KOPP, FERDINAND O.: Verwaltungsverfahrensgesetz, 6., wesentlich überarbeitete Auflage, München 1996

KOPP, FERDINAND O./SCHENKE, WOLF-RÜDIGER: Verwaltungsgerichtsordnung, 13., neubearbeitete Auflage, München 2003

KOUBI, GENEVIÈVE: Circulaires interprétatives et jurisprudence administrative, les petites affiches 1996, Nr. 11, S. 17ff.

- Circulaires administratives entre incertitudes socio-politiques et indécisions juridiques, R.R.J. 1996, S. 785ff.

KRÄMER, LUDWIG: Der Richtlinienvorschlag über die integrierte Vermeidung und Verminderung der Umweltverschmutzung, in: *Rengeling, Hans-Werner* (Hrsg.): Integrierter und betrieblicher Umweltschutz – Verfahrensrecht und materielles Recht unter Berücksichtigung der Investitionsförderung, der vorgesehenen IVU- (bzw.

IPPC-) Richtlinie, des EG-Umweltaudits und der UVP – Dritte Osnabrücker Gespräche zum deutschen und europäischen Umweltrecht am 18./19. Mai 1995, Köln, Berlin, Bonn, München 1996, S. 51ff.

KRÄMER, LUDWIG/KROMAREK, PASCALE: Droit communautaire de l'environnement, 1er octobre – 31 décembre 1993, RJE 1994, S. 209ff.

KRINGS, MICHAEL/SCHWEITZER, THOMAS: Die Entwicklung des Europäischen Umweltrechts, UTR 36 (1996), S. 559ff.

- Immissionsschutzrechtliche Aspekte der Umsetzung von IVU- und UVP-Richtlinie durch ein Erstes Buch zum Umweltgesetzbuch, UTR 45 (1998), S. 47ff.

KRIST, GEORG: Die Bedeutung technischer Regelwerke des Immissionsschutzrechts im Verwaltungsprozeß, UPR 1993, S. 178ff.

KROMAREK, PASCALE: Die Umsetzung der IVU-Richtlinie in Frankreich, in: *Rengeling, Hans-Werner* (Hrsg.): Auf dem Weg zum Umweltgesetzbuch I – Zur Umsetzung der IVU- und der UVP-Änderungsrichtlinie – sechste Osnabrücker Gespräche zum deutschen und europäischen Umweltrecht vom 17. Bis 19. Juni 1998, Köln, Berlin, Bonn, München 1999, S. 57ff.

- un code ou non? Über den UGB-Wunsch in Frankreich, in: *Gesellschaft für Umweltrecht, Hans – Peter Dolde* (Hrsg.) Umweltrecht im Wandel, Bilanz und Perspektiven aus Anlass des 25jährigen Bestehens der Gesellschaft für Umweltrecht (GfU), Berlin 2001

KUGELMANN, DIETER: Die Genehmigung als Gestaltungsmittel integrierten Umweltschutzes – Abschied von der Kontrollerlaubnis ? DVBl 2002, S. 1238ff.

LABETOULLE, DANIEL: Le pouvoir discrétionnaire en matière d'urbanisme et d'intervention économique, in: *Institut français des sciences administratives* (Hrsg.): le pouvoir discrétionnaire et le juge administratif, Paris 1978, S. 27ff.

LADEUR, KARL-HEINZ: Normkonkretisierende Verwaltungsvorschriften als Recht privat-öffentlicher Kooperationsverhältnisse – Das Beispiel der gemeinsamen Richtlinien der Landesmedienanstalten und die Perspektiven des Verwaltungsrechts der Informationsgesellschaft – DÖV 2000, S. 217ff.

LAFERRIÈRE, EDOUARD: Traité de la juridiction administrative et des recours contentieux, 2e édition, tome 1, Paris 1896, tome 2, Paris 1896

LAMARQUE, JEAN: Droit fiscal général, Licence – Fascicule 2, Paris 1995

LAMY (Hrsg.): Environnement, installations classées: création de fonctionnement, aides financières et fiscalité, assurance et responsabilités, tome 1 et 2, par: *Baucomont, Michel/London, Caroline*, Loseblattsammlung, Stand: Paris September 1999

LANDMANN, ROBERT VON/ROHMER, GUSTAV: Umweltrecht, Kommentar, Loseblattsammlung, Stand März 1999, München 1999

LANOY, LAURENCE: L'évolution du droit des études d'impact depuis la loi du 10 juillet 1976: bilan et perspectives, BDEI 1996 (5), S. 38ff.

- La loi du 30 décembre 1996 sur l'air et l'utilisation rationnelle de l'énergie, BDEI 1997 (1), S. 2ff.

Lanversin, Jacques de: Contribution du juge au développement du droit de l'environnement, in: Diverse (Hrsg.): Mélanges offerts à *Marcel Waline* – le juge et le droit public, tome 1, Paris 1974, S. 519ff.

Lascombe, Michel: Droit constitutionnel de la 5e république, 7e édition, Paris 2001

Laubadère, André de: Le contrôle juridictionnel du pouvoir discrétionnaire dans la jurisprudence récente du Conseil d'Etat français, in: Diverse (Hrsg.): mélanges offerts à Marcel Waline – le juge et le droit public, tome 2, Paris 1974, S. 531ff.

Lebreton, Gilles: Droit administratif général, tome 1: l'action administrative, Paris 1996

Leclercq, Claude/Chaminade, André: Droit administratif, deuxième édition, Paris 1986

Lefebvre, Francis (Hrsg): Dossiers pratiques Environnement, en collaboration avec: *Chantal Jarlier-Clement, Pascale Kromarek-Voitellier, Sophie Musso Gabai, Nicole Rousseau*, Paris 1995

Lepage-Jessua, Corinne: Le nouveau régime juridique des carrières (IIe partie), l'autorisation du préfet et son contrôle, les petites affiches, 1993 (n° 90), S. 13ff.

Lerche, Clemens: Landesbericht Frankreich, in: *Frowein, Jochen Abr.* (Hrsg.): Die Kontrolldichte bei der gerichtlichen Überprüfung von Handlungen der Verwaltung, 1. Auflage, u.a. Berlin 1993, S. 1ff.

Letourneur, Pierre/Bauchet, Jacqueline/Méric, Jean: Le Conseil d'État et les tribunaux administratifs, Paris 1990

Letourneur, Pierre: Note CAA Nancy, 14 décembre 1995, *Agence nationale pour l'amélioration de l'habitat*, AJDA 1996, S. 329f.

London, Caroline: Le contrôle de pollution intégré en droit communautaire, les petites affiches 1996, S. 4ff.

Long, M./Weil, P./Braibant, G./Delvolvé, P./Genevois, B.: Les grands arrêts de la jurisprudence administrative, 11e édition, Paris 1996

Loschak, Danièle: Le rôle politique du juge administratif français, thèse pour le doctorat, Paris 1970

- le principe de légalité, AJDA 1981, S. 387ff.

Lübbe-Wolff, Gertrude: IVU-Richtlinie und Europäisches Vorsorgeprinzip, NVwZ 1998, S. 777ff.

- Integrierter Umweltschutz – Brauchen die Behörden mehr Flexibilität ? NuR 1999, S. 241ff.

Maaß, Christian: Behördenkoordination im immissionsschutzrechtlichen Genehmigungsverfahren, DVBl 2002, S. 364ff.

Maisl, Herbert/Wiener, Céline/Woehrling, Jean-Marie: Un décret ne fait pas le printemps, AJDA 1984, S. 137ff.

Mandelkern, Stanislas: Le ministre peut-il fixer les règles générales et prescriptions techniques visant la quasi-totalité des installations classées soumises à autorisation ? BDEI 1997 (n° 2), S. 20ff.

Marburger, Peter: Regeln der Technik im Recht, Köln, Berlin, Bonn, München 1979

Masing, Johannes: Die Mobilisierung des Bürgers für die Durchsetzung des Rechts – Europäische Impulse für eine Revision der Lehre vom subjektiv-öffentlichen Recht, zugl.: Freiburg (Breisgau), Univ., Diss., 1996, Berlin 1997

- Kritik des integrierten Umweltschutzes, DVBl. 1998, S. 549ff.

Mathieu, Jean-Luc: La défense de l'environnement en France, 2e édition mise à jour, Paris 1994

Matysen, Laurence: Note sous CE, 21 octobre 1996, *Union des industries chimiques*, CJEG 1997, S. 237ff.

Maunz, Theodor /Dürig, Günter /Herdegen, Matthias /Herzog, Roman /Klein, Hans. H./Lerche, Peter/ Papier, Hans-Jürgen /Ranzelhofer, Albrecht /Schmidt-Assmann E. /Scholz, Rupert: Grundgesetz, Kommentar, Loseblattsammlung, Stand: München Oktober 2002 (zitiert: *Maunz/Dürig – Bearbeiter*)

Maurer, Hartmut: Allgemeines Verwaltungsrecht, 12., überarbeitete und ergänzte Auflage, München 1999

Mayer, Otto: Theorie des französischen Verwaltungsrechts, Straßburg 1886

Meinken, Lutz: Best Practicable Environmental Option – die Umsetzung des integrierten Umweltschutzkonzepts in England und Wales, NuR 1999, S. 616ff.

Mesnard, André-Hubert: Le rôle supplétif du juge en matière d'environnement, droit et ville 1978 (n° 6), S. 249ff.

Mesnard, André-Hubert: Circulaires, directives et protection du littoral – à propos de l'arrêt de Section du Conseil d'Etat du 18 novembre 1977, AJDA 1978, S. 654ff.

Meyer-Cording, Ulrich: Die Rechtsnormen, Tübingen 1971

Ministre de l'environnement: Jurisprudence des juridictions administratives en matière d'installations classées 1978-1991, Paris 1992

- *(direction de la prévention des pollutions et des risques)*: Jurisprudence des juridictions administratives en matière d'installations classées 1993, Paris 1993

Ministère de l'aménagement du territoire et de l'environnement: Jurisprudence relative aux installations classées pour la protection de l'environnement, année 1996, Paris 1997

- Jurisprudence relative aux installations classées pour la protection de l'environnement, année 1997, Paris 1998
- Jurisprudence relative aux installations classées pour la protection de l'environnement, année 1998, Paris 1999
- *(direction de la prévention des pollutions et des risques, Service de l'environnement industriel)*: l'inspection des installations classées pour la protection de l'environnement, statistiques 1998, Paris 1999

Mockle, Daniel: Recherches sur les pratiques administratives para-réglementaires, Paris 1984

Moreau, Jacques: Droit administratif, première édition, Paris 1989

Musso-Gabai, Sophie: Installations classées et pouvoirs du juge administratif, Environnement & Technique, 1997, n° 171, S. 51.

Müller-Gloge, Rudi: Die verwaltungsgerichtliche Kontrolle administrativer Immissionsprognosen, Göttingen 1982

Negrin, Jean-Paul: Contentieux de l'excès de pouvoir et contentieux de pleine juridiction. De la dualité ou de l'unité de contentieux administratif français, Aix-Marseille, 1976
Obermayer, Klaus: Kommentar zum Verwaltungsverfahrensgesetz,
- 2., ergänzte Auflage, herausgegeben von *Dirk Ehlers* und *Christoph Link*, Neuwied und Frankfurt/M. 1990
- 3., völlig neu bearbeitete Auflage, herausgegeben von *Roland Fritz*, Neuwied und Kriftel 1999
Ossenbühl, Fritz: Verwaltungsvorschriften und Grundgesetz, Bad Homburg v.d.H., Berlin, Zürich 1968
- Vom unbestimmten Rechtsbegriff zur letztverbindlichen Verwaltungsentscheidung, DVBl. 1974, S. 309ff.
Pac, Henri: Droit et politiques nucléaires, Paris 1994
Pacteau, Bernard, Contentieux administratif, 4e édition mise à jour, Paris 1997
- Le juge de l'excès de pouvoir et les motifs de l'acte administratif, Clermont-Ferrand, 1977
Paetow, Stefan: Rechtsformen der untergesetzlichen Konkretisierung von Umweltanforderungen, NuR 1999, S. 199ff.
Papier, Hans-Jürgen: Zur verwaltungsgerichtlichen Kontrolldichte, DÖV 1986, S. 621ff.
- Verwaltungsverantwortung und gerichtliche Kontrolle, in: Verwaltung im Rechtsstaat, Festschrift für *Carl Hermann Ule*, herausgegeben von *Willi Blümel, Detlef Merten, Helmut Quaritsch*, Köln, Berlin, Bonn, München 1987, S. 235ff.
- Bedeutung der Verwaltungsvorschriften im Recht der Technik, in: Festschrift für *Rudolf Lukes* zum 65. Geburtstag, herausgegeben von *Herbert Leßmann, Bernhard Großfeld, Lothar Vollmer*, Köln, Berlin, Bonn, München, 1989, S. 159ff.
Papp, Roger: Le concept de meilleure technologie disponible, BDEI 1995, S. 39
- Directive du Conseil du 24 septembre 1996 relative à la prévention et à la réduction intégrées de la pollution: une approche technique, BDEI 1997 (n° 2), S. 35ff.
Pavlopoulos, Procopios: la directive en droit administratif, Paris 1978
Peiser, Gustave: Le juge administratif et les dérogations, in: mélanges offerts à Marcel Waline – le juge et le droit public, tome 2, Paris 1974, S. 655ff.
- Contentieux administratif, 10e édition, Paris 1997
Pfaundler, Conrad: Der atomrechtliche Gefahrenbegriff – ein unbestimmter Rechtsbegriff mit Beurteilungsspielraum ?, UPR 1999, S. 336ff.
Piedbois, Jean-Claude: Particularités du contentieux administratif des installations classées, annales des mines, août 1984, S. 73ff.
Pintat, Pierre: De l'utilité des circulaires...Commentaire du décret n° 96-18 du 5 janvier 1996, Droit de l'environnement 1996, n° 36, S. 36f.
- L'évolution de la police des installations classées: de la croissance à la métamorphose ? BDEI 1996 (n° 5), S. 2ff.
Planche, François: Portée juridique des circulaires de l'administration, revue de droit comptable 1997, Nr. 4, Rn. 189ff.

PLOUVIER, LILIANE: Le contentieux de pleine juridiction devant la Cour de justice des Communautés Européennes, revue du marché commun 1973, S. 365ff.

POPPITZ, JOHANNES: Die Anfänge der Verwaltungsgerichtsbarkeit, AöR 33 (1943), S. 158ff.

PREMIER MINISTRE (SECRÉTARIAT D'ETAT À L'ENVIRONNEMENT ET À LA QUALITÉ DE LA VIE): Extraits de la jurisprudence récente des tribunaux administratifs en matière de plein contentieux, Paris 1984

PRIEUR, MICHEL: Droit de l'environnement, 4e édition, Paris 2001

- Le recours devant les juridictions administratives en matière d'installations classées pour la protection de l'environnement, RJE 1978, S. 121ff.
- Commentaire sous CE, 27 janvier 1978, *Cadoux*, RJE 1978, S. 188 (189ff.).
- Le nouveau régime des installations classées, continuité ou changement, JCP 1979 I, Nr. 2928
- Les études d'impact et le contrôle du juge administratif en France, RJE 1991, S. 23ff.
- Étude d'impact et protection de la nature, in: 20 ans de protection de la nature, hommage en l'honneur du professeur Michel Despax, Société français pour le droit de l'environnement, Université de Limoges, Limoges 1997

PY, PIERRE: Le rôle de la volonté dans les actes administratifs unilatéraux, Paris 1976

QUAL, LINO DI: La compétence liée, thèse pour le doctorat en droit, Paris 1964

- Des actes administratifs publics non juridictionnels et de leur autorité à l'égard du juge, D. 1964, S. 37ff.

RAUSCH, Rolf: Die Kontrolle von Tatsachenfeststellungen und -Würdigungen durch den Gerichtshof der Europäischen Gemeinschaften – zur gerichtlichen Nachprüfung von Kommissionsentscheidungen im Vergleich zum deutschen und französischen Recht, zugl.: Bonn, Univ. Diss., 1993

RAYMOND, FABIEN/FOMBEUR, PASCALE: Chronique générale de la jurisprudence administrative français, AJDA 1998, S. 780ff.

RAZAFINDRATANDRA, YVAN: Commentaire CAA Nantes, 31 mai 1995, *Association ADICET et M. Cailbaut*, DE 1996 (n° 38), S. 8 (9ff.)

- Les apports au droit français de la directive „I.P.P.C", DE 1996, n° 44, S. 19ff.
- Commentaire CE, 25 septembre 1998 et CE, 11 décembre 1998, DE 1999, n° 65, S. 10f.
- La modification du décret d'application installations classées du 21 septembre 1977 par le décret du 20 mars 2000, in *Deharbe* (Hrsg.): Les évolutions récentes du droit des installations classées pour la protection de l'environnement, Aras 2001, S. 29ff.

REBENTISCH, MANFRED: Die immissionsschutzrechtliche Genehmigung – Ein Instrument integrierten Umweltschutzes, in: *Rengeling, Hans-Werner* (Hrsg.): Integrierter und betrieblicher Umweltschutz – Verfahrensrecht und materielles Recht unter Berücksichtigung der Investitionsförderung, der vorgesehenen IVU- (bzw. IPPC-) Richtlinie, des EG-Umweltaudits und der UVP – Dritte Osnabrücker Gespräche zum deutschen und europäischen Umweltrecht am 18./19. Mai 1995, Köln, Berlin, Bonn, München 1996, S. 167ff.

<u>*Redeker, Konrad*</u>: Fragen der Kontrolldichte verwaltungsgerichtlicher Rechtsprechung, DÖV 1971, S. 757ff.

- Legislative, Exekutive und Verwaltungsgerichtsbarkeit, NVwZ 1996, S. 126ff.

<u>*Redeker, Konrad/ Oertzen, Hans-Joachim von*</u>: Verwaltungsgerichtsordnung, Kommentar, 13. überarbeitete Auflage, Stuttgart, Berlin, Köln 2000

<u>*Rehbinder, Eckard*</u>: Das Vorsorgeprinzip im internationalen Vergleich, Düsseldorf 1991

<u>*Reihlen, Helmut*</u>: Europäische und internationale Normung mit ihren Einwirkungen auf das deutsche Recht, in: *Rengeling, Hans-Werner* (Hrsg.): Umweltnormung – Deutsche, europäische und internationale Rechtsfragen – Fünfte Osnabrücker Gespräche zum deutschen und europäischen Umweltrecht am 12./13. Juni 1997, Köln, Berlin, Bonn, München, S. 1ff.

<u>*Rengeling, Hans-Werner*</u>: Der Stand der Technik bei der Genehmigung umweltgefährdender Anlagen zur Bekämpfung der Luftverunreinigung im Recht der EG-Mitgliedstaaten und im Europäischen Gemeinschaftsrecht, Köln, Berlin, Bonn, München 1985

- Anlagenbegriff, Schadensvorsorge und Verfahrensstufung im Atomrecht – Bemerkungen zu dem Urteil des Bundesverwaltungsgerichts vom 19.12.1985 betreffend das Kernkraftwerk *Wyhl* –, DVBl. 1986, S. 265ff.
- (Hrsg.) Handbuch zum europäischen und deutschen Umweltrecht – Eine systematische Darstellung des europäischen Umweltrechts mit seinen Auswirkungen auf das deutsche Recht und mit rechtspolitischen Perspektiven, Band I: Allgemeines Umweltrecht, Köln, Berlin, Bonn, München 1998 (zitiert: *Rengeling* – Bearbeiter)
- Gesetzgebungskompetenzen für den integrierten Umweltschutz, Köln, Berlin, Bonn, München 1999

<u>*Rengeling, Hans-Werner/Gellermann, Martin*</u>: Gestaltung des europäischen Umweltrechts und seine Implementation im deutschen Rechtsraum, UTR 36 (1996), S. 1ff.

<u>*Reuss, Hermann*</u>: Das Ermessen – Versuch einer Begriffserklärung, DVBl 1953, S. 585ff.

<u>*Reutel, Christiane*</u>: Genehmigungsverfahren in Deutschland und Frankreich, Nachr. Chem. Tech. Lab. 1997 (Nr. 45), S. 12f.

<u>*Rials, Stéphane*</u>: Le juge administratif français et la technique du standard, Paris 1980

<u>*Richer, Daniel*</u>: note CAA Lyon, 14 juin 1993, *Ministre de l'Equipement*, AJDA 1993, S. 891f.

<u>*Riedel, Eibe*</u>: Rechtliche Optimierungsgebote oder Rahmensetzungen für das Verwaltungshandeln, VVDStRL 58 (1999), S. 180ff.

<u>*Rittstieg, Andreas*</u>: Die Konkretisierung technischer Standards im Anlagenrecht, Köln, Berlin, Bonn, München 1982

<u>*Rivero, Jean/Waline, Jean*</u>: Droit administratif, 19e édition, Paris 2002

<u>*Romi, Raphaël*</u>: Droit et administration de l'environnement, 2e édition, Paris 1997

<u>*Rouault, Marie-Christine*</u>: Le projet de la loi relatif au référé devant les juridictions administratives, les petites affiches 3 août 1999, S. 9f.

ROUGER-DE GRIVEL, LAURENCE/BAVOILLOT, FRANÇOIS: Quelques réflexions sur la proposition modifiée de la directive du Conseil relative à la prévention et à la réduction intégrées de la pollution, BDEI 1995 (n° 4), S. 3ff.

ROYER, JEAN-PIERRE: Histoire de la justice en France, de la monarchie absolue à la République, deuxième édition revue et mise à jour, Paris 1995

RÜFNER, WOLFGANG: Verwaltungsrechtsschutz im 19. Jahrhundert vor Einführung der Verwaltungsgerichtsbarkeit, DÖV 1963, S. 719ff.

SALZWEDEL, JÜRGEN: Risiko im Umweltrecht – Zuständigkeit, Verfahren und Maßstäbe der Bewertung, NVwZ 1987, S. 276ff.

SANDEVOIR, PIERRE: Études sur le recours de pleine juridiction, Paris 1964

SAVY, ROBERT: Le contrôle juridictionnel de la légalité des décisions économiques de l'administration, AJDA 1972, S. 3ff.

SCHLETTE, VOLKER: Die Verwaltungsgerichtliche Kontrolle von Ermessensakten in Frankreich, 1. Auflage, zugl. Göttingen Univ. Diss., 1990/91, Baden-Baden 1991

SCHMATZ, HANS/ NÖTHLICHS, MATHIAS: Immissionsschutz: Kommentar zum Bundes-Immissionsschutzgesetz und Textsammlung, Loseblattsammlung, Stand Februar 2003, Berlin 2003

SCHMIDT-PREUß, MATTHIAS: Veränderungen grundlegender Strukturen des deutschen (Umwelt-) Rechts durch das „Umweltgesetzbuch I", DVBl. 1998, S. 857ff.

- Veränderungen grundlegender Strukturen des deutschen (Umwelt-)Rechts durch das „Umweltgesetzbuch I", in: *Rengeling, Hans-Werner* (Hrsg.): Auf dem Weg zum Umweltgesetzbuch I – Zur Umsetzung der IVU- und der UVP-Änderungsrichtlinie – sechste Osnabrücker Gespräche zum deutschen und europäischen Umweltrecht vom 17. Bis 19. Juni 1998, Köln, Berlin, Bonn, München 1999, S. 115ff.
- Integrative Anforderungen an das Verfahren der Vorhabenzulassung – Anwendung und Umsetzung der IVU-Richtlinie, NVwZ 2000, S. 252ff.

SCHMITZ, THOMAS WOLFGANG: Rechtsstaat und Grundrechtsschutz im französischen Polizeirecht, 1. Auflage, zugl. Göttingen Univ. Diss. 1989/1999, Baden-Baden, 1989

SCHNABL, GERNOT: Die Richtlinie 96/61/EG des Rates über die integrierte Vermeidung und Verminderung der Umweltverschmutzung, in: *Rengeling, Hans-Werner* (Hrsg.): Auf dem Weg zum Umweltgesetzbuch I – Zur Umsetzung der IVU- und der UVP-Änderungsrichtlinie – sechste Osnabrücker Gespräche zum deutschen und europäischen Umweltrecht vom 17. Bis 19. Juni 1998, Köln, Berlin, Bonn, München 1999, S. 1ff.

SCHNEIDER, RAPHAËL: Note sous TA Strasbourg, 4 mars 1997, *M. Albert Lauer*, RJE 1998, S. 415 (416)

- Notes sous CAA Nantes, 17 décembre 1997, *Société Caillaud*, RJE 1998, S. 418 (419)
- Note sous CE, 4 mai 1998, *M. Teallier*, RJE 1999, S. 151 (152)

SCHNUTENHAUS, JÖRN: Die IPPC-Richtlinie – Eine umweltrechtliche und politikanalytische Bestandsaufnahme, ZuR 1994, S. 299ff.

SCHWAB, JOACHIM: Möglichkeiten der Kontrollrestriktion im Umweltschutzrecht, DVBl. 1986, S. 170ff.

SCHWARZE, JÜRGEN: Europäisches Verwaltungsrecht, Band I, Baden-Baden, 1988
SCHWERDTFEGER, GUNTHER: Das System der Vorsorge im BImSchG, WiVerw 1984, S. 217ff.
SEILLER, BERTRAND: Note sous CE, 27 mars 1996, *M. Lome*, RFDA 1997, S. 1218ff.
SELLNER, DIETER: Die integrierte Genehmigung als neues Instrument für die Zulassung raumbedeutsamer Anlagen, in: *Rengeling, Hans-Werner* (Hrsg.): Integrierter und betrieblicher Umweltschutz – Verfahrensrecht und materielles Recht unter Berücksichtigung der Investitionsförderung, der vorgesehenen IVU- (bzw. IPPC-) Richtlinie, des EG-Umweltaudits und der UVP – Dritte Osnabrücker Gespräche zum deutschen und europäischen Umweltrecht am 18./19. Mai 1995, Köln, Berlin, Bonn, München 1996, S. 79ff.
SELLNER, DIETER/SCHNUTENHAUS, JÖRN: Die geplante EG-Richtlinie zu „Integrated Pollution Prevention and Control (IPC)", NVwZ 1993, S. 828ff.
SENDLER, HORST: Skeptisches zum unbestimmten Rechtsbegriff, in: Verwaltung im Rechtsstaat, Festschrift für *Carl Hermann Ule*, herausgegeben von *Willi Blümel, Detlef Merten, Helmut Quaritsch*, Köln, Berlin, Bonn, München, 1987, S. 337ff.
- Normkonkretsierende Verwaltungsvorschriften im deutschen Recht, UPR 1993, S. 321ff
- Zur Umsetzung der IVU-Richtlinie und der UVP-Änderungsrichtlinie durch ein Umweltgesetzbuch I, UTR 45 (1998), S. 7ff.

SIMON, DENYS/RIGAUX, ANNE: Les contraintes de la transcription en droit français des directives communautaires: Le secteur de l'environnement, RJE 1991, S. 281ff.
SMEDDINCK, ULRICH: Der unbestimmte Rechtsbegriff – strikte Bindung oder Tatbestands-
ermessen ? DÖV 1998, S. 370ff.
SOMMERMANN KARL-PETER: Die deutsche Verwaltungsgerichtsbarkeit, Speyer 1991
STARCK, CHRISTIAN: Das Verwaltungsermessen und dessen gerichtliche Kontrolle, in: Bürger – Richter – Staat, Festschrift für *Horst Sendler*, München 1991, S. 167ff.
STASSINOPOULOS, MICHEL: Traité des actes administratifs, Athen 1954.
STAUB, MATERNE: L'indivisibilité en droit administratif, Paris 1999
STEILING, RONALD: Mangelnde Umsetzung von EG-Richtlinien durch den Erlaß an die Anwendung der TA-Luft, NVwZ 1992, S. 134ff.
STEINBERG, RUDOLF: Verfassungsrechtlicher Umweltschutz durch Grundrechte und Staatszielbestimmung, NJW 1996, S. 1985ff.
- Standards des integrierten Umweltschutzes, NuR 1999, S. 192ff.

STEINBERG, RUDOLF/KOEPFER, ISABELL: IVU-Richtlinie und immissionsschutzrechtliche Genehmigung, DVBl. 1997, S. 973ff.
STEINDORFF, ERNST: Der unbestimmte Rechtsbegriffe im Lichte der französischen und amerikanischen Verwaltungsrechtsprechung, DVBl 1954, S. 110ff.
STELKENS, PAUL: Verwaltungsgerichtsbarkeit in der Krise, DVBl. 1995, S. 1105ff.
STELKENS, PAUL/BONK, HEINZ JOACHIM/SACHS, MICHAEL: Verwaltungsverfahrensgesetz – Kommentar, 5., neubearbeitete Auflage, München 1998
STIRN, BERNARD: Les sources constitutionnelles du droit administratif, Paris 1995

STÜER, BERNHARD/ RUDE, STEFAN: 23. Umweltrechtliche Fachtagung – Europäisches Umweltrecht, Abschied vom UGB und Lärmschutz, DVBl. 2000, S. 250ff.
SUPIOT, ALAIN: Recherche sur l'application des textes relatifs à la pollution de l'eau d'origine industrielle, JCP 1975 II, Nr. 2692
SYLVAIN, OLIVIER: Environnement et contentieux administratif, Paris 1996
THOUROUDE, JEAN-JACQUES: Pratique du contentieux administratif, Paris 1992
TOS (ASSOCIATION NATIONALE POUR LA PROTECTION DES EAUX ET RIVIÈRES): Guide juridique pratique – contentieux des installations classées pour la protection de l'environnement, Alfortville 1984
- Enquête-rapport sur l'efficacité des lois de l'environnement, Alfortville 1996
- Installations classées – l'eau, l'air et le droit de 1810 à nos jours, Alfortville 1998

TOURNIER, G: Note sous CE, 23 mai 1969, *Société Distillerie Brabant et Cie*, AJDA 1969, S. 645ff.
ULE, CARL-HERMAN: Zur Anwendung unbestimmter Rechtsbegriffe im Verwaltungsrecht, in: Forschungen und Berichte aus dem Öffentlichen Recht, Gedächtnisschrift für *Walter Jellinek*, München 1955, S. 309ff.
- Unbestimmte Rechtsbegriffe und Ermessen im Umweltschutzrecht, DVBl. 1973, S. 756ff.
- Anmerkung zu EuGH, Urteil vom 10.10. 1985, DVBl. 1986, S. 93f.
- Verwaltungsprozeßrecht, ein Studienbuch, neunte, überarbeitete Auflage, München 1987

ULE, CARL-HERMANN/LAUBINGER HANS-WERNER: Bundesimmissionsschutzgesetz, Kommentar, Loseblattsammlung, Stand März 1998, Neuwied, Kriftel, Berlin 1998
UTH, HANS-JOACHIM: Störfall-Verordnung, Kommentar, 2., erweiterte Auflage 1994, Köln 1994
VAN LANG, AGATHE/GONDOUIN, GENEVIÈVE/INSERGUET-BRISSET, VÉRONIQUE: Dictionnaire de droit administratif, Paris 1997
VANDERMEEREN, ROLAND: Les espoirs et les interrogations du juge, in: le juge administratif à l'aube du XXIe siècle, actes du Colloque du 40e anniversaire des tribunaux administratifs, Institut français de sciences administratives à Grenoble (Hrsg.), Grenoble 1995, S. 229ff.
VARADINEK, BRIGITTA: Ermessen und gerichtliche Nachprüfbarkeit im französischen und deutschen Verwaltungsrecht und im Recht der Europäischen Gemeinschaft (zugl.: Diss. Freie Universität Berlin), Aachen 1995
VIER, CHARLES-LOUIS: Note CE, 29 juin 1973, *Société Gea*, AJDA 1973, S. 589ff.
VIEWEG, KLAUS: Antizipierte Sachverständigengutachten – Funktion, Verwertungsformen, rechtliche Bedeutung, NJW 1982, S. 2473ff.
VENEZIA, JEAN-CLAUDE: Le pouvoir discrétionnaire, thèse pour le doctorat en droit, Paris 1958
VOLKMANN, UWE: Das „intendierte Ermessen", DÖV 1996, S. 282ff.
- Umweltrechtliches Integrationsprinzip und Vorhabengenehmigung, Verwaltungs-Archiv 89 (1998), S. 363ff.

WAHL, RAINER: Risikobewertung der Exekutive und richterliche Kontrolldichte – Auswirkungen auf das Verwaltungs- und das gerichtliche Verfahren, NVwZ 1991, S. 409ff.

- Materiell-integrative Anforderungen an die Vorhabenzulassung – Anwendung und Umsetzung der IVU-Richtlinie, NVwZ 2000, S. 502ff.

WALINE, MARCEL: Analyses de jurisprudence, R.D.P. 1971, S. 1219ff.

WASIELEWSKI, ANDREAS: Die geplante IPC-Richtlinie der EU – Stand der Beratungen einer Richtlinie über die integrierte Vermeidung und Verminderung der Umweltverschmutzung (IVU) am Ende der deutschen Präsidentschaft, UPR 1995, S. 90ff.

WICKEL, MARTIN: Die Zulassung von Industrieanlagen und die „gebundene" Vorhabengenehmigung, UPR 2000, S. 92ff.

WILKE, DIETER: Die gerichtliche Kontrolle unbestimmter Rechtsbegriffe im Umweltrecht, insbesondere im Atomrecht, Jura 1992, S. 186ff.

WINTER, GERD: Die Sperrwirkung von Gemeinschaftssekundärrecht für einzelstaatliche Regelungen des Binnenmarkts mit besonderer Berücksichtigung von Art. 130 t EGV, DÖV 1998, S. 377ff.

WOEHRLING, JEAN-MARIE: Die französische Verwaltungsgerichtsbarkeit im Vergleich mit der deutschen, NVwZ 1985, S. 21ff.

- Verwaltungsgerichtlicher Rechtsschutz in Frankreich auf dem Gebiet des Umweltrechts – unter Einschluß der Probleme der grenzüberschreitenden Verfahrensbeteiligung – in: *Ress, Georg/ Will, Michael, R.* (Hrsg): Vorträge, Reden und Berichte aus dem Europa-Institut / Nr. 70, Saarbrücken 1986
- Note sous CE, 8 juin 1988, *ABC Engineering*, Gazette zu Palais 1989, S. 724ff.
- Umweltschutz und Umweltrecht in Frankreich, DVBl. 1992, S. 884ff.
- Le redécouverte du plein contentieux, in: le juge administratif à l'aube du XXIe siècle, actes du Colloque du 40e anniversaire des tribunaux administratifs, Institut français de sciences administratives à Grenoble (Hrsg.), Grenoble 1995, S. 247ff.

WOLFF, HANS J./BACHOF, OTTO/STOBER ROLF: Verwaltungsrecht I – ein Studienbuch, zehnte, neubearbeitete Auflage, München 1994

ZIEROCK, KARL-HEINZ: Die Umsetzung des Art. 16 Abs. 2 der EG – IVU – Richtlinie auf internationaler und nationaler Ebene, in: *Rengeling, Hans-Werner* (Hrsg.): Auf dem Weg zum Umweltgesetzbuch I – Zur Umsetzung der IVU- und der UVP-Änderungsrichtlinie – sechste Osnabrücker Gespräche zum deutschen und europäischen Umweltrecht vom 17. Bis 19. Juni 1998, Köln, Berlin, Bonn, München 1999, S. 167ff.

ZITZELSBERGER, HERIBERT: Verfassungsrechtliche Fragen beim Widerruf einer Anlagengenehmigung nach § 21 BImSchG, GewArch 1990, S. 153ff.

ZÖLLER, RICHARD: Zivilprozeßordnung mit Gerichtsverfassungsgesetz und den Einführungsgesetzen, mit Internationalem Zivilprozeßrecht, Kostenanmerkungen, 20., neubearbeitete Auflage, Köln 1997 (zitiert: *Zöller/Bearbeiter*)

ZÖTTL, JOHANNES: Die EG-Richtlinie über die integrierte Vermeidung und Verminderung der Umweltverschmutzung – Ein neues Umweltschutzinstrument des Gemeinschaftsrechts, NuR 1997, S. 157ff.

ZULEEG, MANFRED: Deutsches und europäisches Verwaltungsrecht – wechselseitige Einwirkungen, VVDStRL 53 (1994), S. 154ff.

Schriften zum Internationalen und zum öffentlichen Recht

Herausgegeben von Gilbert Gornig

Band 1 Michael Waldstein: Das Asylgrundrecht im europäischen Kontext. Wege einer europäischen Harmonisierung des Asyl- und Flüchtlingsrechts. 1993.

Band 2 Axel Linneweber: Einführung in das US-amerikanische Verwaltungsrecht. Kompetenzen, Funktionen und Strukturen der "Agencies" im US-amerikanischen Verwaltungsrecht. 1994.

Band 3 Tai-Nam Chi: Das Herrschaftssystem Nordkoreas unter besonderer Berücksichtigung der Wiedervereinigungsproblematik. 1994.

Band 4 Jörg Rösing: Beamtenstatut und Europäische Gemeinschaften. Eine Untersuchung zu den gemeinschaftsrechtlichen Anforderungen an die Freizügigkeit der Arbeitnehmer im Bereich des öffentlichen Dienstes. 1994.

Band 5 Wolfgang Wegel: Presse und Rundfunk im Datenschutzrecht. Zur Regelung des journalistischen Umgangs mit personenbezogenen Daten. 1994.

Band 6 Sven Brandt: Eigentumsschutz in europäischen Völkerrechtsvereinbarungen. EMRK, Europäisches Gemeinschaftsrecht, KSZE – unter Berücksichtigung der historischen Entwicklung. 1995.

Band 7 Alejandro Alvarez: Die verfassunggebende Gewalt des Volkes unter besonderer Berücksichtigung des deutschen und chilenischen Grundgesetzes. 1995.

Band 8 Martin Thies: Zur Situation der gemeindlichen Selbstverwaltung im europäischen Einigungsprozeß. Unter besonderer Berücksichtigung der Vorschriften des EG-Vertrages über staatliche Beihilfen und der EG-Umweltpolitik. 1995.

Band 9 Rolf-Oliver Schwemer: Die Bindung des Gemeinschaftsgesetzgebers an die Grundfreiheiten. 1995.

Band 10 Holger Kremser: "Soft Law" der UNESCO und Grundgesetz. Dargestellt am Beispiel der Mediendeklaration. 1996.

Band 11 Michael Silagi: Staatsuntergang und Staatennachfolge: mit besonderer Berücksichtigung des Endes der DDR. 1996.

Band 12 Reinhard Franke: Der gerichtliche Vergleich im Verwaltungsprozeß. Auch ein Beitrag zum verwaltungsrechtlichen Vertrag. 1996.

Band 13 Christoph Eichhorn: Altlasten im Konkurs. 1996.

Band 14 Dietrich Ostertun: Gewohnheitsrecht in der Europäischen Union. Eine Untersuchung der normativen Geltung und der Funktion von Gewohnheitsrecht im Recht der Europäischen Union. 1996.

Band 15 Ulrike Pieper: Neutralität von Staaten. 1997.

Band 16 Harald Endemann: Kollektive Zwangsmaßnahmen zur Durchsetzung humanitärer Normen. Ein Beitrag zum Recht der humanitären Intervention. 1997.

Band 17 Jochen Anweiler: Die Auslegungsmethoden des Gerichtshofs der Europäischen Gemeinschaften. 1997.

Band 18 Henrik Ahlers: Grenzbereich zwischen Gefahrenabwehr und Strafverfolgung. 1998.

Band 19 Heinrich Hahn: Der italienische Verwaltungsakt im Lichte des Verwaltungsverfahrensgesetzes vom 7. August 1990 (Nr. 241/90). Eine rechtsvergleichende Darstellung. 1998.

Band 20 Christoph Deutsch: Elektromagnetische Strahlung und Öffentliches Recht. 1998.

Band 21 Cordula Fitzpatrick: Künstliche Inseln und Anlagen auf See. Der völkerrechtliche Rahmen für die Errichtung und den Betrieb künstlicher Inseln und Anlagen. 1998.

Band 22 Hans-Tjabert Conring: Korporative Religionsfreiheit in Europa. Eine rechtsvergleichende Betrachtung. Zugleich ein Beitrag zu Art. 9 EMRK. 1998.

Band 23 Jörg Karenfort: Die Hilfsorganisation im bewaffneten Konflikt. Rolle und Status unparteiischer humanitärer Organisationen im humanitären Völkerrecht. 1999.

Band 24 Matthias Schote: Die Rundfunkkompetenz des Bundes als Beispiel bundesstaatlicher Kulturkompetenz in der Bundesrepublik Deutschland. Eine Untersuchung unter besonderer Berücksichtigung natürlicher Kompetenzen und der neueren Entwicklung im Recht der Europäischen Union. 1999.

Band 25 Hermann Rothfuchs: Die traditionellen Personenverkehrsfreiheiten des EG-Vertrages und das Aufenthaltsrecht der Unionsbürger. Eine Gegenüberstellung der vertraglichen Gewährleistungen. 1999.

Band 26 Frank Alpert: Zur Beteiligung am Verwaltungsverfahren nach dem Verwaltungsverfahrensgesetz des Bundes. Die Beteiligtenstellung des § 13 Abs. 1 VwVfG. 1999.

Band 27 Matthias Reichart: Umweltschutz durch völkerrechtliches Strafrecht. 1999.

Band 28 Nikolas von Wrangell: Globalisierungstendenzen im internationalen Luftverkehr. Entwicklung der Regulierung und Liberalisierung unter Berücksichtigung strategischer Allianzen und des Code-Sharing. 1999.

Band 29 Marietta Hovehne: Ein demokratisches Verfahren für die Wahlen zum Europäischen Parlament. Legitimation gemeinschaftlicher Entscheidungsstrukturen im europäischen Integrationsprozeß. 1999.

Band 30 Nina Kaden: Der amerikanische Clean Air Act und das deutsche Luftreinhalterecht. Eine rechtsvergleichende Untersuchung. 1999.

Band 31 Brigitte Daum: Grenzverletzungen und Völkerrecht. Eine Untersuchung der Rechtsfolgen von Grenzverletzungen in der Staatenpraxis und Folgerungen für das Projekt der International Law Commission zur Kodifizierung des Rechts der Staatenverantwortlichkeit. 1999.

Band 32 Andreas Fürst: Die bildungspolitischen Kompetenzen der Europäischen Gemeinschaft. Umfang und Entwicklungsmöglichkeiten. 1999.

Band 33 Gilles Despeux: Die Anwendung des völkerrechtlichen Minderheitenrechts in Frankreich. 1999.

Band 34 Michael Reckhard: Die rechtlichen Rahmenbedingungen der Sanktionierung von Beitragsverweigerung im System der Vereinten Nationen. 1999.

Band 35 Carsten Pagels: Schutz- und förderpflichtrechtliche Aspekte der Religionsfreiheit. Zugleich ein Beitrag zur Auslegung eines speziellen Freiheitsrechts. 1999.

Band 36 Bernhard Mehner: Die grenzüberschreitende Wirkung direktempfangbaren Satellitenfernsehens aus völkerrechtlicher Sicht. 2000.

Band 37 Karl-Josef Ulmen: Pharmakologische Manipulationen (Doping) im Leistungssport der DDR. Eine juristische Untersuchung. 2000.

Band 38 Jochen Starke: Die verfassungsgerichtliche Normenkontrolle durch den Conseil constitutionnel. Zum Kompetenztitel des Art. 61 der französischen Verfassung. 2000.

Band 39 Marco Herzog: Rechtliche Probleme einer Inhaltsbeschränkung im Internet. 2000.

Band 40 Gilles Despeux: Droit de la délimitation maritime. Commentaire de quelques décisions plutoniennes. 2000.

Band 41 Christina Hackel: Der Untergang des Landes Braunschweig und der Anspruch auf Restitution nach der Wiedervereinigung Deutschlands. 2000.

Band 42 Peter Aertker: Europäisches Zulassungsrecht für Industrieanlagen. Die Richtlinie über die integrierte Vermeidung und Verminderung der Umweltverschmutzung und ihre Auswirkungen auf das Anlagenzulassungsrecht der Bundesrepublik Deutschland. 2000.

Band 43 Karsten Bertram: Die Gesetzgebung zur Neuregelung des Grundeigentums in der ersten Phase der Französischen Revolution (bis 1793) und deren Bedeutung für die deutsche Eigentumsdogmatik der Gegenwart. 2000.

Band 44 Ulrike Hartmann: Die Entwicklung im internationalen Umwelthaftungsrecht unter besonderer Berücksichtigung von *erga omnes*-Normen. 2000.

Band 45 Thomas Jesch: Die Wirtschaftsverfassung der Sonderverwaltungsregion Hongkong. Eine Darstellung vor dem Hintergrund der Wiedereingliederung in die Souveränität der Volksrepublik China. 2001.

Band 46 Sven Gottschalkson: Der Ausschluß des Zivilrechtsweges bei Eigentumsverlusten an Immobilien in der ehemaligen DDR. 2002.

Band 47 Gilbert Hanno Gornig/Gilles Despeux: Seeabgrenzungsrecht in der Ostsee. Eine Darstellung des völkerrechtlichen Seeabgrenzungsrechts unter besonderer Berücksichtigung der Praxis der Ostseestaaten. 2002.

Band 48 Andreas Zühlsdorff: Rechtsverordnungsersetzende Verträge unter besonderer Berücksichtigung des Umweltrechts. 2003.

Band 49 Katja Schmitz: Durchgriffswirkung von Maßnahmen der UN und ihrer Sonderorganisationen unter besonderer Berücksichtigung von Resolutionen des UN-Sicherheitsrates - Die Entwicklung supranationaler Strukturen. 2003.

Band 50 Stefanie Rothenberger: Die angemessene Nutzung gemeinschaftlicher Ressourcen am Beispiel von Flüssen und speziellen Ökosystemen. Eine vergleichende Betrachtung zum modernen Verständnis eines klassischen völkerrechtlichen Nutzungsprinzips. 2003.

Band 51 Christoph von Burgsdorff: Die Umsetzung der EG-Datenschutzrichtlinie im nicht-öffentlichen Bereich. Möglichkeit einer zukunftsorientierten Konzeption des Datenschutzes in der Privatwirtschaft unter besonderer Berücksichtigung des BDSG. 2003.

Band 52 Frank Reinhardt: Powerline. Verfassungs-, verwaltungs- und telekommunikationsrechtliche Probleme. 2003.

Band 53 Chie Sato: Immunität Internationaler Organisationen. 2004.

Band 54 Johannes Thoma: EU-Recht und Schranken hoheitlicher Staatstätigkeit. 2004.

Band 55 Wolf Peterhoff: Rechtsansprüche enteigneter Volksgruppen und ihre Durchsetzbarkeit. 2004.

Band 56 Do-Hyub Kim: Das deutsche parlamentarische Regierungssystem als mögliches Modell für Korea. 2004.

Band 57 Alexander Koberg: Die Exilregierung im Völkerrecht. Eine Untersuchung ihrer rechtlichen Klassifikation. 2005.

Band 58 Nils Christian Carstensen: Das Verhältnis des Seerechtsübereinkommens der Vereinten Nationen von 1982 zu fischereirechtlichen Übereinkommen und deren Streitbeilegungsvorschriften. 2005.

Band 59 Oliver Franz: Osttimor und das Recht auf Selbstbestimmung. Eine Untersuchung zur Anwendung des Selbstbestimmungsrechts der Völker am Beispiel Osttimors. 2005.

Band 60 Michael Kadgien: Das Habsburgergesetz. 2005.

Band 61 Felix Wolf: Terrorversicherungen und europäisches Wettbewerbsrecht. Verschiedene Modelle staatlicher Beteiligung an einer Terrorversicherung für Wirtschaftsbetriebe und ihre Vereinbarkeit mit dem europäischen Wettbewerbsrecht. 2005.

Band 62 Heiko Bertelmann: Die Europäisierung des Staatshaftungsrechts. Eine Untersuchung zum Einfluss des Europäischen Gemeinschaftsrechts auf das deutsche Staatshaftungsrecht unter besonderer Berücksichtigung der Haftung für judikatives Unrecht. 2005.

Band 63 Cedric Christian Meyer: Konkretisierung unbestimmter Rechtsbegriffe im deutschen und französischen Anlagenzulassungsrecht. 2005.

Kolibri 360 GmbH
Ferdinand-Jühlke-Straße 7
99095 Erfurt, Deutschland
produktsicherheit@kolibri360.de

Druck:
CPI Druckdienstleistungen GmbH
im Auftrag der
Kolibri 360 GmbH
Ferdinand-Jühlke-Str. 7
99095 Erfurt